陕西省社会科学基金项目"陕南明清方志研究"（2017N002）成果

陕西省教育厅哲学社会科学重点研究基地——陕西理工大学汉水文化研究中心项目"陕南明清方志研究"（18JZ013）成果

Study of the Local Chronicles of the
Ming and Qing Dynasties in Southern Shaanxi

# 陕南明清方志研究

王浩远 著

中国社会科学出版社

图书在版编目（CIP）数据

陕南明清方志研究/王浩远著. —北京：中国社会科学出版社，2021.5
ISBN 978-7-5203-8118-5

Ⅰ.①陕… Ⅱ.①王… Ⅲ.①陕南地区—地方志—研究—明清时代 Ⅳ.①K294.1

中国版本图书馆CIP数据核字（2021）第046412号

| 出 版 人 | 赵剑英 |
| --- | --- |
| 责任编辑 | 宋燕鹏 |
| 责任校对 | 李　莉 |
| 责任印制 | 李寡寡 |

| 出　　版 | 中国社会科学出版社 |
| --- | --- |
| 社　　址 | 北京鼓楼西大街甲158号 |
| 邮　　编 | 100720 |
| 网　　址 | http://www.csspw.cn |
| 发 行 部 | 010-84083685 |
| 门 市 部 | 010-84029450 |
| 经　　销 | 新华书店及其他书店 |

| 印刷装订 | 三河弘翰印务有限公司 |
| --- | --- |
| 版　　次 | 2021年5月第1版 |
| 印　　次 | 2021年5月第1次印刷 |

| 开　　本 | 710×1000　1/16 |
| --- | --- |
| 印　　张 | 20 |
| 字　　数 | 336千字 |
| 定　　价 | 98.00元 |

凡购买中国社会科学出版社图书，如有质量问题请与本社营销中心联系调换
电话：010-84083683
**版权所有　侵权必究**

# 序

陕南，从地理位置上说，通常指陕西南部地区，包括今天的汉中、安康、商洛三个地级市，大致由秦岭山地、巴山山地和汉江谷地三个部分组成。如果从历史行政区划看，情况还要稍微复杂一点，因为明代的陕西政区同清代有较大的不同，所谓"陕南"，明时期的政区范围是要略大于清时期的。其不同，主要在于当时陕西南部地区的西侧是要一直延伸到今天甘肃境内的。显然，本书的作者依照清代以来的地域概念确定了本书研究的空间范围，这样做，当然有便于理解的缘由，也较为符合今人的习惯。

即以此空间范围论，这自是一个历来引致人们关注的区域。历史上有一个需要特别注意的现象，即凡是数省交界之区的社会，总是具有处于政治与文化核心地区的社会通常不具备的某些复杂特征。陕南之北为关中，而其南为四川、西为甘肃、东为河南，东南则为湖北，历来为不同人群、不同地域文化交融与冲突之区。其地山大林深，经济贫困而生存不易，人口流移问题严重，缺少稳定的家族结构维系，乡村基层组织建设较为困难，故历代政府对这一地区的治理皆甚感棘手。但是，反过来看，也正是由于鞭长莫及，故政府往往对其内在矛盾较为忽视甚至置之不理。而这样的策略，既可能酿成社会祸乱，也可能为民众发展较为自由的经济生活提供环境条件。所以，当后人总结社会治理经验与教训，或者探讨某种特殊的经济生产与生活内容时，往往会以陕南为典型地区进行论述。稍加留意，我们即可看到，数十年来学界基于陕南地区研究明清时期的经济社会变迁，成就斐然，令人印象深刻。

研究工作必须有史料的基础。而最为重要的，就是明清时期陕南所编修的多种方志。当然，除了方志以外，我们还可以依据其它类型的文献，如笔记、文集、官方文件等等。然而比较而言，方志诚然是其中最不可忽视的。陕南之地，论地域空间范围，并不能说有多么广大，但其方志编修却不能说很少。以其本为贫困之区论，方志编修数量与质量却相当可观，这当同以汉中为中心的地域具有悠久的历史文化传统有关。以此，陕南明清时期的方志就成了我们今天应当珍视的文献与史料宝库。

人类的历史本是曲折而复杂的，无论从较为宏观的视野还是从较小的区域来看，皆是如此。近数十年来，我们更在意下层民众的经济生活与社会变迁，而这样的观察视角，需要我们依据的史料也更为贴近社会的基础。方志就是具有如此性质的文献。它能让我们更为深切地了解很多官方上层文献所无法反映的历史真实，并从中真切地看到人民大众如何克服自然环境与社会条件的不利，而努力创造自己的生活的。我这里可举一个事例。汉中于唐王朝时为梁州之地，《新唐书·高祖本纪》中曾言武德年间梁州有野蚕成茧。正史将此解释为一种异象或者祥瑞。这同民众生活有何关系？多年以后，明万历年间重修《宁羌州志》中明确记载，"桑岩之间，有天生山蚕，质钜而色黄，出茧后生翅大如蝙蝠，吐丝可供织纴，而机制不精，仅成粗缣而已"。这条记录毫无疑义地表明，当时汉中宁羌（今宁强）一带的农民是懂得"机制"山蚕（即柞蚕）丝而为"粗缣"的。后至清代，由于引进了山东省的山蚕放养技术，陕南地区的柞蚕丝织一度是本地经济生产的一项重要内容，而其技术要点，我们也可以从嘉庆《汉阴厅志》卷九《艺文》所收《教养山蚕说》等文献中了解其大概。在我看来，如果没有地方志书的记载，我们必然遗忘这一段鲜活的历史。

事实上，此类事例是很多的。显然，这一文献宝库具有重要的意义与价值。然而要更好地利用它，首先要对志书本身的编纂与特点有一个系统的解读。此时置于我案头的是王浩远先生所编写的《陕南明清方志研究》一书。仔细研读，感慨良多。其体系完整，叙述精详，一卷在手，陕南明清方志之全貌概无阙漏矣。此堪称研究陕南地方史之指南，亦为认识明清中国地方社会发展之良助。值本书付梓之际，应作者之嘱，为此数语，以代序言。

萧正洪
2021 年 3 月

# 目　　录

## 第一章　明清《汉中府志》的编纂 ……………………………………… 1
### 第一节　八卷本嘉靖《汉中府志》 ………………………………… 1
　　一　明清书目所载八卷本《汉中府志》 ……………………… 1
　　二　雷有赐仕途履历 ……………………………………………… 2
　　三　八卷本《汉中府志》成书时间 …………………………… 3
### 第二节　张良知与十卷本嘉靖《汉中府志》 …………………… 4
　　一　纂修人张良知事迹考 ………………………………………… 5
　　二　纂修过程与编纂体例 ………………………………………… 7
　　三　文献价值与缺憾 ……………………………………………… 9
　　四　版式装帧与流传历程 ……………………………………… 13
### 第三节　崔应科纂修万历《汉中府志》 ………………………… 14
　　一　万历《汉中府志》存在的线索 …………………………… 14
　　二　纂修人崔应科 ……………………………………………… 15
　　三　万历《汉中府志》仍存世间 ……………………………… 17
　　四　编纂体例的变化 …………………………………………… 21
　　五　文献价值与谬误 …………………………………………… 21
### 第四节　冯达道纂修顺治《汉中府志》 ………………………… 24
　　一　纂修人冯达道之生平 ……………………………………… 25
　　二　独特的纂修办法：承袭与替补 …………………………… 27
　　三　明清易代视角下的文献价值 ……………………………… 29
　　四　顺治《汉中府志》的著录与整理 ………………………… 33
### 第五节　滕天绥纂修《汉南郡志》 ……………………………… 35

一　修志契机的出现 ………………………………………… 35
　　二　采辑与隐匿的双重任务 ………………………………… 37
　　三　修志程序的展开 ………………………………………… 40
　　四　《汉南郡志》的得名 …………………………………… 41
　　五　编修主旨与体例 ………………………………………… 44
　　六　文献价值与续补文献 …………………………………… 46
　　七　馆藏、著录与整理 ……………………………………… 48
　第六节　严如熤纂修《汉南续修郡志》……………………… 50
　　一　流民社会背景下的续修 ………………………………… 50
　　二　编纂体例的确定 ………………………………………… 51
　　三　别于前志的突出特点 …………………………………… 55
　　四　道光增修与民国重刻 …………………………………… 58

第二章　《南郑县志》与《褒城县志》的纂修 ……………………… 62
　第一节　清代《南郑县志》的纂修 …………………………… 62
　　一　《南郑县志》溯源 ……………………………………… 62
　　二　王行俭、周柄中与乾隆《南郑县志》 ………………… 64
　　三　乾隆《南郑县志》编纂特点 …………………………… 65
　　四　孙万春与光绪《南郑县志》 …………………………… 68
　第二节　明清《褒城县志》的纂修 …………………………… 70
　　一　明人龚垍、张栋编纂《褒城县志》 …………………… 70
　　二　康熙志稿与乾隆《褒城县志》 ………………………… 72
　　三　光朝魁纂修道光《褒城县志》 ………………………… 73

第三章　城固、洋县、西乡、凤县方志的纂修 …………………… 77
　第一节　胡璉纂修嘉靖《城固县志》 ………………………… 77
　　一　嘉靖《城固县志》编纂过程 …………………………… 77
　　二　纂修体例与得失 ………………………………………… 79
　　三　编纂特点与文献价值 …………………………………… 81
　　四　著录与民国抄本 ………………………………………… 83
　第二节　清康熙《城固县志》纂修考 ………………………… 85
　　一　王穆纂修《城固县志》 ………………………………… 85

|　　二　编纂体例之不足 ………………………………………… 87
|　　三　值得称道的文献价值 ……………………………………… 89
|　　四　徐德怀与光绪重刻本 ……………………………………… 90
|　第三节　明隆庆《洋县志》纂修考 ……………………………… 92
|　　一　薛选与隆庆《洋县志》 …………………………………… 93
|　　二　阎邦宁主持纂修《洋县志》 ……………………………… 93
|　　三　隐于志书的政治诉求 ……………………………………… 94
|　第四节　邹溶与清康熙《洋县志》 ……………………………… 95
|　　一　康熙《洋县志》的纂修背景 ……………………………… 95
|　　二　政治第一的编纂原则 ……………………………………… 96
|　　三　康熙《洋县志》的编纂过程 ……………………………… 98
|　　四　编纂体例与文献价值 ……………………………………… 99
|　第五节　仓促成书的清光绪《洋县志》 ………………………… 101
|　　一　光绪《洋县志》成书过程 ………………………………… 101
|　　二　沿袭嘉庆《长安县志》体例 ……………………………… 103
|　　三　体例选取失当 ……………………………………………… 106
|　第六节　两种散佚的《西乡县志》 ……………………………… 108
|　　一　关廷访纂修万历《西乡县志》 …………………………… 108
|　　二　张台耀纂修顺治《西乡县志》 …………………………… 110
|　第七节　三种存世的《西乡县志》 ……………………………… 113
|　　一　史左纂修康熙二十二年《西乡县志》 …………………… 113
|　　二　王穆纂修康熙五十七年《西乡县志》 …………………… 116
|　　三　张廷槐纂修道光《西乡县志》 …………………………… 119

**第四章　凤县、沔县、宁羌、略阳方志的纂修** …………………… 122
　第一节　明清《凤县志》的纂修 ………………………………… 122
　　一　余塘纂修明嘉靖《凤县志》 ……………………………… 123
　　二　清乾隆《凤县志》的编纂 ………………………………… 123
　　三　郭建本纂修同治《凤县志》 ……………………………… 126
　　四　朱子春纂修光绪《凤县志》 ……………………………… 127
　第二节　明清《沔县志》的纂修 ………………………………… 130
　　一　万言策纂修万历《沔县志》 ……………………………… 130

· 3 ·

二　钱兆沅纂修康熙《沔县志》⋯⋯⋯⋯⋯⋯⋯⋯⋯⋯⋯⋯⋯⋯ 132
　　三　孙铭钟纂修光绪《沔县新志》⋯⋯⋯⋯⋯⋯⋯⋯⋯⋯⋯⋯ 135
　第三节　明清《宁羌州志》的纂修⋯⋯⋯⋯⋯⋯⋯⋯⋯⋯⋯⋯⋯⋯ 138
　　一　王一鸣纂修嘉靖《宁羌州志》⋯⋯⋯⋯⋯⋯⋯⋯⋯⋯⋯⋯ 139
　　二　卢大谟纂修万历《重修宁羌州志》⋯⋯⋯⋯⋯⋯⋯⋯⋯⋯ 140
　　三　张廷槐纂修道光《续修宁羌州志》⋯⋯⋯⋯⋯⋯⋯⋯⋯⋯ 142
　　四　马毓华纂修光绪《宁羌州志》⋯⋯⋯⋯⋯⋯⋯⋯⋯⋯⋯⋯ 145
　第四节　李遇春纂修嘉靖《略阳县志》⋯⋯⋯⋯⋯⋯⋯⋯⋯⋯⋯⋯ 148
　　一　嘉靖《略阳县志》纂修过程⋯⋯⋯⋯⋯⋯⋯⋯⋯⋯⋯⋯⋯ 148
　　二　纂修意图与编纂体例⋯⋯⋯⋯⋯⋯⋯⋯⋯⋯⋯⋯⋯⋯⋯⋯ 150
　　三　版本与馆藏⋯⋯⋯⋯⋯⋯⋯⋯⋯⋯⋯⋯⋯⋯⋯⋯⋯⋯⋯⋯ 151
　　四　文献价值与文献讹误⋯⋯⋯⋯⋯⋯⋯⋯⋯⋯⋯⋯⋯⋯⋯⋯ 151
　第五节　清代三种略阳方志的纂修⋯⋯⋯⋯⋯⋯⋯⋯⋯⋯⋯⋯⋯⋯ 153
　　一　范昉纂修雍正《略阳县志》⋯⋯⋯⋯⋯⋯⋯⋯⋯⋯⋯⋯⋯ 153
　　二　谭瑀纂修道光《略阳县志》⋯⋯⋯⋯⋯⋯⋯⋯⋯⋯⋯⋯⋯ 155
　　三　桂超纂修光绪《新续略阳县志》⋯⋯⋯⋯⋯⋯⋯⋯⋯⋯⋯ 158

第五章　留坝、定远、佛坪方志的纂修⋯⋯⋯⋯⋯⋯⋯⋯⋯⋯⋯⋯⋯ 160
　第一节　清代留坝方志的纂修⋯⋯⋯⋯⋯⋯⋯⋯⋯⋯⋯⋯⋯⋯⋯⋯ 160
　　一　陈庆怡编纂《留坝厅志略》⋯⋯⋯⋯⋯⋯⋯⋯⋯⋯⋯⋯⋯ 160
　　二　贺仲瑊、蒋湘南纂修道光《留坝厅志》⋯⋯⋯⋯⋯⋯⋯⋯ 161
　第二节　余修凤纂修光绪《定远厅志》⋯⋯⋯⋯⋯⋯⋯⋯⋯⋯⋯⋯ 165
　　一　光绪《定远厅志》的纂修过程⋯⋯⋯⋯⋯⋯⋯⋯⋯⋯⋯⋯ 165
　　二　厅志体例失当及其成因⋯⋯⋯⋯⋯⋯⋯⋯⋯⋯⋯⋯⋯⋯⋯ 166
　　三　编纂体例及文献价值⋯⋯⋯⋯⋯⋯⋯⋯⋯⋯⋯⋯⋯⋯⋯⋯ 169
　第三节　清光绪《佛坪厅志》的纂修⋯⋯⋯⋯⋯⋯⋯⋯⋯⋯⋯⋯⋯ 170
　　一　《佛坪厅志》纂修过程⋯⋯⋯⋯⋯⋯⋯⋯⋯⋯⋯⋯⋯⋯⋯ 170
　　二　体例简约与文献价值⋯⋯⋯⋯⋯⋯⋯⋯⋯⋯⋯⋯⋯⋯⋯⋯ 171

第六章　金州及兴安方志的编纂⋯⋯⋯⋯⋯⋯⋯⋯⋯⋯⋯⋯⋯⋯⋯⋯ 173
　第一节　明代金州、兴安州方志的编纂⋯⋯⋯⋯⋯⋯⋯⋯⋯⋯⋯⋯ 173
　　一　郑福、普晖纂修成化《金州志》⋯⋯⋯⋯⋯⋯⋯⋯⋯⋯⋯ 174

二　郑琦纂修嘉靖《金州志》……………………………………… 175
　　三　胡天秩纂修万历十三年《兴安州志》……………………… 176
　　四　许尔忠、李正芳纂修万历四十五年《兴安州志》………… 177
第二节　清代兴安州及兴安府志书的编纂……………………………… 179
　　一　高寄编纂康熙二十三年《兴安州志》……………………… 179
　　二　王希舜、刘应秋纂修康熙三十四年《兴安州志》………… 181
　　三　吴六鳌、李国麒纂修乾隆《兴安府志》…………………… 184
　　四　叶世倬纂修《续兴安府志》………………………………… 187

# 第七章　安康、汉阴方志的编纂……………………………………… 190
第一节　郑谦、王森文纂修嘉庆《安康县志》………………………… 190
　　一　乾隆四十七年新设安康县…………………………………… 190
　　二　《安康县志》的编纂过程…………………………………… 190
　　三　编纂体例与文献特色………………………………………… 191
第二节　明代汉阴县志的纂修…………………………………………… 192
　　一　张大纶纂修弘治《汉阴县志》……………………………… 193
　　二　袁一翰、胡叔鬻纂修万历十三年《汉阴县新志》………… 194
　　三　张启蒙、柏可用纂修万历四十六年《重修汉阴县志》
　　　　……………………………………………………………… 195
　　四　张鹏翱纂修崇祯《汉阴县志》……………………………… 197
第三节　清代汉阴方志的编纂…………………………………………… 198
　　一　赵世震、汪泽延纂修康熙《汉阴县志》…………………… 198
　　二　郝敬修纂修乾隆《汉阴县志》……………………………… 200
　　三　钱鹤年、董诏纂修嘉庆《汉阴厅志》……………………… 202

# 第八章　平利、洵阳、白河三县志书的编纂………………………… 205
第一节　明清《平利县志》的纂修……………………………………… 205
　　一　罗宪祖编纂万历《平利县志》……………………………… 205
　　二　王霆、古澧编纂《平利县志》稿本………………………… 206
　　三　黄宽编纂乾隆《平利县志》………………………………… 208
　　四　谢恩浩、史兆熊纂修同治《平利县志》…………………… 209
　　五　杨孝宽、李联芳纂修光绪《续修平利县志》……………… 211

### 第二节 明清洵阳方志的编纂 ··············· 213
- 一 沈本泗、胡源编纂万历《洵阳县志》 ··············· 214
- 二 清人李弘勋、叶时沭续修《洵阳县志》 ··············· 215
- 三 邓梦琴纂修乾隆《洵阳县志》 ··············· 217
- 四 刘德全、郭焱昌纂修光绪《洵阳县志》 ··············· 219

### 第三节 明清白河方志的纂修 ··············· 221
- 一 普晖纂修成化《白河县志》 ··············· 221
- 二 汪汉、管尽善纂修雍正《白河县志》 ··············· 222
- 三 严一青纂修嘉庆《白河县志》 ··············· 224
- 四 顾騄、王贤辅纂修光绪《白河县志》 ··············· 226

## 第九章 紫阳、石泉、砖坪方志的纂修 ··············· 229
### 第一节 清代紫阳方志的纂修 ··············· 229
- 一 朱允治纂修康熙六年《紫阳县志》 ··············· 229
- 二 沈麟、刘应秋纂修康熙二十七年《紫阳县新志》 ··············· 230
- 三 陈仅、吴纯纂修道光《紫阳县志》 ··············· 232

### 第二节 清代石泉方志的编纂 ··············· 234
- 一 潘瑞奇、张骏蹟纂修康熙《石泉县志》 ··············· 235
- 二 舒钧纂修道光《石泉县志》 ··············· 237

### 第三节 清代《砖坪厅志》的编纂 ··············· 239
- 一 砖坪厅的设立 ··············· 239
- 二 李聪纂修光绪《砖坪厅志》 ··············· 240
- 三 民国抄本宣统《续修厅志》 ··············· 241

## 第十章 明代商州方志的编纂 ··············· 243
### 第一节 嘉靖《商州志》《商略》的编纂 ··············· 243
- 一 萧廷杰纂修嘉靖《商州志》 ··············· 243
- 二 《商州志》《商略》编纂人任庆云 ··············· 245
- 三 《商略》的刊刻与编纂体例 ··············· 246
- 四 《商略》命名与评价 ··············· 247
- 五 明清书目中的《商略》著录 ··············· 250

### 第二节 王邦俊纂修万历《续修商志》 ··············· 251

一　苏濬重修州志未成 ⋯⋯⋯⋯⋯⋯⋯⋯⋯⋯⋯⋯⋯⋯⋯⋯ 251
　　二　万历《续修商志》的编纂过程 ⋯⋯⋯⋯⋯⋯⋯⋯⋯⋯⋯ 251
　　三　万历《续修商志》编纂体例 ⋯⋯⋯⋯⋯⋯⋯⋯⋯⋯⋯⋯ 252
　第三节　王廷伊、李本定纂修康熙《续修商志》⋯⋯⋯⋯⋯⋯⋯ 253
　　一　康熙《续修商志》的编纂过程 ⋯⋯⋯⋯⋯⋯⋯⋯⋯⋯⋯ 253
　　二　《续修商志》与李梦阳、《南康府志》无关 ⋯⋯⋯⋯⋯⋯ 254
　　三　体例评价与著录纠谬 ⋯⋯⋯⋯⋯⋯⋯⋯⋯⋯⋯⋯⋯⋯⋯ 255
　第四节　两种乾隆商州方志的编纂 ⋯⋯⋯⋯⋯⋯⋯⋯⋯⋯⋯⋯ 257
　　一　王如玖纂修《直隶商州志》⋯⋯⋯⋯⋯⋯⋯⋯⋯⋯⋯⋯ 257
　　二　罗文思纂修《续商州志》⋯⋯⋯⋯⋯⋯⋯⋯⋯⋯⋯⋯⋯ 259

第十一章　商南、洛南、山阳、镇安方志的编纂 ⋯⋯⋯⋯⋯⋯⋯ 262
　第一节　明清商南方志的编纂 ⋯⋯⋯⋯⋯⋯⋯⋯⋯⋯⋯⋯⋯⋯ 262
　　一　李鸿渐、朱朝弼纂修《商略商南县集》⋯⋯⋯⋯⋯⋯⋯ 262
　　二　方本清纂修万历《商南县志》⋯⋯⋯⋯⋯⋯⋯⋯⋯⋯⋯ 265
　　三　罗文思纂修乾隆《商南县志》⋯⋯⋯⋯⋯⋯⋯⋯⋯⋯⋯ 265
　第二节　明代洛南方志的编纂 ⋯⋯⋯⋯⋯⋯⋯⋯⋯⋯⋯⋯⋯⋯ 268
　　一　刘仲絅纂修嘉靖《洛南县志》⋯⋯⋯⋯⋯⋯⋯⋯⋯⋯⋯ 268
　　二　洪其道、李燦纂修万历《洛南县志》⋯⋯⋯⋯⋯⋯⋯⋯ 269
　第三节　清代雒南方志的编纂 ⋯⋯⋯⋯⋯⋯⋯⋯⋯⋯⋯⋯⋯⋯ 271
　　一　畅体元纂修康熙《雒南县志》⋯⋯⋯⋯⋯⋯⋯⋯⋯⋯⋯ 271
　　二　范启源、薛韫纂修乾隆《雒南县志》⋯⋯⋯⋯⋯⋯⋯⋯ 272
　第四节　清代山阳方志的编纂 ⋯⋯⋯⋯⋯⋯⋯⋯⋯⋯⋯⋯⋯⋯ 275
　　一　秦凝奎纂修康熙《山阳县初志》⋯⋯⋯⋯⋯⋯⋯⋯⋯⋯ 276
　　二　林聪纂修乾隆《山阳县续志》⋯⋯⋯⋯⋯⋯⋯⋯⋯⋯⋯ 279
　　三　何树滋纂修嘉庆《山阳县志》⋯⋯⋯⋯⋯⋯⋯⋯⋯⋯⋯ 279
　第五节　书目所见明代《镇安县志》⋯⋯⋯⋯⋯⋯⋯⋯⋯⋯⋯ 282
　　一　萧廷杰与嘉靖《镇安县志》⋯⋯⋯⋯⋯⋯⋯⋯⋯⋯⋯⋯ 282
　　二　黄时暹与《镇安县志》⋯⋯⋯⋯⋯⋯⋯⋯⋯⋯⋯⋯⋯⋯ 283
　第六节　清代镇安方志的编纂 ⋯⋯⋯⋯⋯⋯⋯⋯⋯⋯⋯⋯⋯⋯ 284
　　一　丁鹏纂修康熙《镇安县志》⋯⋯⋯⋯⋯⋯⋯⋯⋯⋯⋯⋯ 284
　　二　武维绪、任毓茂纂修雍正《镇安县志》⋯⋯⋯⋯⋯⋯⋯ 285

三　聂焘纂修乾隆《镇安县志》………………………………… 286

# 结　语……………………………………………………………… 290
　　　一　陕南明清方志的分布与存佚………………………………… 291
　　　二　陕南明清方志的编纂体例…………………………………… 292
　　　三　陕南明清方志的价值与缺陷………………………………… 293

# 参考文献…………………………………………………………… 295

# 后　记……………………………………………………………… 306

# 第一章  明清《汉中府志》的编纂

## 第一节  八卷本嘉靖《汉中府志》

根据目前文献所知,明代《汉中府志》的编纂可追溯至嘉靖初年。该《汉中府志》为八卷本,由汉中府府学教授雷有晹编纂成书。由于该志已散佚无存,仅见若干明清书目著录,基本信息较为散乱,故将该八卷本《汉中府志》所见书目著录信息及成书时间考述如下。

### 一  明清书目所载八卷本《汉中府志》

明人朱睦㮮《万卷堂书目》著录:"《汉中府志》八卷,雷有晹。"①王道明《笠泽堂书目》载:"《汉中府志》四册,雷右晹。"②清初,黄虞稷《千顷堂书目》则著录:"雷有晴《汉中府志》八卷。"③两种书目虽均作"八卷",但编纂者姓名不同。查张良知纂修明嘉靖《汉中府志》卷六《宦迹传》汉中府"教授"题名载:"雷有晹,四川宜宾县人,嘉靖初

---

① (明)朱睦㮮撰:《万卷堂书目》卷二《地志》,影印观古堂书目丛刻本。《续修四库全书》,上海古籍出版社2002年版,第919册,第466页。
② (明)王道明撰:《笠泽堂书目》不分卷《史部·方舆》。(清)钱谦益等:《稿抄本明清藏书目三种》,北京图书馆出版社2003年版,第96页。
③ (清)黄虞稷撰,瞿凤起、潘景郑整理:《千顷堂书目》卷六《地理类上》,上海古籍出版社2001年点校本,第176页。

任,升助教。"① 可知,该八卷本《汉中府志》的编纂者应是雷有晹无疑。明嘉靖初,雷有晹任职汉中府府学教授,其间纂成八卷本《汉中府志》一部。

此后未久,嘉靖二十三年(1544),汉中府同知张良知又编纂《汉中府志》一部,但张良知对雷有晹编纂志书的情况只字未提,仅在卷首《汉中府志·凡例》中提及:"《艺文》,前志别为一卷,今皆因题分注,以便考览。"② 由此可见,张良知编纂《汉中府志》之前,已有旧志流传;张良知在编纂新志的过程中,亦曾参考过"前志"。由于雷有晹编纂八卷本《汉中府志》时在嘉靖初年,张良知所说的"前志"应当就是雷氏编纂的《汉中府志》。又因为张良知所编《汉中府志》为十卷本,故明人祁承㸁《澹生堂藏书目》著录"《汉中府志》八卷,四册"③,也应指雷有晹编纂的《汉中府志》。

## 二 雷有晹仕途履历

张良知在《汉中府志》中仅载雷有晹任汉中府学教授在"嘉靖初",寥寥十余字,事迹极为简略,更无雷氏编纂《汉中府志》的相关记载。考察雷有晹的生平履历,有助于我们考察八卷本《汉中府志》具体编纂年代。

明万历《四川总志》卷十二《郡县志·叙州府》载"本朝乡试"中举者姓名,其中有"雷有晹、邹明魁,俱正德丁卯"④。正德丁卯即正德二年(1507),雷有晹该年中举。清嘉庆《宜宾县志》卷三十五《选举志》"举人"亦载"雷有晹"等十四人题名,并注明"以上俱正德时"⑤。

明万历《顺天府志》卷四《政事志》记载顺天府及下辖州县官员题

---

① (明)张良知纂修:嘉靖《汉中府志》卷六《宦迹传》,影印明嘉靖刻本,《原国立北平图书馆甲库善本丛书》国家图书馆出版社2013年版,第354册,第191页。

② (明)张良知纂修:嘉靖《汉中府志》卷首《凡例》,《原国立北平图书馆甲库善本丛书》第354册,第124页。

③ (明)祁承㸁著,郑诚整理:《澹生堂藏书目》不分卷《史部下·图志》,上海古籍出版社2015年点校本,第403页。

④ (明)虞怀忠、郭棐等纂修:万历《四川总志》卷十二《郡县志·叙州府》,影印明万历间刻本。《四库全书存目丛书》,齐鲁书社1997年版,史部第199册,第470页。

⑤ (清)刘元熙纂修:嘉庆《宜宾县志》卷三十五《选举志》,页四八。清道光二十三年(1843)刻本。

名，雷有晹等四人"俱正德年任"顺义县知县①。清康熙《顺义县志》则作："雷有晹，四川宜宾人。嘉靖二年任。"雷有晹的继任者"马驎，陕西咸宁人。嘉靖八年(任)。调山西黎城县知县"。② 若依据清康熙《顺义县志》的记载，雷有晹当于明嘉靖二年(1523)至八年任顺义县知县。

明嘉靖《常德府志》卷十二《官守志》"通判"记载："雷有晹，字时若，宜宾人。举人。嘉靖一十年由国子助教升任。"但雷有晹的前任通判记作："廖轾，崇仁人。举人。嘉靖十九年由肇庆府通判调任。"③ 由此可知，雷有晹的任职时间或是嘉靖二十年(1541)。

结合张良知《汉中府志》所载雷有晹"升助教"一职，可得出雷有晹基本履历。雷有晹，字时若，四川宜宾人。正德二年(1507)中举。嘉靖二年(1523)至八年，任顺天府顺义县知县。嘉靖八年之后，历任汉中府儒学教授、国子监助教。嘉靖二十年(1541)，升任常德府通判。

明代知县为正七品，府儒学教授则为从九品④，雷有晹应是因故贬官，由顺天府顺义县知县贬为汉中府府学教授，此后未久再度返京，升任国子监助教。明代国子监设"助教十五人，从八品"⑤，各府"通判无定员，从六品"⑥。雷有晹自中举以来，历经宦海沉浮已有三十余年。

## 三　八卷本《汉中府志》成书时间

上述分析大致框定了雷有晹编纂八卷本《汉中府志》当在明嘉靖八年之后，但该志成于何时尚难断定。清代文献《佩文斋书画谱》中的一条记录，则成为破解八卷本《汉中府志》成书时间的关键所在。

清康熙四十四年(1705)，礼部侍郎孙岳颁、翰林院侍读学士王原祁等人奉旨纂辑《佩文斋书画谱》。该书从清廷内府藏书中广泛抄录历代书

---

① (明)沈应文、谭希思等修：万历《顺天府志》卷四《政事志》，页七六，中国书店1959年影印明万历二十一年(1593)刻本。

② (清)黄成章修，张大酉纂：康熙《顺义县志》卷三《秩官志·明·知县》，页又二。清康熙五十九年(1720)刻本。

③ (明)陈洪谟纂修：嘉靖《常德府志》卷十二《官守志·通判·国朝》，页十九，《天一阁藏明代方志选刊》上海书店1981年影印明嘉靖十四年(1535)刻本，第56册。

④ (清)张廷玉等撰：《明史》卷七五《职官志四》，中华书局1974年点校本，第1850、1851页。

⑤ (清)张廷玉等撰：《明史》卷七三《职官志二》，第1789页。

⑥ (清)张廷玉等撰：《明史》卷七三《职官志四》，第1849页。

家、画家生平传记，然后以时代先后为序，将历代书画家传记收入《佩文斋书画谱》中。该书收录宋代书家朱绶传记，原文载："朱绶，高宗时人。凤县忠护侯庙碑。绍兴二十八年，凤州司户参军、权州学教授朱绶书。蓝瑞《汉中府志》。"① 朱绶传记最末"蓝瑞《汉中府志》"六字为小字，说明朱绶传记抄录自署名蓝瑞的《汉中府志》。

蓝瑞系汉中府知府，张良知《汉中府志》载："蓝瑞，河南邓州人。进士。嘉靖七年任。"蓝瑞的继任者为孙銮，"孙銮，直隶武进县人。进士。嘉靖九年任"。② 由此推断，蓝瑞于嘉靖七年至九年任汉中府知府，这恰恰与明嘉靖八年之后出任汉中府学教授的雷有锡任期相吻合。简言之，蓝瑞与雷有锡在汉中府任职时间存在交集，二人为上下级同僚关系。既然如此，署名蓝瑞的《汉中府志》与雷有锡八卷本《汉中府志》应当是同一种方志，因为绝不可能出现知府与教授分别修志的情况；最为合理的解释即是知府蓝瑞授意府学教授雷有锡编纂《汉中府志》，成书之后，由蓝瑞为志书撰写序言。《佩文斋书画谱》在编修过程中仅翻阅了《汉中府志》卷首蓝瑞撰写的序，便将八卷本《汉中府志》的编纂者记在了蓝瑞名下，而未仔细考察雷有锡的贡献。不过，正是由此无心之失，将八卷本《汉中府志》的成书时间界定在嘉靖八年至九年之间。

综上所述，明嘉靖七年（1528），蓝瑞出任汉中府知府，次年授意新任府学教授雷有锡编纂《汉中府志》，最迟至嘉靖九年，雷有锡修成八卷本《汉中府志》一部，并由蓝瑞撰写《汉中府志序》列于卷首。八卷本《汉中府志》编有《艺文志》。最晚征引该志的记录见于清康熙四十七年修成的《佩文斋书画谱》，此后该志散佚无存。

## 第二节　张良知与十卷本嘉靖《汉中府志》

上文已经探讨了明嘉靖初年雷有锡纂修八卷本《汉中府志》的基本情况。不过，现存最早的汉中专志则是嘉靖二十三年（1544）修成的十卷

---

① （清）孙岳颁、宋骏业等撰：《佩文斋书画谱》卷三四《书家传十三·宋三》，页四三。清康熙四十七年内府刻本。

② （明）张良知纂修：嘉靖《汉中府志》卷六《宦迹传》，《原国立北平图书馆甲库善本丛书》第354册，第190页。

本《汉中府志》，该书全帙仅存一部，堪称孤本，尤为珍贵。原藏于民国时期国立北平图书馆，现存台北故宫博物院。该书是研究明代汉中历史的重要文献。

## 一 纂修人张良知事迹考

明人孙能传《内阁藏书目录》载："《汉中府志》四册，嘉靖癸卯郡丞张幼养修。"[1] 清初黄虞稷《千顷堂书目》载："张幼养《汉中府志》。嘉靖癸卯修。郡丞。胡缵宗《汉中府志》十卷。"[2] 徐乾学藏《传是楼书目》又载："《汉中府志》十卷，明张良知。四本。"[3] 范邦甸《天一阁书目》则称："《汉中府志》十卷。刊本。明知府赵于南修辑并序。"[4] 至钦定《明史》修成，又记作："胡缵宗《汉中府志》十卷"[5]。纂修人有张幼养、胡缵宗、张良知、赵于南四种说法，莫衷一是，甚为混乱。

嘉靖《汉中府志》卷首有《汉中府志叙》两篇，其一为户部右侍郎"西陂刘储秀撰"，该《叙》开篇即言："往岁宪副李君鸣叔、太守赵君于南仰奉我圣天子之命，保釐兹土，各尽厥职。无何，政用有成，乃令郡丞张君幼养重修厥志"[6]；另一《叙》文末署"嘉靖癸卯七月七日天水胡缵宗叙"，亦称："汉郡张丞重修郡志成，走使以视予，予读之，而知张丞之贰郡其诸异乎人之贰郡也。"[7] 两篇《汉中府志叙》明确指出嘉靖《汉中府志》的纂修者为"郡丞"张幼养。明代人喜用古代官名称呼本朝官员，郡丞实为汉中府同知。《汉中府志》卷六《宦迹传·同知》载："张

---

[1] （明）张萱、孙能传等撰：《内阁藏书目录》卷六《志乘部》，影印清迟云楼钞本。《续修四库全书》，上海古籍出版社1996年版，第917册，第98页。

[2] （清）黄虞稷撰，瞿凤起、潘景郑整理：《千顷堂书目》卷六《地理类上》，上海古籍出版社2001年点校本，第176页。

[3] （清）徐乾学藏：《传是楼书目》卷六《史部》，影印清道光八年味经书屋钞本，《续修四库全书》第920册，第921页。

[4] （清）范邦甸撰：《天一阁书目》卷二之二《史部·地理类》，影印清嘉庆十三年扬州阮氏元文选楼刻本，《续修四库全书》第920册，第105页。

[5] （清）张廷玉等撰：《明史》卷九七《艺文二》，中华书局1974年点校本，第2410页。

[6] （明）刘储秀：《汉中府志叙》，嘉靖《汉中府志》卷首，《原国立北平图书馆甲库善本丛书》，国家图书馆出版社2013年版，第354册，第121页。

[7] （明）胡缵宗：《汉中府志叙》，嘉靖《汉中府志》卷首，《原国立北平图书馆甲库善本丛书》第354册，第123页。

良知，幼养。山西安邑县人。举人。嘉靖二十年以许州知州任。"① 幼养是张良知的字，张幼养、张良知实为一人。同书卷末附有张良知撰写的《序府志后》。文中有"《汉南郡志》告考，良知滥竽编摩"② 之语，也可证明嘉靖《汉中府志》的纂修者为张良知无疑。而胡缵宗则是应张良知之邀为《汉中府志》作叙，而非纂修者，《明史》记载错误；知府赵于南等人则是授意张良知重修志书，现存嘉靖《汉中府志》赵于南序无存，但赵氏并不是《汉中府志》的纂修人则是毫无疑问的。

张良知为明嘉靖七年戊子科举人③，是著名学者吕柟的弟子。其于嘉靖十七年至二十年间，任河南许州知州，任内多有政绩，重修州署，请吕柟为正堂"体仁堂"题写匾额，并主持纂修了《许州志》④。张良知学识广博、勤于任事，修志经验丰富，升任汉中府同知之后，上级官员对其能力极为肯定，命张良知主持《汉中府志》的编纂工作，便是合情合理、顺理成章的事情了。

清康熙《陕西通志》卷十八下《名宦·汉中府》记载，张良知"以知州任汉中府同知，修山河堰，大著勤劬。汉民乐利，至今称之"⑤。嘉靖《汉中府志》专辟《水利志》一卷，可见张良知对农田水利事业的重视。清乾隆《解州安邑县志》载，张良知官至户部员外郎⑥，但这并非张氏最终官职。"嘉靖二十六年，任为中都监储部曹使。按明代以陵寝在中都，设中都留守司八卫一所，官军护卫，因建广储五仓，以给廪食，由户部设分司以主之。"⑦ 张良知又于任上编纂《中都储志》十卷，该书有钞本，现藏美国国会图书馆。此后张良知生平事迹则难于详考。

---

① （明）张良知纂修：嘉靖《汉中府志》卷六《宦迹传·同知》，《原国立北平图书馆甲库善本丛书》第354册，第190页。

② （明）张良知撰：《序府志后》，嘉靖《汉中府志》卷末，《原国立北平图书馆甲库善本丛书》第354册，第229页。

③ 参见(清)言如泗纂修：乾隆《解州安邑县志》卷六《选举》，页十八，清乾隆二十九年(1764)刻本。

④ 参见(明)张良知纂修：嘉靖《许州志》卷五《官纪五·守令》，页十八，明嘉靖刻本。《天一阁藏明代方志选刊》，上海书店1981年版，第47册。

⑤ （清）贾汉复修，李楷纂：康熙《陕西通志》卷十八下《名宦·汉中府》，页三十二。清康熙六年(1667)刻本。

⑥ 参见乾隆《解州安邑县志》卷六《选举》，页十八。

⑦ 王重民撰：《中国善本书提要》之《史部·政书类》，上海古籍出版社1983年，第163页。

## 二 纂修过程与编纂体例

刘储秀在《汉中府志叙》已明确指出，张良知主持纂修《汉中府志》是应"宪副李君鸣叔、太守赵君于南"之命而作。"宪副李君鸣叔"即关南道抚民副使李凤，字"鸣叔，四川富顺县人。进士。以监察御史任"①。"太守赵君于南"即汉中府知府赵鲲，字"于南，山东寿张人。进士。嘉靖十九年以大理寺正任"②。但参与纂修《汉中府志》的官员并不止此二人。张良知在《序府志后》对《汉中府志》的纂修过程有详细记述："嘉靖壬寅，宪副中岩李公(李凤)抚巡兹土，深用是慨，谋于少参湖南潘公(关南道分守参议潘徽)、先郡守、今宪副九岭赵公(赵鲲)，檄予任其事。良知谢陋，孙[逊]弗获命，乃开局于壬寅冬十月，更定名例，统挈纲目，爰召李教授鼎、王训导宗旦，遍搜郡邑，博采故实；俞教授崇魁、莫教谕伴考证今昔，校补谬亡而裁酌繁简，以从体要，予则图厥成。""嘉靖甲辰岁秋七月望"张良知撰写《序府志后》，官员多有更替，故而张良知在文末又说："时方入刻，予以会朝役于京，归而竣厥工。适宪台恒南杨公(杨时泰)按临，继至嘉其有成；太守董公汉儒，别驾王君珵、刘君元娄、李君禄，节推向君亲与有劳焉，法得备书。"③

由此可知，自嘉靖二十一年(壬寅，1542)十月，开局纂修《汉中府志》，至嘉靖二十三年(甲辰)七月雕版印行，用时一年零九个月。参与文字编纂者多是汉中府府学官员，又有关南道抚民副使、汉中府官员参与其间，最终顺利完成《汉中府志》的编纂工作。

胡缵宗《汉中府志叙》中称赞《汉中府志》"识既旷远，文复典实，斯不足征以训乎？"研究该书的编纂体例，首先需要了解张良知的学术思想。胡缵宗《汉中府志叙》载：张良知"尝从学宗伯泾野先生。泾野先

---

① 嘉靖《汉中府志》卷六《宦迹传·关南道抚民副使》，《原国立北平图书馆甲库善本丛书》第354册，第189页。
② 嘉靖《汉中府志》卷六《宦迹传·知府》，《原国立北平图书馆甲库善本丛书》第354册，第190页。
③ (明)张良知撰：《序府志后》，嘉靖《汉中府志》卷末，《原国立北平图书馆甲库善本丛书》第354册，第229页。

生尝谓予曰：'晋张幼养志古而笃行，可以言学者。'"① 泾野先生即吕柟，字仲木，号泾野，世称泾野先生，陕西高陵人。嘉靖初年贬为山西解州判官，摄行州事，"解人及四方士多从游者，乃即废寺建解梁书院，祀往开来，复选民间俊秀子弟习小学之节，歌《豳风》之诗"②。张良知是解州安邑县人，投入吕柟门下当在此时。吕柟是明代程朱理学的代表人物，同时继承了关学以礼为教、躬行实践的特点。张良知深受吕柟学术思想的影响，这一影响在《汉中府志》的编纂体例中多有体现，全书极具儒家正统思想。"是志虽不脱乎今格，要多则乎古体。"③ 张良知在《汉中府志凡例》中指出："人物各列以传，重德业也。必定于毕身，所以征不爽也"；"水利，汉民衣食之源，特创一纲，叙故实、陈事宜者，重民事也。"重德业、重民事的特点极为突出。对于《汉中府志》的功用定位也非常明确，"《郡志》，志郡也，非为有家者也。诰敕、赠答则《家乘》，不录"，突出《汉中府志》一郡之志，并非家族家谱的地位。"汉南山川雄胜，名贤宦客题咏颇剧，不充尽录，量注本题"，不编《艺文志》，而是将重要文献列在相关卷目之下，避免烦冗。此外，明确提出寺观等宗教信仰与儒家学说不符，"寺观，异端之寓，删其旧冗，酌存《丛纪》，备稽古也"④，列在全书最末，仅作为怀古之参考，儒学正统思想表露无遗。

张良知任许州知州时曾纂修《许州志》，该书体例对《汉中府志》存在直接影响。《许州志凡例》亦云："《宦迹》、《人物》必定于谢事盖棺之后，所以征不爽也"；"《艺文》，征文献也，旧志所载别为一卷，今皆类入各题之下，庶可考观"；"郡邑有志，志郡邑也，非为有家私也。诰敕、赠答之纪则家乘，今皆弗庸"；"寺观、庙宇虽未皆近正，而稽考所需，载籍为先，故收附《杂志》，备稽考也。"⑤ 各卷开篇皆有张良知

---

① （明）胡缵宗：《汉中府志叙》，嘉靖《汉中府志》卷首，《原国立北平图书馆甲库善本丛书》第354册，第123页。

② （明）马汝骥撰：《通议大夫南京礼部右侍郎泾野吕公柟行状》。（明）焦竑辑：《焦太史编辑国朝献徵录》卷三十七，影印明万历四十四年徐象橒曼山馆刻本。《续修四库全书》，上海古籍出版社1996年版，第527册，第13页。

③ （明）胡缵宗：《汉中府志叙》，嘉靖《汉中府志》卷首，《原国立北平图书馆甲库善本丛书》第354册，第124页。

④ 嘉靖《汉中府志》卷首《凡例》，《原国立北平图书馆甲库善本丛书》第354册，第124页。

⑤ 嘉靖《许州志》卷首《凡例》，页十五，《天一阁藏明代方志选刊》第47册。

"解题",卷末多附以张良知点评、赞语,也与《汉中府志》相类。这也说明,张良知编纂方志的学术思想、编纂体例是一脉相承的,编纂《许州志》时的成熟经验与基本方法,完全为《汉中府志》所承袭。

最终纂成"为《志》者四,《纪》者一,《传》、《表》、《考》各二,图意著形,书以纪实,各以类列,总一十卷"①的《汉中府志》。《志》分别指卷一《舆地志》、卷二《建置志》、卷三《田赋志》、卷四《水利志》;《纪》指卷十《丛纪》;《传》指卷六《宦迹传》、卷八《人物传》;《表》指卷一《舆地志·沿革表》、卷七《选举表》;《考》指卷五《职官考》、卷九《典礼考》。

### 三 文献价值与缺憾

明代陕南地区修纂的方志不可谓少,其中亦有数种志书流传至今。如明嘉靖《略阳县志》《城固县志》,万历《重修汉阴县志》《重修宁羌州志》,但就府一级的方志而言,得以完整保存至今的,仅有明嘉靖《汉中府志》一种。这一方面凸显了嘉靖《汉中府志》的珍贵,另一方面也体现了该书独特的文献价值。

第一,涵盖地域范围广阔。明代的汉中府所辖州县众多,嘉靖《汉中府志》卷一《沿革表》明确记载"领州二、县十四",二州指金州、宁羌州;十四县则指南郑、褒城、城固、洋县、西乡、凤县、平利、石泉、洵阳、汉阴、白河、紫阳、沔县、略阳②。这一辖区范围几乎涵盖了除今商洛市之外的陕南地区。至万历十一年八月,"改陕西金州为兴安州"③;"万历二十三年,改(兴安州)直隶(陕西)布政司"④,兴安州及其下辖平利、石泉、洵阳、汉阴、白河、紫阳六县不再隶于汉中府,使得汉中府的辖区面积大为缩减。而现存最早的《兴安州志》是清康熙三十四年

---

① (明)张良知撰:《序府志后》,嘉靖《汉中府志》卷末,《原国立北平图书馆甲库善本丛书》第354册,第229页。
② 嘉靖《汉中府志》卷一《舆地志·沿革表·明》,《原国立北平图书馆甲库善本丛书》第354册,第130页。
③ 《明神宗实录》卷140,万历十一年八月壬子,台湾"中央研究院"历史语言研究所校印本1962年,第2603页。
④ (清)顾炎武撰,谭其骧等校点:《肇域志》,上海古籍出版社2012年点校本,第2817页。

(1695)王希舜纂修的《兴安州志》，时代较晚，明代文献明显不足；嘉靖《汉中府志》则因成书时间较早，金州等州县尚在汉中府管辖范围之内，因而保存了不少相关文献资料，使得这一缺失在一定程度上得以弥补。如行政区划沿革、山川、邮驿、城池、儒学均有详细记录。

第二，突出的史料价值。刘储秀、胡缵宗为嘉靖《汉中府志》各作《叙》一篇，但二人传世文集均未收录《汉中府志叙》。胡缵宗《鸟鼠山人小集》成书于嘉靖初年，未收录《汉中府志叙》实属正常，但明天启、崇祯年间秦安县知县周士奇、儒学教谕路世龙等人补辑《鸟鼠山人后集》亦未收录此文[1]。刘储秀《刘西陂集》成书于嘉靖三十年[2]，亦未收录《汉中府志叙》，由此可见，嘉靖《汉中府志》有辑佚明代文人文集的功用，但嘉靖《汉中府志》的价值绝不仅限于此，最为重要的是不少文献仅见该书收录，清初《汉中府志》《兴安州志》等方志均未收录。如卷四《水利志》有关各县渠堰修造、分布情况的记载；卷三《田赋志》明代中后期赋税、劳役的记载，颇为重要。

顾炎武在其传世名著《天下郡国利病书》中曾抄录《汉中府志》中有关"水利""茶课"的内容[3]。"茶课"部分与嘉靖《汉中府志》内容相同；但"水利"部分只涉及南郑、褒城、城固、洋县、沔县、宁羌州，不涉及兴安州及下辖诸县，且内容也完全不同。可知，顾炎武抄录的并非嘉靖《汉中府志》。又如卷二《建置志》"金州儒学"条目下，收录成化十四年陕西按察司提学副使伍福撰《金州学记》一文，专记金州儒学兴废情况[4]。康熙《兴安州志》虽有收录[5]，但仅为节录，无法了解金州儒学历史变迁的全貌。

第三，不吝笔墨真实点评。嘉靖《汉中府志》在各卷卷末多附有点

---

[1] 参见(明)胡缵宗撰《鸟鼠山人后集》，日本东京大学东洋文化研究所藏明嘉靖十八年(1539)刊本。

[2] 参见(明)刘储秀撰《刘西陂集》，影印明嘉靖三十年傅凤翱刻本，《四库未收书丛刊》，北京出版社1997年版，第五辑第18册。

[3] (清)顾炎武撰，黄坤等校点：《天下郡国利病书》之《陕西备录上》，上海古籍出版社2012年点校本，第2033至2036页。

[4] 嘉靖《汉中府志》卷二《建置志·儒学》，《原国立北平图书馆甲库善本丛书》第354册，第157页。

[5] 参见(清)王希舜修，刘应秋纂：康熙《兴安州志》卷四《艺文》，页四，清康熙三十四年(1695)刻本。

评文字，对本卷内容进行收束，点明编纂者的态度与意图。均以"何大復曰""张良知曰"的形式出现。何大復即何景明，明代文学家，前七子之一。河南信阳人。字仲默，号白坡，一号大復山人，人称大復子。正德末年任陕西提学副使，主持编纂陕西地方通志《雍大记》，正德十六年（1521）七月因病辞官①。嘉靖元年（1522），《雍大记》刊刻成书。张良知编纂《汉中府志》时多引用何景明评论，如卷一《疆域》引"何大復曰：余观汉中形势险固，四塞若纳诸匮中，此可以为门户之扼，而不可以为宫安居也。其北至褒、西至沔、东至城固，方三百余里，崖谷开朗，有肥田活水，修竹鱼稻，棕榈橘柚，美哉其地乎！而据巴蜀之粟，出秦陇之马，通荆襄之财，由来利之矣！然地远而求多，民杂而赋繁，害来于所产，灾取于所聚，然哉然哉！"② 又如卷三《田赋志·茶课》引"何大復曰：汉中之茶产于西乡，故谓尽茶地。余问之，不然。西乡茶地，惟三里耳，三里去县又四百里，经于豺虎寇盗之窟。比以加赋，其民昼夜治茶不休，男废耕，女废织，而莫之能办也，于是有逋户焉。"③ 上述两处均见《雍大记》卷七《考易》④。

何景明的评论中规中矩，而张良知的评论则针砭时弊，绝不含糊，张良知针对赋役不均、民生困苦的局面就评论道："均田定赋，照力出差，什一中正之制，不可易也。法久则敝，保甲吏胥互通关节，初意浸失。汉中虽称沃野，土著无多，迁附日广，豪猾伪计，供免夤缘，人丁在此则称有丁无地，田粮寄彼则称有地无丁；力差则倩费，至于鬻田，马头则贷利，流于灭门。名虽登而实日耗，客愈利而主愈困也，噫！"⑤ 又如《水利志》中张良知针对地方官员重视农业生产，但忽视水利建设的情况，评论道：汉中"水利之大莫过于山河堰，而工力之艰者亦莫过于山河堰。

---

① 《明世宗实录》卷四，"正德十六年七月甲子"，台北"中央研究院"历史语言研究所校印本，1962年，第183页。

② 嘉靖《汉中府志》卷一《疆域志》，《原国立北平图书馆甲库善本丛书》第354册，第134—135页。

③ 嘉靖《汉中府志》卷三《田赋志·茶课》，《原国立北平图书馆甲库善本丛书》第354册，第168页。

④ （明）何景明纂：《雍大记》卷七《考易》，影印明嘉靖刻本，《四库全书存目丛书》，齐鲁书社1997年版，史部第184册，第45、46页。

⑤ 嘉靖《汉中府志》卷三《田赋志》，《原国立北平图书馆甲库善本丛书》第354册，第168页。

苟知其利之大也，则修筑开导之方不可以不讲；夫苟知其工力之艰也，则相度通变之术不可以不求。今但知治堰倍于治农，而所费半于所获，是以修者未底于成绩，而淤塞崩败者又种种相告矣！殊不知，治堰即所以治农，而天下之事未有不基于一劳而能永得其佚［逸］者也！"① 强调水利建设的极端重要性。

嘉靖《汉中府志》也存在一些缺憾。主要存在两个方面的问题。

其一，摒弃编纂《艺文志》。张良知在《汉中府志凡例》说明了未编《艺文志》的原因：一是，"《艺文》前志别为一卷。今皆因题分注，以便考览"。二是，"汉南山川雄胜，名贤宦客游咏颇剧，不充尽录，量注本题，余见《兴元集》"②。以上两则凡例说明，张良知的本意并不是不重视艺文，而是将艺文分为"诗"与"文"区别对待。对于确须收入志书的"文"，采取直接列在相关事类之下的办法，使得读者一目了然，不必前后翻阅查找；对于不可胜数的"诗"，则采取取其精华的办法，仅收录确有价值的诗歌。如此一来，既可避免编纂《艺文志》的辛劳，又能体现志书所收艺文的价值。从根本上说，仍是张良知重德业、重民事思想的体现。

但由于未编《艺文志》，必然造成汉中府所辖二州、十四县的文献空白，又因此后兴安州分治的发生，加之张氏提及的《兴元集》也已散佚无存，三重因素再一次放大了未编《艺文志》的缺憾。这虽是张良知不曾想到的，但确实对后世造成了历史性的遗憾与困扰。

其二，《宦迹传》粗略。《汉中府志》卷六《宦迹传》中不少明代官员任职时间无法精确到具体年份，只标注"成化中""嘉靖初"。下辖各州县官员传记，则统以"州县"，不再细分某官于某州县任某职，造成志书内容杂乱。针对这一问题，张良知在《汉中府志凡例》中也有说明："职官不及州县，别专志也。"③ 意思是指各州县均有专志，《汉中府志》没有必要细化到下辖各州县职官信息。以当时精简原则而言，无疑是合适

---

① 嘉靖《汉中府志》卷六《水利志》，《原国立北平图书馆甲库善本丛书》第354册，第172页。

② 嘉靖《汉中府志》卷首《凡例》，《原国立北平图书馆甲库善本丛书》第354册，第124页。

③ 嘉靖《汉中府志》卷首《凡例》，《原国立北平图书馆甲库善本丛书》第354册，第124页。

的。但由于汉中府所辖州县明代方志大多散佚，反而觉得张良知的简化手段颇不合适。

总而言之，十卷本《汉中府志》由于其文献的稀缺性，对于该志文献价值的评价必然是极高的；但由于编纂者秉持精练、重民事的思想，又使得该志在文化、职官履历等方面存在一些无法弥补的缺失。

### 四 版式装帧与流传历程

十卷本嘉靖《汉中府志》半页九行，行十六至十九字不等，白口，四周单边。分装四册，共一函。其中卷首、卷一为第一册，卷二、卷三、卷四为第二册，卷五、卷六、卷七为第三册，卷八、卷九、卷十为第四册。每册均钤有"真州吴氏/有福读/书堂藏书"朱文方印，除第一册钤于卷首扉页空白处之外，其余三处均钤于各册首页右下角。真州吴氏有福读书堂为扬州府仪征县人吴引孙(1851—1920)的书斋名，可知十卷本《汉中府志》原为吴引孙藏书。其所编《仪征吴氏有福读书堂藏书简明总册》记载："《汉中府志》四本一函"藏于"史字第十八箱。"① 清宣统二年(1910)吴引孙将藏书书目正式刊行，因其位于扬州城内的藏书楼名为测海楼，故书目名称《扬州吴氏测海楼藏书目录》，该书目《史部下》著录："《汉中府志》十卷，明嘉靖年。四本一函。"② 该书目进一步明确了迟至清朝末年，十卷本《汉中府志》仍存于吴引孙之手。《天一阁藏明代地方志考录》则指嘉靖《汉中府志》原为天一阁藏书，"见一八〇八年旧目。散出后曾为扬州吴氏测海楼所收藏"③。

大约在吴引孙逝世之后，十卷本《汉中府志》再度散出，入藏国立北平图书馆。成书于民国二十二年(1933)的《国立北平图书馆善本书目》载："嘉靖《汉中府志》十卷。明张良知纂修。明嘉靖刻本。"④ 今《汉中府志》卷首首页及卷末末页各钤有"国立北/平图书/馆收藏"朱文

---

① （清）吴引孙编：《仪征吴氏有福读书堂藏书简明总册》，影印南京图书馆藏红格抄本，《扬州文库》第二辑《地方史料类》第51册，第86页，广陵书社2015年版。
② （清）吴引孙编：《扬州吴氏测海楼藏书目录》，影印上海图书馆藏宣统二年(1910)刻本，《扬州文库》第二辑《地方史料类》第51册，第321页，广陵书社2015年版。
③ 骆兆平编著：《天一阁藏明代地方志考录》，书目文献出版社1982年版，第171页。
④ 赵万里撰：《国立北平图书馆善本书目》卷二《史部·地理类》，页五四，民国二十二年(1933)刊本。

方印。

抗战期间，为保证珍贵文物、古籍的安全，国立北平图书馆、故宫博物院等机构将所藏珍贵文物、善本南迁。后将存在上海的北平图书馆甲库善本分批转运美国，寄存于美国国会图书馆，并拍摄成缩微胶片。抗战胜利后，这批善本又转运台湾。于台北"国家图书馆"网站检索该书信息，亦称此书为"本馆前代管北平图书馆藏书，已移置故宫博物院"，台北故宫博物院"善本古籍资料库"有著录，该书四册，现已收入《原国立北平图书馆甲库善本丛书》（国家图书馆出版社，2013年版）出版发行，列于第354册，为我们利用这一珍贵文献提供了便利。此外，山东省博物馆亦藏有嘉靖《汉中府志》，但仅存卷一至卷七①。

## 第三节 崔应科纂修万历《汉中府志》

继明嘉靖年间两度编纂《汉中府志》，明万历三十一年（1603），汉中府知府崔应科也曾纂修《汉中府志》一部。但因该志早无全帙，且又不见明、清两朝藏书家书目著录，使得后世对万历《汉中府志》的了解甚为有限，甚至以为该志早已彻底散佚了。因此，极有必要对万历《汉中府志》以及纂修人崔应科的生平履历作一番详细的考证。

### 一 万历《汉中府志》存在的线索

清顺治十三年（1656），汉中府知府冯达道主持纂修了一部《汉中府志》。冯达道在《重修汉中志序》中回顾寻找明代旧志的经过："予抵兴元，首问主藏吏，漫应曰：'无有。'索之再三，以镌版数片呈，积尘寸计，点画不可辩〔辨〕。盖自万历癸卯，以至于今，垂及六十年，所不付诸嬴烬者，幸也。"② 冯达道抵职后，向主管府廨贮藏的吏员索取汉中旧

---

① 中国科学院北京天文台主编：《中国地方志联合目录》，中华书局1985年版，第197至198页。

② （清）冯达道：《重修汉中志序》，冯达道纂修：顺治《汉中府志》卷首，影印清顺治十三年（1656）刊本。傅璇琮等编：《国家图书馆藏地方志珍本丛刊》，天津古籍出版社2016年版，第144册，第43页。

志，吏员先是推说没有旧志，经冯达道再三催问，吏员虽未找到旧志，却在库房中找到了不少旧志木刻雕版。经过冯达道的辨认，发现这批镌版是"万历癸卯"《汉中府志》旧雕版。万历癸卯即万历三十一年（1603），距顺治十三年已五十三年之久，故而冯达道说"垂及六十年"，这批经过明末清初的战乱劫难的旧志木刻雕版仍能保存下来，真是非常幸运的事情。

通过冯达道的记述可知，汉中府于明万历三十一年纂修过一部《汉中府志》。但令人遗憾的是，除在《重修汉中志序》提及万历《汉中府志》的存在外，冯达道未在顺治《汉中府志》中提及该部旧志的编纂情况；更未提及万历旧志是由何人主持纂修的。

## 二 纂修人崔应科

直到清康熙二十八年（1689），汉中府知府滕天绥在为新修志书撰写序言之时，才首次明确指出万历《汉中府志》的纂修人，滕天绥《序》有云："惜岁月绵延，纪述废失，是编也，明万历癸卯创起于崔郡侯，逮至皇清丙申，继辑于冯刺史。"① "郡侯"即指一郡之长，为知府一职的别称，"崔郡侯"自然是指崔姓汉中府知府。清顺治《汉中府志》卷四《官守志》载："崔应科，河南登封人。进士。（万历）二十九年任（知府）。"② 崔应科的任职时间也与"崔郡侯"完全吻合，万历《汉中府志》的纂修人确系崔应科无疑。《汉南郡志》卷首《凡例》又云："汉郡旧志百年以前无复存者，惟明万历癸卯间郡守崔登吾有志六册。"③ "登吾"应是崔应科的字，万历《汉中府志》出自崔应科之手殆无疑议。

清乾隆《登封县志》载：崔应科为万历十三年（乙酉，1585）举人，万历二十三年（乙未，1595）进士④。《明清进士题名碑录索引》亦载：崔

---

① （清）滕天绥：《汉南郡志序》，页二。滕天绥修，和盐鼎纂：《汉南郡志》卷首。清康熙三十年（1691）刻本。

② （清）冯达道纂修：顺治《汉中府志》卷四《官守志·官师·知府》，《国家图书馆藏地方志珍本丛刊》第144册，第360页。

③ 滕天绥修，和盐鼎纂：《汉南郡志》卷首《凡例》，页八，清康熙三十年（1691）刻本。

④ （清）陆继萼修，洪亮吉纂：乾隆《登封县志》卷十五《选举表》，页三，清乾隆五十二年（1787）刻本。

应科，河南登封人，万历二十三年进士，得中第二甲第五十一名①。此后数年间，崔应科的仕途履历不详，直至万历二十九年出任汉中府知府。

崔应科在汉中府知府任上，政绩颇多。清康熙《陕西通志》载："崔应科，河南登封人。进士。汉中知府。修堰濬渠，筑城葺庙，汉利毕兴，鼓舞文士，多有成立。"②崔应科在任期间另一项重要工作即是《汉中府志》的创修。万历三十五年（1607）闰六月，"升汉中知府崔应科为荆南道副使"③，结束担任汉中府知府的六年任期。

荆南道是隶属于湖广按察使司的分巡道，明洪武二十九年十月，朱元璋"改置天下按察分司为四十一道"，其中即有荆南道"治荆州、岳阳、襄阳三府，沔阳、安陆二州"④，此后荆南道又分为上荆南道与下荆南道⑤，上荆南道驻澧州，下荆南道驻郧阳。清《郧阳府志补》将崔应科列入下荆南道巡道官员名录，可知崔应科实为湖广按察司派驻下荆南道的按察司副使。⑥

至万历四十一年，崔应科又以湖广按察司副使一职改任下湖南分巡道，至万历四十六年卸任。清康熙《宝庆府志》载："湖广按察使司分巡长（沙）、宝（庆）二府兼整饬兵备，驻扎长沙府。""崔应科，字登吾。河南长垣人。乙未进士。四十一年以副使任。"⑦此处将崔应科籍贯误作长垣县，长垣县为北直隶大名府开州下辖属县，与河南布政司无关。

由此大致可知崔应科的生平履历。崔应科，字登吾，河南登封人，万历十三年举人，二十三年进士，二十九年任汉中府知府，三十五年升任湖

---

① 朱保炯、谢沛霖编：《明清进士题名碑录索引》，上海古籍出版社1979年版，第720页。
② （清）贾汉复修，李楷纂：康熙《陕西通志》卷十八下《名宦·汉中府》，页三十六，清康熙六年（1667）刻本。
③ 《明神宗实录》卷四三五，"万历三十五年闰六月丙寅"，台北"中央研究院"历史语言研究所1962年校印本，第8225页。
④ 《明太祖实录》卷二四七，"洪武二十九年十月甲寅"，台北"中央研究院"历史语言研究所1962年校印本，第3595页。
⑤ （清）张廷玉等修：《明史》卷七五《职官四·各道》，中华书局1974年点校本，第1843页。
⑥ （清）江闿修：《郧阳府志补》，影印清康熙二十八年（1689）刻本。中国科学院图书馆选编：《稀见中国地方志汇刊》，中国书店1992年版，第36册，第603页。
⑦ （清）梁碧海修，刘应祁纂：康熙《宝庆府志》卷四《秩官表·下湖南守巡两道年表》，影印清康熙二十三年（1684）刻本。《北京图书馆古籍珍本丛刊》第37册，第103、106页，书目文献出版社1998年版。

广按察司副使分巡下荆南道，四十一年改任分巡下湖南道。崔应科虽然官至正四品按察司副使，但最为人所知的政绩却是他在汉中府知府任上的工作，这既与崔应科编纂万历《汉中府志》有关，也与冯达道利用旧志雕版存在密切的关系。

### 三 万历《汉中府志》仍存世间

上文已经谈及，清顺治十三年汉中府知府冯达道在府库中发现万历《汉中府志》旧志雕版的经过。不过冯达道对这些旧志雕版评价并不高：一说"镌版数片"，这是说雕版数量极少；又说"积尘寸计，点画不可辩[辨]"，这是说雕版质量差。言下之意无非想暗示这些刊刻万历《汉中府志》的旧志雕版几乎没有什么利用价值。但冯达道话锋一转，又说"所不付诸赢烬者，幸也"，反而说明这批雕版颇有价值。这确实是非常矛盾的言辞，不过，细细想来，如果旧志雕版没有任何价值，冯达道又何必去提及此事呢？

其实，府库中保存的万历《汉中府志》雕版数量并不像冯达道说得那么少，恰恰相反，雕版数量不但非常庞大，甚至于将整部万历《汉中府志》保存了下来。这也就为冯达道编纂顺治《汉中府志》提供了极大的便利，在编纂新志的过程中，冯达道不但几乎全盘接收旧志文献，甚至于直接利用保存下来的旧志雕版重新刊印新志。我们只需稍加留意仍存于世的顺治《汉中府志》内文的字体差异便会一目了然。

据顺治《汉中府志》书页考察，明万历《汉中府志》镌版字体接近于标准嘉靖本字体，而清代替换增补书页则使用明万历以后流行的方体字，二者字体差异较大，极易辨认。顺治《汉中府志》全书六卷，卷一《舆地志》共四十九页，今藏本缺第二十四页，存四十八页；其中使用旧志雕版重印三十七页，替换增刻十一页。卷二《建置志》共五十九页，其中除汉中府所辖府州县图占十页篇幅，无法确定刻本情况之外；使用旧志雕版重印二十六页，替换增刻二十三页。卷三《食货志》共三十七页，今藏本缺第二十页，存三十六页；其中使用旧志雕版十五页，替换增刻二十一页。卷四《官守志》共九十四页，今藏本缺第二十三页，存九十三页；其中使用旧志雕版重印五十页，替换增刻四十三页。卷五《人物志》共六十页，其中使用旧志雕版重印三十八页，替换增刻二十二页。卷六《艺文志》共一百六十七页，今藏本缺第十八、二十九页，存一百六十五页；其中使用旧志雕版重印一百三十九页，替换增刻二十四页，后人抄补二页。

由此可知，顺治《汉中府志》直接使用旧志雕版重印的页数极多，几乎占全志总页数的七成；冯达道重刻书页仅占全书总页数的三成，这其中又有不少书页是由于旧志雕版损毁，无法使用的情况下，不得不重新翻刻以替换旧志书页，并非新增内容。正是因为冯达道在纂修顺治《汉中府志》的过程中，大量使用明代旧志雕版再行重印，使得万历《汉中府志》名亡而实存。

冯达道使用明代旧志雕版重印新志的证据，不但见于版式的明显差异，亦屡见于顺治《汉中府志》各卷文字。如卷一《舆地志·沿革》分述汉中府所辖各州县历史沿革，均用明万历雕版重印书页，并于"汉中府沿革"文末补"清兴如旧"四字①，"褒城县沿革""宁羌州沿革"文末则补"清朝因之"四字②，"凤县沿革"补"清朝如故"四字③。或对书页内容进行挖改，如"南郑县沿革"载："隋复为南郑，唐宋元明及本朝皆因之"④，自"本朝"二字另起一行，"明""及"二字均为重新挖补添加，相同情况亦见城固县、洋县沿革。

卷二《建置志·城池》记载汉中府城及所辖州县城墙修补情况，相关记载的时间下限在"万历三十年知府崔应科议罢耕"汉中府城垣之时⑤；冯达道将万历旧志雕版城池沿革中"本朝"或"国朝"二字的首字磨去，"朝"字改为"明"字。

卷四《官守志·官师》载汉中府建置及职官设置情况，在叙述元代

---

① （清）冯达道纂修：顺治《汉中府志》卷一《舆地志》。《国家图书馆藏地方志珍本丛刊》第144册，第66页。
② 顺治《汉中府志》卷一《舆地志》，《国家图书馆藏地方志珍本丛刊》第144册，第68、75页。
③ 顺治《汉中府志》卷一《舆地志》，《国家图书馆藏地方志珍本丛刊》第144册，第72页。
④ 顺治《汉中府志》卷一《舆地志》，《国家图书馆藏地方志珍本丛刊》第144册，第67页。
⑤ 顺治《汉中府志》卷二《建置志》，《国家图书馆藏地方志珍本丛刊》第144册，第169页。

设置总管、同知、推官的情况之后，下文即换行顶格书写"国朝"二字①，叙述明代设置知府、同知、通判等官员的情况，后文又补刻明末清初事，可知此处的"国朝"为明朝无疑，冯达道使用明万历雕版未及挖改"国朝"二字；同卷《宦迹》载明初汉中府知府费震传记，费震"以事被谴，朝廷知震良吏，释之，为牧民者劝"②，"朝廷"二字换行顶格书写，可证该页为明刻本无疑。

卷六《艺文志》诗文均为明朝之前作品，最末一篇艺文为崔应科所撰《新创兴明寺碑记》，全卷均无明万历三十一年之后的诗文。

上述情况足以说明，冯达道能够在短期内"冗中抽暇，谋成此书"③，明万历旧志雕版起到了非常关键的作用，也正是由于冯氏对旧志雕版的再度使用，清顺治《汉中府志》的纂修周期大大缩短。

除了上述书页版式、文字证据之外，明末清初大学者顾炎武在《天下郡国利病书》中也为我们保存了顺治《汉中府志》使用万历旧志雕版的间接证据。《天下郡国利病书》收录了一篇有关汉中水利工程的文献，记录了汉中府所辖南郑县、褒城县、城固县、洋县、西乡县、沔县、宁羌州六县一州设施及灌溉田亩情况，文献出处标注为《汉中府志》。

由于该《汉中府志》只记录万历二十三年（1595）之后汉中府辖区缩小后的各州县水利工程，可知顾炎武抄录的《汉中府志》应是万历以后编纂的《汉中府志》。又因为顾炎武卒于清康熙二十一年（1682），那么，他可能见过两种版本的《汉中府志》：一种即崔应科编纂的万历《汉中府志》，另一种则是冯达道编纂的顺治《汉中府志》。将顺治《汉中府志》卷三《食货志·水利》的内容与顾炎武抄录内容对读后发现，文字分毫不差，文字差异出现在评论文字部分。《天下郡国利病书》抄录的评论文字如下：

*按筑堰溉田，为利最大，厥工亦最艰。岁出桩赀，岁动夫力，*

---

① 顺治《汉中府志》卷四《官守志》，《国家图书馆藏地方志珍本丛刊》第144册，第352页。

② 顺治《汉中府志》卷四《官守志》，《国家图书馆藏地方志珍本丛刊》第144册，第516页。

③ （清）冯达道：《重修汉中志序》，顺治《汉中府志》卷首，《国家图书馆藏地方志珍本丛刊》第144册，第46页。

苟能无法以变通之，则利源反为害丛矣。故议者谓篠囤之宜置也，柏筑之宜坚也，冲崩之宜稽也，堰长之宜择也。夫册宜清，桐口宜石，而灌序之宜定也。篠囤置则桩可省，筑坚则堤无溃，冲崩稽而补修有数，干没者何所作其奸？堰长择而后督率得人，规避者何所施其巧？夫册综以清，斯无偏苦之忧；桐口砌以石，斯无盗挖之弊；若上四下六之次序有定，则上坝下坝之分愿各得所称。水利者，信乎其为美利，而积于不涸之源，流于不竭之潴矣。①

顺治《汉中府志》的评论内容如下：

水之为用大矣哉！汉中之水，非渠堰不为功，而桩赀、夫力所费，亦不可胜计。昔人建议谓："筱囤置而后桩可省，拍筑坚而后堤不溃，时察冲崩而后修补有数，慎择堰长而后督率得人。夫册宜清，以防偏累之忧；桐口用石，以杜盗挖之弊；上四下六，灌序有定，纷争者亦喙息焉。"详哉，其言之至！山河等堰为南、褒、汉卫所共利；城、洋二邑亦并用杨填之水。则所谓均丈尺以便修葺，立工保以任程督，委职官以防凌轹，因农隙以豫修筑者，亦既勒有成规矣。顾良法美制，合众人之智，百年谋之而不足，一人一日，败之而有余。亲吏之民相度可不勤管缮，可不先欤？萧曹截流东绕，始事之勋侔禹绩。已赵宋数百年，有事于堰者，前后非一，而工料材计，丈尺之数，简点之由，受委之姓氏，纤屑必表于碑。古人之意用告踵而行者，无变旧章，无鬶前功，而因时规利，补畴昔所未逮，诚存乎其人云。达道识。②

上述评论文字最末有"达道识"三字，可知出自冯达道之手。将两段评论内容对比之后就会发现，冯达道不但见过顾炎武抄录的《汉中府志》，而且将评论文字作了引述，标为"昔人建议谓"；掇拾前人观点之

---

① （清）顾炎武撰，黄坤等校点：《天下郡国利病书》，上海古籍出版社2012年版，第2035—2036页。

② 顺治《汉中府志》卷三《食货志》，《国家图书馆藏地方志珍本丛刊》第144册，第313—314页。

后,尤显意犹未尽,又在此基础上继续发挥评论。既如此,顾炎武抄录的《汉中府志》、冯达道转述的《汉中府志》应是万历《汉中府志》无疑。

综上所述,顺治《汉中府志》大量使用万历《汉中府志》镌版的事实是毫无疑议的。也正是由于冯达道的"偷懒",间接为我们保存了万历《汉中府志》的基本面貌。

### 四 编纂体例的变化

有赖于顺治《汉中府志》对万历旧志雕版的再度利用,我们便可以通过顺治《汉中府志》考察万历《汉中府志》的基本体例。顺治《汉中府志》共分六卷。卷一《舆地志》,分列星野、沿革、疆域、山川、陵墓、风俗共六目;卷二《建置志》,分列城池、藩镇、兵防、公署、学校、津梁、秩祀、寺观共八目;卷三《食货志》,分列田赋、茶课、物产、水利、灾祥共五目;卷四《官守志》,分为官师、宦迹两目;卷五《人物志》,分列科甲、名贤、侨寓、仙释、贞烈共五目;卷六《艺文志》,分列诗类、文类共两目。

上述目录除卷二《建置志》"藩镇"一目,无法确认万历《汉中府志》的有无之外,其他编纂体例、目录次序均应是承袭自万历《汉中府志》。由此可以发现万历《汉中府志》与嘉靖《汉中府志》的明显差异。其一,不再将"寺观""仙释"编入另册。其二,对民风习俗有所侧重,编纂"陵墓""风俗""灾祥""贞烈"等与社会生活及民间崇祀活动密切相关的内容。其三,改变嘉靖《汉中府志》不编《艺文志》的做法,重新编纂《艺文志》,大量收录与汉中相关的历代诗文作品。

以上三个方面的积极变化完全突破了此前张良知基于礼教传统、完全重于实用的嘉靖旧志编纂原则,在一定程度上拓展了《汉中府志》记录本地政治、经济、军事、文化,尤其是社会生活、风俗信仰等方面的广度与深度,展示了明代后期汉中府社会生活的变化趋势。而这种变化的影响也是较为深远的,其编纂体例为清顺治《汉中府志》完全沿袭,对清代康熙《汉南郡志》、嘉庆《汉南续修郡志》均产生了深远影响。

### 五 文献价值与谬误

上文在讨论万历《汉中府志》编纂体例的变化时,已大致概述了万历《汉中府志》的文献价值。不过，文献价值的大小往往蕴含于细节的记录，或是体现于对旧志缺憾的改进与弥补。万历《汉中府志》确实弥补了十卷本嘉靖《汉中府志》的两大缺陷。

首先，重编《艺文志》全面收集汉中历代诗文。万历《汉中府志》收录诗歌数量极多，其中唐诗54首、宋诗114首、明诗118首，尤以宋明两朝诗歌的价值最高。《艺文志》所收宋诗有两大来源：一是摘抄当时所见文人文集、地理总志中与汉中相关的宋诗，二是抄录刊刻在摩崖石刻及碑刻上的宋诗。相较而言，后一来源具有地域文献的特殊意义。换言之，大多数石刻文献并没有收入传世文集、地理总志之中，而明代万历年间距今已有四百余年，明人抄录的宋诗石刻，今人多已无法寻访，由此可见万历《汉中府志》搜集宋诗的意义。明代诗歌的价值则主要体现在唯一性，在万历《汉中府志》编纂之前、八卷本《汉中府志》曾编纂《艺文志》，但失传已久；在万历《汉中府志》之后，再也不可能出现第二种明人搜集整理的汉中明代诗歌总集。

万历《汉中府志艺文志》收录的"文类"数量并不多，共计52篇。其中汉代文献4篇，唐代文献7篇，北魏《石门铭》1篇，宋代文献6篇，元代文献4篇，明代文献30篇。汉唐文献多是耳熟能详的作品，如《郙阁颂》《前出师表》《兴州江运记》等名篇。最具价值的文献仍然是宋、元、明三朝文献。宋代6篇，除苏轼《筼筜谷偃竹记》之外，其余5篇均来自碑刻文献，分别涉及洋县(南胜《重修园池亭榭上梁文》)、宁羌州(苏在廷《龙门洞记》)、褒城县(游国佐《金华寺龙骨塔铭》、晏袤《山河堰赋》)、南郑县(修信《乾明寺记》)等五县。元文4篇，除《加封文昌祠跋》为元文无误外，其余3篇均是误收宋文，涉及凤县(朱绂《忠护侯庙记》)、褒城(窦充《重修大成至圣文宣王庙记》《汉相国懿侯曹公庙记》)，这3篇碑记同样出自宋代碑刻。

明代文献则占"文类"总数的一半以上，编者重点收录三类文献：一是维持社会礼法秩序的文献，如伍福《汉中府学庙学记》、康海《蓝公祠记》、徐用检《方公祠记》；二是维护民间宗教信仰的文献，如崔应科《佑启殿记》《新创兴明寺碑记》、舒鹏翼《禹王庙记》、杨守正《寿亭侯庙》；三是与百姓生活密切相关、彰显仁政思想的文献，如周东《修城记》、秦时吉《安民碑记》、崔应科《夏旱祈雨文》《捕虎文》、张栋《张公五井记》。这些明代文献除极个别仍有碑刻流传或有明代志书收录之外，均可将万历《汉中府志艺文志》视为最初的文献出处。总而言之，万历《汉中府志艺文志》是目前所能见到的、最早的汉中历代艺文总集。

其次，详细记录各级官员任职情况。万历《汉中府志》卷四《官守志·官师》收录陕西按察司关南道副使、汉中府知府、同知、通判、推官、守备、府学教授、训导，以及所辖南郑县、褒城县、城固县、洋县、西乡县、凤县、沔县、宁羌州、略阳县共十州县知州、知县的姓名、籍贯、出身、任期，有些官员题名之下又辅以简略事迹或简短评语。这一编纂方式全面记录了官员在汉中的履历，一改此前嘉靖《汉中府志》粗略简化的不足，尤其是尽量补充官员始任纪年，为我们弄清楚诸多历史细节问题提供了极大帮助。同卷《宦迹》收录汉中历代官员传记，起于西汉，终于明代，文虽简略，但聊胜于无。卷五《人物志》对于科甲、名贤记载尤多，也在一定程度上弥补了嘉靖旧志的不足。

万历《汉中府志》也存在一些不容忽视的谬误与错漏。编者不具备沿革地理学识是导致万历《汉中府志》出现错误的主要原因。最明显的错误是将沔州误为沔县前身，将历史上的略阳都当作明代汉中府略阳县。

唐宋两朝均设置沔州，唐代的沔州在今湖北省境内。《旧唐书》载：鄂州下辖汉阳等五县，汉阳县，"汉安陆县地，属江夏郡。晋置沌阳县。隋初为汉津县，炀帝改为汉阳。武德四年（621），平朱粲，分沔阳郡置沔州，治汉阳县。……至太和七年（833），鄂岳节度使牛僧孺奏，沔州与鄂州隔江，都管一县，请并入鄂州，从之。旧属淮南道"。① 此沔州属淮南道，领汉阳、汉川二县，治今武汉市汉阳区②，与明清汉中府所辖沔县无关。宋代的沔州即唐代的兴州，沔州乃是南宋开禧三年（1207）四月"己巳，改兴州为沔州"③，治所在顺政县，"开禧三年，改为略阳"④，即今略阳县。可知南宋时的沔州亦与明代汉中府沔县无关。万历《汉中府志》在卷一《舆地志》中将本应归属略阳县的南宋沔州沿革，强行套在了沔

---

① （后晋）刘昫等撰：《旧唐书》卷四十《地理三》。中华书局1975年点校本，第1610—1611页。

② 参见周振鹤主编，郭声波著《中国行政区划通史·唐代卷》，复旦大学出版社2012年版，第451—452页。

③ （元）脱脱等撰：《宋史》卷三八《宁宗二》，中华书局1977年点校本，第745页。

④ 《宋史》卷八九《地理五》，中华书局1977年点校本，第2223页。

县头上①，在卷六《艺文志》中收录唐人贾至《沔州秋兴亭记》②，又将唐代沔州认作明代汉中府沔县。

明清汉中府所辖的略阳县，源自北魏太武帝侨置的略阳郡。《太平寰宇记》载：兴州顺政县，"本汉沮县地，后魏太武帝于此侨立略阳郡"③。略阳作为行政区划地名最早见于《汉书》，该书《地理志》载：天水郡领县十六，略阳道为其一④。《后汉书》又载：光武帝建武"八年（32）春正月，中郎将来歙袭略阳，杀隗嚣守将而据其城"，唐李贤"略阳"注云："县名，属天水郡，故城在今秦州陇城县西北。"⑤ 略阳郡之名始见《晋书》记载，秦州"略阳郡，本名广魏。泰始中更名焉。统县四"，临渭、平襄、略阳、清水⑥。由此可知，不论是略阳县还是略阳郡均是由天水（秦州）一带侨置而来。万历《汉中府志》编者不详地理沿革，将来歙视为略阳官员，《官守志·宦迹》收入来歙传记；将"隗嚣台"视为略阳古迹，编入《建置志》；又将唐代秦州略阳人权皋、权璩、权德舆等人视为汉中略阳乡贤，列入《人物志》之中。这显然是好心办了错事，并非出自崔应科等人编纂万历《汉中府志》的本意。但由于万历《汉中府志》对清代方志的深远影响，后世方志多沿袭传抄不改，必然造成谬种流传的局面。这确实是万历《汉中府志》存在的明显错误。

## 第四节　冯达道纂修顺治《汉中府志》

清顺治十三年（1656），汉中府知府冯达道主持纂修了一部《汉中府志》。顺治《汉中府志》是清代记录汉中历史的首部方志，因其对明万历

---

① 顺治《汉中府志》卷一《舆地志》，《国家图书馆藏地方志珍本丛刊》第144册，第73页。
② 顺治《汉中府志》卷六《艺文志》，《国家图书馆藏地方志珍本丛刊》第145册，第288至289页。
③ （宋）乐史撰，王文楚点校：《太平寰宇记》卷一三五《山南西道三》，中华书局2007年版，第2644页。
④ （汉）班固撰：《汉书》卷二八下《地理志下》，中华书局1962年点校本，第1612页。
⑤ （宋）范晔撰，（唐）李贤等注：《后汉书》卷一下《光武帝纪第一下》，中华书局1965年点校本，第53页。
⑥ （唐）房玄龄等撰：《晋书》卷十四《地理上》，中华书局1974年点校本，第435页。

《汉中府志》的全面承袭，对明清易代之际地方历史的真实记录，在汉中明清方志中具有时代特质清晰、文献价值厚重、历史影响深远等突出特征。全面考察顺治《汉中府志》的纂修过程与文献价值，对于后人理解明清易代之际地方史志的纂修方式与书写原则具有样板性的意义。

## 一　纂修人冯达道之生平

顺治《汉中府志》是由汉中府知府冯达道纂修成书的。冯达道，字惇五，号鹭蓉，明朝末年生于常州府武进县①。青年时入常州府学，明崇祯元年（1628）入选岁贡，但未任官职。至清兵南下占领江南之后，冯达道又以常州府学学生的身份参加了清廷组织的乡试，并于清顺治三年（1646）得中举人②，顺治四年（1647），冯达道参加会试，再度告捷，高中进士③，位列第二甲第三十九名④。此后冯达道被任命为淮安清江浦常盈仓户部分司主事，由此走上了仕宦之路⑤。清康熙《江南通志》在冯达道传记中载："冯达道，字惇五。顺治丁亥（四年）进士，授户部主事。岁入觐，诏觐臣奏地方利弊，江右藩司以袁、瑞二府浮粮对。疏下部议，同官咸难之，达道力争，得报可。"⑥冯达道在户部主事任上为江西袁州、

---

①　（清）邹祗谟、王士禛辑：《倚声初集》卷二《爵里》，影印清顺治十七年（1660）刻本，《续修四库全书》第1729册，第202页。

②　（清）于琨修，陈玉璂纂：康熙《常州府志》卷十六《岁荐》，影印清康熙三十四年（1695）刻本，《中国地方志集成·江苏府县志辑》，江苏古籍出版社1991年版，第36册，第319页。

③　清康熙《常州府志》卷十七《甲科》，《中国地方志集成·江苏府县志辑》，江苏古籍出版社1991年版，第36册，第363页。

④　朱保炯、谢沛霖编：《明清进士题名碑录索引》，上海古籍出版社1979年版，第1063页。

⑤　按：（明）马麟修，（清）杜琳重修，李如枚等续修《续纂淮关统志》卷八《题名》，附录"仓厂分司"职官题名，分列"常盈仓户部分司"与"清江厂工部分司"二部分司主事题名，清江厂工部分司题名载："冯达道，长洲人。"题名之后按语云："仓厂分隶户、工二部，向来各有专员管理，与淮安钞关并峙。自康熙九年以十里三关，题准裁并淮关征收，而当时司榷之人，苟有一善足录，亦今日淮关之程式也。其奈历年久远，淹没无闻，不独政绩失传，即其年分、爵里亦多舛讹，莫可考订。今只就《淮安府志》中所载姓名备录之，以俟考云。"（《四库全书存目丛书》史部第273册，第825页。）可知此题名讹误较多，冯达道分司、籍贯皆误，但亦可知冯氏当任常盈仓户部分司主事一职，此职亦与进京奏对江西袁、瑞二州浮粮事相符。

⑥　（清）于成龙等修，张九徵等撰：康熙《江南通志》卷四四《人物二·常州府·皇清》，页六九，清康熙二十三年（1684）江南通志局刻本。

瑞州二府减免税赋的事迹亦见清道光《武进阳湖合志》，该志载："（冯达道）为户部郎中时，江右藩司应诏论及袁、瑞二府三百年应蠲未蠲之浮粮。疏下部议。达道曰：'此千载一时也。'偕同官力议请蠲。堂官以军需孔亟为嫌，达道固请，始入奏。达道每夜焚香于庭，为民乞命。七日果得俞旨。"①

或许是冯达道在户部主事任上的优秀表现获得了上级青睐，顺治十三年（1656），冯达道被命出任汉中府知府②。彼时的汉中正是用武之地，平西王吴三桂、定西侯唐通等人率领大军驻扎于此，奉清廷之命围剿蜀地抗清武装。冯达道"出守汉中，时汉南半为军营地"③，为军队调运筹措军饷、安抚本地百姓、调和军民矛盾成为他的主要工作。小小的汉中府知府与领军王侯不可同日而语，因而以冯达道为首的地方官员经常受到来自军方的压力。清康熙《江南通志》在冯达道传记中记载了这样一件事："有吏索营债者，向守追捕。达道厉声叱曰：'某为朝廷官，为若辈追逋耶！'谢事告去。帅府随缚前吏，挞之。始出视事。"④汉中驻军中有官吏放高利贷，无法收回，却向冯达道求助，要求官府派人替他追捕欠款者。冯氏愤然以辞职相告，不问政事。最终以帅府痛挞小吏、谢过了事，冯达道才再度出面办理公务。由此可见冯达道刚直不阿的品格，亦可见其日常工作中努力维护地方行政权威的复杂局面。也正是在这一局面之下，冯达道完成了《汉中府志》的纂修工作。清顺治十七年（1660），冯达道升任河东都转盐运使、司盐运使⑤，负责山、陕两省盐池的管理，以及山、陕、豫三省的食盐营销事宜。至康熙二年（1663），冯达道自河东盐运使离任之后，未再担任官职。通观冯达道从政履历，户部主事、河东盐运使都是以处理经济事务为主的岗位，汉中府知府虽是一地的行政长官，但由于彼时汉中为用武之地，经济工作也占据了他绝大多数的时间与精力。冯达道既

---

① （清）孙琬等修，李兆洛等纂：道光《武进阳湖县合志》卷二四《人物志三·宦绩传》，页五二至五三，清道光二十三年（1843）刻本。
② （清）冯达道纂修：顺治《汉中府志》卷四《官守志·官师·知府》，《国家图书馆藏地方志珍本丛刊》第144册，第363页。
③ 清道光《武进阳湖县合志》卷二四《人物志三·宦绩传》，页五二至五三。
④ 清康熙《江南通志》卷四四《人物二·常州府·皇清》，页六九。
⑤ （清）苏昌臣辑：《河东盐政汇纂》卷四《官师·河东都转运盐使题名记》，影印清康熙间刻本，《续修四库全书》，上海古籍出版社2002年版，第839册，第598页。

· 26 ·

能勇于任事，在工作中也是极为讲求时效。在纂修《汉中府志》的过程中也体现了冯达道较为独特的处事原则。

## 二 独特的纂修办法：承袭与替补

清顺治《汉中府志》纂修完成之后，冯达道"抚卷喟叹，叹世事之变"①，撰写《重修汉中志序》列于该志卷首。该序作于"顺治岁次丙申汉台萸饮之日"②，"顺治丙申"即顺治十三年（1656），"汉台"为汉中府署所在地，"萸饮之日"即指九月九日重阳节，该节有佩茱萸、饮菊花酒之风俗。由此日期判断，冯达道重修《汉中府志》成书于顺治十三年九月九日之前。前文已经述及，冯达道出任汉中府知府也是在顺治十三年，虽然不清楚冯氏到任的具体时间，但顺治《汉中府志》纂修成书仅在数月之间，应是确凿无疑的。如何在短短数月之间，如此神速地完成重修《汉中府志》的工作，这其中必然有一些不同寻常的情况。

地方志书的纂修一般会沿袭、利用前代旧志文献，在旧志内容的基础上加以增补、删节，形成定本之后，重新雕版刊印新志。顺治《汉中府志》的纂修则是一个例外，冯达道不但几乎全盘接收旧志文献，甚至直接利用保存下来的明万历《汉中府志》旧志雕版重新刊印新志。这种情况在明清地方志中都是极为罕见的现象③。冯达道能够在短期内"冗中抽暇，谋成此书"，明万历旧志雕版起到了非常关键的作用，既省去了重新刊刻新志之劳，又节约了大量时间与经费，也正是由于冯氏对旧志雕版的再度使用，使得清顺治《汉中府志》的纂修周期大大缩短。

有了明万历《汉中府志》书版作为基础，冯达道便把主要精力与工作重点转移到替换与增补两项工作之中。替换工作主要是替换旧志《建置志》中"兵防"部分以及《食货志》中"田赋"部分。明代军事的主力是遍布全国的军事卫所，入清之后，八旗、绿营成为主角，前朝卫所纷纷予以裁撤。冯达道便在《建置志》"兵防"一节以清初驻扎汉中的军事

---

① （清）冯达道：《重修汉中志序》，冯达道纂修：顺治《汉中府志》卷首，《国家图书馆藏地方志珍本丛刊》第144册，第46页。

② （清）冯达道：《重修汉中志序》，冯达道纂修：顺治《汉中府志》卷首，《国家图书馆藏地方志珍本丛刊》第144册，第50页。

③ 按：冯达道利用明万历《汉中府志》雕版，重印新志的具体情况，详见上文《崔应科纂修万历〈汉中府志〉》一节。

部署情况替换了前朝卫所武官、军丁的记载；并且记载了汉中卫、宁羌卫、沔县守御千户所裁革卫所武官、将卫所军户改为屯丁的情况。田亩数额与土地质量是征收田赋的依据，人丁数量则是征发徭役的依据，在明代一条鞭法改革之后，田赋与徭役一并折银征收，地方志书都会详细记录本地田赋与徭役折银的情况。经过明末清初兵燹洗劫，田地荒芜、人口逃亡，汉中府赋役征解情况与明万历年间相比已发生较大变化，冯达道遂将旧志《食货志》"田赋"一节抽出，重新补入了清顺治年间汉中府所辖州县及明朝遗留的汉中卫、宁羌卫、沔县守御千户所田赋及人丁徭役折银的内容，又云："田赋之数据、现年规则，胪列如右，虽将来赢缩，间有不齐，此其大略也。考之旧志，盖田不加辟，且就芜焉，赋则渐倍他日矣。兵燹饥荒之后，无黔无晳，皆鸠鹄也。烟火不接，而犹勤正供，汉民其余古哉！"① 由此可断定，"田赋"数据均为清顺治年间重新调查所得，用以替换明朝万历年间田赋及人丁徭役折银之旧额。

相较于替换旧志内容，增补工作则是自明万历三十一年（1603）始，至清顺治十三年（1656）止，对明末清初五十余年间汉中府诸方面文献进行增补。增补方式又可分为三种情况如下。

其一，直接增补。明万历《汉中府志》原无"藩镇"，清顺治年间平西王吴三桂率领大军镇守汉中，冯达道新编"藩镇"一节，将吴三桂为首的满汉官员员额、俸禄、驻军人数、禄米，甚至马匹草料均一一记录在案，列入卷二《建置志》。又有将增补文字直接刻在万历旧志雕版上，《建置志》"津梁"载"洋县为桥者七"一段，最后补刻"今知县曹可大于湑滨河筑桥利涉"② 十四字。

其二，直接续补。将新增内容直接附在明万历旧志各卷相关内容之后，如卷四《官守志》将万历三十一年之后陕西按察司副使分巡关南道、汉中府知府以及各州县官员题名附录于旧志职官题名之后；卷五《人物志》则在明万历科举题名之后，增刻明天启、崇祯及清顺治年间举人题名。此类以年代为序的职官、科举题名增补起来较为容易，只需将后续题名刊刻成书，再将书叶分别插入旧志相应位置即可。

---

① （清）冯达道纂修：顺治《汉中府志》卷三《食货志》，《国家图书馆藏地方志珍本丛刊》第 144 册，第 293 页。
② 清顺治《汉中府志》卷二《建置志》，《国家图书馆藏地方志珍本丛刊》第 144 册，第 238 页。

第三种办法，即集中续补之法，予以集中处理。有些部分的增补则较为困难，如卷二《建置志·城池》以汉中府城（南郑县）、褒城县、城固县、西乡县、凤县、沔县、宁羌州、略阳县为序，彼此之间前后相继，旧志雕版已无空隙，无法增补明万历之后各地城池情况。冯达道遂以"续考"之名，总括汉中府、凤县、西乡县、沔县、略阳县、宁羌州、洋县等七地城池的情况集中附在旧志"城池"之后。同卷"学校"部分也以"续考"之名增补府学、洋县学、略阳县学等三地学校的新内容。又如卷三《食货志》"灾祥"部分，冯达道又以"灾祥续考"之名编辑西乡县、洋县、沔县、宁羌州、略阳县等五州县情况，附录于旧志"灾祥"之后。"续考"内容采取有则补之、无则不补的原则，只涉及汉中府所辖若干州县，而不包括所辖全部州县。

经过一番较为细致的排列组合、替换增补，冯达道最终完成了清顺治《汉中府志》的纂修工作。卷一《舆地志》，含星野、沿革、疆域、山川、陵墓、风俗；卷二《建置志》，含城池、藩镇、兵防、公署、学校、津梁、秩祀、寺观；卷三《食货志》，含田赋、茶课、物产、水利、灾祥；卷四《官守志》，含官师、宦迹；卷五《人物志》，含科甲、名贤、侨寓、仙释、贞烈；卷六《艺文志》，含诗类、文类。最终形成了以明万历《汉中府志》为底本，以明末清初文献为重要补充，辅以集冯达道评论文字于一体的清顺治《汉中府志》。但因为旧志雕版书叶与新增替换书叶混杂在一志之中，文字字体无法统一，全书页码虽经剜改重新编次，但仍有未改、错改的情况，因此全志总体上确实存在阅读不便、观感不美的遗憾。

### 三 明清易代视角下的文献价值

清顺治《汉中府志》上承明万历旧志、下启清代新志，又因其颇为独特的编纂过程，使得该志的文献价值独具特点，其文献价值主要体现在三个方面。

其一，保存了明万历《汉中府志》的基本面貌。目前所能见到最早的汉中地方志是汉中府同知张良知于明嘉靖二十三年（1544）修成的《汉中府志》，彼时汉中府领金州、宁羌州二州以及南郑、褒城、城固、洋县、西乡、凤县、平利、石泉、洵阳、汉阴、白河、紫阳、沔县、略阳等十四县。至万历十一年（1583）八月，改金州为兴安州。万历二十三年，又改兴安州直隶陕西布政司，兴安州与平利、石泉、洵阳、汉阴、白河、紫阳等六县不再隶属汉中府。明万历三十一年汉中府知府崔应科纂修《汉中府志》之时，正是明朝后期汉中府行政区划调整之后，该志书的历史记录是了解这一时段汉中诸方面状况的关键。但长期以来，学界普遍认为万历《汉中府志》已散佚无存。通过对清顺治《汉中府志》的考察，发现书中直接保存了大量明万历旧志的书叶，这就为我们提供了明代后期汉中府政治、社会、文化等诸方面的原始记录。尤为重要的是，嘉靖《汉中府志》未编《艺文志》，万历《汉中府志》新编《艺文志》大量收录明万历三十一年之前的汉中本地诗文，又为清顺治《汉中府志》所继承，成为目前所能见到的汉中本地诗文总集的最早源头。顺治《汉中府志》省时省力的便宜之举，却在无意之间保存了明万历《汉中府志》的基本面貌，这也是冯达道留给后人的意外惊喜。

其二，保存了明末清初的珍贵史料。明亡清兴之际，正是各方政治势力缠斗、社会大动荡的历史时期。明末战乱、清初兵防、前明卫所裁革、田赋征收、吴三桂驻守汉中等明末清初的汉中史实皆仅见顺治《汉中府志》记载。以吴三桂驻扎汉中事迹而言，顺治《汉中府志》纂修之时，吴三桂正手握重兵东征西讨，为清廷统一全国立下了汗马功劳。因吴三桂长期驻兵汉中，《汉中府志》对其多有溢美之词，且在"藩镇""兵防"详载其俸禄及军力部署情况，但"三藩之乱"发生之后，吴三桂成为清廷急欲诋毁的"乱臣贼子"，后世史籍对其事迹极力抹杀并加以丑化。清康熙《汉南郡志》仅载康熙十三年至十八年间"滇逆"吴三桂部将蹂躏汉中所属州县事，不载顺治年间吴三桂驻扎汉中旧事[1]。

又有史实散见于全志各处，如明末瑞王朱常浩建藩汉中之事，卷二《建置志·城池续考》载明天启元年（1621）于汉中设瑞王府拓展汉中府城池，卷四《官守志》则载天启七年瑞王朱常浩就藩汉中途中，西乡县知县徐汝正因供账不力，为瑞王扈从鞭扑羞辱，乃至溺水而亡，均始见本志记载。又如明末清初各方势力对汉中地区的争夺攻防战事，卷三《食货志·灾祥续考》载明末清初西乡县、洋县、沔县等三县流寇掠城事，尤其对李自成部将韩文率兵攻打土寇胡向化，导致洋县五云宫被焚的经过有较为详细的记载；卷四《官守志》关南道副使胡全才传记又载胡全才与

---

[1] （清）滕天绥修，和盐鼎纂：康熙《汉南郡志》卷二《舆地志·偣乱》，页五七至五八，清康熙三十年（1691）刻本。

李自成部将贺珍围绕争夺汉中的战事情况。冯达道纂修《汉中府志》正处于明清之际,文网尚不严密,纂修志书尚无顾虑,秉笔直书屡见志书,这为后人追寻明末清初汉中社会的真实状况提供了珍贵数据。

其三,冯达道对于志书的精彩点评。冯达道生长在社会经济繁荣的江南,因此在志书中常将汉中与江南相比。他在《舆地志·沿革》点评汉中所辖州县规模时说:"今日之汉,编户不过百余里,盖江南一小县耳。剖而为九,其有几何?不得已而差次之,洋也、城固也、西乡、南郑也,伯仲之间也。宁羌、略阳,邠以下无讥焉。而况沔之羌陋也,不过一邨落。褒邑之冲疲也,空城荡荡,阒无居人。凤之硗瘠也,万山中一亭长,有白石可煮耳。"① 直言汉中战乱之后城池荒芜的破败景象。而这样破败的景象又与汉中少土著、多移民的人口社会结构密切相关,"德则来思,怨则去汝;安则土著,危则流庸"②,社会生活流民化进一步加剧了本地宗族权势薄弱、百姓好信巫蛊的社会状况,"家号荐绅,人非草莽,乃或谱牒无稽,致宗支之杂糅,寝庙不立,悲祭奠之踉跄,其与穷乡僻里之民憪于七夕、中秋之节者,相去不能以咫","尤有异者,疾病不求草木之滋,而师巫用事;死丧则狃堪舆之说,而窀穸无期。竞锥刀之末,则告讦起于亲朋;逞睚眦之仇,而性命委诸沟渎"③。因此,冯达道认为应当重视祠祀的教化作用,对汉中名宦乡贤祠祀荒芜甚为惋惜,"甚有数椽之屋,废而为墟,乡先生不得与社公争酒食,斯可叹也"!④ 祠祀荒废的面貌与名宦乡贤祠宇众多、有"大家香火之讥"的江南亦形成鲜明对比,冯达道借此希望尽快恢复本地祀典自然有尽快恢复社会秩序、尊崇封建礼教的用意。

冯达道对明清之际的政治变迁亦有点评,针对清初裁撤卫所,冯氏即指出:"前朝卫所之设,始未尝不资其扞御,迄其终也,纨绔因仍,而戎

---

① (清)冯达道纂修:顺治《汉中府志》卷一《舆地志》,《国家图书馆藏地方志珍本丛刊》第144册,第77—78页。
② 清顺治《汉中府志》卷一《舆地志》,《国家图书馆藏地方志珍本丛刊》第144册,第90页。
③ 清顺治《汉中府志》卷一《舆地志》,《国家图书馆藏地方志珍本丛刊》第144册,第146页。
④ 清顺治《汉中府志》卷二《建置志》,《国家图书馆藏地方志珍本丛刊》第144册,第265—266页。

籍不可稽，军实不可数。纵有存焉，金鸡玉犬，曾无鸣吠之实。"① 冯达道身为地方主政官员，对普通百姓有着深切的同情，他辛辣地讽刺那些酷吏"特不为鸾凤，并鹰鹯不若也，直为攫肉之鸟而已，持论则喙长三尺，判事则手重五斤"②，以欺压百姓为能事；又于《人物志·贞烈》论及得到旌表、奖以衣食的贞节烈妇大多是具有社会地位的女性，而"委巷单门"中贫苦节妇往往得不到应有的褒奖，"知之者耕佣牧竖，两两三三，又无气力以致之当事，则亦与烟草同沦而已矣。人间茶苦，百萃于砥节之妇人，而幽光不扬，沉闭泉壑，如橡孰秉，通旁无繇"，冯达道"所为感怆盈中，掷笔而洒无从之涕"③，对于饱受封建礼教束缚的女性亦抱有深切同情。

冯达道之所以能够较为准确地对志书内容加以品评，一方面是由于顺治《汉中府志》中大量使用万历旧志书叶，冯达道能够站在旁观者的角度对旧志内容、编纂得失进行客观分析；另一方面也与冯达道为人机敏干练，能够抓住关键问题的为政能力密切相关。由此可见，冯达道的评论不但是顺治《汉中府志》的重要组成部分，而且具有更为突出的文献价值。

当然我们也应当注意到顺治《汉中府志》成书过程极其仓促，因而留有不少错误与遗憾，在保存万历旧志文献的同时，也沿袭了旧志中的不少错误，加之明清之际的史实多以替换增补的方式融入旧志，这就造成了顺治《汉中府志》体例杂乱、内容杂糅的缺陷。冯达道对此亦有清晰的认识，针对《艺文志》所收诗文截止到万历三十一年，此后文献缺失的情况，冯达道评论道："惜旧志所载，诗若文容，佚于荟撮之外。而自万历中年，迄今五六十载，作者相仍，蒸云澍雨，欲广罗以志盛，念非时日所可了。姑仍旧本，订其讹谬，以成书。倘不至奉职无状，以速官谤，尚当遍采幽遐，别立义例，如曹能始《蜀中名胜》、刘同人《帝京景物》等

---

① 清顺治《汉中府志》卷二《建置志》，《国家图书馆藏地方志珍本丛刊》第144册，第194页。

② 清顺治《汉中府志》卷四《官守志》，《国家图书馆藏地方志珍本丛刊》第144册，第523页。

③ 清顺治《汉中府志》卷五《人物志》，《国家图书馆藏地方志珍本丛刊》第145册，第119页。

编，以山水为经，诗文为纬，勒为定本。"① 可知冯达道并非不想推倒旧志、重订体例、再编新志，但奈何"念非时日所可了"，只能一仍其旧，期待日后再有所作为。但这并不影响顺治《汉中府志》在汉中明清方志中的特殊地位，其独特的文献价值仍有进一步发掘研究的必要。

### 四 顺治《汉中府志》的著录与整理

自顺治《汉中府志》之后，又有汉中府知府滕天绶纂修康熙《汉南郡志》、知府严如熤纂修嘉庆《汉南续修郡志》。后两部志书均将冯达道撰写的《重修汉中志序》列在志书卷首，以示清代汉中府方志的纂修渊源。这也使得后世学者以及关心汉中历史文化的爱好者知道清顺治时曾有一部《汉中府志》。但大多只知其名，未知其详，对于顺治《汉中府志》的编纂体例、文献价值更是知之甚少。这一状况与顺治《汉中府志》传世数量稀少密切相关。

目前所知，顺治《汉中府志》仅北京国家图书馆有藏，堪称世间孤本。全志分为六册：卷首与卷一《舆地志》合为第一册，卷二《建置志》与卷三《食货志》合为第二册，卷四《官守志》为第三册，卷五《人物志》为第四册，卷六《艺文志》分为两册，《诗类》为第五册，《文类》为第六册。各册首叶与末叶均钤有"京师图书/馆藏书记"篆书朱文长方印，据考证该印章是民国初年京师图书馆使用的藏书印章②，由此推测，顺治《汉中府志》原为清宫旧藏图书的可能性较大。今所见第六册末叶是冯达道对《艺文志》"文类"的评论，但评论文字下文缺失，而"京师图书馆藏书记"印章正钤于此叶，可知最迟至民国初年时，顺治《汉中府志》已残缺。

顺治《汉中府志》初见于1935年上海商务印书馆出版的朱士嘉《中国地方志综录》著录③，1985年中国科学院北京天文台主编的《中国地

---

① 清顺治《汉中府志》卷五《人物志》，《国家图书馆藏地方志珍本丛刊》第145册，第446页。
② 参见马谊：《国家图书馆各历史时期印章考析》，《图书馆理论与实践》2018年第12期，第105页。
③ 朱士嘉：《中国地方志综录（增订本）》，商务印书馆1935年初版，1958年增订本，第58页。

方志联合目录》亦著录①。1987 年，北京图书馆（今国家图书馆）所编《北京图书馆古籍善本书目》首次著录了顺治《汉中府志》的版本信息："顺治《汉中府志》六卷。清冯达道纂修。清顺治刻本。六册。九行二十字。白口。四周双边。"② 对于顺治《汉中府志》存在的万历旧志雕版重印书叶与顺治增刻雕版新印书叶之间的版式差别，著录信息未作细致区分，一律指为清顺治刻本。

　　顺治《汉中府志》虽由冯达道修成，但顺治十三年之后仍有个别职官任职记录。如康熙四年（1665）郭永祚由本府通判升任知府③；又如"高世豪，山东济南府淄川县人。由己亥（顺治十六年，1659）进士。康熙六年任南郑县知县"④ 可知今所见顺治《汉中府志》又是由康熙初年汉中府、南郑县地方官员对零星书叶补刻重印而成。

　　由于顺治《汉中府志》是稀见孤本，读者无法借阅图书原本，只能查看根据原书翻拍的胶片；又限于国家图书馆古籍善本部只能复制原书胶片三分之一的规定，研究者无法掌握顺治《汉中府志》的全貌，更不必说进行系统的整理与研究工作了。事情在 2016 年出现了转机，该年天津古籍出版社出版发行了《国家图书馆藏地方志珍本丛刊》，丛刊共有 800 册之巨，其中就收录了顺治《汉中府志》的影印件。2018 年春，汉中市档案馆馆长孙启祥先生得知武汉大学图书馆藏有《国家图书馆藏地方志珍本丛刊》之后，遂派出专人前往武汉大学图书馆复制全本顺治《汉中府志》。鉴于顺治《汉中府志》文本字体不统一、文献亦存在表述不清或完全错误的地方，加之体裁拼凑、现存旧志书叶残缺等问题，不进行整理校注不足以面对读者，汉中市档案馆遂委托王浩远对顺治《汉中府志》加以整理校注。经过一年多的文字录入、标点句读、注释校注，最终形成了《顺治汉中府志校注》一书，由山西人民出版社于 2019 年 11 月正式

---

① 中国科学院北京天文台主编：《中国地方志联合目录》，中华书局 1985 年版，第 198 页。

② 北京图书馆编：《北京图书馆古籍善本书目》，书目文献出版社 1987 年版，第 655 页。

③ 清顺治《汉中府志》卷四《官守志》，《国家图书馆藏地方志珍本丛刊》第 144 册，第364 页。

④ 清顺治《汉中府志》卷四《官守志》，《国家图书馆藏地方志珍本丛刊》第 144 册，第 396 页。

出版发行。期望该志书的整理出版在填补汉中地方文献空白的基础上，为学者专家以及关心汉中历史文化的读者提供有益的参考与借鉴，有助于进一步推进汉中地域历史文化的研究。

## 第五节　滕天绶纂修《汉南郡志》

清康熙二十七年（1688），汉中府知府滕天绶申请重修府志。康熙二十八年九月，《汉南郡志》纂修工作基本完成。康熙三十年，陕西分巡汉兴道按察司副使常名扬、川陕总督葛思泰先后为《汉南郡志》作序，滕天绶将葛思泰、常名扬二人及自撰序言分列志书卷首。历经四年，《汉南郡志》终于付梓。《汉南郡志》是入清之后汉中纂修的第二部府志，该志较顺治《汉中府志》体例完备、文献丰厚、刻印精美，是一部不可多得的精品方志。

### 一　修志契机的出现

自清顺治元年（1644）满清入关之后，清朝统治者在短短二十年间，消灭大顺、大西、南明等敌对政权。自康熙六年（1667），清圣祖玄烨亲政以来，平定三藩之乱、反击沙俄入侵、消灭台湾郑氏势力，在以武力维护国家统一的同时，亦重视文治仁政的施行，采取与民生息的政策，缓和满汉矛盾，实现了所谓"盛世"的安定局面。

随着清廷统治疆域的不断扩展，如何便捷掌握国内政区版图、边界、田赋、物产等诸方面状况，已成为康熙皇帝必须解决的难题，为此，作为一项极其重要的国家文献工程，编纂《大清一统志》便提上了议事日程。清康熙二十五年（1686）三月，康熙帝"命纂修《一统志》。以大学士勒德洪、明珠、王熙、吴正治、宋德宜，户部尚书余国柱，左都御史陈廷敬，为总裁官。原任左都御史徐元文、内阁学士徐乾学、翰林院学士张英、詹事府詹事郭棻、翰林院侍读学士高士奇、庶子曹禾，为副总裁官。翰林院侍读彭孙遹、编修黄士埙、钱金甫、田需、吴涵、史夔、许汝霖、周金然、检讨徐嘉炎、吴任臣、金德嘉、吴苑、王思轼，中允米汉雯，赞善黄与坚，候补中允胡会恩，吏部郎中颜光敏，大理寺评事高层云，见修《明史》食七品俸姜宸英、万言，二十人为纂修官。并命陈廷敬、徐乾学、专理馆务。"① 同年五月，康熙帝为纂修《大清一统志》之事，特意传旨总裁勒德洪，圣旨中说："朕惟古帝王宅中图治，总览万方。因天文以纪星野，因地利以兆疆域。因人官物曲，以修政教。故禹贡五服，职方九州。纪于典书，千载可睹。朕缵绍丕基，抚兹方夏，恢我土宇，达于遐方。惟是疆域错纷，幅员辽阔。万里之远，念切堂阶。其间风气群分，民情类别，不有缀录，何以周知？顾由汉以来，方舆地理，作者颇多，详略既殊，今昔互异。爰敕所司，肇开馆局，网罗文献，质订图经，将荟萃成书，以著一代之钜典，名曰《大清一统志》。特命卿等为总裁官，其董率纂修官，恪勤乃事。务求采蒐闳博，体例精详。厄塞山川，风土人物，指掌可治。画地成图，万几之余。朕将亲览，且俾奕世子孙，披牒而慎维屏之寄，式版而念小人之依，以永我国家无疆之历服，有攸赖焉！卿其勉之。"② 由此可见康熙帝对《大清一统志》编修的高度重视与细致要求。《大清一统志》是全国总志，必然需要各地书、舆图作为文献基础，全国各地都须向京师提供、报送各地方志文献，汉中府也同样如此。

但地方上的情况并不乐观，就汉中府而言，不仅旧志不符合《大清一统志》文献采编标准，即便是旧志也难觅全本。在汉中府知府滕天绶呈送的、名为"汉中府为志书遗佚请明示以便修辑以垂永久事"的公文中称：

今《国朝统志》现在修纂，下迨各省府县志书无不具备，独汉中自变乱之后，庐舍荡然，不惟旧志之刻板无存，即求有印本完全、足以备一时之观览者，去岁遵奉部文查取《汉志》，卑府于郡城内外远近绅士之家一一购求，仅得断简残编，合数姓之藏不能成一完本。卑府几经访求，方始装订成集，然其中残阙失次与夫字迹模糊者尚多莫考，但念志书所系甚钜，岂容听其缺略？况我皇上崇文尚道，励精图治，天下臣民向风慕化，一时穷檐蔀屋之子莫不兴起，而人心风俗益多可纪。今《汉志》原板已废，旧

---

① 《清圣祖实录》卷一二五，"康熙二十五年三月己未"，影印清内府钞本，《清实录》第5册，中华书局1987年版，第324页。
② 《清圣祖实录》卷一二六，"康熙二十五年五月庚寅"，《清实录》第5册，第342—343页。

本残缺无几,若不及时采辑修补,后日必致沦失,则是《汉志》一书终成阙文,未免贻当事以后时之叹①。

滕天绶所说的"汉中变乱"是指清康熙十三年至十八年,三藩之乱时吴三桂部将盘踞汉中、荼毒百姓之乱局。据滕天绶所述,在这场变乱之中,明万历旧志雕版及顺治时补刻雕版全部付之一炬。滕天绶奉命寻找顺治《汉中府志》,虽几经拼凑,仍无全帙,最终不得不将残本凑补装订,应付交差。但这一尴尬的局面对于滕天绶来说并非坏事。康熙帝崇文尚道的治国方略,《大清一统志》的编修,朝廷对地方志书的搜求,客观上为汉中府新修志书提供了难得的历史契机。

## 二 采辑与隐匿的双重任务

虽重修《汉中府志》受到朝廷设馆编修《大清一统志》的影响,《汉中府志》确实也处于亟待重修的关键时期,但汉中府知府滕天绶勤于任事、重视文教的作用不可忽视。

《钦定盛京通志》载:"滕天绶,辽阳人,隶正白旗汉军"②,雍正《陕西通志》载:"滕天绶,奉天辽阳人,荫生。康熙二十五年任汉中知府。天绶谙练精敏,雅意修复,首坛庙,次楼橹,次仓廒,又次学舍吏宇,整饬一新。汉南自萧相居守后,水利素饶,愚民争利,致多聚讼。天绶亲历南、褒、城、洋诸邑,相视地形,筑堤建闸,且勒禁镌石,俾启闭有期,蓄泄有界。自是争端永杜。"③

由滕天绶官职履历足见其突出的工作能力,但重修新志并非易事。首先,不论是万历旧志还是顺治旧志,均存在文献与时代严重断层的问题。

---

① (清)滕天绶修,和盐鼎纂:《汉南郡志》卷首《批详》,页三,清康熙三十年(1691)刻本。

② (清)阿桂等修,刘谨之等纂:《钦定盛京通志》卷七八《国朝人物》,页十三,清乾隆四十九年(1784)武英殿刻本。

③ (清)刘於义修,沈青崖纂:雍正《陕西通志》卷五二《名宦三》,影印清雍正十三年(1735)刻本,《中国西北文献丛书》第1辑《西北稀见方志文献》第3册。兰州古籍书店1990年,第347页。按,滕天绶就任汉中府知府之前曾任襄阳县知县、潮州府海防同知,此后又任江西按察司副使分巡饶九道,后因事革职。参见乾隆《襄阳县志》卷五《秩官志》、乾隆《潮州府志》卷三一《职官表上》、雍正《江西通志》卷四八《秩官三》、《圣祖五幸江南全录》。

在顺治十三年（1656）知府冯达道在前朝万历旧志的基础上，修成顺治《汉中府志》之后，至康熙二十五年（1686）止，已逾三十年岁月；况且顺治《汉中府志》确系拼凑而成，不少文献记录仍停留在明万历三十一年（1603）。由此算来，自晚明以来，汉中已有近九十年的历史缺乏文献记载，重修新志已成为当务之急。

滕天绶在新志《凡例》中开宗明义："汉郡旧志百年以前无复存者，惟明万历癸卯间郡守崔登吾有《志》六册。越清顺治丁酉，前郡守冯鹭蓉循旧纂修，虽款列悉具、不失古义，乃年远言湮，其间纪人纪地、纪事纪年，不无疑略，而且字画鲁鱼，镂板废失。夫志以传信，所关于政教者不小，何以昭法鉴示将来也？"① 《汉中府志》多年未修、旧志存在史实与文字的错误，加之旧版无存，因此，采访编辑文献，弥补旧志之不足，是滕天绶重修《汉中府志》的重要目标。

不过，滕天绶重修新志的目的并不完全在于"从丁酉后，采辑三十三年以来之事"②，重修新志的另一项重要任务则是隐匿清初吴三桂汉中事迹。三藩叛乱发生之后，吴三桂由清廷曾倚重的平西王变成了背叛朝廷的乱臣贼子，此前为清廷立下的战功事迹也不应再做记录。因此，新修志书必须彻底清除吴三桂在本地文献中的痕迹。

掩盖吴三桂与汉中的关联，最简单的办法就是直接删削。顺治《汉中府志》卷二《建置志》"藩镇"一节专载吴三桂开府汉中期间，吴三桂本人及所辖官兵员额、俸禄、兵马、口粮、草料等数额情况；同卷"津梁"一节，后附冯达道评论，"自平西、定西统大军过此，有司除道，易朽支危，且廓曲径以通牛车，工费不可胜计。然则大军未过以前，其凌兢逼仄，又当何似"？③ 可知为使吴三桂、唐通大军顺利翻越秦岭，有司曾整饬秦岭驿路、整修栈道。

此外，顺治《汉中府志》卷首有冯达道《重修汉中志序》，对吴三桂不吝溢美之词，原文作：

    会天悯孑遗，雨旸时若，农有重苏之庆，而平西、定西以王

---

① 《汉南郡志》卷首《凡例》，页八。
② 《汉南郡志》卷首《凡例》，页八。
③ （清）冯达道纂修：顺治《汉中府志》卷二《建置志》，《国家图书馆藏地方志珍本丛刊》第144册，第244页。

侯尊重，奉扬天子威福，北巩江汉，南受全蜀之归，勋德巍峨，柱天拔地，乃下士勤民之盛节，蔼乎吐哺以迎、停车以问者。守土吏即获有宁宇，又仰禀各宪台教令，朝夕佩成算，故虽以谫劣下才如达道者，得勉竭马牛奔走之力，冗中抽暇，谋成此书。①

平西，指平西王吴三桂；定西，指定西侯唐通。此二人均是前明降将，彼时皆开府汉中，是指挥攻蜀的总指挥。《汉南郡志》在卷首收录冯达道旧序，改称《汉中府旧志序》，将序中赞颂吴三桂的字句全部删除，改作："会天悯孑遗，雨旸时若，守土吏即获有宁宇，而禀各宪台教令，朝夕佩成算，故虽以谫劣下才如达道者，得勉竭马牛奔走之力，冗中抽暇，谋成此书。"②

上述顺治《汉中府志》的记载虽有阿谀之词，却多是顺治年间真实发生的历史记录。但时移世易，《汉南郡志》编修之时，上述记录皆在新志摒弃之列。故而滕氏在新志序言中说："从乙卯（康熙十四年，1675）、丙辰（康熙十五年）以来山狁跳梁、釜鱼喷沫，其间倾欹反侧、轶理背伦，殊多紊裂。一旦皇威赫濯，虎旅扫除，立睹廓清，芟削殆尽。"③这里"芟削殆尽"的绝不仅指反抗清廷的吴三桂势力，也应当包括见诸文字的历史记录。不仅如此，在史志中抹去吴三桂功绩的同时，对吴三桂反叛清廷、为祸汉中的罪行自然应当大书特书。滕天绶在《延请修志启》中就说："溯厥明季癸卯，暨沿顺治丙申，两次镌修，多端阙失，加以逆氛煽乱，因而册籍消亡"④，把地方文献散佚之过也记在了吴三桂头上。

新修志书为突出吴三桂本人及所部祸乱汉中之事在志书中的分量，在《汉南郡志》卷二《舆地志二》中特意增设"僭乱"一节，专门记录自东汉以来在汉中自立为王、结草为寇的人物与战事，重点则在记载"滇逆"罪行。"康熙十三年十二月，滇逆吴三桂遣伪将军王屏藩、谭弘等据汉中，所属州邑悉陷。谭弘肆虐劫掠，胁掳人口，汉中几无孑遗。"又载："康熙十四年五月十三日，伪将军吴之茂据略阳，攻劫各堡砦及潜匿

---

① （清）冯达道：《重修汉中志序》，冯达道纂修：顺治《汉中府志》卷首，《国家图书馆藏地方志珍本丛刊》第144册，第44—46页。
② （清）冯达道：《汉中府旧志序》，《汉南郡志》卷首，页一。
③ 《汉南郡志》卷首《滕天绶序》，页二至三。
④ 《汉南郡志》卷首《延请修志启》，页六。

深林密涧者，搜掠四十日，始罢。五载涂炭，郡邑一空。十八年十月，奋威将军王进宝、勇略将军赵良栋分道杀入，伪逆大溃，郡邑悉平。"又载："滇逆吴三桂遣伪将军张起龙分据褒城，恃伪戚之势，催科粮草，上凌伪官，下毒士民，迫限转输，连岁并征，俱蹙蹙靡骋。至贼众肆虐，小则狗彘鸡豚、蔬粟树木，掠取殆尽；大则强占妇女、逼买穷儿，民不堪命。我师临境，贼溃，又大肆劫抢而去。""伪将军黑邦俊分守益门镇，驻凤县，贼众往来凤汉中间，沿栈居民或栖山砦，或藏涧谷，凡衣食赀蓄剥掠几尽，后溃去，道始平。"① 上述康熙十三年至十八年，吴三桂部将为祸汉中的史实当是真实无疑的，但我们也应注意到《汉南郡志》对顺治年间吴三桂在汉中事迹的刻意掩盖。

由此看来，《汉南郡志》的出现并非偶然，既具有采辑文献、弥补旧志的目的；也担负着隐匿清初旧事、重新书写"滇逆"罪行的任务。重修府志既有现实的需要，也有重新选择历史、解释历史的深刻动因。

### 三 修志程序的展开

明末清初兵燹不绝，文献损失严重；汉中虽有旧志可供参考，但这其中又有不少违碍内容。既要补足文献缺失，又要隐匿历史真相。这对滕天绶来说重修《汉中府志》实在两难。为解决这一困境，滕天绶自康熙二十七年始，一边向督抚衙门递上修志申请，一边发布修志公告，请求社会各界提供修志材料、共襄盛举。

既然新修志书势在必行，那么，下一个问题又摆在面前，开局修志的经费从何而来？滕天绶在奏报中特别强调：新修府志并不需要占用任何官方经费，"今惟勉力捐俸，广为搜辑，大加集议，刊刻成书，以大昭垂之意"。其实，新修府志并非什么大事，完全可以遵循惯例、由知府决定，更何况又不花费公帑，滕天绶又何必上报申请、多此一举呢？滕天绶真正的目的是将新修府志与《大清一统志》联系起来，奏报最后才点出"事关志典，未敢擅便，相应详明宪台仰祈批示，以便遵行"②，大费周章申报请示的意义，就是为新修《汉中府志》获得上报朝廷、作为《大清一统志》编修材料的资格，可谓心思细密。

---

① 《汉南郡志》卷二《舆地志二》，页五七至五八。
② 《汉南郡志》卷首《批详》，页三至四。

第一章 明清《汉中府志》的编纂

随后修志事宜便进入了审批流程，先后经由川陕总督葛思泰、陕西巡抚布雅努、陕西布政使穆礼布、陕西按察使吴赫、粮驿道冯云骧、分巡汉兴道金世法、督学道张光豸等七人的批示，最终审批通过。其中穆礼布与张光豸的批示对滕天绶的工作表示认同及赞许，穆礼布批云："志书即国史也，似不可缺。该府能捐俸纂修，可谓尽善矣。仰如详行，仍候两院详行。"张光豸批云："据《详》，捐俸修刊《府志》，足见留心大典，宜广加搜辑，以成盛事。"①

滕天绶一边在走《汉中府志》的审批程序，一边开启了志书文献的搜集整理工作。他的主要办法就是发动社会贤达，共同参与志书修纂工作。他在《延请修志启》中呼吁："敬企高贤、诗书凤望、风雅名流、心孕英华，立言固为素愿，枕藏秘异，周度乃其余功。谨择月日专祈飞驾惠临，披阅旧篇，增昭新谱。或访前喆家本，或资野老故闻，或各赴桑梓，细考公私寔迹，或独行咨询，编搜疆土，确传一应废存起灭、今往异同，举凡节孝贞良、灾祥仙释、残碑必拭、断简莫遗，务汇零金，聿成完玉。不佞躬设陈蕃之榻、亲扫有道之尘。场藿场苗，聊效授餐之好；来游来适，少申杕杜之怀。毋使空谷足音，每思嘉客；但冀蒹葭秋水，忽睹伊人。曷胜幸甚！"② 由此修志启事，足见滕天绶延请硕学名儒参与修志的一片诚心，情真意切的邀请也得到了不少致仕返乡官员的大力支持，《汉南郡志》卷首《编辑姓氏》除汉中府、南郑县、洋县官员之外，最主要的修纂人为"原任江南道监察御史和盐鼎、原任广东肇庆府知府张京鏳、原任中书科中书屈振奇、原任湖广广济县知县黄玉铉"等四位致仕官员③，他们既是汉中本地社会贤达的代表，也是滕天绶延揽新编府志的重要编纂人。正是在上上下下通力合作、共同支持之下，滕天绶重修府志的工作得以顺利展开。

## 四 《汉南郡志》的得名

清康熙三十年（1691），新修府志刊刻成书。但与此前不同，滕天绶将其命名为《汉南郡志》，对于书名的变更，滕氏并未做出任何解释。

---

① 《汉南郡志》卷首《批详》，页四至页五。
② 《汉南郡志》卷首《延请修志启》，页六至七。
③ 《汉南郡志》卷首《编辑姓氏》，页一。

"汉南"一词似乎是约定俗成，无须多言的。如滕天绶在《汉南郡志序》中说："丙寅(康熙二十五年，1686)之冬，奉命来守汉南"；又云："汉南屡被寇氛，世胄寂寥。"①"汉南"一词究竟为何意？

考察史籍，"汉南"一词初见《吕氏春秋》所载商汤爱鸟网开三面的故事。《吕氏春秋》载："汤见祝网者，置四面，……汤收其三面，置其一面。……汉南之国闻之曰：'汤之德及禽兽矣。'四十国归之。"这里的"汉南"指的是"汉水之南"②。《尔雅》卷中《释地》云："汉南曰荆州。自汉南至衡山之阳。"③ 荆州因荆山而得名。《禹贡》载："荆及衡阳惟荆州。"《传》曰："北据荆山，南及衡山之阳。"清代地理学家胡渭考证认为："湖广襄阳府南漳县有荆山，本汉临沮地。衡州府衡山县有衡山，本汉湘南地也。"④ 由此可知，《禹贡》中的荆州位于今湖北省南漳县以南，至湖南省衡山县以北的广大区域。荆山正好位于汉水之南，故称"汉南曰荆州"。汉南之说应出现于战国时期，指的是汉江中下游以南地区。

《三国志》载：赤壁之战前夕，刘备被曹操大军击溃之后，逃至夏口，诸葛亮见情势急迫，"请奉命求救于孙将军"。诸葛亮在柴桑见到孙权后说："海内大乱，将军起兵据有江东，刘豫州亦收众汉南，与曹操并争天下。"⑤ 不难看出，《三国志》中的汉南仍指汉江中下游地区，核心区域即是以襄阳、樊城为中心的汉江中游一带。

位于今襄阳市以南约百里的宜城县，南朝刘宋称"华山，置华山郡。西魏改县为汉南，属宜城郡"。隋代统一后，襄阳郡"统县十一"，其中仍有此汉南县⑥。可见自汉末到隋代，世人都将襄阳一带称作汉南，县级行政区划的命名也遵循了人所共知的地理常识。这一认识直到唐宋时期亦

---

① 《汉南郡志》卷首《滕天绶序》，页一、页四。
② 许维遹撰：《吕氏春秋集释》卷十《孟冬纪》，中华书局2009年点校本，第235页。
③ (晋)郭璞注：《尔雅》卷中《释地》，页九，影印常熟瞿氏铁琴铜剑楼藏宋刊本，《四部丛刊》初编。
④ (清)胡渭著，邹逸麟整理：《禹贡锥指》卷七，上海古籍出版社2013年点校本，第197页。
⑤ (晋)陈寿撰，(宋)裴松之注：《三国志》卷三五《蜀书·诸葛亮传》，中华书局1959年点校本，第915页。
⑥ (唐)房玄龄、令狐德棻撰：《隋书》卷三一《地理下》，中华书局1973年点校本，第891页。

是如此。白居易《送冯舍人阁老往襄阳》有句云："莫恋汉南风景好，岘山花尽早归来。"①《宋史》又载：南宋绍兴三十一年（1161）十二月，"金人犯汉南之茨湖，鄂州军士史俊等其舟，获一将，诸军继进，遂击却之"②。

由此可知，自东汉末年至宋元的一千余年间，汉南的地理区位固定且明晰，就是指以襄阳为中心的汉江中游一带。即便考虑到《三国志》成书于西晋初年、《元史》成书于明洪武三年（1370），书中所述史实可能使用后世地理概念，但这也并不影响汉南地理观念千年未变的基本判断。

唐宋之际"汉南"与汉江上游的联系仅有两例孤证。唐至德二年（757）二月，改金州（今安康）为汉南郡，但"乾元元年（758），复为金州"③，时间仅短短一年。北宋熙宁年间，文同任兴元府（今汉中）知府，作《采茨》诗，诗有小引云："通判卢微之携种种之，次年大盛。"诗中有云："茨盘团团开碧轮，城东壕中如叠鳞。汉南父老旧不识，日日岸上多少人。"④ 这里的汉南应是对兴元府旧称"汉中"与兴元府治所"南郑县"地名之合称。

"汉南"与汉水上游地区产生密切联系，并作为对汉中府所辖区域的代称，约出现在明代中后期。嘉靖《汉中府志》卷首《凡例》载："汉南山川雄胜，名贤宦客题咏颇剧。"⑤ 嘉靖二十一年（1542），王九思为南京中军都督府都督同知杨宏撰写墓志铭，杨宏于"正德己巳（四年，1509）掌陕西都司事，……是时汉南盗起，巡抚、都御史檄公往剿之。公迎贼于西乡，大战杨柳山"⑥。杨宏因"汉南盗起"前往围剿，这里的"汉南"必在陕西都司辖区之内；又云"迎贼于西乡"，说明西乡亦属汉南。杨宏

---

① （唐）白居易撰，谢思炜校注：《白居易诗集校注》卷十九《律诗》，中华书局2006年点校本，第1552页。
② （元）脱脱等撰：《宋史》卷三二《高宗九》，中华书局1977年点校本，第607页。
③ （后晋）刘昫等撰：《旧唐书》卷三九《地理二》，中华书局1975年点校本，第1539页。
④ （宋）文同撰：《丹渊集》卷十四，页四，影印上海涵芬楼藏明汲古阁刊本，《四部丛刊》初编。
⑤ （明）张良知修：嘉靖《汉中府志》卷首《凡例》，《原国立北平图书馆甲库善本丛书》第354册，第124页。
⑥ （明）王九思撰：《渼陂续集》卷下《容堂杨公墓志铭》，影印明嘉靖刻崇祯补修本，《续修四库全书》第1334册，第245—246页。

生平在《明世宗实录》中亦有记载，也称其"掌陕西都司事，平汉南，斩首八百余级"①。由此可知，至明朝中期，"汉南"这一地域概念已由湖广襄阳一带转指今陕西南部汉水上游地区②。

基于明代以来"汉南"地域观念的演变，滕天绶将新编《汉中府志》命名为《汉南郡志》也是合情合理的。因此，孙启祥认为志书以"汉南"命名，一是"从习从雅"，汉南之名已约定俗成，成为汉中之雅称；二是"区别前志"，刻意与旧志名称区别开来③。

### 五 编修主旨与体例

滕天绶将新修成的府志命名为《汉南郡志》，绝不仅是流于表面的标新立异；在编修新志的过程中，对编纂主旨同样具有深层次的理性思考。相较于顺治《汉中府志》的杂糅拼凑，滕天绶认为应当在主体上把握《汉南郡志》的体例，主要涉及以下三个方面的考量。

其一，彻底廓清汉中府与金州直隶州的界限。滕天绶认识到"一郡之内，山川虽旧，世代各异"，但旧志仍存在未将金州相关州县内容剥离的问题。"金州已别属别隶，而翼轸之分，编纪仍旧。山水、人物惟其地不惟其时，而载列名贤不少重复"，因此"今确核其详，毋俾假借、毋俾混淆，庶奕世传为信笔"④，以避免沿袭旧志，将不属于汉中府辖地的山川、人物揽入新志。

其二，最大限度地增补可信文献。滕天绶认为"郡邑之志，盖一时之纪载，而千百世之是非劝惩因之"，附会文字虽不可取，但"有关而未备者，禄以昭典，乃书官不书其爵；名以亲显，乃传子不传其父，斯亦挂漏之嫌也。而况兵戈之变、异事之遗，皆其所不可略者"。因此，新志相应增加"勋爵""诰赠""兵变""轶事"各目。此外，针对冯达道在顺

---

① 《明世宗实录》卷二五五，"嘉靖二十年十一月戊申，台北"中央研究院"历史语言研究所 1962 年校印本，第 5129 页。

② 按，"汉南"在明代中后期多指汉中府所辖二州十四县。至万历二十三年，原属汉中府的兴安州改隶陕西布政司之后，汉南则是汉中府与兴安州的合称。参见王浩远《汉南地域观念演变考述》，《陕西理工大学学报（社会科学版）》2017 年第 3 期，第 32—34 页。

③ 参见孙启祥《清康熙〈汉南郡志〉的编纂及其特色》，《陕西理工大学学报（社会科学版）》2017 年第 3 期，第 26 页。

④ 《汉南郡志》卷首《凡例》，页八。

治《汉中府志》所论，诸多人物因声名不显，事迹多为当世所忽视的现实情况，滕天绶命"访之旧闻、采之舆论，以为庶几其有一得"，以起到表彰典型、有益风化的作用。对于收录过多过滥的质疑，滕天绶以为可以通过"备加勘磨，敛华就实，去文存朴"①的方式加以解决。

其三，详录赋役、盐课、水利等经济资料。明清方志对社会经济状况的记载多是抄录公文，聊备查阅，其真实性堪忧，甚至部分志书不编《食货志》。滕天绶对经济资料的重视则有两方面的用意：一方面体现其作为知府心系民瘼、重视"生民利害"；另一方面，新志作为朝廷编修《一统志》的参考资料，极有必要宣扬朝廷对百姓蠲减税赋之恩。赋役"大部定以明之万历间为准，额外溢征久已开除，而又叠奉恩蠲，减之又减，一一载在全书。皇仁浩荡，民无有不尽苏者"；"盐则计口，课则归商，而重轻之弊以除"；"水量近远，工按主客，而争讼之端以息"。总之，经济数据的记录正是为了体现康熙盛世之下官员勤勉、民生安乐的社会局面。

《汉南郡志》共二十四卷，卷首一卷。卷首分列汉中府旧志序、葛思泰序、常名扬序、滕天绶序、编辑姓氏、批详、延请修志启、凡例、目录。卷一《舆地志一》，分列城图、星野、郡邑沿革、郡县释名、形胜、幅员、关隘、山川；卷二《舆地志二》，分列丘墓、古迹、轶事、风俗、灾祥、转饷、僭乱、历代汉中得失大略、明末流寇犯汉纪略；卷三《建置志一》，分列城池、公署、学宫、祀典；卷四《建置志二》，分列坊表、桥梁、乡村、市集、铺舍、驿传、寺宇、祠庙；卷五《食货志一》，分列里甲、田赋、人丁、均徭、屯地、屯丁、长解始末，南郑、褒城、城固三县田赋、人丁、均徭、屯丁、屯地；卷六《食货志二》，分列洋县、西乡县、凤县、沔县、宁羌州、略阳县田赋、人丁、均徭、屯丁、屯地；卷七《食货志三》，分列存留经费、盐课、水利、物产、茶课、杂税；卷八《秩官志一》，分列汉中、南郑县、褒城县"历代职官政绩"；卷九《秩官志二》，分列城固县、洋县、西乡县"历代职官政绩"；卷十《秩官志三》，分列凤县、沔县、宁羌州、略阳县"历代职官政绩"；卷十一《秩官志四》，分列文武沿革、历代文职、历代武职、抚绥名贤、兵防、军额；卷十二《人物志一》，分列勋爵、进士、举人；卷十三《人物志二》，

---

① 《汉南郡志》卷首《凡例》，页八至页九。

分列贡士、武进士、武举、武宦、荐辟、保举、特授、封赠、恩荫；卷十四《人物志二》，分列各州县贤达、孝义、节烈、贤媛、仙释、侨寓；卷十五《艺文志一》，收录南朝梁至元代"诗"；卷十六《艺文志二》，收录明清两朝"诗"；卷十七至卷二四，分别为《艺文志三》至《艺文志十》，其中卷十七收录汉至唐文；卷十八收录北魏《石门铭》、唐欧阳詹《栈道铭》、宋文十九篇、元无名氏《西岳行祠记》；卷十九至卷二二收录明文四卷；卷二三至卷二四收录清初艺文二卷。

《汉南郡志》的卷数与文字体量都已超过十卷本嘉靖《汉中府志》、六卷本顺治《汉中府志》数倍之多，虽然我们不能完全以字数多寡作为评价方志水平高低的标准，但《汉南郡志》确实是汉中方志编纂水平的一个高峰。葛思泰称该志"体裁精严，艺文高古，犹翰墨之余事"[1]；常名扬也称该志"秩然而有伦也，错然而有章也。岂以存此邦之文献，而君子且可观政矣"，又云："披阅一过，即不必搴帷四出，而在在之。掌故时宜、人官物曲，无不了如指掌、较若列眉焉"，"今我皇上方加意纂修，特敕翰苑诸词臣编辑本朝政要，并明代数百年遗事，倘辎轩有过而采者乎，予即以是志为兴元献，或可备乎史之所未逮云。"[2] 葛、常二人的高规格评语虽是序言常见套路，但也并不为过，常名扬所言亦点出了滕天绶新修《汉南郡志》的深层用意。

## 六　文献价值与续补文献

不过，亦有学者对《汉南郡志》持批评意见，可谓见仁见智。陈光贻即认为：《汉南郡志》"卷帙虽大增于前，而只补艺文居多，事物所增无几。其书体裁总分为六类，曰舆地志、曰建置志、曰食货志、曰秩官志、曰人物志、曰艺文志。舆地志有《僭乱》《历代得失大略》《明末流寇记略》三篇，不入艺文志，于志例殊若不合。余类亦子目冗杂，体例有欠严慎。"[3] 陈先生的批评包含两层意见：一是说内容，"只补艺文居多，事物所增无几"；二是说在《舆地志》中"僭乱"等三篇，应当入艺文志。但既然说"事物所增无几"，又如何解释"僭乱"等三个子目的存

---

[1]《汉南郡志》卷首《葛思泰序》，页三。
[2]《汉南郡志》卷首《常名扬序》，页二至页四。
[3] 陈光贻：《稀见地方志提要》卷四《陕西》，齐鲁书社1987年版，第235页。

在呢？

　　事实上，"事物所增无几"的评价，实在是冤枉了《汉南郡志》，试举数例即可证明。如《舆地志》有"郡县释名""形胜""幅员"诸目，均是旧志所无、出自新创；《食货志》首次详录清初各州县土地清丈情况、详载堰渠用水规则；《秩官志》中各州县主簿、典吏皆有题名；《人物志》收录"贤媛"等女性传记。虽然志书体裁有可商榷之处，但"事物所增无几"绝不是《汉南郡志》存在的问题。而"僭乱""历代汉中得失大略""明末流寇犯汉纪略"三目的增设恰恰体现了滕天绶颇有史家之才。依志书体例，一般会将上述三目分解开来，以时间为序，列在"灾祥"之下，但滕天绶别出心裁、特意编目，其本意就是提醒读者关注汉中特殊的地理环境与历代治乱兴衰的关联。尤其是《汉南郡志》纠正了旧志中不少沿革地理知识的错误，如在《舆地志》"郡县沿革"中，摒弃了南宋"沔州"与明清"沔县"的联系，将"沔州"视为略阳县沿革的一部分。上述所及，也正是《汉南郡志》高于旧志的卓越之处。陈光贻系上海图书馆馆员，仅见馆藏《汉南郡志》，未见顺治《汉中府志》，新旧二志无从比较，是造成评价有失公允的主要原因。

　　当然，《汉南郡志》也存在不少细节错误与问题。一部分是由于承袭旧志、未能纠正的错误。如《舆地志》"郡县释名"中，仍未弄清略阳县得名缘由，解释为"用武之地曰略，象山之南曰阳"①。《人物志》"贤达"仍将原籍天水略阳的垣护之、垣崇祖、权德舆等人视为略阳乡贤，《艺文志》又收录权德舆文章多篇。另一类错误则是由于《汉南郡志》卷帙较多，文献编辑出自多人之手造成的。如卷二十一《艺文志七》收录《新创兴明寺碑记》，作者作"苾刍修信"，修信为南宋初年僧人，有《乾明寺记》；《新创兴明寺碑记》初见顺治《汉中府志艺文志》，作者实为万历时汉中府知府崔应科。《汉南郡志》编者将乾明寺与兴明寺混为一谈，导致作者姓名出错。《汉南郡志》的编纂主张是尽量收录文献，因此也存在滥收的问题，如《艺文志》中收录人物传记碑铭之类，虽与方志体例不合，但仍具有较高的历史文献价值。

　　清康熙三十年，《汉南郡志》修成之后，仍有部分续补篇目。目前所见国家图书馆、南京图书馆、上海图书馆三馆所藏《汉南郡志》皆是如

---

　　① 《汉南郡志》卷一《舆地志一》，页十五。

此。续补方式分为两种，一种是直接插入原书叶中，卷二十三《艺文志九》中有《总督川陕部院殷公(泰)德政碑记》一文，文末落款"康熙四十九年岁次庚寅孟夏毂旦陕西汉中府九属士庶公立"，此时距《汉南郡志》修成已过去十九年时间，显系增补篇目。另一种续补方式则以附录办法，附在全志最后。卷二十四《艺文志十》最末续补南郑县知县魏寿期《告城隍庙祈雨文》《告沔邑城隍庙驱虎文》《劝俗歌十首》、薛荃《烈妇李氏小传》共四篇诗文。又有名为《南国甘棠》的小集子，题为"阖郡公刊入志"，专收魏寿期诗文，其中包括《汉台怀古》等诗十一首、《会同宁褒等五州县带管五驿公申协站积累详文》等公文五篇。乾隆《南郑县志》载："魏寿期，安徽太平府繁昌人。进士。康熙三十四年任"南郑县知县，继任者荆克捷康熙三十九年任①。可知魏寿期康熙三十四年至三十九年任南郑县知县一职。将魏寿期诗文公文列入《汉南郡志》固然有表彰魏氏德政、保存文献的意思，但更重要的原因则是"南为附郭，旧无另志，其所纪载，俱备之郡志"②，正是由于清初南郑县未编县志，才将相关文献附录在《汉南郡志》之后。

## 七 馆藏、著录与整理

《中国地方志联合目录》记载："《汉南郡志》二十四卷，(清)滕天绶修，和盐鼎纂，清康熙二十八年刻本"，北京图书馆(今国家图书馆)、上海图书馆、西北大学图书馆、山东博物馆(不全)、南京图书馆、南京地理所、湖南师范学院(今湖南师范大学)图书馆(不全)及台湾(今台北故宫博物院图书文献馆)有藏③。1987年北京图书馆所编《北京图书馆古籍善本书目》著录了《汉南郡志》的版本信息："康熙《汉南郡志》二十四卷。清滕天绶、和盐鼎纂修，清康熙二十八年刻本。十二册。九行二十字，小字双行同。白口，四周双边。"④

以上二书所载《汉南郡志》刊刻时间有误，应当是仅注意到卷首

---

① (清)王行俭纂修：乾隆《南郑县志》卷四《职官》，影印清乾隆五十九年(1794)刻本，《中国地方志集成·陕西府县志辑》，凤凰出版社2007年版，第51册，第31页。
② 《汉南郡志》卷首《凡例》，页十。
③ 中国科学院北京天文台主编：《中国地方志联合目录》，中华书局1985年版，第198页。
④ 北京图书馆编：《北京图书馆古籍善本书目》，书目文献出版社1987年版，第655页。

《滕天绶序》作于康熙二十八年,而未仔细考察葛思泰、常名扬二序均作于康熙三十年。因此,将《汉南郡志》刊刻时间定在康熙三十年更为准确。《南京图书馆古籍普查登记目录》载:"康熙《汉南郡志》二十四卷,(清)滕天绶纂修,清康熙三十年(1691)刻增修本。十二册。"① "增修"则针对魏寿期诗文而言,这一著录是极为准确的。

《汉南郡志》分为十二册,卷首、卷一为第一册,卷二、卷三为第二册,卷四、卷五为第三册,卷六、卷七为第四册,卷八、卷九为第五册,卷十、卷十一、卷十二为第六册,卷十三、卷十四为第七册,卷十五、卷十六为第八册,卷十七、卷十八为第九册,卷十九、卷二十为第十册,卷二十一、卷二十二为第十一册,卷二十三、卷二十四、增刻续补为第十二册。国家图书馆藏本各册首叶与末叶均钤有"京师图书/馆藏书记"篆书朱文长方印,与顺治《汉中府志》印章相同,原为清宫旧藏图书的可能性较大。南京图书馆藏本各册首叶均钤"南京/图书/馆藏"篆书朱文方印。上海图书馆藏本各册首叶均钤印"上海图/书馆藏"行书朱文长方印、"昆山赵/诒琛号/学南印"篆字朱文方印、"赵学/南劫后/藏书"篆字朱文方印。卷一《舆地志一》页九又钤有"文化服务社代理征集苏州"楷书朱文长方印。可知上海图书馆藏本原系清末民国藏书家赵诒琛旧藏,后自苏州征集,始归上海图书馆。该藏本有个别书叶文字错乱,与南京图书馆藏书仔细比对后发现,这是由于原书雕版损坏,各取半块残存雕版胡乱拼接印刷书叶的产物,可见该本印刷时代较晚;加之所用纸张较薄、破损较多,后人又在原书筒子叶里衬入旧书废叶,以增强纸张强度,但字迹内外重影,看起来愈加模糊,导致图书品相不佳。

2016年,汉中市档案馆于南京图书馆取得馆藏《汉南郡志》电子扫描件,仔细通览全志之后发现,该本尚有若干破损缺页或个别书叶模糊不清。档案馆馆长孙启祥先生遂于该年年底派出专员,陪同笔者前往上海图书馆查看馆藏《汉中府志》,以查漏补缺,为重新影印全志作准备工作。至2017年5月,全本《汉南郡志》由巴蜀书社出版。三百余年后,《汉南郡志》全本重新展现在世人眼前。

---

① 南京图书馆编:《南京图书馆古籍普查登记目录》,国家图书馆出版社2019年版,第4册,第231页。

## 第六节　严如熤纂修《汉南续修郡志》

### 一　流民社会背景下的续修

自康熙三十年(1691)汉中府知府滕天绶修成《汉南郡志》，在此后近一百二十年的岁月中，汉中一直没有重修或续修府志问世。直到清嘉庆十三年(1808)，严如熤出任汉中府知府之时，才将重修府志一事提上议事日程。

严如熤当时所见到的《汉南郡志》"板残字蚀，模糊不能成句读"，而下辖各州县志书情况也不乐观，"征各属志，惟南郑为嘉庆元年知县王行俭所修，城固、洋县、西乡、沔县、略阳亦皆辑康熙年间，宁羌、褒城、凤县则旧本无志"。严如熤见此情形，"慨然曰：文献之无征，至于如此，将何所稽，以为治耶？"① 因此有了续修《汉南郡志》的打算。

严如熤谈及的问题仅仅是文献无征的基本状况，更应该引起我们重视的则是自乾隆朝以来，直至嘉庆、道光年间，包括汉中府在内的陕西南部与湖北西北部、四川北部，这三省毗邻地区长期处于社会动荡的历史时期。导致这一社会状况的根源即南方各省流民不断涌入三省毗邻区域以及秦岭南山老林之中，在广阔的秦岭巴山之间刀耕火种、垦荒造田，使得清初人口稀少的汉南一跃而成为人口密集之区。

由于数十万流民五方杂处、良莠错居，政府最担心的是流民啸聚深山，造成社会动荡，破坏统治秩序。因此，亟须因地制宜、就地设立机构加以管理，尤其需要在地理位置、军事意义非常重要的地区添设县、厅一级行政区划对流民严加管束。汉中府在清康熙年间辖有一州(宁羌州)八县(南郑、褒城、城固、洋县、西乡、凤县、沔县、略阳)，至乾隆三十

---

① (清)严如熤：《叙》，(清)严如熤修，郑炳然等纂：嘉庆《汉南续修郡志》卷首，清嘉庆十九年(1814)刻本，页一。

年(1765)割凤县地设留坝厅①，嘉庆七年(1802)又割西乡县地设定远厅②，至嘉庆十三年严如熤任汉中府知府时，汉中所辖疆界虽未拓展，但行政区划已变为二厅、一州、八县。行政区划的变更情况只能且必须通过重修府志的形式进行全面记录。

另外，流民社会中最重大的危机是信仰危机，或称之为危险的信仰。白莲教在民间广为流传，崇奉"无生老母"与"弥勒佛"，以"真空家乡、无生老母"为真诀，这对处在水深火热之中、力图摆脱现世苦难的流民来说，极具吸引力，因而从者日众。嘉庆元年(1796)，川、陕、楚三省交界地区爆发了白莲教号召的流民大起义，史称"白莲教起义"，清廷派出大军历时九年才将起义扑灭。乱后之秦巴山区更成为防维重区，增设兵营，添设县厅，统治力量得以进一步加强。汉中府境内广袤幽秘的秦巴山地如何有效控制，剿灭白莲教起义的有何重要方略，添设治所的切实缘由，这些也应当通过重修府志的办法加以记录。

此外，白莲教起义军与清廷军队的长期拉锯作战，使得汉中府辖地之内百姓伤亡惨重、社会人心浮动，战争造成的社会创伤难以快速愈合。匪徒、游民尚可调动官兵加以剿灭、镇压，如何治理"无族姓之联缀，无礼教之防维"③的流民社会则是严如熤面临的最大难题。重整社会秩序的理想与实践也应当在续修新志中有所体现。

## 二 编纂体例的确定

续修《汉南郡志》的任务既已摆在严如熤面前，那么续修志书的体例是一遵旧志，还是选择新的义例？严如熤对此有着较为深入的思考过程。他曾与陕西巡抚方维甸讨论志书之优劣，方维甸认为："郑渔仲《通志》贯穿百家，综核异同，诚为不朽之业。郡邑之有志，虽不必若《通

---

① 按：《清高宗实录》卷七三七载：乾隆三十年五月壬辰，"户部议准，调任陕西巡抚明德疏称：凤县地方，幅员辽阔。请将附近留坝一带村庄及松林、武关二驿，分隶通判管辖。其民壮一项，除现在筹议外，禁卒二名，应准在凤县内酌拨二名；仵作一名，于皂役内拨充；斗级四名，于弓兵内拨给。从之。"(《清实录》中华书局1990年，第18册，第114页。)该记录为设立留坝厅的确证。

② 按：嘉庆《汉南续修郡志》卷二《建置表》载："定远厅，属汉中府，本西乡县地，嘉庆七年设厅。"(页三)。

③ 嘉庆《汉南续修郡志》卷二一《风俗·山内风土》，页七。

志》之兼赅，亦必广搜博收，备一方掌故。若秦志中一二脍炙人口，文虽美特，自成一家言，未尽合志体也。"① 方维甸所谓脍炙人口的"秦志"，应是指收入《四库全书》的两种明代陕西志书，一为明人康海所撰三卷本《武功县志》，一为明人韩邦靖所撰二卷本《朝邑县志》。

《四库全书总目》引前人论《武功县志》云："王士禛谓其'文简事核，训词尔雅'；石邦教称其'义昭劝鉴，尤严而公。乡国之史，莫良于此。'非溢美也。"又论《朝邑县志》云："自明以来，关中舆记，惟康海《武功县志》与此志最为有名。论者谓《武功志》体例谨严，源出《汉书》；此志笔墨疏宕，源出《史记》。然后来志乘，多以康氏为宗，而此《志》莫能继轨。"② 四库馆臣认为这两种县志继承了《史记》《汉书》的写作风格，对此评价可谓极高。

但方维甸则从体例与文献的角度出发，指出二志"文虽美特"，但不合志书体例，亦不具备广搜博收的文献价值。两种针锋相对的见解其实并不矛盾，二者认知的差异缘于对志书用途的判定，文人雅士喜爱言辞雅训的读本，为政者则重视方志的实用资料价值，如果只是言辞优美，实用功能欠缺也是毫无益处的。严如熤特意提出方维甸的见解，其用意也在于强调方志有用于世的独特价值。

编纂原则一旦确定下来，体例的选择则非难事了。严如熤对雍正《陕西通志》的体例情有独钟，"既得《陕西通志》阅之，其书为溧阳史文靖公奉敕所修，义例精当，考据详核，蔚然大观也。乃奉诸案头，以为续修准式"③。"溧阳史文靖公"即史贻直，因其籍贯溧阳，死后谥"文靖"，故称"溧阳史文靖公"。雍正年间，史贻直任陕西巡抚时，曾与陕甘总督刘於义等人奉敕重修《陕西通志》。雍正《陕西通志》细于分类、体例详备，卷首《凡例》有一段说明文字，详细解释了《陕西通志》编纂义例，兹录于下：

分类无义，叙次无伦，著述家所弗取。此志原本史裁，折衷诸说，离为三十二类。首星野，言地必本于言天也。王者继天出

---

① 严如熤：《叙》。嘉庆《汉南续修郡志》卷首，页二。
② （清）永瑢等撰：《四库全书总目》卷六八《史部》，中华书局1965年影印本，第602—603页。
③ 严如熤：《叙》。嘉庆《汉南续修郡志》卷首，页二。

治,度地居民,必先分疆画野,故次之以建置。建置定而疆域分,于是封山濬川、筑城凿池,治事之廨宇立焉,险阨之关梁设焉,皆建置中所有事也。立国以治民,封建在先,郡县在后,故封爵、职官次之。有土斯有财,咸则三壤,所以成赋,厚生必正德,敬敷五教,所以明伦,故贡赋、学校次之。事神以治阴,求贤以治阳,幽明之别也,故祠祀、选举又次之。安内以文德,攘外以武功,兵防其要也。置邮兴屯,皆武备所当修举者也,故兵防之后,次以驿传、屯运。屯运以裕盖藏,沟洫以备旱潦,水利者,农政所资也。一曰食、二曰货,盐钱、茶马,物产皆民生,所以利用者也。皇极之建,必乂以三德;稽疑之明,必验于庶征。俯察五方之风气,仰观五行之休咎,天人之际,相为感应者也,故受之以风俗,又受之以祥异。从来人存政举,都此土而主治者帝王,莅此土而佐治者牧伯,沐浴教化,钟毓灵秀,产于此土之贤,皆可传述者也。乃人亡事往,抔土依然,世远年湮,遗踪宛在,故帝系、名宦、人物之后,又受之以陵墓、古迹。至于古今名山、石室之藏,人虽往而言不朽也,历代治乱得失之林,事虽远而功可溯也。故受之以经籍,又受之以纪事。鸿文典册,仁政尤先,德音所以昭本朝之盛,艺文所以扬历代之休也。其余碎金杂俎,诸类所不及志者,亦俱收并采,虽稗野卮言在所不弃,故受之,以拾遗终焉①。

上述引文即是雍正《陕西通志》对编纂体例以及卷次先后的说明。依此编纂凡例的逻辑次序,《陕西通志》卷目依次为星野、建置、疆域、山川、城池、公署、关梁、封爵、职官、贡赋、学校、祠祀、选举、兵防、驿传、屯运、水利、盐法、茶马、物产、风俗、祥异、帝系、名宦、人物、陵墓、古迹、经籍、纪事、德音、艺文、拾遗,共分三十二类②。

严如熤对雍正《陕西通志》的"准式"价值极为重视,查看《汉南续修郡志》总目即可一目了然,卷一《星野》《舆图》,卷二《建置》,

---

① (清)刘於义等修,沈青崖等纂:雍正《陕西通志》卷首《凡例》,清雍正十三年(1735)刻本,页二至三。
② 雍正《陕西通志》卷首《目录》,页一至九。

卷三《幅员道路》《形胜》《关隘》，卷四、卷五《山川》，卷六《古迹》《邱墓》，卷七《坊表》《里编》《乡村》《市集》《津梁》《驿传》《铺舍》，卷八《城池》《公署》，卷九、卷十《职官》，卷十一《武职》，卷十二《食货》，卷十三《学校》，卷十四《祀典》，卷十五、卷十六、卷十七《人物》，卷十八《选举》，卷十九《军制》，卷二十《水利》，卷二一《风俗》，卷二二《物产》，卷二三《祥异》，卷二四《纪事》，卷二五、卷二六、卷二七《艺文》，卷二八、卷二九、卷三十《诗赋》，卷三一、卷三二《拾遗》①。由此可见，除卷三、卷七等个别卷目名称有异之外，绝大多数卷目完全承袭雍正《陕西通志》卷目名称，即便稍有更改，而含义并无显著变化。《陕西通志》之中的《封爵》《屯运》《盐法》《茶马》《帝系》《经籍》《德音》等七个卷目，则由于汉中无相关内容，而被严如熤舍弃。总而言之，严如熤确实是严格遵照雍正《陕西通志》体例"续修准式"的。

首先，严如熤亦注重志书的历史传承关系，将续修府志命名为《汉南续修郡志》，特意突出新志与《汉南郡志》的关联。其次，在卷目名称上沿袭《汉南郡志》若干卷目名称，如卷三《幅员道路》《形胜》《关隘》三目见《汉南郡志》卷一《舆地志一》，卷七《坊表》《乡村》《市集》《津梁》《驿传》《铺舍》六目见《汉南郡志》卷四《建置志二》。再次，如果续修卷目与《汉南郡志》卷目名称一致的，"列原辑滕君姓名于前"；"旧志未备而循《通志》义例增入者，则专载某某辑"。通观《汉南续修郡志》，卷一《星野》《舆图》、卷八《城池》《公署》、卷十一《职官》、卷十二《食货》、卷十三《学校》、卷十四《祀典》、卷十五《人物上》、卷十八《选举》、卷二五至卷二八《艺文》，共十二卷在各卷首皆双行标注"汉中府知府关左滕天绶辑，汉中知府楚南严如熤重辑"字样。上述编纂方式可视为对滕天绶纂修《汉南郡志》的致意，亦体现了严如熤谦虚求实的为政风格。

《汉南续修郡志》在志书卷首并无《凡例》，严如熤明确指出"不作《凡例》，以循《通志》，沿旧志成文，毋庸另标列也"②。可见新志编纂体例确实是将雍正《陕西通志》与《汉南郡志》之体例两相结合的产物，

---

① 《汉南续修郡志》卷首《总目》，页一至三。
② 严如熤：《叙》。嘉庆《汉南续修郡志》卷首，页五。

再编《凡例》实属画蛇添足。

### 三 别于前志的突出特点

嘉庆《汉南续修郡志》名义上是对康熙《汉南郡志》的续修增补,但上述编纂体例已可见明显的区别,在志书内容方面的变化则更为明显。《汉南续修郡志》注重对志书文献精细度的把握,重视文献真实性的考证,并对文献原始出处一一注明,这显然得益于乾嘉考据学派的学术影响。《汉南续修郡志》中涉及舆地绘图、军事布局、民风民俗等三个方面的内容,尤为突出地体现了细致入微的修志特色与精细谨慎的修志思想。

其一,精细绘制舆图。《汉南郡志》是收录"舆图"最少的汉中府志书,"旧《郡志》只总图一纸,过于简略"①,仅《舆地志》有《城图》一幅,绘制的是以汉中府(南郑县)为中心的一府一州八县疆域总图,仅供示意图使用。各州县详图均未绘制,更不论星野图、交通图、水利图之类。《汉南郡志》忽略舆图可能是为了因应《大清一统志》编纂之需,另有详细舆图奉缴京师,因而造成舆图未编入《汉南郡志》。另一种情况则是在康熙年间,人们对秦岭南山老林以及川陕楚三省毗邻区域的山形地貌、羊肠小道的了解非常有限,仅知道数条交通要道的路况。在缺乏基础认知的情况下,苛求《汉南郡志》详细绘制交通图,完全是不现实的。清乾隆中后期,大量流民涌入秦巴山地,加之清廷多次用兵镇压白莲教起义,迫使清廷及地方府县不得不调查并详细绘制山川图、交通图,以用于军事弹压、行政管辖、赋税征收等多重实际用途,而严如熤正是勤于任事、治理有方的能臣典范。

严如熤,字乐园,湖南溆浦人。"嘉庆三年,举孝廉方正。时川陕楚教匪方炽,制策平定三省方略,如熤奏对几万言,钦定第一。次日,传至军机询屯政,复奏上应办事宜十二条,蒙召见,以知县用,发往陕西。五年,总督长龄委赴南郑、褒城、城固三县地,结寨练勇。六年,补洵阳县知县……九年,补定远厅同知……十三年,补潼关厅同知。十四年,擢汉中府知府。"在洵阳县知县任上,严如熤"率民筑堡练勇,戒勿迎击,钞其尾,扰其疲,豫储糗粮于冲寨,以待官兵,督寨勇,生擒贼帅陈朝觐于阵";于定远厅同知任上,"捐修城垣,七阅月竣工。复于厅之西南百余

---

① 嘉庆《汉南续修郡志》卷一《舆图》,清嘉庆十九年刻本,页四。

里，择要地黎坝、渔渡坝筑二城，置社仓三所，团练武备"①。在严如熤身边也有不少熟悉地情、善于绘图的幕僚，郑炳然、杨生筠即是其中的代表，二人均参与了《汉南续修郡志》中地图的绘制。严如熤《汉南续修郡志叙》载："余友广安郑君炳然，秀才从军，驰驱边徼十数年，山川向背，道路险夷，不啻画沙聚米。余入老林抚绥暨督修堰渠，郑君就必策马偕，又精绘事，工远势，能具千里于尺幅"，南郑孝廉杨生筠绘制"山川、疆域、栈道、水利各图。采访、考订、校阅之事，属之二君"。而在编纂《汉南续修郡志》之前，严如熤与郑炳然就曾共同绘制《三省边境山川道路图》，并请途经汉中的"少司徒卢（荫溥）南石先生"指正，卢氏认为："此图甚费苦心，若将里数用开方法，则远近更瞭如指掌。"开方法亦应用于《汉南续修郡志》舆图测绘，"十一城，四至八到，视他书较清焉"②。《汉南续修郡志》总计绘图二十五幅，卷一《星野》《舆图》包括《星野图》一幅，《汉中府城图》《汉中府属疆域总图》及留坝、定远二厅、宁羌一州、南郑等八县《疆域图》共十一幅，《南北栈道图》《黑河栈坝图》《华阳山形图》等地形交通图共三幅。卷十九《军制》有《马厂图》一幅。卷二十《水利》包括《南褒山河堰图》（附《南郑王道池渠图》）、《南褒廉水冷水各渠图》《南郑班公堰图》《城洋杨填堰图》《城固五门各堰图》《城固沙河各堰图》《洋县瀇滨溢水各堰图》《西乡各堰渠图》《沔县各堰渠图》共九幅。精细绘图可视为《汉南续修郡志》的突出优点，虽然此前《汉南郡志》在《舆地志》《水利志》方面记述甚多，但从直观效果来看，与《汉南续修郡志》不可相提并论，方志舆图的完善既是绘图技术进步的产物，更是清廷统治深入崇山峻岭的结果。

其二，重视军事关防。这是《汉南续修郡志》的另一突出特点。卷三单辟《官隘》一目详细记载汉中府所辖二厅、一州、八县关隘情况，在指出关隘位置坐标的同时，对周边环境、通达路径、防守要诀一一记录在册。卷十九《军制》详细记载"雍正十年以前军制"与嘉庆十三年"汉中移镇军制"，尤其是对汉中镇所辖镇标中营等十三营官兵员额、饷银，各营分防塘汛具体位置均有详细记录。

---

① 王钟翰点校：《清史列传》卷七五《循吏传二·严如熤》，中华书局1987年版，第6234页。

② 严如熤：《叙》。嘉庆《汉南续修郡志》卷首，页三至四。

地方志书多由文人编修，对地方军事情况的记录多是一笔带过，或是付之阙如；如《汉南续修郡志》着重记录关隘、军制状况的志书实属少见，这亦与汉中府辖地白莲教起义熄灭未久、小股势力仍此起彼伏关系巨大，卷十九《兵制》开篇即云："嘉庆六年，增留坝、华阳、西乡、沔县四营，十三年宁陕镇移安汉中，添设中、左两营，重镇宿以雄师。自是山南千里，分营设汛，棋布星罗，侮乱不生，永安磐石矣！"① 记录要塞、军制既是对嘉庆时期真实历史的记录，也为后任官员掌握地方实情提供了准确资料，存史资政的意义是非常显著的。

其三，注重民俗资料。如何治理白莲教乱后的流民社会，是摆在严如熤面前的最大难题。严如熤早已意识到，熟悉并了解流民生态是治理流民社会的必要前提。严如熤在《汉南续修郡志》中专列《风俗》一卷，专载所属州县风俗，尤其是《附志山内风土》一篇，着重介绍秦巴山地流民社会生活状况，对于流民来源、生产方式、租佃关系、物产种类、山区贸易、保甲办法、寨堡营造、山民秉性等诸多方面均不吝笔墨、记录详尽。这些文献全都是严如熤亲身经历、所思所想的一手资料，透露出他治理流民社会的基本措施与方略。他提出"山内防维之法，以安辑流民为第一要务。流民开山作厂，既各安其业，奸徒即有蠢动，而各保身家，长镳白梃，尽成劲旅。好乱之奸民，终不敌良民之多也"。严如熤亦强调地方官员重视山内民俗、民情的重要作用，"贤明守令轸恤民隐，勤于稽察。俾讼师、差役不能逞其奸蠹伎俩，则土流安业，匪徒不致有轻生心。此为拔祸本、塞乱源也"②。

我们不难看出，严如熤续修郡志的重点，都是围绕着安定社会、巩固军事、稳定社会生活等相互关联的施政主题展开的。《汉南续修郡志》充分体现了"广搜博收，备一方掌故"的经世致用的功能。注重实用性的同时，《汉南续修郡志》亦重视文献的趣味性与学术性。卷三二、卷三三《拾遗》多载与汉中相关的志怪传奇、民间传说，且一并注明出处，便于读者按图索骥。卷二《建置》增加《历代建置考》一目，专载汉中各历史时期建置释名，大多出处明确、言之有据。

《汉南续修郡志》修成之后，广受好评，得到了秦瀛、林则徐等人的

---

① 嘉庆《汉南续修郡志》卷十九《军制》，页一。清嘉庆十九年刻本。
② 嘉庆《汉南续修郡志》卷二一《风俗》，页八。

称赞。秦瀛在为《汉南续修郡志》撰写序言时称：严如熤"收拾散亡，取而重辑之，门次部居，有体有要，于古今形势尤不啻聚米画沙"①。清道光二十九年（1849）十月，林则徐致信黄宅中，讨论黄氏所编《大定府志》时，亦论及近代所见精品志书，林氏云："深叹编纂之勤，采辑之博，抉择之当，综核之精。以近代各志较之，惟严乐园之志汉中，冯鱼山之志孟县，李申耆之志凤台，或堪与此颉昂，其他则未能望及项背也。"②林则徐首推《汉南续修郡志》，足以说明严如熤修志水准之高远。《汉南续修郡志》的成功编纂也为严如熤此后编辑《三省边防备览》积累了丰富经验，不少用于郡志的材料，经严氏反复揣摩加工，再次收入《三省边防备览》之中。清代末任汉中知府吴廷锡评价《汉南续修郡志》云："严乐园廉访所辑《汉中府志》，伏而读之，钦厥记载精弘，考据详密。其间山水道里，地险民风，述之尤悉。然后知方志之书，实关乎政法军事之用，非徒稽考故实，流连风景，仅供一二学士文人探讨讽颂已也！"③可谓一语道破了《汉南续修郡志》的社会意义与传世价值。

## 四　道光增修与民国重刻

今所见嘉庆《汉南续修郡志》封面书签、版心书口均题《汉南续修府志》，而诸卷又统一作"汉南续修郡志卷之某"。卷首依次为秦瀛《重修汉中府志序》、严如熤《叙》、滕天绶《汉南郡志序》、冯达道《汉中府旧志序》。秦瀛所撰序，文末署"无锡秦瀛序"，无纪年；严如熤所撰序，文末署"时嘉庆十八年岁次癸酉孟冬汉中府知府溆江严如熤撰"，孟冬为即农历十月，可知严如熤《叙》作于嘉庆十八年（癸酉，1813）十月。全志十六册。半叶十二行二十六字，小字双行同。白口，四周双边，单鱼尾。

不过，今嘉庆初刻本《汉南续修郡志》仍可见嘉庆十八年之后增补文献。该志卷三二《拾遗下》卷末载："柴禄，甘肃人。姜先茂，湖广

---

① （清）秦瀛：《重修汉中府志序》，嘉庆《汉南续修郡志》卷首，页三。
② （清）林则徐：《致黄宅中》，林则徐全集编辑委员会编：《林则徐全集》第八册《信札卷》，海峡文艺出版社2002年版，第428页。
③ 吴廷锡：《续修南郑县志跋》，郭凤洲、柴守愚修，刘定铎等纂：民国《续修南郑县志》卷一《吴序》，民国十年（1921）刻本，页一。

人。田珍，遂宁人。张绅，达州人。侨寓张口石。十九年正月，共守铁炉关保。堡破，为贼所执。……四人同声詈骂，贼怒割舌、剜眼、部［剖］腹、剥皮而死。……为署凤令杨名飏续查补报。"① 又载："留坝同知任奎光，江苏荆溪人。先任平利县知县，结寨团勇，各大营在平利供亿无误。经略额公贤之，保升留坝。嘉庆十年到任，办事认真，厅当孔道，差使络绎，丝毫不以累民。厢匪滋事，十九年正月，扰及近城之枣木栏。奎光率民勇堵御严密，贼不敢犯。积劳而没［殁］，民甚德之，祀之城隍庙中。"② 两处记载均记嘉庆十九年事，或可证实志书最终刊刻时间当在嘉庆十九年(1814)。《中国地方志联合目录》亦载："嘉庆《汉南续修郡志》三十二卷首一卷。(清)严如熤修，郑炳然等纂。清嘉庆十九年(1814)刻本。"③

嘉庆十九年之后，又有零星散叶掺入志书。卷二十七《艺文下》最末一篇为严如熤《修沔县诸葛忠武侯庙记》，共两页，单独刻板，页码与前文连续。但《记》中云："庙修于嘉庆丙子年仲春，丁丑年仲夏落成。"④ 嘉庆丙子、丁丑分别为嘉庆二十一年(1816)与嘉庆二十二年，可知此文必然是在《汉南续修郡志》成书之后掺入的。

至清道光九年(1829)，汉中府知府杨名飏增修一卷，附于《汉南续修郡志》卷三二《拾遗下》之后，版心题"卷之三十三列女"，分为《续访义烈》与《续访节烈》两部分。《续访义烈》开篇有署名"杨名飏识"短文一则，无纪年，专载定远厅"死贼"男子事迹，共十七人。《续访节烈》依次记载留坝厅、定远厅、南郑县、褒城县、城固县、洋县、西乡县、凤县、宁羌州、沔县、略阳县节妇、烈女事迹，随后又增补城固呼烈妇、南郑汪氏等四县烈女二十四人。《续访义烈》《续访节烈》两部分共十一页，页码接续卷三十二《拾遗》第二十页，为第二十一至三十一页，未重编页码。最末载杨名飏所撰表彰节烈"请旌及建坊给匾事宜"，共计十二款，文末载："自嘉庆十六年修志后，续得节孝、贞烈妇女二百二十五口，附于编末，以备汇纂。并另印一册，俾乡里咸知观感。尚有贞心苦节，湮没不彰者，并可续举，详请旌扬，列入总坊，载在志

---

① 嘉庆《汉南续修郡志》卷三二《拾遗下》，页二十。
② 嘉庆《汉南续修郡志》卷三二《拾遗下》，页二三。
③ 中国科学院北京天文台主编：《中国地方志联合目录》，中华书局1985年，第198页。
④ 嘉庆《汉南续修郡志》卷二七《艺文下》，页六六。

书，补刊府志，以垂不朽。道光九年岁次己丑秋八月。汉中府知府滇南杨名飏识。"全文共计两页，单独编有页码①。

此后至清朝灭亡，汉中府再未续修或重修府志。至民国十二年（1923），"陕省《通志》开局纂修，檄县令采事迹以闻。各县士绅，提倡修志，风动一时"，汉中本地官绅急忙寻找《汉南续修郡志》，作为参考资料，却"遍为蒐访，迄不可得，率抱数典忘祖之嗟"②。幸而有"南郑蓝君葆初、沔县侯君剑澄、城固王君晓康，悠焉伤之，谋于同人，搜得严志旧本，思重刊而补葺之"③，并请求陕西督军刘镇华、陕南镇守使吴新田帮助，汉中道尹王炳坤（寿乾）、阮贞豫先后捐款，约计银元三千元，"总司校勘者则南郑林君捷三"④。据阮贞豫作于"民国甲子嘉平既望"的《重刻汉中府志序》载："是役也，开始于夏五月，历秋冬而工竣。"可知民国重刻本成书于民国十三年（1924）。封面、扉页均题《重刻汉中府志》，书牌篆书"民国甲子/年重刻于/西安省城"。

民国重刻本完全是按照嘉庆旧本及道光增刻一卷重新摹刻的，字体、版式几乎完全一致，若不仔细校勘，并不容易发现新本与旧本的差异。最显而易见的差别是对道光增刻卷三三内文次序的调整与重编页码，民国重刻本按《续访义烈》、杨名飏表彰节烈"请旌及建坊给匾事宜"、《续访节烈》排序，内容更为妥帖，重编页码共十三页。对卷首序言亦重新排序，重刻本在卷首依次增加刘镇华、吴新田、阮贞豫三人《重刻汉中府志序》，随后依次为冯达道序、滕天绶序、严如熤《叙》、秦瀛《重修汉中府志序》。秦瀛反在严如熤之后，这与《汉南续修郡志》初刻时的情形并不相符。

此外，民国重刻本与嘉庆初刻本仍有一些值得一提的细微差别。如卷首《总目》末页左下角，嘉庆本署"刻字豫江徐天爵"，民国重刻本留白。如卷二十七《艺文下》末页为严如熤《修沔县诸葛忠武侯庙记》，嘉

---

① 按：清道光九年（1829）杨名飏增刻卷三三的版本情况，参见《中国地方志集成·陕西府县志辑》第50册所收嘉庆《汉南续修郡志》（第521—526页），但该影印本卷三三《续访节烈》缺最末一页，缺失城固呼烈妇以下二十三人题名。
② （民国）阮贞豫：《重刻汉中府志序》，民国《汉南续修郡志》卷首，民国十三年（1924）刻本，页五。
③ （民国）吴新田：《重刻汉中府志序》，民国《汉南续修郡志》卷首，页三至四。
④ （民国）刘镇华：《重刻汉中府志序》，民国《汉南续修郡志》卷首，页二。

庆本版心下端有"诸葛庙"三字，民国重刻本留白。民国重刻本在校勘方面也有一定的贡献，如卷三十《诗赋》页二三至二五收录清康熙洋县知县邹溶《黄金峡赋》，页二四有"群雌肱接而引涧，孤猿唇翻而啸冈"二句。嘉庆本"猿"字为墨钉，民国重刻本校勘作"孤猿"；又如卷三二《拾遗下》页一，载："德宗幸梁洋，唯御骓马，号曰'望云骓'。驾还，饲以一品料，暇日牵马而视之，必长鸣四顾，若感恩之状。后老死飞龙厩中，贵戚画为图。"嘉庆本"暇"字为墨钉，民国重刻本校勘作"暇"。可见林捷三校勘之力甚勤。

鉴于《汉南续修郡志》的突出价值，1983年6月中共汉中地委宣传部在汉中地区科技情报所复印了民国《汉南续修郡志》。2007年凤凰出版社《中国地方志集成·陕西府县志辑》亦收录《汉南续修郡志》，版本说明文字载："本书三十三卷首一卷，杨名飏续纂地三十三卷，前三十二卷为嘉庆严本。据民国十三年(1924)刻本影印。"既然是严如熤嘉庆原本，又怎会是据民国重刻本影印？经过与嘉庆原志、民国重刻本校勘，此本为嘉庆《汉南续修郡志》原本无疑，但误作民国《汉南续修郡志》。2012年，汉中地方志办公室原主任郭鹏又以简体字、横排版的形式，对该志进行了点校整理，更名为《嘉庆汉中府志校勘》，由三秦出版社出版。

# 第二章 《南郑县志》与《褒城县志》的纂修

## 第一节 清代《南郑县志》的纂修

### 一 《南郑县志》溯源

南郑县是汉中府的附郭县,汉中府府城即是南郑县县城。正是由于二者之间的密切关联,南郑县的山川、城池、食货、职官、人物、艺文等众多历史信息均见诸《汉中府志》记载。因此,长期以来南郑县主政官员认为并无编纂《南郑县志》之必要。仅就笔者目力所及,明代各类题跋书目均未发现《南郑县志》的踪迹。

至清康熙二十七年(1688),汉中府知府滕天绶修纂《汉南郡志》时,其《凡例》亦云:"南为附郭,旧无另志,其所纪载,俱备之郡志。"① 也正是由于南郑县没有编纂县志,此后便将一些值得保留的南郑县文献附在《汉南郡志》之后。《汉南郡志》卷二十四《艺文志十》最末续补南郑县知县魏寿期《告城隍庙祈雨文》《告沔邑城隍庙驱虎文》《劝俗歌十首》、薛荃《烈妇李氏小传》共四篇诗文,又增刻《南国甘棠》一册,以表彰魏寿期治理南郑的政绩。魏寿期于康熙三十四年至三十九年任南郑县

---

① (清)滕天绶修,和盐鼎纂:《汉南郡志》卷首《凡例》,清康熙三十年(1691)刻本,页十。

知县①，可知最晚至康熙四十年(1701)，南郑县仍未编纂县志。

清乾隆五十九年(1794)，南郑县知县王行俭《南郑县志序》记载："沿革损益、盛衰得失之故，堪资考镜者何穷。顾旧无专志，记载阙如，《府志》所书其文略不具邑之文献，典章无所据以考信，识者病之。"②这也说明王行俭在编纂《南郑县志》的过程中，并没有见到《南郑县志》旧志的存在。

不过，令人疑惑的是，雍正《陕西通志》曾屡次征引《南郑县志》的内容。雍正《陕西通志》卷四三《物产一·果属》载："梅有硃砂梅、钱梅、照水梅、玉蝶梅、星梅"③，安石榴"有红、黄、白、粉四种"④；同卷《药属》又载：金樱子"南郑县有之"⑤。卷四四《物产二·草属》载："南郑有鱼子兰"⑥，又载：十姊妹花"南郑有之"⑦，同卷《木属》又载"桂有硃砂桂、金钗桂、黄桂、白桂"⑧。对于上述六处物产的记录，雍正《陕西通志》均标注出自《南郑县志》。雍正《陕西通志》卷四五《风俗》又转引《南郑县志》云："其民质真好义，士风朴厚，有先民之遗。"⑨ 由此可见，雍正《陕西通志》在编纂过程中曾见到一种《南郑县志》，而该志的情况并不为今人所知。

雍正《陕西通志》成书于清雍正十三年(1735)，那么该《南郑县志》成书当在清康熙四十年(1701)之后，至雍正十三年之前的三十余年间。据王行俭《南郑县志序》考察，王行俭并不知道此前有《南郑县志》存在。该《南郑县志》仅见上述数条记录，其基本情况尚难稽考。

---

① (清)王行俭纂修：乾隆《南郑县志》卷四《职官》，清乾隆五十九年(1794)刻本，页七。
② (清)王行俭：《南郑县志序》，乾隆《南郑县志》卷首《序文》，页一。
③ (清)刘於义等修，沈青崖等纂：雍正《陕西通志》卷四三《物产一》，清雍正十三年(1735)刻本，页八。
④ 雍正《陕西通志》卷四三《物产一》，页十三。
⑤ 雍正《陕西通志》卷四三《物产一》，页四八。
⑥ 雍正《陕西通志》卷四四《物产二》，页二。
⑦ 雍正《陕西通志》卷四四《物产二》，页五。
⑧ 雍正《陕西通志》卷四四《物产二》，页二三。
⑨ 雍正《陕西通志》卷四五《风俗》，页九。

## 二　王行俭、周柄中与乾隆《南郑县志》

王行俭，字似裴，江苏溧阳人。"乾隆辛卯(三十六年，1771)举人，大挑一等，试县陕西，历署陇州、甘泉、褒城，补南郑。所至有能名。"①据乾隆《南郑县志》记载，王行俭出任南郑县知县的具体时间为乾隆五十三年②。王行俭任职五年之后，才开始《南郑县志》的修纂工作，他在《延修志书启》中自述："俭一官承乏，五载滋惭，幸逢圣世之休祥，雨旸时若，欣荷上台之覆庇，狱讼风清，是用不辞固陋，有志于纂修。"③王行俭作于乾隆五十九年(1794)的《南郑县志序》则较为详细地记述了自己编纂志书的过程：

> 余承乏兹邑，初下车，接见诸绅士，首以志为请。余诺之，而未暇为。非惟不暇，亦念创始綦难，不敢苟且以从事也。数载以来，时和年丰，四野宁谧，守土之吏，幸免厥愆。诸绅士复坚申前请，义不容以固陋辞，乃于公余之暇，浏览群书，掇其有关于志者，类聚族分，次第纂辑，并属绅士互相诹访，汇为《征实》《摭遗》二录，以资采取，于是近事益备。凡九阅月，三易稿而书成。④

就王行俭自述分析，乾隆《南郑县志》编纂成书是王氏与南郑缙绅通力合作的产物。另据《南郑县志》卷首《衔名》所载，纂辑者为王行俭，考订者为南郑县学教谕李彧、南郑县学训导李士龙、靖边县学训导樊德辉、举人王珽等四人，编次者为南郑县青石关巡检司余孔捷、典吏崔萱，监修为原任四川游击焦文炎、原任泗州卫守备焦廷遴等十一人，采访者为武举范瑞星、乡饮任絅等十九人，校勘者为乡饮牟发、李暎桂等八

---

① (清)李景峄等修，史炳等纂：嘉庆《溧阳县志》卷十二《人物志·忠节》，清嘉庆十八年(1813)刻本，页十。
② 按：清乾隆《南郑县志》卷四《职官·知县》载："王行俭，江苏镇江府溧阳人。乾隆辛卯举人。五十三年任。"页九。
③ (清)王行俭：《延修志书启》，乾隆《南郑县志》卷首《启》，页一至二。
④ (清)王行俭：《南郑县志序》，乾隆《南郑县志》卷首《序文》，页一。

人，校对者为廪生杨春元、张鹏飞等四人①。《衔名》所载题名或是任职南郑的官员，或是致仕返乡的南郑籍官员，抑或是南郑本地缙绅群体，除此之外，再无旁人参与《南郑县志》的纂修工作。

但嘉庆《溧阳县志》则指出王行俭修纂《南郑县志》得到了同乡学者周柄中的帮助，"南郑故无《县志》，行俭延溧阳举人周柄中纂成十六卷，事迹粲然"②。"周柄中，字理夷，号烛斋。乾隆戊子（三十三年，1768）举人，性笃学强识，自为诸生时购观载籍无虚日，既南穷江湘，北游勃碣，西涉河洛，抵褒斜汉中，览其山川图记。又尝留京师数年，校书《四库》，多录秘牒，抉发生平所蕴疑义。盖终其身，无一日不再问学之中，于人世一切声利，泊如也。乙卯截取知县，不就。以嘉庆六年卒于家，年六十四。"周柄中还曾"主讲湘潭、汉中、平陵书院"③。周氏远游汉中、讲学汉中，或许正是出自同乡王行俭之邀。周柄中熟稔文史，王行俭延请他参与《南郑县志》的纂修自然也是情理之中的事情。嘉庆《溧阳县志》卷十五《艺文志》亦将《南郑县志》列在周柄中名下，记作"《南郑县志》十二卷，周柄中撰"④，卷数虽有出入，但不能否认周柄中参与《南郑县志》修纂的基本事实。加之，嘉庆《溧阳县志》成书于嘉庆十八年（1813），王行俭、周柄中等人辞世未久，《溧阳县志》所载王行俭、周柄中与《南郑县志》的编纂情况应当是可信。

### 三 乾隆《南郑县志》编纂特点

乾隆《南郑县志》共十六卷，卷一《舆地上》，分列沿革、疆域、形势。卷二《舆地下》，分类山川、水利、风俗。卷三《建置》，分列城池、公署、学宫、坛宇、坊表、里编、乡村、市集、关镇、津梁、驿传、营伍。卷四《职官》，分列知县、佐贰、教职。卷五《食货》，分列地丁、仓储、税课、俸工、物产。卷六《选举》，分列征荐、科贡、武科、文武仕宦、封赠、荫袭。卷七、卷八、卷九为《人物》，分列贤达、孝义、流寓、列女。卷十《古迹》，分列郊坰、宫室、祠庙、寺观、冢墓。卷十

---

① 乾隆《南郑县志》卷首《衔名》，页一至四。
② 嘉庆《溧阳县志》卷十二《人物志·忠节》，页十。
③ 嘉庆《溧阳县志》卷十三《人物志·儒林》，页十五。
④ 嘉庆《溧阳县志》卷十五《艺文志·史部》，页四。

一、卷十二《纪事》，分列周、秦、两汉、三国、晋、南北朝、唐、五代、宋、元、明。卷十三《艺文上》，专载"诗"；卷十四《艺文中》，卷十五《艺文下》，专载"文"。卷十六《杂识》①。全志四册。半叶九行二十一字，小字双行同。白口，四周双边，单鱼尾。如果仅就上述目录考察，《南郑县志》编纂体例较为简单，特点并不突出，与同时代其他方志并无二致。但细致考察内文细节就会发现，《南郑县志》的编纂确有其优于旁志、独树一帜的优点。

《南郑县志》征引文献极为丰富，既着重抄录历代典籍、笔记关于南郑县的记载，也善于利用碑刻文献对志书进行增补辑佚。清人王士禛《分甘余话》载："汉中府治月台东南隅有璞石，如鼓而方，高二尺六寸，围八尺，胫间作四兽，面有剖露痕，审视之，真碧玉也。门人陈子文奕禧《益州于役记》云：'制似罍，相传是楚、汉间物，未详。'"②《南郑县志》卷十六《杂识》摘录《分甘余话》"汉中府璞石"内容，并解释道："府治月台璞石，盖类石之似玉者，王文简以为真碧玉，恐非。"③《南郑县志》卷四《职官·知县》载："宋县令晏裒。《开石门道碑阴》记：临淄人，绍熙间为南郑令。"④可知《南郑县志》根据褒斜道石门石刻增补南宋绍熙间南郑县知县晏裒题名。

在广泛征引历史文献的同时，《南郑县志》亦注重对《汉南郡志》等相关内容加以考辨纠谬，试举两例。《汉南郡志》卷一《舆地志一》载："武乡谷，城北门内。旧志谓诸葛亮封武乡侯者，此也。"⑤山谷在城门之内，显然有误。《南郑县志》认为武乡谷"在今南郑、褒城二县之间。《十道志》谓谷在府东北三十里。《寰宇记》谓在县东北三十一里。此为近之。《府志》云城北门内，非也"。⑥《南郑县志》卷三《建置》载："名宦祠。《府志》在文庙左。祀汉相国萧何、曹参，汉中太守田叔，晋梁州刺史张轨，后魏梁州刺史寇儁，齐梁州刺史范柏年，梁梁州刺史萧循，唐兴州刺史严砺，宋兴元开府虞允文，明汉中府知府潘文、费震、冯

---

① 乾隆《南郑县志》卷首《目录》，页一至二。
② （清）王士禛撰，张世林点校：《分甘余话》，中华书局1989年版，第28—29页。
③ 乾隆《南郑县志》卷十六《杂识》，页十一。
④ 乾隆《南郑县志》卷四《职官·知县》，页三。
⑤ 《汉南郡志》卷一《舆地志一·山川》，页三九。
⑥ 乾隆《南郑县志》卷二《舆地下》，页八。

上宾，本朝汉中府同知王化鳌。"《南郑县志》据此评论道："张轨，凉州刺史，非梁州，与汉中无涉。范柏年以不受代被诛，严砺节度山南，贪沓苟得，士民不胜其苦。此不当祀而祀者也。"① 由此足见《南郑县志》既能纠正旧志地理志之谬误，又能对历代史实加以考证。

勤于考辨固然是《南郑县志》有别于《汉南郡志》的特点，但该志最为重要的历史价值，仍然是对于当时南郑政治、经济、人物、文化等诸多内容的真实记录，后人才得以窥见"乾隆盛世"背景下南郑县乃至汉中府的时代风貌。这些记录又与王行俭重视搜集民间口碑文献密切相关，《南郑县志》中大量文献出自《征实录》《撦遗录》，这两种文献据王行俭《汉中府志序》介绍，均是自民间采访所得，经本地缙绅之手汇编成录，最后汇入志书之中。如魏延死于虎头桥、葬于石马堰的故事，即采自民间传说。"蜀汉南郑侯魏延墓，相传在北门外四里石马堰，有石马立田间，云是墓前故物。"② "《撦遗录》：汉中府城北门外里许，有虎头桥。平地列数石，其下并无沟渠，殊不成桥，而流传久远，且立碑焉。询之居人，云是三国时魏延死处。考《蜀志》，延奔汉中，杨仪遣马岱追斩之，延固死于汉中者，土俗之言，与史有合。桥距石马堰二里有余，以此知延墓在彼之说未为尽妄云。"③

乾隆《南郑县志》也存在一些不足，志书虽勤于考证，但限于编纂志书时文献资料不足，考证结论也存在不甚严谨、说服力不足的问题。《汉南郡志》有"汉山""旱山"两条记录，"汉山，南三十里。四峰八面，嵚釜奇伟，东北距汉水，南接巴山。顶有池，春夏积雪，由右为鸠谷，东有栖真观、孤云神女祠，迤而东不数里有茅沟山，凌高峻削。""旱山，北六十五里，山下有云即雨。"④《南郑县志》则认为汉山、旱山本是一山，"今县南二十里有山巍然，北距汉水，即《毛诗》之'旱山'也。《府志》以此为汉山，而指县北六十五里之山为旱山。考《水经注》'浐水出南郑县东南旱山'，今汉山正在县治之南，其为旱山无疑"。《南郑县志》虽然纠正了《汉南郡志》旱山方位的错误，但《水经注》之旱

---

① 乾隆《南郑县志》卷三《建置》，页九。
② 乾隆《南郑县志》卷十《古迹·冢墓》，页十二。
③ 乾隆《南郑县志》卷十六《杂识》，页十一至十二。
④ 《汉南郡志》卷一《舆地志一·山川》，页三七、页三八。

山位于南郑县东南,《南郑县志》所指之旱山则"在县西南"①。二者方位并不一致,也未对历代旱山文献进行简要梳理,因此,该结论并不能令人完全信服。

此外,《艺文志》完全照抄《汉南郡志》旧志艺文,仅新增岳礼《汉南书院记》、戴祖启《南郑尹郭侯修棚场碑文》两篇文章。王行俭等人对此解释说:"《艺文》所载,其中间有未尽雅驯,稍为删润者,盖城垣、学校、津渠、仓廪之类,创兴、修复事关国典、利在民生,录而传之,所以示劝,固不暇论其辞之工拙也。他如梵宫、道院诸碑文,颇取太史公择言尤雅之例,非有佳作不敢滥登。"② 由此可知《南郑县志》选取艺文的标准在于文言雅驯,即便是关乎国典、民生的文献,也要加以删改润色,才能符合《艺文志》的选取标准;即便如此,仍有一些文章言辞不雅,但考虑到传世意义、劝谏功用才勉强入选《艺文志》,而有关佛寺道观的碑文皆在摒弃之列。《南郑县志艺文志》既要体现儒家正统思想,又要考虑文献的辞章艺术,这必然错失了不少具有传世价值的篇目。

总而言之,勤于考据,但不精于考据;艺文无多,选取标准严苛,确实是乾隆《南郑县志》不可忽视的编纂缺陷;不过相较于乾隆《南郑县志》的成就,上述缺陷可谓瑕不掩瑜。加之明清两朝仅有乾隆《南郑县志》得以全帙保存、流传至今,乾隆《南郑县志》的特殊地位因而得以进一步凸显。《美国哈佛大学哈佛燕京图书馆藏善本方志书志》(国家图书馆出版社 2015 年版)有著录。《中国西北文献丛书》第一辑《西北稀见方志文献》(兰州古籍书店 1990 年版)与《中国地方志集成·陕西府县志辑》(凤凰出版社 2007 年版)均收录了乾隆五十九年(1794)《南郑县志》影印本。

## 四 孙万春与光绪《南郑县志》

清光绪二十年(1894),孙万春续修《南郑县志》十六卷,但随后未久,即被民国十年(1921)《续修南郑县志》取代,以至光绪《南郑县志》湮灭无闻。如今全国各大图书馆均无光绪《南郑县志》保存,1985年中国科学院北京天文台主编的《中国地方志联合目录》亦未著录光绪

---

① 乾隆《南郑县志》卷一《舆地下·山川》,页一。
② 乾隆《南郑县志》卷十五《艺文》,页二六。

《南郑县志》相关信息。

不过，光绪《南郑县志》作为重要参考文献，屡被民国《续修南郑县志》征引抄录，与此同时，又对光绪《南郑县志》颇多诋毁贬低之词，《续修南郑县志》卷一《凡例》载："旧志清乾隆五十九年始辑于王朴园邑宰，例分十门，体虽未备，采择颇精。迨光绪二十年陕候补知县孙万春踵之，相距九十余年，隶事无多，而以参杂出之，庐山转失真面。"① 南郑县知事柴守愚《续修南郑县志序》亦云："有清乾隆中叶，王君朴园宰南郑创修邑乘，谨严有法。迨光绪时，经白莲、红羊之劫，文献凋散，孙君介眉续之，改窜面目，迥失《王志》之旧，识者病焉。"② 对孙万春纂修的光绪《南郑县志》可谓批评严厉，甚至于在民国《续修南郑县志》卷一《原序》《原启》仅收录王行俭《南郑县志序》《延修志书启》，而完全找不到光绪《南郑县志》旧序等相关内容的踪迹。

民国《南郑县志》如此操作，其背后的原因是较为复杂的。已故汉中文史学人陈显远曾于二十世纪八十年代在汉中民间访得光绪《南郑县志》五册(佚三册)，"虽未能窥全豹，然已得见庐山真面目，喜而读之，疑惑顿释"③。陈显远特意撰写《孙万春私纂的〈南郑县志〉为什么被淹没?》一文，详细考察了其所见光绪《南郑县志》的基本情况。

孙万春，字介眉，直隶清苑人。光绪十五年(1889)任南郑县监税官，光绪十八年秋，任满奉调凤县主簿。将赴新任时，因上级催修县志，南郑知县、直隶吴桥人任自安便以重修县志急需人手为由，挽留孙万春编纂《南郑县志》，得到了汉中府批准。至光绪二十年孙万春编纂的光绪《南郑县志》成书行世。

据陈显远介绍，该志具有体例严谨、敢于创新，考证精详、敢于纠谬，不畏官府、秉笔直书，据实记录、求真存实等四大优点。但孙万春并非南郑县知县且官小职微，志中多直言不讳，导致地方官绅"恨其直笔"

---

① 郭凤洲、柴守愚修，刘定铎等纂：民国《续修南郑县志》卷一《凡例》，民国十年(1921)刻本，页一。
② 柴守愚：《续修南郑县志序》，民国《续修南郑县志》卷一《柴序》，页一。
③ 陈显远：《孙万春私纂的〈南郑县志〉为什么被淹没?》，《陕西地方志通讯》(内部刊物)1986年第2期，第75页。

"恣其记实",因此导致光绪《南郑县志》湮灭无存、不得流行①。但《陕西方志考》则称该志"尤其强调重视封建社会的正统观念,节烈妇女、死难义士之外,又有节烈志两卷附于志末。纪事的体例十分杂乱,并多次重复,质量不高"。这与陈显远所叙该志优点多有矛盾。该志后由陈显远移交汉中市博物馆收藏,《陕西方志考》亦载该志"流传极少,因而便方志目录者多未见到,现在汉中博物馆有一至十二卷,附节烈一卷的残本"。② 如今,光绪《南郑县志》已自汉中博物馆散出,无从详考,令人惋惜。

## 第二节 明清《褒城县志》的纂修

褒城县因古褒国故地而得名,该县辖区呈现出东西窄、南北长的空间格局。《汉南郡志》载:"褒城县,广四十里,袤四百二十里。东九十里至城固县,西九十里至沔县,南四十里至南郑县,北六百里至凤县。"③古人以东西的宽度为"广",南北的长度为"袤",褒城县南北之"袤"是东西之"广"的十倍有余,其辖区便呈现出一幅极为狭长的图象。褒城县治所位于褒斜道南口,其辖区南界又与四川南江县、广元县相连,保障境内道路通达、维护蜀道交通便成为褒城县的重要使命。由褒城县城向南四十里即可到达汉中府城,是距离汉中府城最近的属县。明清两朝,褒城县曾五修县志。

### 一 明人龚埙、张栋编纂《褒城县志》

清道光间褒城县知县光朝魁《褒城县志叙》载:"余莅褒城踰半载,遍索县志不获,今春乃得见乾隆丁酉署县事萧君兴会与邑人欧阳文学所辑

---

① 陈显远:《孙万春私纂的〈南郑县志〉为什么被淹没?》,《陕西地方志通讯》(内部刊物)1986年第2期,第75至76页。

② 高峰编著:《陕西方志考》,吉林省地方志编纂委员会、吉林省图书馆学会1985年内部发行,第187页。

③ (清)滕天绶修,和盐鼎纂:《汉南郡志》卷一《舆地志一》,清康熙三十年(1691)刻本,页二四。

县志钞本。其序言明弘治及嘉靖时有龚垍、张栋两次修志,并毁无存。"① 由此可知,明弘治年间(1488—1505)曾修纂《郏城县志》。清人因清高宗名弘历,自乾隆朝始避讳"弘"字,书写时或作缺笔,或径直改作"宏"字,故将明孝宗年号"弘治"改作"宏治"。明弘治《郏城县志》由何人修纂、体例卷次如何,至清乾隆时已不可详考。

明嘉靖年间,郏城县人龚垍、张栋曾先后修纂《郏城县志》。道光《郏城县志》卷九《名人传》载:"龚垍,字应诏。性淳朴,不谋产业,朝夕读不倦,精于诗文,工书画。尝修邑志,亲历穷谷浚流。贡为巴州训导,不受馈,巴人重之,为修其州志。升河曲教谕,乞休,巡抚陈公重之,厚赠以归。归贫如故,闭门读,不屑干人,有古君子风。"② 该传记未载龚垍生活年代,道光《郏城县志》卷五《选举表》"贡生"又载:"龚垍,嘉靖间。河曲教谕。"③ 由此可知,龚垍个人修纂《郏城县志》确在明嘉靖年间,由于该志散佚无存,龚氏所纂《郏城县志》的情况亦无从查考。今仅见清顺治《汉中府志》卷六《艺文志》收录龚勋《凤凰山》《让水》二诗④。

张栋,亦为郏城人。万历《陕西通志》卷十五《乡举》"嘉靖丙午科"有张栋题名⑤,《汉南郡志》卷十二《人物志》"举人"亦载"张栋,郏城人"⑥,为嘉靖丙午科(二十五年,1546)举人。

清顺治《汉中府志》卷六《艺文志》收录张栋所撰《张公五井记》一文。张公名庚,嘉靖二十九年(1550)任郏城县知县。因城内无井,百姓取水用水困难。嘉靖三十三年,张庚命人于城内寻找水脉,凿井五口。同年张庚卒于任上。百姓怀其德政,故由张栋作此文,以纪其惠民事迹。张栋在该篇文章中提及编纂《郏城县志》的情况。《张公五井记》载:

---

① (清)光朝魁纂修:道光《郏城县志》卷一《志叙》,清道光十一年(1831)刻本,页一。
② 清道光《郏城县志》卷九《名人传》,页三。
③ 清道光《郏城县志》卷五《选举表》,页四。
④ (清)冯达道纂修:顺治《汉中府志》卷六《艺文志》,《国家图书馆藏地方志珍本丛刊》第145册,第231—232页。
⑤ (明)李思孝修,冯从吾等纂:万历《陕西通志》卷十五《乡举》,影印明万历三十九年(1611)刻本,国家图书馆出版社2017年版,第2册,第276页。
⑥ (清)滕天绶修,和盐鼎纂:《汉南郡志》卷十二《人物志》,页十八,清康熙三十年(1691)刻本。

"其(张庚)豪兴清操,忠诚高谊,详则见于余所为《宦迹实状》,略则在于《褒志新稿》也。"① 《宦迹实状》无疑是记录历任褒城县官员的政绩传记,应是张栋为编纂《褒城县志》准备的基础材料,故而内容翔实。所谓《褒志新稿》应该是《褒城县志》之稿本,既称"新稿",可知此前有旧志存在,亦可知至嘉靖三十三年(1554)褒城县知县张庚病卒之时,张栋尚未完成《褒城县志》的编纂工作。《褒城县志》最终成书当在嘉靖三十三年之后未久。由于该志散佚,张栋编纂的《褒城县志》体例、内容亦难以详细考证。嘉靖《褒城县志》明清书目皆有著录。明人孙能传《内阁藏书目录》载:"《褒城县志》二册全。邑人张栋修。"② 清人黄虞稷《千顷堂书目》载:"张栋《褒城县志》。邑人。"③

## 二 康熙志稿与乾隆《褒城县志》

入清之后,褒城县纂修志书的情况亦见光朝魁《志叙》记载:"国朝康熙中,邑人许欲铉创有志稿,《萧志》本此分为《舆地》《建置》《食货》《官守》《人物》《艺文》六册。"④ 由此可知,康熙时许欲铉所编《褒城志稿》已按事类分为六册,萧兴会于乾隆年间重修《褒城县志》之时亦是沿袭康熙志稿体例修成新志。目前仅知许欲铉为褒城县人,生平不详。道光《褒城县志》卷四《职官表》载:"萧兴会,皋兰。监生。(乾隆)四十五年任(知县)。辑县志。"⑤ 不过,光朝魁《志叙》则载:"今春乃得见乾隆丁酉署县事萧君兴会与邑人欧阳文学所辑县志钞本",乾隆丁酉,即乾隆四十二年(1777),与《职官表》所载任职时间不符。道光《褒城县志》卷四《职官表》又载:"倪学洙,海宁。进士。(乾隆)四十五年任(知县)。"⑥ 由此推断,萧兴会署理褒城县知县当在乾隆四十二年

---

① (清)冯达道纂修:顺治《汉中府志》卷六《艺文志》,《国家图书馆藏地方志珍本丛刊》第145册,第427页。
② (明)张萱、孙能传等撰:《内阁藏书目录》卷六《志乘部》,影印清迟云楼钞本。《续修四库全书》,上海古籍出版社1996年版,第917册,第98页。
③ (清)黄虞稷撰,瞿凤起、潘景郑整理:《千顷堂书目》卷六《地理类上》,上海古籍出版社2001年点校本,第176页。
④ (清)光朝魁纂修:道光《褒城县志》卷一《志叙》,页一。
⑤ (清)光朝魁纂修:道光《褒城县志》卷四《职官表》,页二六。
⑥ (清)光朝魁纂修:道光《褒城县志》卷四《职官表》,页十九。

至四十五年之间。萧兴会与邑人欧阳文学共同编纂的《褒城县志》也当在此间成书。乾隆《褒城县志》见《中国地方志综录》著录,称该志四卷,陕西省图书馆有藏①。《中国地方志联合目录》则载:"乾隆《褒城县志》四卷。(清)萧兴会修,欧阳文学纂。清乾隆四十三年(1778)修,抄本,陕西考古所。民国油印本,陕西(省图书馆)。"②但今陕西省图书馆仅有道光《褒城县志》抄本两种、民国油印本一种。该油印本共两册,一册封面题"褒城县志卷二",内文为道光《褒城县志》卷四、卷五,另一册封面题"褒城县志卷三",内文则为道光《褒城县志》卷六至卷九。可知该民国油印本仍为道光《褒城县志》,并非乾隆《褒城县志》。《中国地方志联合目录》所载"陕西考古所"有乾隆《褒城县志》抄本。"陕西考古所"即今陕西省考古研究院。该院所藏古籍图书已编目出版,但《陕西古籍总目·陕西省考古研究院分册》(三秦出版社,2011年)不但未见乾隆《褒城县志》的踪迹,甚至未见道光《褒城县志》。总而言之,有关乾隆《褒城县志》的线索,或是著录信息有误,或是无从查找,虽然无法断定该志已无存,但该志仍存于世的可能性极小。

### 三 光朝魁纂修道光《褒城县志》

光朝魁,安徽桐城人。道光六年(1826)进士。授陕西即用知县。③ 道光十年任褒城县知县④。此时距乾隆四十二年(1777)修成《褒城县志》已有五十余年,光朝魁命下属寻找旧志,费时半年之久,只寻得乾隆旧志钞本,原志刻本也已散佚。道光十一年(1831),光朝魁为新修《褒城县志》撰写《褒城县志叙》时,追忆了搜寻旧志的过程:"余莅褒城,逾半载,遍索县志不获,今春乃得见乾隆丁酉署县事萧君兴会与邑人欧阳文学所辑《县志》钞本"⑤,所见六册钞本也是"篇简残脱",光朝魁翻阅之

---

① 朱士嘉:《中国地方志综录(增订本)》,商务印书馆1935年初版,1958年增订本,第58页。

② 中国科学院北京天文台主编:《中国地方志联合目录》,中华书局1985年版,第198页。

③ (清)廖大闻等修,金鼎寿纂:道光《续修桐城县志》卷七《选举表》,清道光十四年(1834)刻本,页五七。

④ 道光《褒城县志》卷四《职官表》,页二二。

⑤ 道光《褒城县志》卷一《志叙》,页一。

后，认为旧志"幸存者又多牵附"，因有新修志书之举。

光朝魁新修志书面临两方面的难题，一方面"山县无藏书"，可供查阅征引的典籍文献缺失，阻碍了志书对褒城历代史事的追溯；另一方面，"邑人士又不肯以所睹来告"，目见耳闻的实地材料也稍显不足。光朝魁自知仓促修志的弊病，但也有不少可供凭借的材料：其一，严如煜纂修的嘉庆《汉南续修郡志》可作为重要参考；其二，褒城县档案文书丰富，可供编纂所需；其三，褒城县历代碑刻文献众多，可资利用。因此，光朝魁本着纠谬前志的职责，"姑以余所识忆者刊其谬、补其漏，得十之二三，要于沿讹踵漏，尚望博雅君子纠正之"，最终编成"《图考》二、《表》三、《志》三、《传》二"①的道光《褒城县志》。其中卷一《疆域图考》、卷二《山川图考》，卷三《沿革表》、卷四《职官表》、卷五《选举表》，卷六《城署志》、卷七《食兵志》、卷八《文物志》，卷九《名人传》、卷十《列女传》，最末一卷卷十一为《汉中府志赘语》。新编志书共六册，半叶九行二十一字，小字双行同，白口，四周双边，单鱼尾。可谓卷数适中，卷次体例了然。

鉴于褒城县特殊的地理区位与道路交通状况，道光《褒城县志》继承了嘉庆《汉南续修郡志》重视舆图的特点，绘制《疆域图》一幅、《山川图》三幅、《北栈山图与褒水图(一)》一幅、《北坝诸山图、褒水图(二)、汉水图(一)》一幅、《汉水图(二)、廉水图、南坝诸山图》一幅，共七幅舆图，以《疆域图》为总图，其余六幅则注重山川地形、道路交通、乡村市镇、堰渠水利等要素的绘制，彼此之间互相交融，是对《疆域图》的局部放大与细部增绘。

《疆域图考》则涉及星野、道路里程、屯寨铺舍、驿站栈道，《山川图考》则涉及山岩、水泉、洞穴、沟潭、堰渠。相关记述主要以褒城县衙所存文书档案为依据，如前任知县何耿绳《县图说》、光朝魁《县图备说》均源于档案；又大量引用石刻文献，如历代递修褒斜栈道、山河堰、流珠堰的文献多征引碑文。两种《图考》与七幅舆图相辅相成，既能互为解说，也便于读者进一步考索查证。这无疑是道光《褒城县志》的一大亮点。

《沿革表》则是纪年与纪事的结合，记录褒城县所在区域历代沿革，

---

① 道光《褒城县志》卷一《志叙》，页一。

兼作历代大事年表之用。《职官表》主要记录自宋代以来褒城县知县、学官、主簿等官员题名、籍贯，兼及简略事迹。《选举表》记录宋明清三朝褒城县进士、举人、贡生、武科题名。《沿革表》《职官表》虽属《褒城县志》，但因褒城"最近郡城，故汉中事并录"① 于《沿革表》中；《职官表》中又将历代汉中郡、汉中府职官置于首行，这样编纂的本意则在于突出褒城县在汉中府的重要地位，但颇有画蛇添足之憾。尤其是《职官表》全以《汉南续修郡志》所载褒城县职官制表，对于《汉南续修郡志》缺失、漏载、署理县事的官员题名并不列入表中，而是以增补方式列在表后，体例颇可商议。

《城署志》记录褒城县城墙、官署、学宫、坛壝、桥梁、渡口、寺观等内容；《食兵志》记录民里、卫里、民地、屯地、驿员、夫马等内容。上述文献多录自文书档案，是对清道光年间褒城县情况的真实记录。其中《食兵志》"卫里"明确记载："明宁羌卫屯寨散处于褒城县境，设有千户、百户兼司驿站"②，加之《疆域图考》又载："屯寨旧本宁羌卫之左右前后所也，今为卫里"③，可知明代宁羌卫屯寨、屯田、人口在褒城县境内有大量分布，这也就合理解释了《汉南郡志》《汉南续修郡志》所载明代进士、举人一说宁羌人、一说褒城人的问题，这些籍贯存疑的科举佼佼者皆是生活在褒城县境之内，而籍贯宁羌卫的卫籍人士。《文物志》则存在记录多门、内容杂糅的问题，古迹、石刻、冢墓、古寺等分别罗列，又着重抄录并注解典籍、石刻所见如箕谷、赤崖、斜谷、让水等山川名目，造成同一山川分拆《山川图考》《文物志》两部分的情况，一今一古，两厢割裂开来。

《名人传》《列女传》专载褒城本地人物事迹，言语质朴简略，但又存在纪事不纪年的问题，又有传记缺漏人物，如编纂嘉靖《褒城县志》的张栋、康熙年间编纂志稿的许欲铉、纂写乾隆《褒城县志》的欧阳文学，均无传记留存，殊为不妥。

总而言之，光朝魁所修《褒城县志》绝对是优点与缺点都极为突出的一部地方志书。绘图精细、《图考》翔实是其最大的优点，但志书拘泥于府志、

---

① 道光《褒城县志》卷三《沿革表》，页十七。
② 道光《褒城县志》卷七《食兵志》，页六。
③ 道光《褒城县志》卷一《疆域图考》，页三。

内容拆分杂糅、应录未录是该志的最大弊病。且未编《艺文志》，只将诗文按内容归类，分别附在诸卷之后，且文多节略，无法了解文献全貌。修志时间不足一年、文献资料不足是造成这些弊端的根本原因。

道光《褒城县志》最末一卷《汉中府志赘语》与《褒城县志》并无关系，而是为《汉南续修郡志》纠谬的条目合辑，作者署"连城山人雪轩氏妄评"，又署"辛卯嘉平雪轩氏又识"①。连城山，位于褒城县治西北七里，"相传汉王练兵处，有十二峰相连如城"②，"辛卯"即是道光十一年。结合作者自称及纪年，《赘语》当是褒城本地人士所作，最终结辑于道光《褒城县志》成书之前。《赘语》在指出《汉南续修郡志》错误的同时，又有颇多鲜明的学识见解，如雪轩氏云："大抵汉中多附会汉初事，如萧何追韩信于韩溪，樊哙造桥于马道，曹参修堰于山河，事属可通。若戚氏村(戚姬生处)、冉家山(冉闵故址)、相公山(载之别墅)、隗嚣台、陈仓道、古梁州、美农台、曹操城、郑子真宅、钓鱼台、扁鹊城、张良辟谷处、蔡伦造纸坊、建文崖、鬼谷墓、萧何墓，则半属无稽也。"③雪轩氏与夸耀本地文物的地方文人颇有差别，勇于指出地方历史传说故事并非史实，并指出其中的"多附会汉初事"的内在逻辑。光朝魁在《褒城县志》之后，将纠谬《汉南续修郡志》的《赘语》单独刻印附录卷末，一方面仍是为了突出褒城最近汉中的区位，另一方面则是对褒城志书编辑仓促的一种文献补偿。

道光《褒城县志》除道光十一年(1831)刻本之外，又以抄本形式流传。1969年台北成文出版社曾影印出版道光《褒城县志》抄本，但开篇七幅舆图缺失。《中国西北文献丛书》第一辑《西北稀见方志文献》(兰州古籍书店1990年)也收录一种抄本道光《褒城县志》，舆图俱全。"1959年元月1日，国务院决定撤销褒城县建制，将褒城辖汉江以南的金泉乡，及褒河以西地区各乡划归勉县，改编为褒联区。其余划归汉中市。"④至此，道光《褒城县志》成为记录褒城县历史的绝响，这一定是光朝魁修志之时没有想到的。

---

① 道光《褒城县志》卷十一《赘语》，页十九、页二九。
② 道光《褒城县志》卷二《山川图考》，页一。
③ 道光《褒城县志》卷十一《赘语》，页十八。
④ 勉县地名志办公室编，陕西省地名办公室审定：《陕西省勉县地名志》，1987年版，内部资料。

# 第三章　城固、洋县、西乡、凤县方志的纂修

## 第一节　胡琏纂修嘉靖《城固县志》

"城固县，府东七十里。东南至洋县六十里。汉县，属汉中郡，后皆因之。唐初曰唐固，贞观二年(628)复曰城固。"① 明清两朝均为汉中府辖县。明代汉中府下辖州县众多，最多时达二州十四县，几乎各州县都编有州志、县志，但随着岁月的流逝，能够留存至今的明代方志已屈指可数。目前所知州县志书仅有嘉靖《城固县志》、嘉靖《略阳县志》、万历《宁羌州志》三种尚存于世。

### 一　嘉靖《城固县志》编纂过程

明嘉靖《城固县志》成书于嘉靖四十五年(1566)，但此前已有稿本。据邑人胡琏《修县志叙》载："吾邑旧志残缺久矣。嘉靖丙辰秋，邑侯石江杨公命庠诸子集之，稿虽略具，尚未寿诸梓也。"② 嘉靖丙辰为嘉靖三十五年(1556)。嘉靖《城固县志》卷五《官师志》"明知县"载："杨廷

---

① （清)顾祖禹撰：《读史方舆纪要》卷五四《陕西三》，中华书局 2005 年版，第 2679 页。
② （明)胡琏：《修县志叙》，(明)杨守正修，胡琏纂：嘉靖《城固县志》卷首。傅璇琮等编：《国家图书馆藏地方志珍本丛刊》第 145 册，天津古籍出版社 2016 年版，第 449 页。

仪，湖广黔阳人，由举人，（嘉靖）三十四年任。"① "邑侯石江杨公"即知县杨廷仪。"庠诸子"姓名亦见嘉靖《城固县志》卷首《目录》附载："原稿邑庠廪员王家相、王之藩、王珠、田表、张颢、刘安之、余九泽全集。"② 由此可知，明嘉靖三十五年，城固县知县杨廷仪曾命县学廪生王家相等七人合作编纂《城固县志》，虽未刊刻成书，但稿本已成，为嘉靖《城固县志》的纂修打下了基础。

嘉靖《城固县志》卷首有序言两篇，一篇为城固县知县"古燕杨守正"撰《城固县志序》，作于明"嘉靖岁次丙寅季秋月念五日"③；一篇为"南谷山人"胡璉撰《修县志叙》，作于"大明嘉靖四十五年秋九月二十七日"④。明嘉靖丙寅即嘉靖四十五年（1566），"季秋"即农历九月，杨守正《序》作于该年九月二十五日，胡璉《叙》作于九月二十七日，先有杨守正《序》，后有胡璉《叙》。卷末有儒学训导赵文灿《书城固县志后》一篇，作于"嘉靖丙寅秋吉旦"⑤。由此可知，嘉靖四十五年九月末应当就是《城固县志》付梓刊印之时。

嘉靖《城固县志》卷五《官师志》"明知县"载："杨守正，直隶良乡人，由监生，（嘉靖）四十二年任。"⑥ 万历《顺天府志》卷五《人物志》"贡（生）"有"杨守正"题名，也称其为"良乡县人"⑦。杨守正到任之初，便索阅《城固县志》。他自述道："余官城固，索邑志考求政务。

---

① 嘉靖《城固县志》卷五《官师志》，《国家图书馆藏地方志珍本丛刊》第145册，第534页。
② 嘉靖《城固县志》卷首《目录》，《国家图书馆藏地方志珍本丛刊》第145册，第454页。
③ （明）杨守正：《城固县志序》，嘉靖《城固县志》卷首，《国家图书馆藏地方志珍本丛刊》第145册，第448页。
④ （明）胡璉：《修县志叙》，嘉靖《城固县志》卷首，《国家图书馆藏地方志珍本丛刊》第145册，第450页。
⑤ （明）赵文灿：《书城固县志后》，嘉靖《城固县志》卷末，《国家图书馆藏地方志珍本丛刊》第145册，第550页。
⑥ 嘉靖《城固县志》卷五《官师志》，《国家图书馆藏地方志珍本丛刊》第145册，第534页。
⑦ （明）沈应文、谭希思等修：万历《顺天府志》卷五《人物志》，北京中国书店1959年影印明万历二十一年（1593）刻本，页三四。

金曰：'无有'"。① 邑人胡琏亦云："逮我箕峰翁(杨守正)下车，首询及此(指《城固县志》)。"② 杨守正认为"《志》以记实，司风纪者之不容诿也"，资政意义重大，"乃谋之学校师儒及邑中耆德俊士，以求更始"③。

杨守正与儒学官员及本县乡贤商议之后，得知邑人胡琏手中保存了此前《城固县志》稿本及其他修志文献。"胡琏，嘉靖辛酉(四十年，1561)举人"④，曾出任知州，既是城固乡贤之代表，又是具备修志能力的学者。杨守正遂向胡琏询问修志事宜，胡琏则谦称："余于暇日凡邑事已集其梗概而未备也。"杨守正查阅稿本之后发现，"凡地理、建置、祠祀、田赋、官师、人物悉著矣"⑤，修志基本要素均已具备。杨守正认为"南谷胡先生城之文献也，长于史才"，遂"备礼请以董其事"，命胡琏编纂县志。胡琏由此"掇拾遗稿，编次成帙，凿凿实录，为一邑令典，昭布简册"⑥。

但胡琏并未掠人之美，在《修县志叙》中说："是志也，实录据旧志，大义取新稿，而细则参之时制，采之父老云。若夫润色之功，端有望于后之高明焉尔。"⑦ 既叙述了利用旧志以及嘉靖三十五年县志稿本的由来，又于卷首《目录》之后，特将"原稿邑庠廪员王家相"等七人姓名列出，并注明"仝集"二字，以示志书编纂原委。由此，至嘉靖四十五年，杨守正到任三年之后，最终完成《城固县志》纂修工作。

## 二 纂修体例与得失

嘉靖《城固县志》文字简约，仅有二万余字。分为六卷，卷一《地

---

① (明)杨守正：《城固县志序》，嘉靖《城固县志》卷首，《国家图书馆藏地方志珍本丛刊》第145册，第447页。

② (明)胡琏：《修县志叙》，嘉靖《城固县志》卷首，《国家图书馆藏地方志珍本丛刊》第145册，第449页。

③ (明)赵文灿：《书城固县志后》，嘉靖《城固县志》卷末，《国家图书馆藏地方志珍本丛刊》第145册，第549页。

④ 嘉靖《城固县志》卷六《人物志》，《国家图书馆藏地方志珍本丛刊》第145册，第541页。

⑤ (明)杨守正：《城固县志序》，嘉靖《城固县志》卷首，《国家图书馆藏地方志珍本丛刊》第145册，第448页。

⑥ (明)赵文灿：《书城固县志后》，嘉靖《城固县志》卷末，《国家图书馆藏地方志珍本丛刊》第145册，第550页。

⑦ (明)胡琏：《修县志叙》，嘉靖《城固县志》卷首，《国家图书馆藏地方志珍本丛刊》第145册，第450页。

理志》、卷二《建置志》、卷三《祠祀志》、卷四《田赋志》、卷五《官师志》、卷六《人物志》。各卷之中又有细目，但未在总目录中列出。

卷一《地理志》下列沿革、山、水、关隘、古迹、洞、冢墓。卷二《建置志》下列城池、县治、官署、儒学、察院、仓、坊、街、急递铺、村店、堤堰、桥梁、渡口，其中尤重堤堰。卷三《祠祀志》下列文庙、启圣祠、文昌祠、社稷坛、城隍庙、东岳庙、黄帝庙、汉王庙、汉寿亭侯庙、汉留侯庙、汉鄡侯庙、元蒲尹祠、乡贤名宦二祠、三公祠诸祠，严因寺、大安寺等寺庵，集灵观、唐仙观等观。又有《附录志》置于卷三之后，仍题卷三，名为《附录志》，收录参议甘为霖《谒留侯祠》诗一首、知县杨守正《自儆说》一篇。卷四《田赋志》下列本县二十三里名称、户口、地亩、夏税、秋粮、杂役、棉桑地亩税赋、商税、杂办银项、物产，卷末附载祥异。卷五《官师志》下列前朝名宦与本朝官员，如萧何、诸葛亮，宋代鲁宗道、阎苍舒，元代蒲庸；明代知县、县丞、主簿、典史、儒学教谕、训导等人题名，但多有不全，且多数无任职纪年。卷六《人物志》下列乡贤人物，如汉代邓先、张骞；进士、举人、贡士、封赠、耆逸、孝子、贞烈、仙释。

嘉靖《城固县志》最为突出的优点在于直书质朴。胡琏对此有清晰的认知，他对所编《城固县志》概称"皆据事直书，未敢以文，盖崇质也"。"建置有劳者，虽小必书始作，以示不忘也。群迹有既废而可已者，犹存其名，备稽考也。有虽废而当为者，必详其实，冀兴复也。字义有未真，岁月有未的，及事失其始，人失其里者，或缺之，或并著，咸无笔削，窃传疑之意也。亦有当志而阙者，如街道、井泉之类，比比有之，漫无成名可纪；乡饮、朝贺之类，岁岁行之，自有通制可稽。马匹、夫役，视里甲之盛衰，以为多寡；行户、匠作，因工商之去留，以为有无。以至市集之迁转靡常，岁时之好尚不一，并皆不志矣。"① 可见胡琏在编纂过程中崇尚质朴无文的修志风格，注重志书实用性的书写，并不讲究文字华美，避免切实可信的真实记录湮灭于骈俪文字之中，尤其重视地方历史中较为稳定的"建置"记述，这同样是出于对志书传世价值的考量。

各卷内容细目明确，分类较为合理。但将"祥异"附在《田赋志》

---

① （明）胡琏：《修县志叙》，《城固县志》卷首，《国家图书馆藏地方志珍本丛刊》第145册，第549至550页。

之后，颇为不妥。依照明代方志编纂惯例，列在《地理志》之后或许较为合适。胡琏就此解释说：祥异"不宜入《田赋志》。谓皆物异，故附之物产之后也"①。所谓"物异"是指所载祥异事件多为火灾烧毁建筑、汉江水患岸崩现铜钟、嘉禾、连理松之类，皆与物品、物产相关，故列于此。

嘉靖《城固县志》体例上的最大问题是没有专门编纂《艺文志》。胡琏对此解释说："然旧有《词翰志》，而今不特书，但随事附属，以便观览也。"②胡琏的见解固然有一定道理，但不少诗文、碑记仅随事著录一二，数量极为有限，不可能全部收录；此外，志书中未记载的、舍弃的人与事，相关文献也不可能予以保留，造成了历史文献的缺漏。加之，即便"随事附录"亦多为节录，文字多不全。

这种缺漏不仅仅存在于《城固县志》之中，在明嘉靖二十三年编纂成书的《汉中府志》中也有同样的情况，编纂者张良知认为"汉南山川雄胜，名贤宦客题咏颇剧，不充尽录，量注本题"③，同样不编《艺文志》，而是将重要文献列在相关卷目之下，避免烦冗。另一个重要的原因则是此前曾有《兴元集》一书，将汉中府下辖州县诗文收录其中，故嘉靖《汉中府志》说，未见志书收录的"余见《兴元集》"；嘉靖《城固县志》卷三《祠祀志》亦载："杨将军庙，县北一十五里。祀宋总官杨从义。绍兴从事郎陈渤记，见《兴元集》。"④但从保存文献的意义方面而言，嘉靖《城固县志》未编《艺文志》是非常遗憾的，尤其是《兴元集》早已散佚无存的情况之下，这一缺憾尤其明显。

## 三 编纂特点与文献价值

嘉靖《城固县志》尚未付梓之时，即有人对该志书提出批评意见：

---

① 嘉靖《城固县志》卷四《田赋志》，《国家图书馆藏地方志珍本丛刊》第145册，第529页。

② （明）胡琏：《修县志叙》，《城固县志》卷首，《国家图书馆藏地方志珍本丛刊》第145册，第449页。

③ （明）张良知纂修：嘉靖《汉中府志》卷首《凡例》，《原国立北平图书馆甲库善本丛书》第354册，第124页。

④ 嘉靖《城固县志》卷三《祠祀志》，《国家图书馆藏地方志珍本丛刊》第145册，第511页。

"斯籍也，今事虽载，而昔事未详，非全书也。"杨守正则认为："夫志所以备稽也。志地理，稽封疆也；志建置，稽修设也；志祠祀，稽典礼也；志田赋，稽供需也；志官师，稽章轨也；志人物，稽俊杰也。故曰夫志所以备稽也，稽其邑之所有也。使曰慕往而必尽其详，舍今而姑俟于后，求其太备，必至于终泯矣！"①胡琎的说法也是"撮其大要，以备缺典"②。

这种编纂方式一方面固然是纂修人杨守正、胡琎所阐明的"备稽""崇质"的修志意图使然，但主要还是编纂志书时文献不足造成的。如卷一《地理志》"古迹"有樊哙台、韩信台、蟾宫吸月亭、妙墟、北城、扁鹊城、汉王城、古胡城、乐城等历史遗迹，但基本上未能引证前代历史文献相与佐证，偶有引用还出现错误，如"街亭，西一十五里。《三国志》魏张郃与蜀将马谡战此"③，此街亭无疑非彼街亭。甚至对于明初史实，也不免含糊记述，如"国朝洪武三年五月，魏国公兵至。民人社夫常某等率众归附，仍为城固县，隶汉中府"④，常某是何人、事迹如何，无法详考。又如在上文中已提及，《官师志》只收录汉代萧何、蜀汉诸葛亮、宋代鲁宗道等名宦四人、元代蒲庸一人；即便是记录较为完整的明代城固知县题名，也仅能自永乐朝开始记录。这些固然是嘉靖《城固县志》内文的缺陷与不足，但该志书也存在重要的文献价值，主要表现在以下三个方面。

一是对于水利堤堰的重视。卷二《建置志》详载"县之堤堰一十有九"⑤，其中对五门堰的历史源流及碑刻有详细记载。可见五门堰等水利工程对于城固农业生产的重要作用。

二是对于社会现实的记载。如正德七年修葺城墙事，有监察御史王九峰《记》。又如编里赋役的情况，卷四《田赋志》记载："旧编一十八里，成化中巡抚都御史原杰招抚流民，增编五里，共二十三里"，可知明中叶已有大量流民流入城固县境内。田赋秋粮之中需供给"秦府郡王、将军

---

① 杨守正：《城固县志序》，嘉靖《城固县志》卷首，《国家图书馆藏地方志珍本丛刊》第145册，第447至448页。
② (明)胡琎：《修县志叙》，《城固县志》卷首，《国家图书馆藏地方志珍本丛刊》第145册，第449页。
③ 《城固县志》卷一《地理志》，《国家图书馆藏地方志珍本丛刊》第145册，第470页。
④ 《城固县志》卷一《地理志》，《国家图书馆藏地方志珍本丛刊》第145册，第455页。
⑤ 《城固县志》卷二《建置志》，《国家图书馆藏地方志珍本丛刊》第145册，第488页。

禄粮稻米四百九十石八斗三升，肃府郡王、将军禄粮稻米五十石"①，明代中后期，分封各地的藩王家族人丁兴旺，空手就食，耗费百姓钱粮无数，仅城固一县就已达到五百三十石有余。可见百姓税赋之沉重。

三是对于生态环境的记述。在卷四《田赋志》附录《祥异》一节，其中"有兽异"，"嘉靖十四年，虎据邯郸村数月，人不能捕，夜不知其所往；嘉靖二十四年，虎上出斗山湾，下游七星寺，人畏之，昼不敢行"，可见当时秦巴地区老虎数量极为可观。又"有木异"，"斗山松二本，相距数尺，高丈余，其末合而为一，人谓之连理松"②，知县杨守正作《连理木说》一文，大加赞颂。其实连理松是斗山、湑水之间生态环境优良的见证。

明嘉靖《城固县志》的珍贵之处在于此志是城固县留存至今、历史最为悠久的地方志书，虽然有诸多缺陷，但留存至今的明代志书，已经是非常宝贵的文化财富了。此外，胡珵等人将同时代作者的咏景诗文抄入志书，对我们了解城固山川地貌、历史文化遗迹也具有重要意义。

### 四　著录与民国抄本

明嘉靖《城固县志》流传较广，在明清书目中多有著录。明人张萱、孙能传等撰《内阁藏书目录》载："《城固县志》一册。嘉靖丙寅邑人胡珵修。"③ 明人祁承爜撰《澹生堂藏书目》史部下《图志》记载："《城固县志》二卷，一册，杨守正。"④ 清初黄虞稷《千顷堂书目》卷六《地理类上》载："胡珵《城固县志》，嘉靖丙寅修，邑人。"⑤《澹生堂藏书目》将嘉靖《城固县志》编纂人著录为"杨守正"，其余二书均作"胡珵"，其实三种书目所著录的是同一部书。但《澹生堂藏书目》称此书"二卷"

---

① 《城固县志》卷四《田赋志》，《国家图书馆藏地方志珍本丛刊》第145册，第519、521页。

② 《城固县志》卷四《田赋志》，《国家图书馆藏地方志珍本丛刊》第145册，第526—527页。

③ （明）张萱、孙能传等撰：《内阁藏书目录》卷六《志乘部》，影印清迟云楼钞本，《续修四库全书》第917册，第98页。

④ （明）祁承爜撰，郑诚整理，吴格审定：《澹生堂藏书目》，上海古籍出版社2015年版，第416页。

⑤ （清）黄虞稷撰，瞿凤起、潘景郑整理：《千顷堂书目》，上海古籍出版社2001年版，第176页。

则有误。

今北京国家图书馆藏有明嘉靖《城固县志》原刻本，同为一册，卷首杨守正《城固县志序》首页钤印三方，自上而下分别为"京师图书/馆藏书记"朱文长方印、"李尔振印"朱文方印、"静默道人"白文方印。卷首《目录》页天头有"宜尔子孙振振兮"白文方印。卷一《地理志》首页有"李尔振印"朱文方印。卷末赵文灿《书城固县志后》末页有"京师图书馆藏书记"印。李尔振，不知何许人也。不过民国二十二年（1933）的《国立北平图书馆善本书目》已载："嘉靖《城固县志》六卷。明杨守正、胡琏纂修。明嘉靖刻本。"① 可知最晚至民国二十二年嘉靖《城固县志》已入藏北平图书馆。《北京图书馆古籍善本书目》载："嘉靖《城固县志》六卷。明杨守正、胡琏纂修。明嘉靖四十五年刻本。一册。十行二十四字，白口，四周双边。"② 印本字迹清晰，全书完整无缺。

今又有民国抄本存于城固县地方志办公室。该民国抄本字体方正，抄录工整，与原刻本文字无异。只是将《附录志》列在卷二《建置志》与卷三《祠祀志》之间，与原刻本稍有不同，这应当是抄录者或装订者自行调整卷次的结果。民国抄本最末有城固县志委员会主任张永宣《后记》一篇，全文如下：

> 此志系明嘉靖四十五年知县杨守正、邑举人胡琏修成进呈之本。旧藏明清大内，入民国，由故宫博物院移送北平图书馆收藏，国难后辗转运至昆明、香港。二十八年十月因黎劭西先生之函托，承馆中钞录寄来，钞费六元二角。计杨守正《序》二页，胡琏《序》一页；《县境图》一页，《目录》一页；卷一，九页；卷二，十五页；卷三，七页；卷四，六页；卷五，四页；卷六，五页；《附录》二页，赵文灿《跋》一页，共五十四页。此志在康熙王穆修志时，不过存四十余纸（见王志序）。今幸获全豹，可不宝诸？民国二十九年十月。张永宣识于县志委员会。

---

① 赵万里撰：《国立北平图书馆善本书目》卷二《史部·地理类》，民国二十二年（1933）刊本，页五四。

② 北京图书馆编：《北京图书馆古籍善本书目》，书目文献出版社1987年版，第655页。

张永宣认为北平图书馆藏嘉靖《城固县志》为明清大内旧藏无疑，概因其未见原刻本，亦不知有"李尔振印"的存在。文中提及黎劭西先生，即黎锦熙，语言学家，湖南湘潭人。民国二十七年（1938）三月，国立西北联合大学自西安迁至城固县办学，黎锦熙于西北联合大学任教授一职，曾参与编纂《城固县志》，著有《城固县志续修工作方案》，此后在原书基础上再次修订，更名为《方志今议》一书。正是在黎锦熙的帮助下，取得了北平图书馆藏嘉靖《城固县志》抄本。

1995年，城固县地方志办公室即据民国抄本，由穆育人整理点校嘉靖《城固县志》，书名题为《嘉靖城固县志校注》（西北大学出版社1995年版）。由于仅据抄本点校，未见原刻本，有些抄录错误文字被带入点校本之中，未能得以纠正；但校注者熟悉城固地方文史、对本地地情了然于胸，故校注内容翔实可信，既是对原书的保护与继承，也为后人留下了丰富的考证资料。

## 第二节　清康熙《城固县志》纂修考

### 一　王穆纂修《城固县志》

自明嘉靖《城固县志》成书之后，至明朝灭亡，城固再未重修县志。直到一百五十年后的清康熙五十五年（1716），才有重修《城固县志》之举。康熙《城固县志》由署理城固县知县王穆主持纂修。王穆，字静渊，"江南松江府娄县人。岁贡。康熙五十一年任"西乡县知县①。王穆自述任职经历："壬辰岁谒选都门，得汉属之西乡，因捧檄入关。"②"壬辰"为康熙五十一年，即王穆任职西乡之年。彼时西乡屡经兵燹，"田地荒芜，征赋不符原额，官民俱病。穆请上官招民垦荒承赋，作招来馆，楚民

---

① （清）王穆修，夏荣纂：康熙《西乡县志》卷四《人物·官守·知县》，影印清康熙五十七年（1718）刻本。《故宫博物院藏稀见方志丛刊》第9册，故宫出版社2012年版，第275页。

② （清）王穆：《序》，（清）王穆纂修：康熙《城固县志》卷首，清康熙五十六年（1717）刻本，页四。

来西者数千家，自是田地日辟"①，王穆的治绩得到上级官员的首肯与重视。康熙五十四年，城固县知县何霦"调赴军前"，王穆"奉檄代庖城固"，开始了署理城固县知县的工作。王穆到任之后，重修文庙庙廊、捐俸重建学宫牌坊，得到了城固百姓的拥戴，故"城之绅士以邑无志"②，请王穆主持纂辑《城固县志》。

王穆是一位见识不凡、颇有眼界的地方官员，他自述青年时的游历生涯，"余大江以南人也，少而好游，所历之地，近则两浙、江右，远则燕赵、齐鲁、楚豫及云中、紫塞，舟车所过，无不浏览，山川古迹，人物风土，笔记其概，藏之箧中，或遇水亭山驿，与二三良友登临感怀，形之歌咏，以书写性情，亦既脱稿成帙"③。不但性喜游历，饱览山川胜迹之余，王穆更爱形诸笔墨，将所见所感记录下来，由此可见王穆具备较为良好的史学素养与文学功底。王穆虽是署理知县，但他仍将编纂《城固县志》视为自己分内之事，对此抱有极大的热情。

编纂《城固县志》面临的首要问题是文献不足，"纂辑必资文献，而缙绅先生皆宦游四方，无从博采。况旧志系明嘉靖四十五年邑人胡琏草创，所存不过四十余纸，其残缺可知。及考之《郡志》亦略而未备，《省志》则更简矣"。④ 王穆所见嘉靖《城固县志》仅存残纸四十余页，显然不足修志所需；查阅《汉南郡志》《陕西通志》则发现所载城固内容颇为简略，同样无法满足新编《城固县志》之所需。加之城固籍学者、文人大多外出为官，寻求本地知识精英的帮助也无从谈起。在先天不足的情况下，王穆以一人之力主持重修《城固县志》确实是件难题。"蒐罗讨论始于丙申之春，至丁酉十月告成"⑤，从康熙五十五年(丙申，1716)春开始讨论修志方案、搜集文献资料，至次年(丁酉，1717)十月《城固县志》编纂成书，耗时几近两年，王穆所修《城固县志》可谓仔细推敲、精雕细琢的县级方志典范。

在康熙《城固县志》修成之后，王穆请陕西学政觉罗逢泰撰写序言。

---

① (清)张廷槐纂修：道光《西乡县志》卷二《职官·知县》，《中国地方志集成·陕西府县志辑》第45册，凤凰出版社2007年版，第589页。
② (清)王穆：《序》，康熙《城固县志》卷首，页六至七。
③ (清)王穆：《序》，康熙《城固县志》卷首，页三至四。
④ (清)王穆：《序》，康熙《城固县志》卷首，页七至八。
⑤ (清)王穆：《序》，康熙《城固县志》卷首，页八。

觉罗逢泰作为主管陕西文教事务的最高长官，对于王穆的才智、政绩给予充分的褒扬。他指出，城固县"当秦蜀交会之区，往来酬应，手口卒瘏"，王穆"身为代庖之吏，其于邑事，宜若可以视同传舍者，而乃于从前未有之志乘搜罗详备，校刻成书，为凋敝岩疆大开生面，则非负过人之才力，而操整暇之别趣者，不足以几于此矣。王子静渊以云间名彦作令西乡，更被檄摄理城固篆务，数年以来经营民事，筹画军需，一切处之裕如，而退食余闲，不废觞咏"①。王穆署理城固县知县，能够完成繁重的行政事务已非易事，更何况能够不畏辛劳，视纂修《城固县志》为其分内工作，"寄兴文辞，留心记载，为地方垂久远之文献者，百不得一焉"②。觉罗逢泰对王穆的高度赞赏确实发自内心，在对王穆政绩表示充分肯定的同时，亦对王穆所修《城固县志》有较高评价："余观其所纂《城邑新志》抑何彬彬乎！妙什佳篇垂光竹素也。"③ 王穆则在序言中表示："余虽好游而学识疏庸，见闻浅陋"，无法与明代康海《武功县志》、王九思《鄠县志》、吕柟《高陵县志》等秦人所编秦地名志相提并论，仅是"聊以应都人士之请而略为编次，其余挂漏不能无望于后之君子焉"④。

康熙《城固县志》卷首有《序》两篇，一为觉罗逢泰所撰，该序无纪年；一为王穆所撰，《序》末署"康熙五十六年岁次丁酉十月中浣之望日，文林郎署城固县印、知西乡县事云间王穆撰"⑤，结合王穆《序》所称"蒐罗讨论始于丙申之春，至丁酉十月告成"，可知康熙《城固县志》成书于清康熙五十六年(1717)殆无疑义。

## 二 编纂体例之不足

康熙《城固县志》卷首《目录》载："卷一《舆地》，卷二《建置》，卷三《食货》，卷四《水利》，卷五《官守》，卷六《人物》，卷七《节孝》，卷八《诗歌》，卷九《艺文》，卷十《艺文》"⑥ 可谓一目了然，与一般县志并无二致。王穆在序言中亦对卷目编次有简短说明："相厥川

---

① （清）觉罗逢泰：《序》，康熙《城固县志》卷首，页二至三。
② （清）觉罗逢泰：《序》，康熙《城固县志》卷首，页一。
③ （清）觉罗逢泰：《序》，康熙《城固县志》卷首，页三。
④ （清）王穆：《序》，康熙《城固县志》卷首，页九至十。
⑤ （清）王穆：《序》，康熙《城固县志》卷首，页十。
⑥ （清）王穆纂修：康熙《城固县志》卷首《目录》，页一。

原，乃立城署，故首《舆地》而《建置》次之。天视民视，理有固然，故《风俗》之后乃于《灾祥》。蓄泄无备，旱潦洊臻，则田卒污莱，维正奚供？故因《食货》而继以《水利》。设官分职，教养斯民者也；忠孝节义，兴起斯民者也。故《官守》次之，《节孝》又次之。如是而太史采风，一邑之人文盛衰升降系焉，故终之以《艺文》，凡计十卷，事亦分十类，得九万余言。"① 但细数之后就会发现，王穆在序言中仅列出九类事项，而非十类；细阅正文则会发现，卷次目录与事类目录互不匹配、互相干扰的问题。

康熙《城固县志》卷首《目录》卷一作《舆地》，内文作"舆地第一"，下列星野、山川等六目；"山川"之后接"建置第二"，下列城池、公署等八目。可见卷一之中既有"舆地"，又有"建置"，与《目录》卷名不符。

卷二《建置》，则是延续卷一中的"建置第二"，继续开列寺观、轶事等六目。"轶事"之后又接《风俗第三》《灾异第四》。可见卷二之中既有"建置"，又有"风俗""灾异"，又与《目录》卷名不符。卷首《目录》卷七名为《节孝》，但卷七开篇实为"贤达"，属于卷六《人物》"人物第八"之下的子目，之后方接"节孝第九"。

通观全志，仅有卷三《食货》、卷四《水利》、卷五《官守》、卷八《诗歌》、卷九《艺文》、卷十《艺文》共六卷的卷目名称与事类大体一致。

卷次之中辅以事类的编纂方法屡见于明清方志，但互相交错的编纂方式实为罕见，而编者又未在《目录》中详细标注。这就给读者查找文献造成了不必要的困难，对于志书的品质也造成了一定影响。今将康熙《城固县志》以事类目录分列如下：

"舆地第一"：星野、沿革、形胜、疆域、里编、山川。"建置第二"：城池、公署、关隘、津梁、铺舍、陂堰、学宫、祀典、寺观、古迹、陵墓、坊市、乡村、轶事。"风俗第三"。"灾异第四"。"食货第五"：民地、屯地、屯丁、存留、盐课、杂税、茶引。"水利第六"：堰渠、灌溉田亩、物产。"官守第七"：知县、县丞、主簿、典吏、教谕、训导。"人物第八"：进士、举人、贡士、监生、武进士、武举人、荐辟、封赠、恩

---

① （清）王穆：《序》，康熙《城固县志》卷首，页八至九。

荫、侨寓、中官、仙释、贤达。"节孝第九"：节孝、节烈、节孝补遗。"艺文第十"：诗、文。

即便撇开卷次目录与事类目录的纠缠不论，事类目录本身也存在一些体例问题。如"建置第二"在"学宫""祀典"之后附录文昌祠、魁星楼等文庙附属建筑尚且合理，但又将名宦祠、乡贤祠、三公祠、城隍庙等祠庙附载其后，显然与祀典关联不大①；况且其后又有"寺观"一目，又载黄帝庙、伍子胥庙、汉王庙、项羽庙、汉义勇武安王庙、杨四将军庙、萧公祠、蒲尹祠等祠庙。将祠庙分割在两个子目之下，亦与事类目录不合。又如将"轶事"列在"建置第二"之下，同样毫无道理。"轶事"所载茯苓仙、项伯墓等奇闻逸事②，若列在"灾异第四"之下，或许更为妥帖。

### 三 值得称道的文献价值

虽然康熙《城固县志》存在体例上的矛盾与不足，但其文献价值仍是值得称道的。首先，《艺文》体量巨大、文献众多。王穆雅好诗文，尤其注重对城固本地诗歌文章的搜集整理，在《艺文》编纂过程中下了很大的功夫。《艺文》共有三卷，总页数高达168页，占全志总页数的一半以上。由于明嘉靖《城固县志》艺文随事附载，未编《艺文志》；清康熙《城固县志》能够单独编纂《艺文》三卷，具有开创性的文献价值。王穆又注重对当代文献的收录，卷十《艺文》单收清代文章，共有90页之多，又占全部《艺文》体量的一半以上。当然，这其中也存在滥收的情况，如所收康熙帝《御制训饬士子文》、陕西巡抚鄂海《上谕十六条约解》、樊咸修《方伯鄂公德政碑序》、鄂海《则例全书序》《汉丞相诸葛忠武侯墓碑》等五篇文章均与城固无关，全是王穆阿谀鄂海而夹带的私货。

其次，注重民间风俗的收录。明末清初方志的编纂者多会抄录正史中有关本地民风秉性、饮食习性等相关记载，往往寥寥数语，并无新意。王穆则注重风俗资料的记录，农副业生产、百姓衣食喜好、宗教信仰、婚丧礼仪皆有记述，尤其是一年之间节日活动，如傩戏表演、汉江游湖、文昌帝君松花会、惊蛰祀新坟、清明祭祖、端午七夕、中秋重九等重大节日活

---

① 清康熙《城固县志》卷一《建置第二》，页三七。
② 清康熙《城固县志》卷二《建置第二》，页十三。

动均有简洁明确的记载。这在同时期方志中是不多见的。

再次,保存中外交流的珍贵记录。康熙《城固县志》载,最迟至康熙年间西方传教士已在城固县境内设立天主教堂,开展传教活动。卷六《人物》"侨寓"有传教士卜嘉小传,"卜嘉,大西洋国进士,少入耶苏会,修道数年。遵国主命,航海九万余里,而至中华,由广东抵福建,康熙四十六年至城固"。① 王穆本人对卜嘉亦抱有极大的热情,常与之往来。卷八《诗歌》收录王穆《赠大西洋进士卜嘉叠前韵》诗一首,该诗以卜嘉自述来华经历为主要内容。卷十《艺文》又收录王穆《大西洋国天文进士卜嘉问答》,则是对卜嘉所述海外奇闻逸事的记录,其中不乏当时国人并不了解的天文地理知识。《问答》文末载:"凡人囿于方隅,故不知天地之高且大、广且厚如此。而卜君曰'君第知天地之高大广厚,而不知我天主实有以成其高大广厚也。请为君言天学之旨,可乎?'余曰:'异哉!君休矣。天学之旨,愿以俟之异日。'"② 如果说王穆与卜嘉对谈是为了满足了解域外的好奇心,那么卜嘉则明显是以传教为目的,向王穆传教的意图则为王穆所婉拒。

## 四 徐德怀与光绪重刻本

清光绪四年(1878),在徐德怀的主持下,城固县再次刊刻康熙《城固县志》。此时距离王穆重修《城固县志》已经过去了一百六十余年。城固县为何不是重修新志,而是重刊旧志呢?这与光绪初年城固县主政官员的变动有着密切联系。

"徐德怀,江苏山阳县贡生。"③ 光绪三年(1877)冬,徐德怀"奉檄权是邑篆"④,出任城固县代理知县一职。在此之前,徐德怀是一位挂名的陕西补用直隶州知州,曾"因西征筹饷之役,来游乐城(城固),下车之初即于邑令周君煦生索观邑志。周君曰:'予莅任数月于兹,未曾一寓目焉。'询诸邑之绅耆,佥谓:'旧版毁于兵燹久矣!城乡鲜有藏是书

---

① 清康熙《城固县志》卷六《人物第十》,页十六。
② (清)王穆:《大西洋国天文进士卜嘉问答》,康熙《城固县志》卷十《艺文》,页八一。
③ (清)马毓华修,郑书香、曹良模纂:光绪《宁羌州志》卷三《官师·知州》,清光绪十四年(1888)刻本,页十三。
④ (清)徐德怀《重刊城固县志序》,康熙《城固县志》卷首,清光绪四年刻本,页三。

## 第三章 城固、洋县、西乡、凤县方志的纂修

者。'既而从学官姚君斋中得之,乃康熙末年所修,兴是役者为王大令穆,循吏也。"① 徐德怀在周煦生知县、姚学官的帮助下,得以见到王穆所纂修的康熙《城固县志》。徐德怀翻阅旧志之后,对康熙《城固县志》评价颇高:"其义简而赅,其词朴而文,所志山川、疆域、关隘、津梁、人物、俗尚,灿若日星。"② 大费周章的查找过程,阅读旧志的精神愉悦,都在徐德怀心中留下了极为深刻的印象。

徐德怀考虑到康熙旧志"至今几二百年,期间城池、庙署迭有变迁,水利、农田互有损益。且嘉庆中则有教匪之乱,同治初则有发捻之扰,四乡民团齐心堵御,或遇贼不屈,打仗阵亡;或保身成名,从容殉难。忠义节烈,淹没不彰。代远年深,更难稽考"。时移世易,不论是康熙以来发生的城固建置、水利变迁,还是嘉庆年间白莲教起义、同治年间太平军捻军之乱,对于城固当地社会都造成了极为深远的影响,很多值得表彰的人物与事迹,若不加以记录,便会随着时间的推移而湮灭无闻。徐德怀考虑到城固县久未重修志书的现实,"官斯土者何竟默然置之,遂以劝周君"③,向周煦生提议重修县志以垂永久,但这徐德怀的意见并未成为现实。

光绪三年,徐德怀出任城固县代理知县,再次召集史梦轩等本县乡绅耆老商议重修县志之事。史梦轩则认为"事关重大,乡党不易为也",并将所藏康熙旧志赠与徐德怀,提议重刊康熙旧志即可。徐德怀则干劲十足,"志已决,虽在署篆,愿发其端,必有嗣辑而成之者。遂遍征邑之绅衿耆旧,分道采访,宽以时日,冀其周详",与此同时,亦采纳史梦轩的主张,"先将旧志付之剞劂,以存其旧"④。在旧志刊刻筹款之时,又得到了乡绅卢觐光、罗彦芳、卢尔杰、王炽昌、李根生的资金赞助,又有李泗章、吕嗣望、宁福元、郑焕、罗联甲等诸生负责旧志文字校对工作。在不足两个月的时间之内,完成了康熙《城固县志》的雕版复刻。

在徐德怀看来,重刊康熙旧志是重修新志的准备,旧志重刊不但可以为新志编纂提供文献资料,又可以在编纂体例上有所借鉴。与此同时,新

---

① (清)徐德怀《重刊城固县志序》,康熙《城固县志》卷首,清光绪四年刻本,页一。
② (清)徐德怀《重刊城固县志序》,康熙《城固县志》卷首,清光绪四年刻本,页二。
③ (清)徐德怀《重刊城固县志序》,康熙《城固县志》卷首,清光绪四年刻本,页二。
④ (清)徐德怀《重刊城固县志序》,康熙《城固县志》卷首,清光绪四年刻本,页三至四。

志文献的采访调查亦在有条不紊的进行之中。但突如其来的调令，再次打破了徐德怀的修志计划。"旧志刊成，余适卸篆。新志之续修，则以嗣诸后之君子云。"① 重修新志之事情最终不了了之，直到清朝灭亡，城固县再未重修志书。

今所见国家图书馆光绪四年(1878)重刊本康熙《城固县志》，封面题"重刊城固县志"，扉页书牌题"光绪四年重镌。重镌城固县志。板藏公署"。卷首有序四篇，依次为王穆《序》、觉罗逢泰《序》，这两篇为康熙旧志原序；徐德怀《重刊城固县志序》、城固县知县胡瀛涛《城固县志序》，这两篇是为重刊县志所作新序。徐德怀序作于"光绪四年岁次戊寅夏六月上浣"，胡瀛涛《城固县志序》作于"光绪戊寅嘉平月祀灶日"。可知先有徐德怀序，后有胡瀛涛序，重刊县志最终成书于胡瀛涛到任之后。"经理绅士"卢尔杰、王炽昌、罗彦芳、卢觐光、李根生等人因捐资重刊旧志，五人题名得以单独刊刻一纸。志中各卷版式、字体、文字内容均与康熙旧志无异，仅于各卷首页增刻"补用直隶州知州署城固县志县江左徐德怀重刊"二十字，与旧志各卷首页"署城固县事西乡县志县云间王穆重修"十六字并列。

## 第三节  明隆庆《洋县志》纂修考

洋县，唐宋时为洋州，明初废州为县，为汉中府属县。"其地陆界秦蜀，水通襄汉，舟车之往来咸集。其田上错衍而沃，而粳稻橘柚之产以饶。其山自秦岭而南，蜿蜒幽峭，为竹木丛生之薮。其水自漾流东下，出黄金硖，衍为泽国，而鱼蛤荷蒲之利归焉。"② 子午古道、傥骆古道均经其县境，地理险要，物产丰富。但明代《洋县志》编纂较晚，直到隆庆年间才修成明代唯一一部《洋县志》。

---

①  (清)徐德怀：《重刊城固县志序》，康熙《城固县志》卷首，清光绪四年刻本，页四至五。

②  (清)武之亨：《序》，(清)邹溶修，周忠纂：康熙《洋县志》卷首，清康熙三十三年(1694)刻本，页一。

## 第三章 城固、洋县、西乡、凤县方志的纂修

### 一 薛选与隆庆《洋县志》

明人孙能传《内阁藏书目录》载："《洋县志》二册全，隆庆壬申邑人薛选修。"① 清初黄虞稷《千顷堂书目》载："薛选《洋县志》。隆庆壬申修。邑人。"② 隆庆壬申即明隆庆六年（1572）。清康熙《洋县志》载："薛选，嘉靖乙卯举人，筮仕卫辉府通判。河南巡按顾某有辞金暮夜之荐，擢同知永州事，升龙安知府，仁声德政，啧啧口碑。居乡恭谨，谦退重施，舍轻财货。让祖父产业，以厚昆仲。代赎乡人鬻卖之子，以绵人宗祧。置益田而惠族人，市学地而赡寒士。迄今舆论推服。"③ 所载薛选事迹可谓详尽，但未提及纂修《洋县志》之事。薛选与隆庆《洋县志》的关联，尚需求助其他文献记载。

### 二 阎邦宁主持纂修《洋县志》

明隆庆《洋县志》散佚已久，但在清康熙《洋县志》卷首，保留有隆庆年间洋县知县阎邦宁所撰《洋县志旧序》一篇，为我们了解隆庆《洋县志》的编修背景与编纂体例提供了较为准确的文献依据。康熙《洋县志》载："阎邦宁，河南原武人。解元，进士。隆庆三年（1569）任。"④ "调停站役，爱养里甲，纂辑县志，修废举隳，惠绩多端，历官臬宪。"⑤ 阎邦宁《洋县志序》作于"隆庆壬申夏仲"⑥，据阎邦宁自述："予承乏汉洋，首询县志。佥谓旷典。予瞿然曰：'是将使予于其世守者莫之考稽与？'"在检索翻阅地方文献之后，阎邦宁发现除宋代洋州知州文同与苏轼、苏辙的唱和诗篇之外，洋县值得称道的历史文献乏善可陈，于是便将修志之事提上了议事日程。"请乡先生徵吾薛公、苹野李公、竹坞王公等

---

① （明）张萱，孙能传等撰：《内阁藏书目录》卷六《志乘部》，影印清迟云楼钞本，《续修四库全书》，上海古籍出版社1996年版，第917册，第98页。
② （清）黄虞稷撰，瞿凤起、潘景郑整理：《千顷堂书目》卷六《地理类上》，上海古籍出版社2001年点校本，第176页。
③ （清）邹溶修，周忠纂：康熙《洋县志》卷四《人物志·乡贤》，页十七。
④ 清康熙《洋县志》卷四《人物志·秩官》，页六。
⑤ 清康熙《洋县志》卷四《人物志·名宦》，页十五。
⑥ （明）阎邦宁：《洋县旧志序》，清康熙《洋县志》卷首《旧序》，页二。

旁编稽互考，复广咨耆宿，凡七阅月而稿成。"①

阎邦宁文中提及的"徵吾薛公"即为明清书目所认定的隆庆《洋县志》修纂人薛选。"苹野李公"则指邑人李嘉宾，"字孔昭，号苹野。嘉靖戊午(三十七年，1558)亚魁，教谕良乡，校士山西，升吏部司务，推兵部员外"②。"竹坞王公"或指王大夔，"隆庆丁卯举人，仕新都知县"③。以上三人均为洋县本地人，在得中举人之后，又有外地为官的经历，可谓洋县知识精英的典型，故而成为阎邦宁编修县志的重要撰稿人与共同参与者。隆庆《洋县志》"七阅月而稿成"，结合阎邦宁作序于隆庆六年仲夏五月，则志书纂修应始于隆庆五年十一月。

阎邦宁在序言中对隆庆《洋县志》的编纂体例也有简要说明。"于其星野、祥异、建置、沿革之变，而天运考焉。于其山川、形胜、陂堰、物产之变，而地道考焉。于其贡赋、风俗、科名、宦迹之变，而人事考焉。萃百里之幅员于掌上，罗千古之修废于目前，纲无漏纪，华不掩实，可以征往，可以传信，将与江汉相为流长，不亦一时快遇哉？"④ 由此推测，隆庆《洋县志》大概包括"天运""地道""人事"等"事类"，各事类之中又有细致的子目，但卷数如何，已不得而知。

## 三　隐于志书的政治诉求

阎邦宁编纂《洋县志》一方面是由于职责所系，为任职之地保存地方文献的责任心使然；另一方面也想借助志书的编纂阐明自己对于时局的政治诉求。他指出："视观国初以前，景物殷富一时，宦途如文(同)、韩(琦)诸公咸自侈为盛游，播诸题咏，诚彬彬然美矣！今核其实乃情态荒落、大异往昔。粤其故有'四太'焉，地粮之太重也，站编之太多也，宾送之太遥也，额征之太剧也。是以生计之促激而为顽狡，情思之苦郁而为灾沴。虽守土者竭诚控诉，而每为原额所限，惮于更张，今欲大起颓敝，以复往昔文物之盛，非于前死者而痛裁之不可也！是以国初之民殷富，而今迫狭；文、韩之令歌吟，而今痌瘝。非古今人之有幸、有不幸

---

① (明)阎邦宁：《洋县旧志序》，清康熙《洋县志》卷首《旧序》，页一。
② 清康熙《洋县志》卷四《人物志·乡贤》，页十七。
③ 清康熙《洋县志》卷四《人物志·举贡》，页二一。
④ (明)阎邦宁：《洋县旧志序》，清康熙《洋县志》卷首《旧序》，页一至二。

也，势使之然也。"①阎邦宁借洋县古今景物诗歌之对比，引出明代中后期百姓苦于地税、困于徭役，地方官员忙于征科迎送的社会现实状况，这不仅与理想中的宋人生活不啻天壤之别，亦与明朝初年不可同日而语。故而阎邦宁借《洋县志》的纂修之机，诉说洋县百姓与官员之苦，意在引起上层执政者的关切。阎邦宁又云："予备位三载，两罹兵荒，虽极力节缩者，殆三数万金。而民之逋者还、芜者辟、狡讦者淳，喁喁然易虑，向风殆有志焉。而未能也，其转移化导之机，又将谁诿？宁不有大惧哉？宁不有大惧哉！然斯志之刻，讵徒为修故事、备遗忘而已耶？"②结合上文所引康熙《洋县志》阎邦宁传记文字，可知阎邦宁借修志之机，将洋县田赋、徭役、驿站等民生攸关之事一一记录在册，可谓用心良苦，既为其良好政绩留下历史记录；也为嘉靖、隆庆年间洋县百姓的赋役状况留下可考凭证。阎邦宁对百姓赋役之苦充满同情之心，也对继任者多有期待，期望继任者能够继续为减轻洋县百姓赋役之苦所有作为。这便是阎邦宁新修隆庆《洋县志》的真实意图。

综上所述，隆庆《洋县志》由洋县知县阎邦宁主持编修，邑人薛选、李嘉宾等人撰稿，始修于明隆庆五年十一月，至次年五月完成，全志编纂用时七个月。志书已散佚，仅见阎邦宁旧志序言一篇。

## 第四节　邹溶与清康熙《洋县志》

### 一　康熙《洋县志》的纂修背景

自明隆庆六年(1572)，洋县知县阎邦宁修成《洋县志》之后，明代再未修志。明朝末年"凶岁频仍，寇氛接轸，民之死徙者过半。继经滇逆之变，盘踞蹂躏且五六载，而汉洋之元气尽矣"③。洋县经历明末战乱，尚未得以恢复，又遭清康熙初年吴三桂"滇逆之乱"，长期战乱，社会剧烈动荡，洋县百姓或死或逃，城内唯剩断壁残垣。兵燹之后，安抚百姓，

---

① (明)阎邦宁：《洋县旧志序》，清康熙《洋县志》卷首《旧序》，页一至二。
② (明)阎邦宁：《洋县旧志序》，(清)康熙《洋县志》卷首《旧序》，页二。
③ (清)武之亨：《序》，(清)邹溶修，周忠纂：康熙《洋县志》卷首，清康熙三十三年(1694)刻本，页二。

恢复社会生活秩序，成为洋县主政官员的第一要务。"官斯土者焦劳况瘁，日不暇给，遑恤其他？文献无征，无足怪者。此邑志之中废所以迟至于百二十余年之久也"①。

至康熙三十年（1691）十二月，新任知县邹溶抵达洋县之时，距离隆庆《洋县志》修成已过去一百二十年之久。邹溶"咨诹再四，始得旧志半帙"，"蠹简遗残所存什仅二三矣"。邑人对邹溶谈起修志打算，邹溶亦无暇应对，此时"邻郡流亡入境，洋亦大旱，粟斗五六百钱，疫疠时行，鸠鹄之徒，皇皇不保，且暮以学割铅刀而际盘错，惟驭朽履冰是凛，其何能志？"直到康熙三十二年，风调雨顺，"转祲为稔，越再朞，而瑞麦嘉禾叠见于洋境"，邹溶与百姓"庆更生而歌帝德"②，方有空暇从事《洋县志》的编纂工作。

不过，邹溶主持编修《洋县志》并不仅仅为保存地方文献考虑，更重要的考量则是完成朝廷部署的文献征集任务。康熙三十三年（1694）闰五月，邹溶将一份题为"汉中府洋县为详明纂修县志事"的公文呈送汉中府及陕西省主政官员。邹溶在公文中指出："伏念《国朝统志》现在纂修，而本省通志、本府总志皆有成帙。夫全豹蔚文，不损一毫；完锦耀彩，不遗一缕。洋邑虽微，亦一毫一缕之谓也。县志可废乎哉？"③ 由此可见，邹溶纂修《洋县志》与此前汉中府知府滕天绶纂修《汉南郡志》一样，虽有保存地方文献的目的，但从政治的角度考虑，仍将满足《大清一统志》获取地方文献的需求视为第一要务。

## 二 政治第一的编纂原则

邹溶既然将重修《洋县志》视为呈送朝廷的重要文献，那就必须考虑到此次重修县志不仅仅是一项单纯的文献编纂事业，更是一项需要高度重视的政治任务。因此，在志书纂修过程中必须体现入清以来，尤其是康熙帝统治之下皇恩浩荡、百姓安乐的基层社会面貌。这既是邹溶的基本政治觉悟，也是邹溶必须完成的文献书写使命。"自我清一扫寇氛，再歼逆孽，登哀鸿于衽席，豁茂草之浮逋，迩年以来，皇恩蠲赋之所频及，宪台

---

① （清）武之亨：《序》，清康熙《洋县志》卷首，页三。
② （清）邹溶：《叙》，清康熙《洋县志》卷首，页二。
③ （清）邹溶：《批详》，清康熙《洋县志》卷首，页一。

惠泽之所覃敷，元气渐复，由否而之泰，昌期适遘，自骏而还醇，尤不可无纪述表章者也"①，《洋县志》的重新纂修势在必行。那么，如何在《洋县志》中体现清廷治下安居乐业的民生景象以符合志书的政治标准呢？邹溶在纂修过程中重点突出建置、赋役与艺文等三个方面的内容。

康熙《洋县志》卷二《建置志》开篇即载："明末逆闯之变，叠经寇陷，城社丘墟，土地荆榛，回首繁华，悉成陈迹。我朝定鼎以来，修废举坠，骎骎乎，旧治之渐复矣！乃值甲寅（十三年，1674）之劫，吴逆盘踞，蹂躏荼毒，将数十年之所振兴者又复付之寒烟衰草中也。赖圣天子威武方形，歼灭群丑，重辟版图，贞百度于维新，基万世以不拔"，正是由于康熙帝武功卓绝，才能够将国家版图归于一统，在此大好形势之下，地方官员"莫不以次就理，为未雨绸缪之计"②，方才能够更好地承担守土之责，由此引出《建置志》的编纂理由。

康熙《洋县志》卷首《凡例》载："赋役为邑志首重。明万历以后，多无艺之征，我朝悉已蠲除。凡志赋役者，率以明万历为根据，而以本朝所损益为定额，兹志亦然，仍遵《府志》，悉依《全书》记之。"③ 卷三《食货志》开篇则细述："幸蒙我皇上轸念痌瘝，大沛赈济，且屡年之逋赋尽蠲，两岁之新征并除。迩者鹄面鸠型之众，悉转为含哺鼓腹之民，化日悠悠，家耕户织。越甲戌（康熙三十三年，1694）不事追呼正供，能按季输。将是洋邑虽非海错山珍之地，而沐圣天子深仁厚泽，休养生息，农桑所出，亦足以资国用而裕民生也。"④ 康熙《洋县志》将万历赋役定额与清代历次蠲免田赋、徭役一并记载在案，两相对比之下，洋县百姓赋役水平确实得以减轻，休养生息之下百姓确有更生之庆，正是赞颂皇恩浩荡的好题材。

民生安乐之外，康熙帝亦注重文治，邹溶对此同样铭记于心。因此，在编纂《洋县志艺文志》的过程中，将康熙皇帝诏书列入卷首，实际上这些诏书本与洋县毫无关联。《凡例》载："《通志》艺文首列'御制'，而邑乘罕有载者。窃念洋川僻处山陬，甲申前沦于闯贼，乙卯之际，陷于逆藩，使非圣主当阳挞伐扫荡，斯民安得睹光天化日？今以我世祖章皇帝

---

① 清康熙《洋县志》卷首《批评》，页一。
② 清康熙《洋县志》卷二《建置志》，页一。
③ 清康熙《洋县志》卷首《凡例》，页二。
④ 清康熙《洋县志》卷三《食货志》，页一。

平陕诏书，今上剿除滇逆诏书，恭录于前，所以尊正朔，而定民志也。又历次蠲租上谕，固知皇恩普沛，非一邑所独私，而民庆更生，实千古所希遘。小臣纂志，敢不敬述！"①查康熙《洋县志》卷五《艺文志》首列有"诏谕"三篇，分别为顺治二年四月《世祖章皇帝谕陕西诏》、康熙二十年十二月《今上皇帝平滇逆诏》以及《今上皇帝历次蠲租谕旨》。邹溶在志书《凡例》中自称"小臣"，完全是将所修《洋县志》视为进呈康熙帝御览的图书，结合《凡例》所述编纂原则考察，邹溶在编纂《洋县志》的过程中，秉承政治方向第一的原则应该是毫无疑问的事实。

### 三 康熙《洋县志》的编纂过程

编纂志书首先必须搜集文献。"盖自兵戈之后，图籍无存，兼以凋瘵之余，纂修未举，遂使旷怀上下之间，污隆莫考，凭吊古今之薮，损益无稽"，为此，邹溶特意撰写《纂修县志征文献引》，向全县各界人士征集文献图书，"伏祈学海名公，文坛耆宿广蒐载籍，博极典型，或前哲之遗文，或名山之秘笈，披蠹香于帐里，爰开缃素之函，出鸿宝于枕中，不吝色丝之教"②，只是征集文献还不足以完成志书的纂修工作，还需组织一批学问博雅、熟稔地方的学者参与到志书的编纂中来。为此，邹溶"遍访一邑宿学鸣儒，令发枕中之密，纂述旧章，增以新闻，凡一文一事一物，虽集思广益，必资乎众"③。邹溶亦亲撰《延请修志启》，"敬迓高贤共襄盛举，已扫尘而设馆，幸凤驾而鸣銮，伏愿字挟兰芬，书同山屹，博而不泛，信乃可传"④，设馆诚邀本县名流参与《洋县志》的纂修。据康熙《洋县志》卷首《纂修姓氏》分析，参与编纂的地方人士有贡生周忠、吕鸿勋等生员以及"原任广东肇庆府知府张京鏳"等致仕官员⑤。

邹溶一边积极准备县志的编纂事宜，一边在给上级的报告中提出"不揣疏庸，愿为修辑勉力捐俸，延士征文，详加考订详确，然后刊刻成书，庶往昔之仪型不致沦废，今兹之光化，永得昭垂"⑥。据汉中府知府

---

① 清康熙《洋县志》卷首《凡例》，页三。
② （清）邹溶：《纂修县志征文献引》，康熙《洋县志》卷首，页一至二。
③ （清）魏之琬：《序》，康熙《洋县志》卷首，页二。
④ （清）邹溶：《延请修志启》，康熙《洋县志》卷首，页一。
⑤ 清康熙《洋县志》卷首《纂修姓氏》，页一。
⑥ 清康熙《洋县志》卷首《批详》，页一至二。

金世扬撰于"康熙岁次甲戌(三十三年,1694)秋八月"的《洋县志序》记载:"甲戌夏,得邑宰邹君详明纂修一文,……何甫越二月,草即脱成,可以知邹君之治洋较阎公(邦宁)之治洋,更神且速也!"① 邹溶在申报纂修县志、等待上级批准的同时,快速设馆修志,仅用两个月时间,即完成了《洋县志》的初稿,得到了金世扬的赞赏,相较于明隆庆时阎邦宁七个月编成《洋县志》,更可谓神速。洋县儒学教谕魏之璜所撰《序》作于"康熙岁次甲戌秋日",邹溶所撰《叙》作于"大清康熙三十三年岁次甲戌冬月穀旦",一般而言,卷首序言的撰写也意味着全书的最终完成,由此推断,自康熙三十三年闰五月邹溶提请纂修《洋县志》,至同年冬月(十一月)《洋县志》最终完成,前后耗时七个月。

但是,康熙《洋县志》刊刻完毕则在两年之后的康熙三十五年。今康熙《洋县志》卷首有洋县儒学训导贺爵《后序》,作于"康熙乙亥春日";又有陕西学政武之亨《序》,作于"康熙丙子仲春之吉","书于汉南试馆"。"康熙乙亥"为康熙三十四年,"康熙丙子"为康熙三十五年。由此推测,康熙《洋县志》最终成书时间在康熙三十五年二月武之亨视察汉南学务之后未久。

## 四 编纂体例与文献价值

康熙《洋县志》共八卷,卷首一卷。卷首依次为金世扬序、武之亨序、魏之璜序、邹溶叙、《洋县志图》"疆域""城池""县治""学校"共四幅、阎邦宁《洋县旧志序》、批详、纂修县志征文献引、凡例、延请修志启、纂修姓氏、目录、刘馨后叙、贺爵后序,修志序言共有六篇之多。卷一《舆地志》,下列星野、建置沿革、疆域、山川、形势、古迹、丘墓、风俗、土产、灾祥(附兵变、僭乱)。卷二《建置志》,下列城池(附坊巷、集市)、官制、公署(附仓廒、狱舍)、学校(附社学、约所)、坛壝(附乡厉义冢)、祠庙(附寺观)、祀典、乡里、陂堰、关津(附铺递、汉江滩峡、口岸)、武备。卷三《食货志》,下列田赋、人丁、会计、经费杂支、驿站、杂税、醝务。卷四《人物志》,下列秩官(附武职)、名宦、乡贤科第、举贡(附特用、武科)、勋爵(附貤封、袭荫)、流寓、孝义、节烈、仙释。卷五至卷八为《艺文志》,卷五为诏谕、诗赋上;卷六

---

① (清)金世扬:《序》,清康熙《洋县志》卷首,页四。

为诗赋下；卷七为碑记；卷八为文告、杂文。全志共四册，卷首、卷一为第一册，卷二、卷三为第二册，卷四、卷五为第三册，卷六、卷七、卷八为第四册。"十行二十字，小字双行，白口，四周双边。"①《南京图书馆古籍普查登记目录》则载南京图书馆馆藏康熙《洋县志》为清乾隆重修本，共一册②。尚待详考。

  康熙《洋县志》卷次目录清晰，内容分类准确，卷次与事类互相照应。就志书内容而言，除阿谀清代统治的溢美之词外，总体文字平实，详略得当，兼以考据。邹溶主持纂修的康熙《洋县志》是一部较为优秀的清初地方志书。但美中不足的是，原书雕版选用字体为明末清初流行的方体字，该字体紧凑有余、舒朗不足，加之书籍纸张质量一般，不少笔画较多的小字极易成为殷染模糊的墨点，又有不少书叶墨色极浅，文字辨识困难。由此可见，印刷装帧的好坏，对志书品质的高低具有极为明显的影响。

  康熙《洋县志》的文献价值体现在三个方面。其一，该志是现存最早的《洋县志》，因其对明末清初史实的记录，文献价值自然不容小觑。卷一《舆地志》"灾祥"附载"兵变""僭乱"，其中绝大多数篇幅都是记录明末农民起义、清康熙三藩之乱在洋县乃至汉中的复杂史事，较稍早刊行的《汉南郡志》记载尤详。其二，对汉江滩峡、口岸情况的记录，在汉中府所辖沿江各县中是孤例。"汉江滩峡，自汉王城入界起，至渭门出界止"，共记录四郎滩、龟鹤滩等洋县境内四十一滩的名称与位置，"口岸"则记录环珠台口岸、渭门镇口岸两处汉江水运码头的情况③。记录内容虽然简略，但多少体现了志书编纂者对汉江水运、沿江商贸活动的关注。其三，《艺文志》注重洋县社会生活各方面历史文献的搜集与整理。"艺文散佚已久，今于《通志》《府志》中蒐摘，复广征汲冢，遍拭残碑，泛者不敢附会，切者仍虞阙略，集士考订，良费苦心，至所录时贤题咏，当代词章，不竞春华，务撷秋实。"④以邹溶为代表的志书纂修者并不以儒家正统自居，将艺文的选取仅限于城池修筑、文庙兴建等狭窄的

---

① 北京图书馆编：《北京图书馆古籍善本书目》，书目文献出版社1987年版，第656页。
② 南京图书馆编：《南京图书馆古籍普查登记目录》，国家图书馆出版社2019年版，第4册，第232页。
③ 清康熙《洋县志》卷二《建置志》，页三五至三六。
④ 清康熙《洋县志》卷首《凡例》，页三。

范围；与之恰恰相反，纂修者重视佛寺、道观及地方神祠等众多碑刻文献的搜集，并详加整理，在《艺文志》中单设"碑记"一目，体现了纂修者对洋县民间社会信仰的开明态度。对事关百姓生活的农业生产、堰渠水利等碑文、文告也秉持应收尽收的原则，悉数纳入《艺文志》之中，《艺文志》所收堰渠水利碑文又可与卷二《建置志》"陂堰"记载相对照。《艺文志》所收文告虽有赞颂盛世的意味，但其多涉及水利陂堰、减免盐课、治理经验等确实与民生相关的内容，也可由此推想清康熙年间社会生活趋于安定、农业生产逐步恢复、百姓生活渐有起色的大时代背景。

今康熙《洋县志》见《中国西北文献丛书》第一辑《西北稀见方志文献》（兰州古籍书店1990年版），《中国地方志集成·陕西府县志辑》（凤凰出版社2007年版）亦有收录。

## 第五节　仓促成书的清光绪《洋县志》

### 一　光绪《洋县志》成书过程

光绪二十二年（1896）冬，四川茂州人张鹏翼署理洋县知县。张鹏翼"求索县志，佥称久废无存，再四搜罗，始于学署乞得一册，为前故令陈筱屏购自省城书肆，移交儒学收存，以待后之续修者"①。陈筱屏，即陈泽春，字小屏，一作筱屏。"贵州贵阳府人，光绪庚辰（六年，1880）进士。十一年知县事，内奉严亲，内勤民事，劝耕织，宣政教，辑匪安良，赈饥励士，夜寐夙兴，勤求民隐。十八年（1892）正月，以劳瘁成疾，卒于官。"② 陈泽春曾倡议重修《洋县志》，但因其卒于任上，重修之事遂告中止。光绪十九年，四川成都人李嘉绩（云生）继任洋县知县，继承陈泽春未竟事业，继续为重修县志搜集资料，"李云生大令又踵其谋，采访延询已有成绪"③。

张鹏翼公务之余翻阅陈泽春移交儒学的旧志，发现旧志是"康熙三

---

①　（清）张鹏翼纂修：光绪《洋县志》卷首《序》，清光绪二十四年（1898）青门寓庐刻本，页一。
②　清光绪《洋县志》卷八《官吏传》，页十三。
③　清光绪《洋县志》卷八《绪传》，页六。

十一年邹南谷大令纂修，迄今二百余年，成书散佚于流亡，板片复毁于兵火。年湮代远，稽考无凭"。张鹏翼认为保存康熙旧志文献的最佳方式，即是重修新志以存旧篇；而康熙旧志之后二百年的洋县历史也亟待整理记录，尤其是嘉庆、同治年间在洋县发生的史事极多，"嘉庆初有教匪之乱，同治初有发逆之乱。蒐求逸事，父老尚有传闻。若再苟且因循，听其废坠，势必宣尼访墓，难寻五父之衢。即此硕果仅存，又将化为乌有，一旦采风问俗，下逮刍荛，不惟辀轩志恨，抑亦下里之羞也"①。加之，此前陈泽春、李嘉绩等人为重修县志做了文献搜集整理工作，张鹏翼认为重修《洋县志》的工作已有充分把握。遂于"光绪二十三年三月，集议纂修"②，张鹏翼自任总纂，参订者为洋县县丞赵沛霖、儒学教谕康宗周、典吏周维新、郡庠生童良淦等四人，又有采访者李丙等十六人，参闻者傅学憨一人，总校边桂芳、阮达泉二人，分校吴裕光、赵树森、龚鼎然三人，校刊张鸿衢一人。张鹏翼还特意邀请光绪《南郑县志》纂修者孙万春、石泉人彭懋谦担任《洋县志》鉴定人③。

此前修志经费不足是造成陈泽春、李嘉绩等人有心修志却难以成书的重要原因，"前贤令此者屡欲重修，恒以经费难筹中途辍止"，张鹏翼长袖善舞，辗转腾挪之间，不但在短短数月之内将志书编纂成书，亦将修志经费筹集完毕，"举数百年之坠绪而复兴之，诚吾洋之幸也。书成，付之剞劂，庶几往昔之仪型，不终沦废；小邦之文献，永得垂昭"④。张鹏翼为《洋县志》所撰序作于"大清光绪二十三年岁次丁酉小阳月"，"小阳月"为农历十月，可知自光绪二十三年三月设馆修志，至同年十月《洋县志》已纂修成书。该年十月，继任知县黄萼抵达洋县，张鹏翼卸任署理知县之职，《洋县志》最终在黄萼任上刊刻成书。今所见光绪二十四年（1898）刻本《洋县志》，封面"洋县志"三字由"西蜀文龙署"，扉页"洋县志"三字由原知县"成都李嘉绩署"，书牌题"光绪二十四年青门寓庐锓版"。半叶十行，二十二字，小字双行，黑口，四周双边，单鱼尾。

---

① 清光绪《洋县志》卷首《序》，页二。
② 清光绪《洋县志》卷八《绪传》，页六。
③ 清光绪《洋县志》卷首《纂修姓氏》，页一至二。
④ 清光绪《洋县志》卷首《序》，页二。

## 二　沿袭嘉庆《长安县志》体例

张鹏翼作为志书总纂,对《洋县志》编纂体例的选取具有最终的决定权。要将康熙《洋县志》修成之后二百年间的洋县史事纳入新志,全面记录"政事兴革之纪,贤人、君子、孝子、悌弟、贞妇之行",必须选取适合志书的体例。张鹏翼与县志纂修人员"讨论古今,商榷名例"之后,"爰仿董方立《长安志》体,钩核整比,区分络引,正其纠缪[谬],补其散亡,杂而不越于法度",最终编成"三十二篇,图二、表四、志十五、传十一"①。董方立,即董曾臣,清嘉庆《长安县志》编纂人。光绪《洋县志》编纂体例沿袭嘉庆《长安县志》的例证极多,最为突出的是对志书凡例的抄袭,以及对编纂事类篇目的刻意模拟。

光绪《洋县志》卷首《志例》共有十四条,其中有七条直接取自嘉庆《长安县志》。嘉庆《长安县志志例》第四条载:"辞贵体要,繁冗琐屑废所以立言也。长安累代上都,故书所传不可胜记。今则叙疆理而省名胜,录政典而芟稗野。昏明蚤晚,标农事之准,而星土不书。城郭、宫室只述规画之方,而景物从节。词赋小技,则退题咏而进经籍。二氏曲学则略释老而详艺术。旧志所有逸事异闻诸篇,语怪无征,皆所不取。"② 光绪《洋县志志例》第二条载:"辞贵体要,不宜冗繁琐屑。今则叙疆理而省名胜,录政典而芟稗野。晨昏蚤晚,标农事之准,而星土不书。城郭、宫室只述规画之方,而遗址、遗闻与旧志之景物名胜全收之于古迹。文记诗篇则登关于礼教风化之作,而天下创制之事与重复之文,则虽其月于修志而存其文于县志,俾考古者知所寻释焉。"③ 二条文字基本一致,但长安县有前代宫室,洋县小邑何来宫室?又何来"天下创制之事"?

嘉庆《长安县志志例》第六条载:"典章制度,例首本朝,尊尊之义也。《表》以整比年月,《经籍》诸志及《列传》非法度所存,仍以时代相次。"第七条载:"长吏之官斯土者,邑士之登科第者,表其姓氏,有事迹可传者,别见《列传》。"④ 光绪《洋县志·志例》第三条载:"典章

---

① 清光绪《洋县志》卷八《绪传》,页六。
② (清)张聪贤修,董曾臣纂:嘉庆《长安县志》卷首《志例》,页一至二。
③ 清光绪《洋县志》卷首《志例》,页一至二。
④ 清嘉庆《长安县志》卷首《志例》,页二。

制度，例首本朝，尊尊之义也。《表》以整比年月，《艺文》诸志及《列传》非法度所存，仍以时代相次。"第四条载："长史之官斯土者，邑士之登科第者，表其姓氏，而附表其武职、仕宦其有事迹可传者，别见《列传》。"① 可知《洋县志》完整抄录《长安县志》两条"志例"，只在第三条将"经籍"改为"艺文"，第四条又将"长吏"错抄成了"长史"。

嘉庆《长安县志·志例》第十七条载："列传各注所本，或史传、或旧志、或采访册，皆不敢意为修饰，慎言阙疑之义也。"② 第二十二条载："生人例不作传，惟节妇合例应旌者得附书。"第二十三条载："作志源流具于《叙传》，旧志撰人姓名及叙引篇目，并录存之，以昭往式。"③《洋县志》第十二条载："列传各注所本，或旧志、或采访册，皆不敢意为修饰，以遵慎言阙疑之义。"第八条载："生人例不作传，惟节妇之例合旌典者，附记其名于《拾遗》卷中，以备将来之采收，亦不传之传也。"第十三条载："作志源流具于《叙传》，旧志撰人姓名及叙引篇目，益录存之，以昭往式。"④ 以上三条，除《洋县志·志例》第十二条删去"或史传"三字、第八条增加"拾遗"卷名之外，其余文字基本是照搬誊录。

嘉庆《长安县志·志例》最末一条载："长安自康熙后一百余年，文献散失，今所纂录，以嘉庆十七年为止，殚力蒐讨，终多罅漏，俟来哲加正焉。"⑤《洋县志·志例》最末一条改作："洋县自康熙以来二百余年，文献原本无多，又多加散失，今所纂以光绪二十三年为止，殚力蒐讨，终多罅漏，俟来哲加正焉。"⑥

光绪《洋县志》对嘉庆《长安县志》亦步亦趋的模仿并不仅仅表现在对《志例》的沿袭，更为重要的是对嘉庆《长安县志》体例的照搬。《长安县志》共三十六卷，分为图、表、志、传四大类。图有四种，分别为卷一《疆域图》、卷二《山川图》、卷三《城郭图》、卷四《乡镇图》。表有四种，分别为卷五《晷度表》，卷六、七《纪事沿革表》，卷八《职

---

① 清光绪《洋县志》卷首《志例》，页二。
② 清嘉庆《长安县志》卷首《志例》，页三。
③ 清嘉庆《长安县志》卷首《志例》，页四。
④ 清光绪《洋县志》卷首《志例》，页二至三。
⑤ 清嘉庆《长安县志》卷首《志例》，页四。
⑥ 清光绪《洋县志》卷首《志例》，页三。

官表》，卷九《选举表》。志有十二种，分别为卷十、十一、十二《土地志》，卷十三、十四《山川志》，卷十五《田赋志》，卷十六《祠祀志》，卷十七《学校志》，卷十八《衙署志》，卷十九《风俗志》，卷二十《宫室志》，卷二一《陵墓志》，卷二二《寺观志》，卷二三《经籍志》，卷二四《金石志》。传有十种，卷二五《循吏传》，卷二六、二七《先贤传》，卷二八《忠节传》，卷二九《孝友传》，卷三十《义行传》，卷三一《逸民传》，卷三二《艺术传》，卷三三、三四《列女传》，卷三五《释老传》，卷三六《叙传》。由《长安县志》目录可知，该志采取的是事类为主、卷次为辅的分类方法，卷次目录是为图、表、志、传四大事类服务的，一种事类一般占据一个卷目，如果同一事类内容过多，则采取拆分成两卷、三卷的办法。

光绪《洋县志》照搬嘉庆《长安县志》体例，同样将全志分为图、表、志、传四大事类。其中图有两种，分别为疆域山川图、城郭沟洫图。表有四种，分别为晷度表、纪事沿革表、职官表、选举表。志有十五种，分别为土地志、山川志、田赋志、祠祀志、学校志、营汛志、衙署志、寺观志、风俗志、水利志、墓冢志、古迹志、金石志、食货志、艺文志。传有十一种，分别为官吏传、先贤传、忠节传、孝友传、义行传、逸民传、艺术传、列女传、释老传、拾遗传、叙传。但光绪《洋县志》并未采取嘉庆《长安县志》以事类分卷的编纂办法，而是将不同事类纳入同一卷次之下。卷一包括疆域山川图、城郭沟洫图、晷度表、纪事沿革表，有图又有表。卷二包括职官表、选举表、土地志，有表又有志。卷三包括山川志、田赋志、祠祀志、学校志、营汛志、衙署志、寺观志、风俗志。卷四包括水利志、墓冢志、古迹志、金石志、食货志。卷五、六、七分别为《艺文志》上中下三卷。卷八则将全部传类包罗在内。就光绪《洋县志》目录而言，事类与卷次重叠混杂在一起，并没有严格遵循嘉庆《长安县志》以事类编卷的规范。

如果《洋县志》能够严格按照目录编纂也是可行的，但在内文中则又出现以事类为卷次的情况，这在全志中有两种表现：其一，全书页码以事类排序，而不是以卷次排序。如《疆域山川图》与《城郭沟洫图》同属卷一，但各编页码，互不相关。其二，存在以事类为卷次而与目录卷次不符的情况。卷一《城郭沟洫图》首页标注"《洋县志》卷二"。卷二《职官表》页十一，版心作"卷五《职官表》"，《职官表》所附《武职表》末页标注"《洋县志》卷五终";《选举表》内文首页及次页版心均作"《洋县志》卷六";《土地志》末页标注"《洋县志》卷七终"。卷三《山川志》末页标注"《洋县志》卷八终",《田赋志》首页标注"《洋县志》卷九"、末页标注"《洋县志》卷九终",《寺观志》首页标注"《洋县志》卷十四"。卷四《古迹志》末页标注"《洋县志》卷八终";《金石志》首页又不标明卷数,仅有"洋县志卷"四字,末页又标注"《洋县志》卷二十二终";《食货志》末页则作"《洋县志》卷二十三终"。卷八《先贤传》末页标注"《洋县志》卷二十五终",《拾遗传》末页标注"《洋县志》卷三十四终"。此类毛病遍布全书,俯拾皆是。总而言之,光绪《洋县志》编纂体例混搭含混,存在事类目录与卷次目录之间互相干扰的严重病症。

### 三 体例选取失当

光绪《洋县志》事类与卷次混乱仅是该志书的表面问题,其深层问题则体现在体例选取失当。嘉庆《长安县志》的编纂体例确有可取之处,但并不适合《洋县志》的编纂所需,体例选取失当主要表现在以下两个方面。

其一,《艺文志》无所适从。嘉庆《长安县志》并没有编纂《艺文志》,而光绪《洋县志》不但编纂《艺文志》,而且多达三卷。按照明清方志的一般体例,绝大多数都将《艺文志》置于全志最后。这主要是由于《艺文志》多为锦上添花的诗歌文章,相比于山川疆域、建置食货等重要内容,其重要性相对较弱;此外《艺文志》所收诗歌文章篇幅较多,若置于全志开篇或中段,必然造成喧宾夺主、卷次失衡的问题。光绪《洋县志》囿于图、表、志、传的四大事类排序,不得不将《艺文志》列在全志中间,这显然是沿袭嘉庆《长安县志》体例而未曾缜密思考导致的体例缺陷。

其二,强行增添志传类型。洋县作为辖区面积适中、经济情况一般、文化积淀无多的陕南小县,在编纂志书的过程中,应当遵循就事论事、记录清晰的编纂原则,光绪《洋县志》则强行拉长篇幅、增添志传类型,将一处记载、一目了然的内容分割多处。山川疆域的记载分割为《疆域山川图》《城郭沟洫图》《山川志》,二图归卷一、《山川志》则归卷二,造成查找阅读不便。经济社会生活情况的记载既有《田赋志》,又编《食货志》，可谓重复。细查《食货志》内容，则与《风俗志》内容相关，可谓混乱。《墓冢志》亦可与《古迹志》合并。卷八《拾遗传》内容混杂，纪事、灾祥、诗歌、传记包罗其中，以"拾遗"名之尚可，但不知为何称"传"；《叙传》抄录明隆庆《洋县志》、清康熙《洋县志》若干序言，但又不著明出处、作者，以"叙"明之亦可，同样不解为何称"传"。

总而言之，光绪《洋县志》编纂体例选取失当，对于嘉庆《长安县志》体例的不当模仿，导致《洋县志》在文献编纂过程中削足适履，极力在事类分布上与嘉庆《长安县志》目录相符合。在目录编辑上，又抛弃了嘉庆《长安县志》以事类统领卷次的成功经验，导致卷次目录与事类目录无法协调一致，最终造成了体例混乱、内容杂糅的志书面貌。这一局面也反映出以张鹏翼为首的光绪《洋县志》编修团队修志水平不高，志书编辑时间过短、仓促成书的真实历史背景。

当然，光绪《洋县志》在文献价值方面并非一无是处。首先，绘图技术大为进步，"依土地、山川、城署、水利绘为各图，疆域、山川以开方为经纬"①，为后世留下了洋县最早的科学绘图。其次，在《官吏传》《忠节传》等传记中大量增加嘉庆、同治年间死于战乱的人物传记，在《艺文志》中增加《洋县铁冶河李光桂死贼记》《洋县益水村薛烈女死贼记》等涉及兵乱的文献。对于后人研究清代中后期陕南战乱情况有一定帮助。

光绪《洋县志》除清光绪二十四年(1898)青门寓庐刻本之外，又有民国二十六年(1937)石印本。该版本由洋县县长吴相融委任"图书馆长雍绅武丞、教育助理李绅荫如等，俾其校刊日板错讹，翻印一百部，以广流传"②，扉页书牌载："中华民国廿六年洋县福信永号印刷部代印。"民国石印本以原刻本卷次目录为纲，将原刻本中事类目录的残余一一删去，并重新标目。以卷一为例，依次为卷一之一《疆域山川图》、卷一之二《城郭沟洫图》、卷一之三《晷度表》、卷一之四《纪事沿革表》。这一番改造之后，多少弥补了原书卷次与事类互不统领的弊端。1976年，成文出版社《中国方志丛书》影印出版民国石印本《洋县志》。《中国地方志

---

① 清光绪《洋县志》卷首《志例》，页一。
② (民国)吴相融：《弁言》，光绪《洋县志》卷首，民国二十六年(1937)石印本，页二。

集成·陕西府县志辑》（凤凰出版社2007年版）影印出版光绪《洋县志》钞本，该钞本的底本为光绪二十四年（1898）青门寓庐刻本。

## 第六节　两种散佚的《西乡县志》

西乡县在秦汉时为城固县辖地。蜀汉时，刘备分城固县置南乡县，晋代改称西乡县。《宋书》记载："西乡令，蜀立曰南乡，晋武帝太康二年（281）更名。"①《晋书》载汉中郡统县八，西乡县为其一②。此后西乡县几经废立，至明清两朝均属汉中府辖县。明清时期西乡县曾五次编纂志书，分别为明万历《西乡县志》、清顺治《西乡县志》、康熙二十二年与五十七年《西乡县志》两种以及道光《西乡县志》。其中万历《西乡县志》与顺治《西乡县志》已散佚，但仍能在现存志书中找到一些文献线索。

### 一　关廷访纂修万历《西乡县志》

现存最早的《西乡县志》是由清康熙二十二年（1683）西乡县知县史左编修的。史左在《西乡县志》卷首保存数篇旧志序言，为我们了解此前《西乡县志》的编纂情况提供了重要线索。其中顺治十年（癸巳，1653）西乡县知县张台耀所撰顺治《西乡县志叙》载："余莅斯土凡六载，自公之余，间尝考搜遗书，历览民风，以所闻西乡沿革、废置、休戚利弊稔且悉。窃叹旧志荒略无足征，虽修订愧非其任，乌忍听其逸坠，同湮草木耶？"③由此可知，顺治年间张台耀纂修《西乡县志》之时，见过明代遗留的旧志，但未提及旧志由何人编纂，又成书于何时。与此同时，西乡籍进士杨栖鹗所撰顺治《西乡县志叙》则云："西乡旧有志，今无。然梨枣之灾，酷于秦火，有之不如无之。"④不但对前朝旧志情况绝口不提，

---

① （梁）沈约撰：《宋书》卷三七《州郡三·梁州》，中华书局1974年版，第1145页。
② （唐）房玄龄等撰：《晋书》卷十四《地理上》，中华书局1974年版，第436页。
③ （清）张台耀：《叙》，（清）史左修、陈鹏程等纂：康熙《西乡县志》卷首，清康熙二十二年（1683）刻本，页二至三。
④ （清）杨栖鹗：《西乡县志叙》，康熙《西乡县志》卷首，清康熙二十二年（1683）刻本，页四至五。

## 第三章 城固、洋县、西乡、凤县方志的纂修

甚至恶语相向,认为旧志纯属祸枣灾梨,直指为无用之书。但实际情况并非如此。

清初所见明代《西乡县志》应为万历年间西乡县知县关廷访纂修。康熙《西乡县志》卷六《官守·知县》载:"关廷访,河南泌阳人。进士。万历二十五年(1597)任。"① 同卷《列传》又载:"关廷访,字君问,河南泌阳人。进士。令西乡九年,和平敦厚,不事苛察。暇时为诸生谈说经义,蔼然可亲。后京擢去,士论称诵不衰,曾修《西乡县志》。"② 关廷访于万历二十五年任西乡县知县,在任九年,由此推算,关廷访当于万历三十四年(1606)离任。此时已近明末,康熙《西乡县志》再未载此后修志事迹,张台耀等人所见旧志,即为明万历《西乡县志》无疑。虽然万历《西乡县志》编纂情况不详,但康熙《西乡县志》之中仍有部分文字源自万历《西乡县志》。

清康熙二十二年《西乡县志》原书十卷,今仅北京国家图书馆有藏本,存卷一至卷七。各卷最末均有综述评论文字,分别出自三人之手,一为无名氏"略曰",一为"景铉论曰",一为"雪山论曰"。"略曰"各卷均有。"景铉论曰"分别见卷二《建置》、卷三《食货》、卷六《官守》、卷七《人物》。"雪山论曰"分别见卷一《舆地》、卷五《灾异》。"略曰"均排列在"景铉论曰""雪山论曰"之前。"景铉"为顺治《西乡县志》纂修人张台耀字。"雪山"为康熙二十二年《西乡县志》纂修人史左字。"略曰"虽未署名,但依其排序,必然早于张台耀、史左二人。由于康熙二十二年《西乡县志》摘抄的"略曰"文字,均不涉及具体人和事,主旨多为教谕劝惩,故而推测出自关廷访之手的可能性极大。康熙五十七年《西乡县志》卷六《艺文志》收录关廷访《地理志论》一文,并于题下标明作于"万历二十八年"③,该文章主旨、行文风格与"略曰"大体相似,加之《地理志论》无疑出自万历《西乡县志》,那么"略曰"为关廷访所撰当无疑义。万历二十八年(1600)则应是关廷访纂修《西乡县志》成书之时。

---

① (清)史左修,陈鹏程等纂:康熙《西乡县志》卷六《官守·知县》,页五九。
② (清)史左修,陈鹏程等纂:康熙《西乡县志》卷六《官守·列传》,页七三。
③ (清)王穆修,夏荣纂:康熙《西乡县志》卷六《艺文志》,影印清康熙五十七年(1718)刻本,李欢主编:《故宫博物院藏稀见方志丛刊》第9册,第544页。故宫出版社2012年版。

## 二 张台耀纂修顺治《西乡县志》

张台耀,山西蒲州人,清顺治四年(1647)进士①。顺治《汉中府志》卷四《官守志》"西乡县知县"载:"张台耀,山西蒲州人。进士。(顺治)四年任。"②可知其考中进士当年即被任命为西乡县知县。张台耀到任之后勤于职守,西乡县学"顺治元年(1644)庙焚,五年知县张台耀捐俸,立大殿三楹"③,又于顺治七年重修城池,"修补废坠,浚濠益深"④,深得西乡百姓信赖。康熙《西乡县志》卷六《列传》载:"张台耀,山西蒲州人。进士。刚方正直,修志书、修文庙,士民方庆二天,忽丁内艰,去时阖邑拥道远送。"⑤

由于张台耀所修顺治《西乡县志》已散佚无存,我们仅能从康熙二十二年《西乡县志》卷首保存的三篇顺治旧志序中了解张台耀编纂《西乡县志》的基本情况。今所见顺治《西乡县志》旧序有三篇,一为顺治戊子(五年,1648)举人、华州人张卫献所纂《西志观成》⑥,一为张台耀所撰《叙》,一为崇祯十六年(1643)进士、西乡县人杨栖鹗所撰《叙》。其中仅张台耀所撰《叙》文末有确切纪年"顺治癸巳小春"⑦,癸巳小春即顺治十年(1653)十月,顺治《西乡县志》成书当在此时。此时距张台耀出任西乡县知县已有六年之久,公务冗繁感慨良多,故而在序言中对顺治《西乡县志》的编纂目的以及成书经过详加叙述,尽将心中款曲和盘托出。

---

① 朱保炯,谢沛霖编:《明清进士题名碑录索引》,上海古籍出版社1979年版,第443页。

② (清)冯达道纂修:顺治《汉中府志》卷四《官守志·官师》,《国家图书馆藏地方志珍本丛刊》第144册,第433页。

③ 清顺治《汉中府志》卷二《建置志·学校》,《国家图书馆藏地方志珍本丛刊》第144册,第229页。

④ 清顺治《汉中府志》卷二《建置志·城池》,《国家图书馆藏地方志珍本丛刊》第144册,第177页。

⑤ (清)史左修,陈鹏程等纂:康熙《西乡县志》卷六《官守·列传》,页七四。

⑥ 按:清康熙《续华州志》卷四《人物传》载:"顺治五年戊子科。张卫献,渭南县籍,华州人。"清光绪八年(1882)合刻华州志本,页三三。据张卫献《西志观成》载其高祖为西乡县人,故西乡为其原籍。

⑦ (清)张台耀:《叙》,康熙《西乡县志》卷首,页七,清康熙二十二年(1683)刻本。

张台耀认为："志非徒资观览也。户税之登耗，人物之盛衰，陵谷、风俗之迁移，采风者于此观时变焉。"结合西乡本地实际情况，志书所载则应当引起当政者的同情与怜悯。"西乡山隅斗邑，匡郭不十里许，即为峰嶂四合，膏壤平畴，十无二三。迤南峦接数百里，岩回峰转，间有炊烟焉，则人家也。田无连阡，室无比屋，山中有少物产，亦非有琅玕铅锡、南金竹箭之选，邓林豫章之材也。而贾利者，冒历险阻，与豺虎寇盗争躯命，人文奇杰，间一出而尚未蔚兴，是则西乡县之大概也。"①

西乡作为群山环抱的偏僻小邑，满清入关未久，统治根基尚未稳固，张台耀急于编修志书的目的又是为何呢？"余因有感于西邑矣！西民之苦不可殚述，而刍运为最，邑距府独远，崎岖鸟道，负运维艰，有以数束刍，跋涉数百里，而资费反什蓰倍"，"茶地不过界川数里荒山耳，茶课茶功，几累通邑，且一邑两置邮，襟肘俱竭，而茶溪舟役之累不与焉。迩来入山之使络绎如星，至借山灵为县驿，奇货将来不知所终矣！强有力者或诡避均徭，而赋苦独在民，夫以蕞尔残黎，并力谋朝夕不暇，乃分身供亿，财耗力罢，岂不悲哉！"② 面对县域荒芜、民众疾苦的现状，自然是期望纾解赋役，张台耀"目击民艰，拊膺欲痛，数年以来虽更瑟无术，而求瘳有心，时具疾苦闻当道。恃有上台仁恤，稍为蠲减，然公私势难两全，西人其瘁矣"，于是张台耀主持编纂《西乡县志》的用意也昭然若揭了，"倘主持世道之君子，哀悛人而条民隐，穷变以通，与民休息，俾户税、人物、山川、风俗，不至有登耗盛衰，今昔之叹，西民庶几有瘳乎！凡此皆志所不遑及也，不遑及而及至，后之咏乐只者，其亦知余之意也夫"③。总而言之，张台耀编纂《西乡县志》自然有保存文献的思考，但《西乡县志》本质上更是县域社会政治经济的资讯汇编，张台耀期望志书的编纂，使得世人尤其是上级官员了解西乡县环境恶劣、人口凋残、赋税不均、杂役偏累的真实情况，也为西乡蠲免赋役、安抚西乡穷民提供了有力的文献依据，张台耀用心可谓良苦。

---

① （清）张台耀：《叙》，康熙《西乡县志》卷首，页一至二，清康熙二十二年(1683)刻本。

② （清）张台耀：《叙》，康熙《西乡县志》卷首，页四至五，清康熙二十二年(1683)刻本。

③ （清）张台耀：《叙》，康熙《西乡县志》卷首，页六至七，清康熙二十二年(1683)刻本。

张台耀在编纂《西乡县志》的过程中，得到了县学庠生杨子、孝廉张子的帮助，但其名不详。"邑庠杨子博雅宏才，余昔校童子试，所首拔士。暨同邑张子孝廉，咸负龙门、崆峒之奇，倘余所谓有待蔚兴者耶。爰咨二子，广蒐博采，参订成编。"① 由于顺治《西乡县志》散佚，我们仅能大致了解该志的卷次。张卫献《西志观成》载："于《舆地》之辨翼柳，天文昭也。于《建置》之重新筑，天险设也。首大成，圣道尊也。于田赋之计亩议段，以暨茶树、虎皮类，民艰悯也。于《官守》之表循良，官箴承也。于《人物》之称二帝，君道先也；班张，将相巽也；戚夫人，女德崇也；季柽，德相首也；善卷、紫衣者，流仙学彰也。于《艺文》之仰观俯察，类族辨物，图书辉煌也。侯师之学可知矣！其政抑可知矣！"② 《舆地》《建置》《食货》《风俗》《官守》《人物》《艺文》等篇目具备，亦与此后康熙二十二年史左编纂《西乡县志》大体相同。

上文已经提及康熙二十二年《西乡县志》各卷卷末均有综述议论文字，其中"景铉论曰"涉及卷二《建置》、卷三《食货》、卷六《官守》、卷七《人物》共四卷，均据顺治《西乡县志》抄录，张台耀（景铉）所作议论大多是对古今异变、赋役不均等明末清初社会衰败景象的感慨。卷二《建置》最末所引"景铉论曰"读来最觉凄苦，张台耀所见西乡荒落景象如在读者眼前。"余读《西乡建置志》及闻诸父老言，盖不胜感慨云。邑城斗大耳，闾巷间行，人历历貌相熟，夜或不闭里门；今萑苻子或出入山谷中，桑麻之野，惊犬嗥嗥矣！庐舍橘柚与疏星微雨上下，青青之烟可千井，南山砧杵，共城头漏声相和；今村里萧疏，民舍半山头矣。泉脉之发，亘数十里，编竹籍茅以就溪水，赋税之入三，仓箱之获七；今多沙石矣。伏腊妇子嬉游郊坰，外拈瓣香，剩水古祠中，以祈福祥；今钟磬声冷冷，去来惟山云矣！夫村庄里舍犹昔也，津梁、隘要犹昔也，祠庙、铺舍亦或犹昔也。今古悬殊，时使然欤？"③ 明、清易代之际，兵燹战乱频仍，西乡百姓或死或逃，人口稀少，土地荒芜，城乡一片乱后残破模样，加之

---

① （清）张台耀：《叙》，康熙《西乡县志》卷首，页三至四，清康熙二十二年（1683）刻本。

② （清）张卫献：《西志观成》，康熙《西乡县志》卷首，页三至四，清康熙二十二年（1683）刻本。

③ （清）史左修，陈鹏程等纂：康熙《西乡县志》卷二《建置》，页二五，清康熙二十二年（1683）刻本。

人去赋存,赋役蠲免有限,百姓生活更为艰难。顺治《西乡县志》虽散佚,但从这些记述中不难看出张台耀纂修志书之苦心。康熙五十七年王穆编纂的《西乡县志》卷七《艺文志》收录张台耀《建置论》《人物论》《官制论》《物产论》四篇,均由顺治《西乡县志》抄录而来①。

## 第七节　三种存世的《西乡县志》

### 一　史左纂修康熙二十二年《西乡县志》

康熙二十二年《西乡县志》是目前所见最早的《西乡县志》,由西乡县知县史左主持纂修。"史左,河南怀庆府河内县人。举人。康熙二十一年任。"②据康熙《西乡县志》卷首汉中府知府董遂昇所撰《叙》载:"天中史子雪山来令斯邑,莅政数越月,规模甫定,纪纲粗举,即葺邑之旧志而新之,书成请序于余。"③可知自史左到任至新志修成仅在数月之间,史左急于修志自有一番道理,他在《修志书叙》中详细记录了西乡县在三藩之乱后人烟罕见、民穷财尽的凄惨景象:

> 《西志》旧刻为前令张公景铉之所重订,板遭兵火,余来仅得遗本。阅之,不胜怆然,而感悽然,而喑也。曰张之令此也,值世祖章皇帝极盛之时,而志之所载者,已可知其概矣。甲寅以来,人其[阒]矣!今天兵荡平余孽,圣泽被已三年,颓垣陋巷,炊烟或数缕,日中出也,督抚蒿目民艰,题蠲荒赋。溪谷山泽间有负耒耜、历虎狼之窟,来郊为佃者矣。至于运刍之苦、茶课茶功之类,景铉已先我言之,易二三贤吏皆不能穷变以通,其亦拘于势、掣于肘乎?余痌瘝念切,尚俟熟思而审处之。嗟乎!西乡为

---

① (清)王穆修,夏荣纂:康熙《西乡县志》卷七《艺文志》。李欢主编:《故宫博物院藏稀见方志丛刊》第10册,故宫出版社2012年版,第85—93页。

② (清)史左修,陈鹏程等纂:《西乡县志》卷六《官守》,页六十,清康熙二十二年刻本。

③ (清)董遂昇:《叙》,(清)史左修,陈鹏程等纂:《西乡县志》卷首,页一至二,清康熙二十二年刻本。

汉之属邑，汉为秦之名郡，去京师四千余里，民穷财尽之情形，乃若是之甚耶？此余之所以不禁怆然、凄然于阅志之顷，而修之之为务也。有志斯民者，当以此为急，毋以此为迂①。

相较于顺治《西乡县志》中张台耀（景铉）记录的衰败情形，康熙二十二年的西乡更是残破不堪、哀鸿遍野。史左急于修志即是对张台耀等未竟事业的继承，更是对蠲免西乡税赋、寻求上级赈济的呼吁。这一修志目的亦得到了汉中府知府董遂昇的呼应。彼时亦有人指出西乡县修志不当其时，"哀鸿未集，灾眚频仍，兼以民力瘁于征输，生计尽于刍粮，良有司抚循而煦濡之且日不暇给，何乃亟亟于志为也？"董遂昇针对此说辩解道："邑之有志，非徒记方物、载土风、备观览已也。实民情治理所攸关焉。""不究夫因革创承之迹、是非利弊之源，而惟曰抚循煦濡之已耳。是犹夫医者疗疾未常察其虚实，量其缓急而概投以参苓姜桂之属，未有见其彻效者也。"② 因此，史左编纂《西乡县志》的意义则等同于医者治病疗疾，先将病症虚实缓急一一诊断清楚之后，再行施治才能对症下药。"史子意欲考镜往迹，以经画时务于大乱削平之后、征调烦民之日，而取邑之旧志覈究源流，补辑残陋，其事详而核，其辞简而确，一展帙而所谓因革创承与是非利弊者已了然于心目之间，由此推而行之，神而明之，其以追述前哲而渐臻于《二南》之盛者。"③ 董遂昇不但对史左编修《西乡县志》大力支持，更对其考察地方利弊、力图推行赋役蠲免的施政主张加以褒扬。

据康熙《西乡县志》卷首《修志姓氏》，知县史左自任纂修，参订人为西乡县教谕陈鹏程、训导冯绍芳，参校人为巡检吴廷匡，监镌人为典史康兆民。又有参阅、校阅等数十人，皆为本地乡绅、生员。全志共十卷，卷一《舆地》、卷二《建置》、卷三《食货》、卷四《风俗》、卷五《灾异》、卷六《官守》、卷七《人物》、卷八《节孝》、卷九《艺文》、卷十

---

① （清）史左：《修志书叙》，康熙《西乡县志》卷首，页四至六，清康熙二十二年刻本。
② （清）董遂昇：《叙》，（清）史左修，陈鹏程等纂：《西乡县志》卷首，页二至三，清康熙二十二年刻本。
③ （清）董遂昇：《叙》，（清）史左修，陈鹏程等纂：《西乡县志》卷首，页六至八，清康熙二十二年刻本。

第三章　城固、洋县、西乡、凤县方志的纂修

《题咏》。卷首一卷。卷首依次为董遂昇康熙癸亥（二十二年，1683）《叙》、史左《修志书叙》、张卫献《西志观成》、张台耀《叙》、杨栖鹗《叙》、杨绪爵《志书跋后》，其中张卫献、张台耀、杨栖鹗三序为顺治旧志序。卷一《舆地》正文之前，则有《十二景图》《西乡县治图》、史左所撰《附劝惩说》两篇，《西乡县志目录》《修志姓氏》，正文首页题"虞都张台耀景铉原纂。天中史左雪山重辑"，分列星野、沿革、疆域、里编、十二景、形势、山川等七目。卷二《建置》，分列城池、公署、关隘、津梁、铺堡、陂堰、禋祀、寺观、坊市、古迹、陵墓等十一目。卷三《食货》，分列田地、户口、茶课、土产等四目，附史左《蠲荒纪事》。卷四《风俗》、卷五《灾异》此二卷无子目。卷六《官守》，分列建官、列传二目。卷七《人物》，分列选举、岁贡、恩贡、监生、拔贡、选监、三考、褒赠、乡贤、流寓、列女、仙释等十二目。卷八至卷十散佚。全志共一册，"十行二十字，小字双行同，白口，四周双边"，无格。《北京图书馆古籍善本书目》误载"存五卷，一至五"①。

康熙二十二年《西乡县志》虽仅存卷首及卷一至卷七，但作为存世《西乡县志》中最早版本，其文献价值自然不容忽视。一方面固然是该志对明万历、清顺治两种《西乡县志》的文献传承，如诸卷卷末均保存"略曰""景铉论曰"等旧志综论文字，而此后康熙五十七年王穆修成的《西乡县志》则尽将议论文字删除。又如卷五《灾异》的记录始于明成化年间，亦是录自明万历《西乡县志》无疑；这些文献又为康熙五十七年《西乡县志》以及道光《西乡县志》所继承。这就为我们追溯《西乡县志》的编纂缘起提供了宝贵的信息。另一方面，康熙二十二年《西乡县志》最值得称道的编纂特征，仍是对于明末直至清康熙年间西乡一邑社会变迁的详细记述。史左以"雪山论曰"记述所见西乡城乡实景："今西乡岩穴穷氓日无食、冬无衣，父子夫妻对泣，与鬼为邻，转坟沟壑，甚者易子而咬其骨。城居有家室者无隔夜之储，安望三年之积耶？士多有九日三举火、十年不制衣者。噫！言及此，虽铁石心肠亦行行泪下。"② 史左等人作为传统社会的父母官，能够同情百姓疾苦，乃至为民请命，在

---

① 北京图书馆编：《北京图书馆古籍善本书目》，书目文献出版社1987年版，第656页。
② （清）史左修，陈鹏程等纂：《西乡县志》卷五《风俗》，页五四，清康熙二十二年刻本。

《西乡县志》中直抒胸臆、秉笔直书,这在同时代方志中是极为罕见的。康熙二十二年《西乡县志》闪烁着以张台耀、史左等志书编纂者的人性光芒。

## 二 王穆纂修康熙五十七年《西乡县志》

继史左纂修《西乡县志》之后,西乡县知县王穆于康熙五十七年重修《西乡县志》。"王穆,江苏娄县。岁贡。康熙五十一年任。邑经(安)[兵]燹后田地荒芜,征赋不符原额,官民俱病。穆请上官招民垦荒承赋,作招来馆,楚民来西者数千家,自是田地日辟,又邑山大林深,多虎患。穆祷于神,募人射之,前后获虎六十有四,患以息。邑有旧志,穆又征文考献,修县志若干卷,教养并施,有古循吏风。"①

王穆对重修《西乡县志》的动机与缘由有着极其生动而具体的叙述。王穆在《西乡县志序》中首先指出西乡"可以不志",其理由有二:一是,西乡"穷山恶水,十室九空,虎穴狼窝,榛荆遍野,士鲜渐摩,民率顽梗",不仅自然环境恶劣,而且吴三桂之乱后人民流离失所,并没有值得称道的风物;二是,"历斯土者视为传舍、为陷阱,而未肯留心润泽焉",历任主政官员多将西乡县视为旅舍,权当暂且安歇之所,只等调离之日,甚至视西乡为仕途中的陷阱,影响升迁官运,自然不愿意投入更多精力编纂志书。王穆本人则"孜孜矻矻,辛苦簿书,期会不暇给,欲编葺典故,昭示来兹,必精神才力稍留余地,而后可以展布发抒"②,着实精力有限,编纂志书对于王穆来说,确实是做与不做均可,并不是一项必须完成的硬性任务。但王穆最终一定要将《西乡县志》重新编纂成书,也有其不得不做的理由。其一,"有亟宜志者,我制宪鄂公暨各上台为国为民,与夫良法美意普被秦中,而独于荒邑如西乡尤加意焉,殷勤劝谕,多方培植,恩沛西民,沦膏浃髓,俾下吏免罹挂误,优游尽职,以观成效,乌可不志?"③ 制宪鄂公指川陕总督鄂海。王穆因催征不力,导致西

---

① (清)张廷槐纂修:道光《西乡县志》卷二《职官·知县》,页二三,清道光八年(1828)刻本。

② (清)王穆修,夏荣纂:康熙《西乡县志》卷首《序》,影印清康熙五十七年(1718)刻本。故宫博物院编:《故宫博物院藏稀见方志丛刊》第9册,故宫出版社2013年版,第6—7页。

③ 康熙《西乡县志》卷首《序》。《故宫博物院藏稀见方志丛刊》第9册,第8—9页。

乡逋赋无法完纳，屡受上级参奏责罚，不得已"匍匐会城，叩谒大司马"①，求见于鄂海。鄂海对其温言劝慰，且酌情减免西乡赋税，王穆为此感激涕零。因此，重修《西乡县志》必须将鄂海等人德政事实编入书中，以彰显上官体恤下邑之美意。其二，王穆要将其治理西乡的政绩编入志书之中，"予之仰承各宪德意，殚厥辛勤，不遗余力，如广招徕、除虎患、修城垣、筑堰渠、清田粮、剪豪猾、葺祠宇、修学宫、建义学、革委收，诸大事，毅然行之而不敢懈弛。今待罪七载矣！疮痍甫起，礼义渐兴，时移事异，风景顿殊，乌可以不志？"②重修《西乡县志》也是王穆对自己七年政绩的总结，诸多大事得以多措并举，最终都得到了良好的实效，确实值得书写一番。因此，在上述背景之下，《西乡县志》重修工作得以稳步推进，一改此前因全县困于赋役，借志书编纂排解苦痛的编纂思路，转而抓住为政经验与积极成果大书特书一番。

对康熙五十七年《西乡县志》卷首《编纂姓氏》考察，志书由"云间王穆静渊辑，子鸾章、近恭、鹏云、绍维、又祚编次"，"青浦夏荣桓又、钱诩大夏，城固李敏岱大生校阅"，"西乡李毓奇子翼、富平李国华子佩、城固许天魁斗文参订"，参阅姓氏则有"教谕师贯、训导朱国玺、典史王大宪、大巴巡检胡兆隆、盐场司巡检郭光润"，又有"阖县绅衿"段天彩等三十五人③。由此可知，《西乡县志》的编纂由王穆重辑，由王穆五子编次，又由王穆身边原籍江南的师爷、本地官员及地方绅士共同参与完成。王穆所纂序言最末署"时康熙五十七年岁次戊戌仲冬文林郎知西乡县事加一级记录一次云间王穆撰"，由此可知该志成书于康熙五十七年（1718）十一月。

《西乡县志》共十卷，卷首一卷。故宫博物院藏该版《西乡县志》卷首依次为王穆《序》，张台耀、史左《原叙》，王穆《县治图跋》《县治图》《疆域图》《疆域图跋》，康熙二十二年旧志目录、新志目录。《修志姓氏》缺失。上海图书馆藏康熙五十七年《西乡县志》共八册，卷首、

---

① （清）王穆：《感恩恭纪序》，康熙《西乡县志》卷首《序》，《故宫博物院藏稀见方志丛刊》第10册，第141页。

② （清）王穆修，夏荣纂：康熙《西乡县志》卷首《序》，《故宫博物院藏稀见方志丛刊》第9册，第10—12页。

③ 按：《故宫博物院藏稀见方志丛刊》所收康熙五十七年《西乡县志》卷首未见该《修志姓氏》。此《修志姓氏》据上海图书馆藏康熙五十七年《西乡县志》补录。

卷一合为第一册，为抄本。该抄本卷首依次为王穆《序》，王穆《县治图跋》《县治图》《疆域图》《疆域图跋》，新志目录，《修志姓氏》，张台耀、史左《原叙》。次序与故宫博物院所藏《西乡县志》卷首次序有别。卷一《舆地志》，分列星野、沿革、释名、疆域、形胜（附古丰宁十二景）、关隘、山川、陂堰、陵墓、古迹、风俗、灾祥、僭乱共十三目。卷二《建置志》，分列城池、官制、公署、坊表、学校、祠庙、寺观、坛壝、祀典、津梁、乡村、里甲、铺堡共十三目。卷三《食货志》，分列田赋、人丁、均徭、起运、存留、盐茶、杂税、驿递、物产共九目。卷四《秩官志》，分列官守、名宦、乡贤、选举、进士、举人、贡生、监生、三考、褒赠、孝义、节烈、流寓、列女、仙释共十五目。卷五《艺文志》，全为诗歌。卷六《艺文志》，收录元、明两朝艺文。卷七《艺文志》，收录清代艺文。卷八《艺文志》，收录鄂海《居官要箴》《催科十则》《区田图说》。卷九《艺文志》，题为《招徕始末》，专门收录西乡县招纳湖广等地无地流民前来垦荒的由来经过。卷十《艺文志》分上、下两部分，上部收录鄂海颁布的《川陕文告》，下部收录王穆在西乡颁布的《西乡文告》。康熙五十七年《西乡县志》见《北京图书馆古籍善本书目》著录："十册，九行二十字，小字双行同，白口，四周双边。"① 亦见《故宫博物院藏清代珍本方志解题》著录，但未著录版本信息②。

　　由于王穆没有撰写志书凡例，无从得知其对志书编目的基本认知，但就其目录分析，该志借鉴滕天绶《汉南郡志》体例无疑，就具体内容而言，《舆地志》《建置志》《秩官志》则基本沿袭旧志。该志存在一些明显缺陷。其一，目录与内容不符。如目录载卷二《建置志》有"铺堡"，内文缺失；目录载卷三《食货志》有"盐茶""杂税""驿递""物产"四目，实际并未编纂。卷四《秩官志》内文有"列女"专记汉高祖宠姬戚夫人，但目录则无。可见编纂工作之匆忙。其二，《艺文志》大量收录无关文献。王穆借编纂志书之际，感谢鄂海再造之恩，因此在《西乡县志》中大量塞入与本地无关的内容。卷七《艺文志》收录清代艺文四十八篇，其中鄂海所撰或为鄂海歌功颂德文章多达十五篇。卷八《艺文志》

---

① 北京图书馆编：《北京图书馆古籍善本书目》，书目文献出版社1987年版，第656页。
② 刁美林、邵岩著：《故宫博物院藏清代珍本方志解题》，故宫出版社2013年版，第344—345页。

专为鄂海准备，卷十《艺文志》一半篇幅皆为鄂海所颁文告。虽名为《艺文志》实与艺文无关。这一情况亦见康熙五十六年由王穆刊刻的康熙《城固县志》。

康熙五十七年《西乡县志》编纂虽有缺陷，但因其保存最为完整、文献内容最为丰富，在清代《西乡县志》中占据独特地位。首先，为历代艺文保存厥功至伟，《西乡县志》共有《艺文志》六卷，其中收录元代艺文一篇、明代艺文二十六篇，几乎是将清代之前的西乡文献收集殆尽。其次，为康熙年间社会变迁留下真实记录。王穆以《招徕》《射虎》《修城》《开渠》《修渠》《栈道》《筑堰》等政绩为诗，收入卷五《艺文志》；又撰《重建启圣祠明伦堂棂星门泮池记》《重建城垣开城濠疏五渠记》《义学记》《招徕馆记》《射虎亭记》等十余篇文章收入卷七《艺文志》，尤其是卷九《艺文志》全为《招徕始末》，其编纂意图固然是为了凸显自身政绩，编入志书以图留名青史，但客观上确实反映了康熙年间西乡社会生活逐步恢复常态的真实面貌，对于后人研究移民史提供了丰富史料。

今故宫博物院所藏《西乡县志》又有零星散叶是在康熙五十七年王穆修成志书之后掺入的。卷五《艺文志·诗》附有浙江鄞县人谢德溥《捕虎行并序》及西乡十二景等诗共计八页。《捕虎行》载知县何瑛命猎户杀虎事。据城固人许天魁跋云：谢德溥"托幕秦川，雍正己酉（七年，1729）秋，邑侯何公（瑛）延请至署，相得甚欢"①，可知谢氏为何瑛幕僚，那么谢氏诗作当在雍正年间掺入志书。卷八《艺文志》则附西乡县典史朱玉云《重修汉忠显王庙引》，题注"乾隆六年（1741）"。可知乾隆六年之后尚有文献掺入康熙《西乡县志》之中。

## 三 张廷槐纂修道光《西乡县志》

清道光八年（1828），西乡县知县张廷槐主持重修《西乡县志》。"张廷槐，四川奉节县，附贡。嘉庆二十三年（1818）任。"② 张廷槐于《重修

---

① （清）王穆修，夏荣纂：康熙《西乡县志》卷首《序》，《故宫博物院藏稀见方志丛刊》第9册，第475页。
② （清）张廷槐纂修：道光《西乡县志》卷二《职官·知县》，页二五，清道光八年（1828）刻本。

西乡县志序》自述重修县志缘起："余承乏斯邑，至则检读邑乘，为康熙五十七年前令王穆重辑，距今百余年中职官、选举、食货、人物所当补采续辑者夥矣！若再听其散佚不载，愈久将湮没而失传，修举废坠，斯诚守土者责也。余于是矢心重辑历有年所，每月吉读法广集绅耆，或因公下乡招延野老，细询风土人情及百余年轶事，尤于教匪滋扰时，搜访忠义节烈，期以光志乘而助风化。"① 由此可见张廷槐重修《西乡县志》的主要目的在于续补康熙五十七年之后西乡历史文献之缺失，尤其关注嘉庆白莲教起义期间西乡人事的记录。与此同时，商南县知县曹珍贵引疾返乡，途经西乡，张廷槐邀请曹氏襄助，共同编纂《西乡县志》。曹珍贵借机提出："近年以来，水渠、堤埝屡筑，用力勤矣！社仓、社谷捐修捐贮，用志苦矣！又广设义学、重建书院，一切束修膏火，捐措设法，尤不可不备志颠末，以垂久远。"② 这里也毫不掩饰地表露了张廷槐在志书中记录个人政绩的意图。因此，重修《西乡县志》于公于私皆为可行，编纂工作历程虽无明确记载，但文献资料的搜集整理自张廷槐就任之时已着手准备了。

除张廷槐所撰《重修西乡县志序》所述重修缘由之外，还有一件大事对重修《西乡县志》影响甚重。"嘉庆八年奉文分县之二十四地，析置定远厅。应于旧志内凡所载地舆、民里、食货、政治，遵照修改，以符新制而昭法守。"③ 由于新设的定远厅是自西乡县原有辖区之内析置而来，康熙《西乡县志》中的舆地、山川、乡里、田地等内容已与缩小后的西乡县不符，为了呈现行政区划变更之后西乡县的实际情况，确有重修《西乡县志》之必要。

张廷槐在《凡例》中指出："续辑县志一切体例门目、先后次序，应恪遵前观察严乐园《续修府志》示有本也。乐园先生之言曰：'各卷首无弁语，亦无后论，惧剿袭徒增雷同，学识浅陋，议论鲜当也。'是编各卷首无弁语，亦无后论。而凡旧志之弁语本属浅陋，概从删薙，以归于洁。"④ 由此可知，道光《西乡县志》完全遵循严如熤所修《汉南续修郡

---

① （清）张廷槐：《重修西乡县志序》，道光《西乡县志》卷一，页八至九。
② （清）张廷槐：《重修西乡县志序》，道光《西乡县志》卷一，页九至十。按：曹珍贵协助张廷槐编纂志书的具体情况参见道光《西乡县志》卷五《艺文》所录曹珍贵《续修西乡志书跋》，页二八至二九。
③ 道光《西乡县志》卷一《凡例》，页十六。
④ 道光《西乡县志》卷一《凡例》，页十五至十六。

志》体例、卷次，而且将各卷弁语、议论一并删除，以示明晰。

简洁明练的编纂思路贯穿于道光《西乡县志》全书。首先表现在对卷数的缩减。康熙五十七年《西乡县志》共有十卷，其中《艺文志》就独占五卷，文献体量是其余各卷的数倍。而道光《西乡县志》共六卷，无卷首，各卷无卷名，只称卷某，而将事类分列各卷之下。卷一分列王穆旧序、张廷槐序、凡例、星野图、舆地图、县治图、建置、幅员道路、形胜、关隘、山川（附十二景）。卷二分列古迹、邱墓、坊表、里编户口、乡村、市集、津梁、驿传铺舍、城池、公署、军制、勋迹、职官、武职。卷三分列食货、学校、祀典、名宦、乡贤、流寓，其中食货之下又列地丁、俸工、驿递、仓储、税课，学校之下列书院、义学，祀典之下列坛庙、寺观。卷四分列封爵、选举、人物、水利、风俗、祥异、物产，其中选举下列征荐、进士、举人、贡士、武科、俊秀、掾吏、赠荫，人物下列忠义、孝弟、节烈。卷五、卷六为艺文，卷五为文章，卷六为诗歌。由此可见，道光《西乡县志》将不同事类编入一卷，如卷三有经济又有人物，卷四有人物又有物产。将不同事类编在一卷之中，就编纂体例而言并不恰当，但张廷槐的本意在于精练文献、缩减卷数，如此整合也未尝不可。

其次是对文献内容的精简。上文已提及西乡县所辖区域的缩小必然导致山川、市集等相关内容的缩减。但道光《西乡县志》体量缩减最多的部分还是《艺文志》。卷五《艺文》仅收录文章十七篇，其中仅张廷槐《重修西乡书院碑序》《重修三官庙碑记》，廪生董振基《永除利弊碑记》、曹珍贵《续修西乡志书跋》等四篇艺文为新作，其余十三篇均自康熙旧志抄录。一味缩减文献并不是编纂志书的目的，张廷槐将不少艺文附于事类之后，而不是全部收入《艺文志》中。与此同时，张廷槐对于增补近世文献抱有积极的态度，如卷二《军制》，详细记载嘉庆年间白莲教起义以后西乡添设营汛加强防备的情况；卷二《勋迹》，虽载历代抚绥名宦，但着重记录额勒登保等人率军镇压白莲教起义的情况。卷四《税课》《仓储》《物产》则补康熙旧志仅有存目并无内文之缺失。由此可见，简洁明练的编纂思路并非一删了之，而是有目的性地进行精编，摒弃康熙旧志贪多求全的编纂套路，亦充分体现了张廷槐对严如熤《汉南续修郡志》编纂体例的赞同与遵循。

# 第四章　凤县、沔县、宁羌、略阳方志的纂修

## 第一节　明清《凤县志》的纂修

凤县，秦时为陇西郡地，汉武帝时为武都郡地。《元和郡县图志》卷二二《山南道三·凤州》载："后魏太平真君二年（441），招定仇池，其年于此城立镇。太和元年（477）置固道郡，孝昌中以固道郡置南岐州，废帝三年（554）改南岐州为凤州，因州境有鷟鸑山为名。"① 《方舆胜览》引《南歧志》云："凤之名州，其疆理与凤翔府相邻。有周之兴，鷟鸑尝鸣于歧，翱翔至于南而集焉。是以西歧曰凤翔府，南歧曰凤州。"② 唐宋时均为凤州，领梁泉、两当、河池三县。《元史》卷六十《地理三》载："至元五年（1268），以在郭梁泉县并入（凤）州，隶兴元路。"③ "明洪武三年（1370）仍为凤州，隶凤翔府。四年改隶汉中府。七年改为凤县。"④ 明、清两朝，凤县皆为汉中府辖县。

---

① （唐）李吉甫撰，贺次君点校：《元和郡县图志》卷二二《山南道三》，中华书局1983年版，第567页。
② （宋）祝穆撰，祝洙增订，施和金点校：《方舆胜览》卷六九《利州西路》，中华书局2003年版，第1212页。
③ （明）宋濂等撰：《元史》卷六十《地理三》，中华书局1976年版，第1427页。
④ （明）赵廷瑞修，马理纂：嘉靖《陕西通志》卷八《建置沿革》。黄秀文，吴平主编：《华东师范大学图书馆藏稀见方志丛刊》第1册，北京图书馆出版社2005年版，第571页。

## 一　余塘纂修明嘉靖《凤县志》

明正德年间，陕西按察司副使何景明编纂《雍大记》时曾征引《凤县志》。"嘉陵江在汉中府沔县西北一百八十里。按，《晏类要》云：其源出大岩，至渔关始通舟楫。《凤县志》云：源出大散关之西。恐即大岩也。"① 该处所引《凤县志》应是明代凤县志书存在的最早记录，但具体情况不详。

目前所知，明万历年间，凤县教谕余塘曾编纂《凤县志》。《内阁藏书目录》载："《凤县志》二册全，嘉靖乙巳教谕余塘修。"② 《千顷堂书目》亦载："余塘《凤县志》。嘉靖乙巳修。教谕。"③ 嘉靖乙巳为嘉靖二十四年（1545）。余塘为凤县教谕之事，亦见其所撰《重修凤县儒学泮池记》。嘉靖二十四年二月，关南分守道参议潘徽巡视凤县文庙，见而叹曰："黉宫作泮，制也。陆而弗浚，可乎？"④ 见庙内无泮池，令署理县务、主簿喻柯重修泮池。次年四月完工。新任知县谭俭、训导楚材会同喻柯、教谕余塘观看新修泮池。余塘作文以纪其事，此文当作于嘉靖二十五年。由此可知，明清书目所载余塘纂修《凤县志》与余塘撰写《重修凤县儒学泮池记》时间上前后相继，余塘纂修《凤县志》一事真实可信。但该志散佚已久。

## 二　清乾隆《凤县志》的编纂

目前所能见到最早的《凤县志》为清道光六年（1826）邑学生陈韶抄本，仅陕西省图书馆有藏本。由于该传抄本卷首《凤县志序》文末题

---

① （明）何景明撰：《雍大记》卷十一《考迹》，影印明嘉靖刻本，《四库全书存目丛书》史部第184册，第95页。

② （明）张萱、孙能传等撰：《内阁藏书目录》卷六《志乘部》，影印清迟云楼钞本，《续修四库全书》第917册，第98页。

③ （清）黄虞稷撰，瞿凤起、潘景郑整理：《千顷堂书目》卷六《地理类上》，上海古籍出版社2001年点校本，第176页。

④ （清）冯达道纂修：顺治《汉中府志》卷六《艺文志》，《国家图书馆藏地方志珍本丛刊》第145册，第382页。

"道光六年岁次丙戌夏六月中澣邑学生陈韶誌"①，故《中国地方志联合目录》及《陕西省图书馆藏稀见方志丛刊》均将该志定为道光《凤县志》。《中国地方志联合目录》载："道光《凤县志》不分卷。（清）陈韶纂。清道光六年（1826）抄本。陕西（省图书馆藏）。"②《陕西省图书馆藏稀见方志丛刊》将该志收录其中，亦称其为道光《凤县志》。但细读就会发现该抄本与陈韶并无直接关系。

首先，陈韶在《凤县志序》明确记载："盖邑路当冲要，地接秦蜀，当秦汉于兹屡为战场，通衢不免兵戈焚掠之所致耳。虽然宁可忘也？数年来稽之于史书，考于郡志，参之于他邑，而终莫能悉，深以为忧。突于丙戌初夏得其本于国安黎君之家，将见其分野、山川、仙释、流寓、人物、关梁、祠庙、土产之实，是其幸也！但本中抄录多有错综简略，诚非小疵，姑删其诸而集之，以待高明而参考焉。"③ 据此可知，陈韶曾多方寻觅《凤县志》的踪迹，但始终一无所得。直到道光六年（丙戌）初夏才在黎君家中得见凤县旧志抄本一种，陈韶惊喜之余，细研旧志，发现该志所载门类较为齐备，但也存在交互参杂、简而不详的弊病，故而删其冗繁，集而成志。由其自述可知，陈韶并不是该志书的编纂者，充其量是志书的整理者与传抄人。其次，陈韶传抄志书是在道光六年，但全志未见乾隆五十四年（1789）之后的记录，亦可断定陈韶并没有在抄录志书的同时补入嘉庆、道光时期的任何文献。因此，将陈韶传抄的《凤县志》视为道光《凤县志》是错误的，陈韶本人更没有编纂过任何一种《凤县志》。

既然陈韶抄本并不是道光《凤县志》，那么该志编纂于何时又出自何人之手呢？查该抄本最晚记事至清乾隆五十四年（1789），均与凤县知县李如桐相关。"祠墓"载："节孝祠，在县东城门外、月城内。……乾隆五十四年，令李如桐移治东。"④ "建置"载："乾隆五十四年，令李如桐

---

① （清）陈韶抄本：《凤县志》，清道光六年（1826）抄本，《陕西省图书馆藏稀见方志丛刊》第8册，第536页。

② 中国科学院北京天文台主编：《中国地方联合目录》，中华书局1985年版，第190页。

③ （清）陈韶抄本：《凤县志》，《陕西省图书馆藏稀见方志丛刊》第8册，第535—536页。按：光绪《凤县志》卷首亦收录陈韶《凤县志序》，题为《旧序》，个别文字略有不同，文末注"韶，凤籍，住城东小路车到河"。

④ （清）陈韶抄本：《凤县志》，《陕西省图书馆藏稀见方志丛刊》第8册，第555页。

改凤翼书院。"① 志中再无晚于乾隆五十四年的文字记录。不过，该抄本各事类记事截止时间并不一致，"官师"载凤县知县止于"柳廷玘，江南徐州府铜山县人，拔贡拣选"②，未载任职时间。查光绪《凤县志》载："柳廷玘，江苏铜山县。拔贡。以上雍正间任。"③ 可见知县题名止于雍正朝，乾隆朝知县题名失载。但不论如何，陈韶整理抄录的《凤县志》成书于清乾隆末年并无疑问。

抄本《凤县志》不分卷，以事类为序，依次记载疆域、幅员、形胜、风俗、要隘、名山、祠墓、建置、田赋、户口、积贮、药属、物产、政绩、颂德、黉学、人物、选举、贡士、保举、寿官、节烈、仙释、流寓、本朝节烈、纪事、官师、艺文共二十八类文献。其中名山、祠墓、建置、积贮、物产、本朝节烈、官师等七事类均附有署名"竹庵"的议论文字；纪事一目则附有署名"协和"的议论文字。竹庵、协和二人应当是该乾隆《凤县志》的真正编纂者，但二人的议论文字就事论事，并不涉及个人信息。"艺文"最末收录署名"邑增耿协和"《早行南岐山》《重过鸡头关感用僧舍壁间韵》二诗④，耿协和与志书中发表议论的"协和"当是同一人。"邑增"意为凤邑增广生员。《明史》载："生员虽定数于国初，未几即命增广，不拘额数。宣德中，定增广之额：在京府学六十人，在外府学四十人，州、县以次减十。……增广既多，于是初设食廪者谓之廪膳生员，增广者谓之增广生员。"⑤ 既然耿协和为凤县籍增广生员，那么竹庵或许同为本地生员。陈韶抄录的乾隆《凤县志》应是出自竹庵、耿协和等能够接触到政府文书档案的生员之手，虽有一定的官方背景，但

---

① （清）陈韶抄本：《凤县志》，《陕西省图书馆藏稀见方志丛刊》第 8 册，第 574 页。按：抄本《凤县志》凤县知县仅记至雍正朝，无李如桐题名。光绪《凤县志》卷五《官师·知县》载："李如桐，旧列名宦祠。山西翼城县。进士。乾隆四十七年任"，继任者"刘玉瑛，乾隆四十九年任"，与抄本所载李如桐事迹矛盾。但抄本"名山"又载："九峰山，……乾隆乙巳岁（五十年）令李如桐建行宫三间"（《陕西省图书馆藏稀见方志丛刊》第 8 册，第 546 页），似不宜轻易推翻李如桐乾隆五十四年仍任凤县知县之说。即便李如桐任职时间有误，对抄本《凤县志》成书于乾隆末年的断定亦无影响。

② （清）陈韶抄本：《凤县志》，《陕西省图书馆藏稀见方志丛刊》第 8 册，第 632 页。

③ （清）朱子春修，段澍霖纂：光绪《凤县志》卷五《官师·知县》，页十一，清光绪十八年（1892）刻本。

④ （清）陈韶抄本：《凤县志》，《陕西省图书馆藏稀见方志丛刊》第 8 册，第 668 页。

⑤ （清）张廷玉等撰：《明史》卷六九《选举一》，中华书局 1974 年点校本，第 1686—1687 页。

严格说来属于私人修志之列。

### 三　郭建本纂修同治《凤县志》

同治年间，凤县知县郭建本在幕僚"步衢徐公"的协助下纂修《凤县志》。光绪《凤县志》卷首收录凤县儒学训导田澍所作《郭抄本序》，序中载："凤县，古凤州地，为秦蜀往来冲道，山川险隘，土地饶瘠。其民五方流寓，土著者少。官斯邑者，应接烦劳，案牍丛集，县志一书从无刊本。"这一记录进一步证明，陈韶所见乾隆《凤县志》依旧是抄本。《郭抄本序》又云："豫轩郭公来宰斯邑，振厉精神，期于有为，乃逾年而兵燹变生，修寨集团，为战守备，邻邑不守，一城独完，士颂其功，民歌其德。莅任既久，政成民和，听讼之暇，搜得旧有抄本县志"①，文中未载郭姓知县姓名，"豫轩"当为其号，但对郭知县之政绩记载较详。查光绪《凤县志》卷五《官师》有郭建本题名三处。"郭建本，陕西芮城，监生。咸丰十年(1860)由县丞升俸满，引见"，至同治五年(1866)离任，在任六年。"郭建本，同治七年引见，回任。后调署南郑县"，在任两年。"郭建本，同治十一年(1872)回任。先后在任十八年。病故。同治初发、回窜汉中，各属县俱陷，惟此独完，民感其功。"② 郭建本继任者为李三捷，光绪三年(1877)任。郭建本"先后在任十八年"之说应指其自咸丰十年出任凤县知县，至光绪三年病逝凤县知县任上，共有十八年。《郭抄本序》所载郭豫轩"修寨集团，为战守备，邻邑不守，一城独完"，"莅任既久，政成民和"，与郭建本事迹相符，豫轩郭公即为郭建本。

郭建本所见《凤县志》为抄本，极有可能就是陈韶整理抄录的乾隆《凤县志》。郭建本"见其繁冗遗漏，未足观美。因慨然曰：'县志之修，顾不重哉！纪地理之险阻，辨土物之生植，与夫忠孝遗泽、节烈感发，所以验风俗、察吏治，皆于是乎。在阙焉弗讲，可乎？'"郭建本莅职凤县既久，感到凤县久无志书，对治理县政造成了极大阻碍，遂有重修县志之举。郭建本"商之步衢许公"，"许公，豫之睢阳人也。家世书香，曾办团于其乡，因不得志于当道，西游秦陇，道出凤邑。郭公奇其才，礼而宾之，公亦以老而倦于游，遂安焉。他日谓许公曰：'斯志之修，非步衢莫

---

① 清光绪《凤县志》卷首《郭抄本序》，页三。
② 清光绪《凤县志》卷五《官师·知县》，页十四。

与属也。'公亦喜其事之如自己出也。"郭建本在步衢许公的帮助下开始了《凤县志》的纂修，"于是取旧志之繁者删之，阙者补之。举凡邑之疆域、山水、风土、人才了如指掌。至于剿防一事，附录于册者，因郭公有功于是，邑民至今乐称道其事，且邑人办团得力，殉节亦多录其事，以示安乐之中毋忘患难也"①。由此可见，《凤县志》的编纂一方面是对本县各事类状况的全面记录；另一方面，志书的纂修凸显了郭建本治理凤县的政绩，将凤县殉难节烈名录纳入志书，亦可起到褒扬战乱殉节民众、抚慰战争创伤的作用。

郭建本与许公共同编纂的《凤县志》已散佚，其成书时间不可详考，但尚可依据现存文献略作推测。清光绪十八年(1892)凤县知县朱子春所撰《凤县志序》载：光绪《凤县志》"奉前汉中太守严公乐园府志以为准式，其同治以前事迹则取前知县事郭豫轩抄本而增损之"②，可知郭建本《凤县志》纪事截止到同治末年，故该志可称同治《凤县志》，应是郭氏同治十一年三任凤县知县时所修。朱子春所见同治《凤县志》仍为抄本，则说明此志在郭建本任内并未刊刻成书。同治《凤县志》虽已散佚，但作为光绪《凤县志》的直接文献来源，屡见后者征引、辩证，对于凤县地方志的传承起到了承上启下的重要作用。

## 四　朱子春纂修光绪《凤县志》

光绪《凤县志》是由凤县知县朱子春主持纂修，凤县训导段澍霖协助纂修。朱子春与郭建本的任职经历相似，也曾三度出任凤县知县一职。光绪《凤县志》卷五《官师·知县》载："朱子春，湖北武昌县。癸未(光绪九年，1883)进士。光绪十二年(1886)任，十五年充己丑乡试同考官"，"十五年调帘回任，得卓异保荐，十七年调署南郑县"，"十八年回任"③。在凤县任职既久，朱子春对当地的情况定然是十分熟悉的。且为进士出身，也说明朱子春有着较高的文化修养与学术修为，具备纂修志书的先天优势。与此同时，光绪朝《大清会典》的纂修也推动了《凤县志》的编纂进程。

清光绪十二年八月，皇帝"谕内阁：《大清会典》一书，自嘉庆二十

---

① 清光绪《凤县志》卷首《郭抄本序》，页三。
② (清)朱子春撰：《凤县志序》，清光绪《凤县志》卷首，页一。
③ 清光绪《凤县志》卷五《官师·知县》，页十五。

三年（1818）修纂成书后，迄未续修。前于同治十二年（1873）奉旨准如内阁等衙门所议，先令各该衙门检查案件，分限编次，嗣因编纂未就。复于光绪九年，谕令各该堂官，督饬司员，悉心编辑，迄今又逾数载，计应一律告竣。正宜开馆汇编。俾臻完备。著将嘉庆十八年以后。增定一切典礼。及修改各衙门则例。编辑成书"。① 开馆修纂会典这样大的文献工程必然需要各地配合，朱子春《凤县志序》即云："我朝累洽重熙，礼明乐备，凡职方、官制、郡县、营戍、屯堡、贡赋诸大政皆折衷于会典。子春治凤之四年，适会典馆咨取各郡县舆图、志乘，而凤县迄无以应。窃惟山城僻陋、民气凋耗，既少学人，以共参稽，又无图书以资考据。率尔操觚，如固陋何？因其难而遂置风俗于不问，任政典之废坠，是又因循之为患也。余不敢讳固陋之实，而窃欲避因循之名。"② 由此可见，正是应《大清会典》重修的需要，朱子春方不揣谫陋，担负起《凤县志》编纂之责，以防因循误事，最终导致清代凤县文献的消逝。

对于《凤县志》编纂体例的选择，朱子春亦有明确解说："奉前汉中太守严公乐园府志以为准式，其同治以前事迹则取前知县事郭豫轩抄本而增之"③，即志书框架以严如熤《汉南续修郡志》体例为基础，新志内容以旧志史料为基础。朱子春等人对于志书内容的选取亦有其标准。其一，必须符合《大清会典》征集文献的要求，旧志"繁者删之，逸者补之，略者详之，不涉于风化纲纪者去之，讹传影射者刊之，间有搜罗未及，姑付阙文"，注重文本的雅化，违碍文字必须删除，"盖辑修之役不及今时，日久废湮，不可收拾，书成若干卷，聊备采择，文不雅驯，所弗计也"。其二，通过志书极力美化凤县淳朴之民风。朱子春认为凤县"其士虽拿陋，而皆知礼让；其民虽瘠苦，而皆崇质直。贫者力穑而不废先畴，富者俭约而不趋浮靡，彼此交接，纯朴不欺。偶讼公庭，晓譬数言而事遂息。同治初，乡团御寇，力保孤城，愚妇愚夫，殉难若素。汉南习尚浮薄，而此邑独纯庞若是，亦异矣！"④ 这一说法固然有其真实的一面，但与卷八《风俗志》"民风"所载不尽相同。

---

① 《清德宗实录》卷二三一，"光绪十二年八月丙寅"。《清实录》第55册，中华书局1987年版，第114页。
② （清）朱子春撰：《凤县志序》，清光绪《凤县志》卷首，页一。
③ （清）朱子春撰：《凤县志序》，清光绪《凤县志》卷首，页一。
④ （清）朱子春撰：《凤县志序》，清光绪《凤县志》卷首，页一至二。

第四章　凤县、沔县、宁羌、略阳方志的纂修

光绪《凤县志》十卷，卷首一卷。封面书签题"凤县志"，扉页书牌题"光绪壬辰年。新修凤县志。板存署内"，光绪壬辰即光绪十八年（1892）。首先分列朱子春《凤县志序》，作于"光绪十八年壬辰仲夏"；其次为田澍《郭抄本序》、陈韶《旧序》；再次为朱子春《凤县志例言》，叙十卷所载内容；再次为《新修凤县志衔名》与《凤县志目录》。卷一《地理志》、卷二《建置志》、卷三《赋役志》、卷四《典祀志》、卷五《官师志》、卷六《武备志》、卷七《人物志》、卷八《风俗志》、卷九《纪事志》、卷十《艺文志》。全志共四册，半叶九行二十四字，小字双行同，白口，四周双边，单鱼尾。

作为有清一代凤县唯一一部刊刻成书的志书，光绪《凤县志》的文献价值与社会影响确实值得称道。一方面，精细绘制的舆图值得重视。"郡县志首重地理志，地理者以舆图为要。……分率准望依会典馆颁发成式，以此提纲，则凡境内之幅员、道路、形胜，皆了如指掌矣！"① 共绘制《县境总图》《东乡图》《南乡图》《西乡图》《北乡图》《城池图》《栈道图》《衙署图》《仓图》《捕厅图》《千总署游击署图》《文昌宫图》《文庙图》《关帝庙图》《城隍图》《书院图》共计十六种，而这些舆图又是"经陕省舆图局委绅测量所遗稿本，复延平江赵君子青依样详绘。子青曾奉委修栈道，往返数年，熟悉此地形势，而又工绘事，故得以应手也"②。此外，对山川源流、栈道兴衰多有考辨，征引文献详尽。

另一方面，详细记录清代中后期凤县以及秦岭山区社会生活。卷三《赋役志》"户口"载："境内土著甚少，其先年丁名虽产业变卖殆尽，仍留丁名，不肯除籍，为子孙应考计"，保留丁名、为后代参加科举考试谋求便利者必然是社会地位较高、经济条件殷实的家族。而川楚移民则成为主流居民，"客籍甚多，川楚及邻邑多投老林垦荒，迁徙无定，即《府志》所谓棚民。嘉、道之间，户口繁庶，光绪初年旱荒，山外旷地多老林，地力渐薄，棚民辄外徙。势使然也"③。卷八《风俗志》"民风"又着重论及凤县客民无宗族势力的约束，上门婿、上门夫等多元家庭生活状况，又言"近有以美地种鸦片"④，可知凤县并非世外桃源，亦受到移民

---

① 清光绪《凤县志》卷首《凤县志例言》，页五。
② 清光绪《凤县志》卷一《地理志·舆图》，页十四。
③ 清光绪《凤县志》卷三《赋役志·户口》，页一。
④ 清光绪《凤县志》卷八《风俗志·民风》，页二。

社会、晚清变革的冲击。除民间社会生活情况之外，亦注重清嘉庆至同治年间本地匪患的记录及清末军事防卫的记录。卷六《武备志》专列"营制""塘汛""换防""俸饷""乡团""保甲"，甚至详载《保甲章程》《团练章程》，可知清末社会动荡、盗匪频仍，地处交通要道的凤县为求自保，重视军事防备，加强团练武装的历史真相。光绪《凤县志》既有优秀的文献价值，也存在一些显而易见的错误，如卷五《官师》载唐代山南西道副元帅杜鸿渐，误作"杜渐鸿"；清代汉中府知府严如熤，误作"严如煜"①。此类姓名错误较多，编者不得不在错误之处加盖红字戳记，以订正误字。今北京国家图书馆所藏版本即有加盖戳记，或许即是呈送会典馆的光绪《凤县志》。

## 第二节 明清《沔县志》的纂修

沔县位于汉中府城西北，"汉为汉中郡沔阳县，后汉因之。曹魏末尝为梁州治，晋仍为沔阳县，属汉中郡，后没于杨茂搜。刘宋取其地，复为沔阳县，齐因之。后魏时县属华阳郡，西魏属兴州。隋废沔阳入西县，属梁州，唐宋因之。元至元二十年置铎水县，迁沔州治焉，寻省县入州。明初又改州为县，属汉中府"②。沔县位于交通要冲，是数条蜀道的交会点。"沔实汉郡最要之区，东接褒斜，云栈耸其前，西行数百步，即崎岖入蜀道。所称一人当关、万夫莫开者，在在皆是。其北则通秦陇天水诸郡，皆古来百战之场。"③ 沔县虽有悠久的历史，但明清两朝仅纂修志书三部，如今所见志书仅存清康熙《沔县志》、光绪《沔县新志》两种。

### 一 万言策纂修万历《沔县志》

明代《沔县志》的纂修情况未见明清书目著录。清康熙四十九年

---

① 清光绪《凤县志》卷五《官师志》，页二、页七。
② （清）顾祖禹撰，贺次君、施和金点校：《读史方舆纪要》卷五六《陕西五》，中华书局 2005 年版，第 2696 页。
③ （清）钱兆沆纂修：康熙《沔县志》卷三《兵食志》，页一，清康熙四十九年（1710）刻本。

(1710)沔县知县钱兆沆纂修康熙《沔县志》时亦未论及此前县志情况。仅于卷一《天官志》"星野"提及"旧志",原文载:"沔属汉,汉属秦,秦为《禹贡》雍州之域。星分井鬼。《史记·天官志》曰'东井舆鬼,雍州之分',《汉书·地理志》曰'自井十度至柳三度,鹑首之次,乃秦之分。'此旧志所以有验星井鬼之说也。"① 但此旧志由何人纂于何时,钱氏未作交代。

清光绪《沔县新志》卷一《天文志》"星野"则载:"明邑侯万言策《志》曰'沔为《禹贡》梁、雍二州之交,天文井鬼分野。'"② 同书卷二《官师志》"明知县"又载:"万言策,直隶涿州人。举人。奉郡守崔应科命,曾修《沔县志》。"③ 清康熙《涿州志》载:"万历戊子(十六年,1588)科。万言策。授通判。"④ 清顺治《汉中府志》卷四《官守志》"沔县知县"载:"万言策,直隶涿州人。举人。(万历)二十年任。"⑤ 但是,崔应科出任汉中府知府已在万历二十九年,这与上述崔应科命万言策编纂《沔县志》的记载不符。康熙《汉南郡志》则载:沔县"文庙于明洪武四年(1371)知州王昱创造。……万历三十四年令万言策又修"⑥。顺治《汉中府志》应是将"三十年"误为"二十年",这应当是沿用万历府志残损雕版造成的错误。另据清乾隆《东昌府志》卷二五《职官一》"通判"载:"万言策,涿州。举人。(万历)三十五年任。"⑦ 由此可知,万言策当于万历三十年至三十五年任沔县知县,其所编《沔县志》当成书于此间。光绪《沔县新志》卷一《天文志》"风俗"又载:"明神宗丙午岁,郡伯崔公修《沔志》。"丙午为万历三十四年(1606),应为万历《沔县

---

① 清康熙《沔县志》卷一《天官志》,页一。
② (清)孙铭钟、罗柱铭修,彭龄纂:光绪《沔县新志》卷一《天文志》,页一,清光绪九年(1883)刻本。
③ 清光绪《沔县新志》卷二《官师志》,页三二。
④ (清)刘德弘修,杨如樟纂:康熙《涿州志》卷五《科第·举人》,页二十,清康熙十六年(1677)刻本。
⑤ (清)冯达道纂修:顺治《汉中府志》卷四《官守志·官师》,《国家图书馆藏地方志珍本丛刊》第144册,第450页。
⑥ (清)滕天绶修,和盐鼎纂:《汉南郡志》卷三《建置志·学宫》,页三一,清康熙三十年刻本。
⑦ (清)胡德琳等修,周永年等纂:乾隆《东昌府志》卷二五《职官一》,页二一,清乾隆四十二年(1777)刻本。

志》成书确切时间。又载："国朝顺治十年（1653），原令郭公有续辑。"①郭公当为"郭元佐，山西汾州府人，举人"②。清光绪年间编纂《沔县新志》所见万历《沔县志》当是由郭元佐续修旧本，惜今已失传。

## 二 钱兆沆纂修康熙《沔县志》

今所见最早的《沔县志》是由清康熙年间沔县知县钱兆沆纂修的。"钱兆沆，浙江长兴人。进士。康熙四十六年（1707）任"③。康熙《沔县志》卷首仅有目录，无序言、凡例，钱兆沆将编纂康熙《沔县志》的经过列为三条，附录于全志末页，文末署"康熙四十九年龙集庚寅中秋青山钱兆沆识"。第一条载："是书缘起于庚寅仲夏上浣，刺史公以事过县及之，又明日，大中丞公祭诸葛忠武墓及之。退而编纂，命子侄二人校字，阅五昼夜书成。"④ 庚寅仲夏即康熙四十九年（1710）五月，刺史公指汉中府知府王克任⑤，大中丞公则指陕西巡抚鄂海。康熙四十九年五月，王克任为安排鄂海祭拜诸葛亮墓的活动，特意提前一日前往沔县与钱兆沆商议接待事宜，询及《沔县志》的情况；鄂海亦在祭拜活动之暇，询及沔县志书之有无。或许是沔县无志的现实，颇令钱兆沆难堪；抑或是钱兆沆受到了王克任、鄂海等长官的鼓励，由此开始了《沔县志》的编纂工作。志书的编纂过程极为迅速，自五月开始工作，至八月中秋《沔县志》已编纂成书。钱氏子侄校对志稿，也仅仅用时五昼夜。在如此短暂的时间之内就能拿出一部新志确实不同凡响，但文献缺漏无可避免，故而第二条云："云晏未逢，宁令缺如。"志书的刊刻亦由钱氏捐资付梓，第三条云："雕版雕字皆自捐厚值，不取资民间，不劝输绅士，固怜土瘠，亦予夙心，移贮黉宫，庶式方来。"⑥ 总而言之，康熙《沔县志》的编纂是钱兆

---

① 清光绪《沔县新志》卷一《天文志》，页三七。
② 清光绪《沔县新志》卷二《官师志》，页三五。
③ （清）严如熤修，郑炳然等纂：嘉庆《汉南续修郡志》卷十《职官下·沔县》，页三八，清嘉庆十九年（1814）刻本。
④ （清）钱兆沆纂修：康熙《沔县志》卷四《人文志》，页三三。
⑤ 按：清嘉庆《汉南续修郡志》卷九《职官上·知府》载："王克任，顺天宛平人，康熙四十三年任""江朝宗，江南上元人，康熙五十二年任"（页十三）。可知康熙四十九年汉中府知府为王克任。
⑥ （清）钱兆沆纂修：康熙《沔县志》卷四《人文志》，页三三。

第四章　凤县、沔县、宁羌、略阳方志的纂修

沆及其子侄合力完成的，编纂仅花费了三四个月时间，钱氏亦知文献存在缺失不足，但一时之间难以搜辑，不如付之阙如。

康熙《沔县志》共分四卷，卷首仅有《目录》二页。卷一《天官志》，下列星野、灾祥二目。卷二《地理志》，下列沿革、山川、城池、公署、驿铺、桥梁、祠墓七目。卷三《兵食志》，下列军防、田赋、物产三目。卷四《人文志》，下列守官、贡举、荐辟、先贤、列女、侨寓、仙释、诗类、文类九目。各卷首页均载："知沔县事青山钱兆沆述。"就志书事类而言，事类较为全面，天文、地理、政事、兵防、食货、职官、人物、艺文均有体现；但就卷次编目而言，则看出康熙《沔县志》草率成书的事实，"诗类""文类"归入《艺文志》更为妥帖；"灾祥"列于卷一，亦与志书编纂惯例不符。不过，康熙《沔县志》最大的问题则是文献中史实错误较多。

其一，将南宋沔州与明清沔县混为一谈。卷二《地理志》"沿革"载："沔在战国时，为白马氐之东境。秦属蜀郡。汉分白马氐置武都郡，以是地置沮县。西晋末，氐人杨茂搜据其地，自号氐王。南宋立东益州，梁隶武兴。西魏改附兴州。隋改为西县，属梁州。唐复隶兴州。宋因之。"① 这一记载是据《方舆胜览》卷六九《利州西路·沔州》沿革改写的，原文作："战国时为白马氐之东境。秦属蜀郡。汉分白马氐置武都郡，今州即武都郡之沮县也。蜀置梁州，治汉中之沔阳。西晋末，氐人杨茂搜自号氐王，据武都，后分王武兴，即今之州理是也。宋立东益州，梁立武兴蕃王国。西魏改东益为兴州，因武兴郡为名。隋为顺政郡。唐复置兴州。皇朝因之，中兴以来为利西路帅司治所，开禧逆曦之变，改为沔州。"②《方舆胜览》所载之沔州乃南宋开禧三年四月"己巳，改兴州为沔州"③，辖顺政、长举二县，治所在顺政县，"开禧三年，改为略阳"④，即今陕西省略阳县。此沔州与明清时汉中府所辖之沔县并无隶属关系。换言之，沔州沿革实为略阳县沿革。钱兆沆对沔县历史沿革的错误认识，导致康熙《沔县志》多次出错。卷二《地理志》"山川"误载："武兴山，

---

① （清）钱兆沆纂修：康熙《沔县志》卷二《地理志》，页二至三。
② （宋）祝穆撰，祝洙增订，施和金点校：《方舆胜览》卷六九《利州西路·沔州》，中华书局2003年版，第1205页。
③ （元）脱脱等撰：《宋史》卷三八《宁宗二》，中华书局1977年点校本，第745页。
④ 《宋史》卷八九《地理五》，第2223页。

在县东北十里。相传古兴州城在此。"① 卷四《人文志》"守官""先贤"误收南宋末年沔州判官高稼、知州曹友闻事迹②。同卷"文类"又收袁德《旧沔州土主碑记》，文载："晋末土主氏王杨公茂搜据武都，分主武兴，即略阳，古沔是也"③，可知亦为误收。

其二，将唐代沔州与明清沔县混为一谈。康熙《沔县志》卷四《人文志》"文类"收录唐人贾至《秋兴亭记》一文④。此文初见《文苑英华》卷八二四《宴游二》收录，原题《沔州秋兴亭记》。康熙《沔县志》收录时仅作摘录，并非原文全貌。贾至《沔州秋兴亭记》载："沔州刺史贾载，吾家之良也。理沔州未期月，而政通民和。于听讼堂之西，因高构宇，不出庭户，在云霄矣。"⑤ 康熙《沔县志》据此于卷四《人文志》"守官"中收录："贾载期，沔州刺史"⑥，且弄错了姓名。实际上，唐之沔州，又称汉阳郡，属淮南道，治今湖北省汉阳县，与汉中沔县毫无关联⑦。志书编者缺乏历史地理常识，误收此文。

其三，将小说家言视为历史史实。康熙《沔县志》卷二《地理志》"祠墓"载："汉征西将军马超墓，在县东五里。孟起英才，功扶炎运。汉建安五年(200)，诸葛武侯出师过墓，亲诣拜奠，令其弟岱挂孝。"⑧ 诸葛亮祭马超墓事不见正史记载。《三国志通俗演义》卷十九《赵子龙大破魏兵》云："建兴五年夏四月，孔明率兵前至沔阳，经过马超坟墓，乃令其弟马岱挂孝。孔明亲自祭之。"⑨ 此故事当是根据《三国志》卷三五《蜀书·诸葛亮传》所载"(建兴)五年，率诸军北驻汉中"，临发，上

---

① 清康熙《沔县志》卷二《地理志》，页四。
② 清康熙《沔县志》卷四《人文志》，页二、页十五。
③ 清康熙《沔县志》卷四《人文志》，页二四。
④ 清康熙《沔县志》卷四《人文志》，页二二至二三。
⑤ (宋)李昉等编：《文苑英华》卷八二四《宴游二·亭二》，中华书局1966年版，第4348页。
⑥ 清康熙《沔县志》卷四《人文志》，页二。
⑦ 按：(唐)李吉甫撰：《元和郡县图志》卷二七《江南道三·沔州》载："武德四年，分沔阳郡于汉阳县置沔州及县。"(贺次君点校，中华书局1983年，第647页)(后晋)刘昫等撰《旧唐书》卷四十《江南西道》载："武德四年，平朱粲，分沔阳郡置沔州，治汉阳县。……至太和七年，鄂岳节度使牛僧孺奏，沔州与鄂州隔江，都管一县，请并入鄂州，从之。旧属淮南道。"(中华书局1975年点校本，第1610—1611页)
⑧ 清康熙《沔县志》卷二《地理志》，页十三。
⑨ (元)罗贯中著：《三国志通俗演义》，上海古籍出版社1980年版，第885页。

第四章　凤县、沔县、宁羌、略阳方志的纂修

《出师表》，"遂行，屯于沔阳"①等史实演义而来。《三国志》卷三六《蜀书·关张马黄赵传》又载：马超章武"二年(222)年卒，时年四十七"②。"建安五年"殆为"建兴五年"之误。

上述错误并非出自钱兆沆的个人发明，相同的错误均见《汉南郡志》记载。钱兆沆应当是在摘抄万历《沔县志》及《汉南郡志》之后，又将相关内容重新编入《沔县志》而已，不曾想却将旧志的错误带入新修志书之中。康熙《沔县志》文献多为拼凑，但其文献价值仍值得重视。清代两度编纂《沔县志》，光绪《沔县新志》仍为四卷，其体例、事类大体遵循康熙《沔县志》，可见后者的启下作用。康熙《沔县志》长于议论，各卷开篇均有钱兆沆论，如卷二《地理志》论及沔县土地瘠薄与交通要道的关系，卷三《兵食志》论治兵与司农之关联，卷四《人文志》则阐述该卷事类编纂的内在理路。

清康熙《沔县志》见《北京图书馆古籍善本书目》著录："康熙《沔县志》四卷。清钱兆沆纂修。清康熙四十九年刻本。一册。九行二十字。白口。四周双边。"③康熙《沔县志》亦见《西北稀见方志文献》第一辑《西北稀见方志文献》（兰州古籍书店1990年版）收录。北京国家图书馆又有该志抄本两种。其中一种存卷二至卷四，卷四《人文志》所录李素《武侯墓》诗、郑如侨《祭诸葛忠武侯文》等诗文题下均注小字"祠墓有之"。此"祠墓"当指由武侯祠庙祝虚白道人李复心编纂的《忠武祠墓志》。该志清道光元年(1821)初刻、同治六年(1867)重刻。该《沔县志》抄本当抄于道光元年之后。《中国地方志集成·陕西府县志辑》（凤凰出版社2007年版）亦收录康熙《沔县志》抄本一种。

### 三　孙铭钟纂修光绪《沔县新志》

光绪《沔县新志》成书于光绪九年(1883)秋。志书开篇有分巡陕安兵备道张端卿所撰《沔县志序》一篇，该序对于《沔县新志》的成书过程叙述详尽。张端卿首叙汉中、兴安二府辖县纂修新志的必要性，"自严

---

①　（晋）陈寿撰，（宋）裴松之注：《三国志》卷三五《诸葛亮传》，中华书局1982年点校本，第919—920页。
②　《三国志》卷三六《蜀书·关张马黄赵传》，第947页。
③　北京图书馆编：《北京图书馆古籍善本书目》，书目文献出版社1987年版，第656页。

乐园先生续修之后,已余六十年,中经大乱,事迹、人物之应纪者宜不少,且志板已毁于兵火,亟思设局而辑纂焉"。但是修志并非易事,存在较大的困难,"惟以十二邑之广,数十年之久,非多延士夫采访,势不能遍;而经费难筹,将待民力稍纾而为之"①,一方面囿于修志人才有限,一方面窘于经费难酬,各地修志事业不断延宕。

适逢张端卿听闻沔县知县"孙君属邑人彭广文龄辑《沔志》",便"力加怂恿","殆罗令莅任,而稿成示余"。《沔县新志》卷首《重辑沔县志衔名》载:"编辑"有四人:"沔县知县孙铭钟,署沔县知县傅锡,署沔县知县罗桂铭,特授沔县知县施劭","纂述"一人"廪贡生、靖边县训导彭龄"②。张端卿所说的孙君即是孙铭钟,罗令即为罗桂铭。《沔县新志》卷二《官师志·知县》载:"孙铭钟,字鼎臣,贵州清镇县人,附贡生。……其筹办光绪三年(1877)赈饥事,意美法良,民受实惠。"③ 由此推断,孙铭钟与邑人彭龄开始编纂《沔县新志》当在光绪三年前后。历经傅锡、罗桂铭、施劭三任知县,终于光绪九年付梓。

张端卿介绍,孙铭钟志稿"撷之门分类别,釐为八卷",但"其中有与他志不类者",并不符合张端卿对于志书的编纂要求,故而"爰倩胡定峰拔萃为之校阅订正,不免有移易增汰之处,久之釐成四卷"④。查《重辑沔县志衔名》,胡定峰即校阅人"己酉科拔贡生胡丙煊",卷三《人物志》亦载:"胡丙煊,道光二十九年(1849)己酉科拔贡。字子发,号定峰。"⑤ 经过胡丙煊校阅的《沔县新志》最终获得了张端卿的认可,张氏认为新志的编纂"使邑人士读之得略知古今文献,欣欣然有所向往;并以奖劝节烈,岂不美哉!因序之,俾早梓行,或足为他邑修志之先声也与"⑥,《沔县新志》的刊行既有助于文献保存,又堪当它县修志榜样。

光绪《沔县新志》封面书名仍题《沔县志》,扉页书牌题"光绪九年秋日刊。沔县新志。本衙藏版"。书内目录、版心仍作"沔县志卷某"。

---

① (清)张端卿撰:《沔县志序》,(清)孙铭钟、罗桂铭修,彭龄纂:光绪《沔县新志》卷一,页一。
② 清光绪《沔县新志》卷一《重辑沔县志衔名》,页二。
③ 清光绪《沔县新志》卷二《官师志》,页四一。
④ (清)张端卿撰:《沔县志序》,光绪《沔县新志》卷一,页一。
⑤ 清光绪《沔县新志》卷三《人物志·科第》,页十一。
⑥ (清)张端卿撰:《沔县志序》,光绪《沔县新志》卷一,页一。

半页九行二十一字，白口，四周双边，单黑鱼尾。光绪《沔县新志》无卷首，张端卿《沔县志序》《沔县志目录》《重辑沔县志衔名》均属卷一，列在卷一之前。卷一包括《天文志》《地理志》二志，《天文志》下列经纬、星野二目；《地理志》下列舆图（《沔县疆域图》《城池图》二幅）、山、水、幅员、形胜、道路、关隘、寨堡、水利、物产、古迹、邱墓、风俗等十三目。卷二则包含《建置志》《赋役志》《学校志》《武备志》《官师志》等五志，《建置志》下列沿革、城池、公署、驿传、铺舍、祠祀、义地等七目；《赋役志》下列地丁、俸工、仓储、税课等四目；《学校志》下列学校、学额、书院、义学等四目；《武备志》只列营制一目；《官师志》下列知县、教育、训导、主簿、典史、驿丞、千户、百户、都司、千总、把总等十一目。卷三《人物志》，下列科第、选举、乡贤、孝义、列女五目。卷四《艺文志》，下列文、诗、杂记三目。光绪《沔县新志》采取的是以事类为主、辅以卷次的编纂体例，基本篇目与康熙《沔县志》大同小异。但文献价值较后者有了极大的提升。

其一，系统订正旧志错误。光绪《沔县新志》系统摒弃旧志将唐代沔州、南宋沔州视为沔县前身的错误，遵循《读史方舆纪要》等史籍的正确记载，新制《沿革表》，厘清沔县历史发展轨迹，将沔阳县、西县作为沔县历代区划沿革的组成部分。在《官师志》中虽仍然记录贾载期、高稼、曹友闻等人，但都一一注明疑点，贾载期名下注云："考唐并无沔州之名，而旧志相沿如此，姑存以俟知者"；高、曹二人名下注云："考宋之沔州自在略阳，故郡志沔、略俱收二人，而略阳更详于沔。"[1] 虽未承认旧志错误，但也采取了变通办法。

其二，引用文献翔实，编纂方法得体。光绪《沔县新志》引用文献极多，如《水经注》《隋书》《明一统志》《读史方舆纪要》《御批资治通鉴纲目》《剿平三省邪匪方略》《陕西通志》《汉南郡志》《汉南续修郡志》等，利用历代文献对沔县历史重新梳理，考证山川形胜、道路关隘的变迁，结论皆有可取之处。较康熙《沔县志》简略粗陋的记录，可谓天壤之别。尤其是在《地理志》"水"一目，"沔境之水以汉为大，众水之归亦为众水之纲"[2]，仿《水经注》体例，考汉水源流，自西向东分别

---

[1] 清光绪《沔县新志》卷二《官师志》，页二九、三十。
[2] 清光绪《沔县新志》卷一《地理志》，页七。

记录流入汉水的支流,使得沔县境内水文情况一目了然,可视为编纂方法的创新。

其三,近代科学知识融入志书。康熙旧志《天官志》只述星野,《沔县新志》则于《天文志》首叙经纬、次叙星野,并对星野之说提出合理而明确的疑问。可见西学东渐之后,西方先进天文知识逐步在地方志书中崭露头角。总而言之,光绪《沔县新志》的编纂体例与文献价值均属上乘之作。《中国地方志集成·陕西府县志辑》《中国方志丛书》均收录该志,仍称《沔县志》。

据《中国地方志联合目录》记载,光绪《沔县新志》又有"民国二十一年(1932)汉中进化印书社石印本","书口题《沔县志》,书名从书签"。①

## 第三节 明清《宁羌州志》的纂修

宁羌州是明朝新设的行政单位。"明初为沔县地"②,"明洪武二十九年(1396),羌民田九成据马面山、西山作乱,高皇帝命将平之。明年,遣指挥姜观建宁羌卫于此,属陕西都司"③。《明太祖实录》载:洪武三十年九月"置宁羌卫于汉中沔县之大安"④。明朝初年,朱元璋将全国土地分为行政与军事两套系统分别管辖。宁羌卫为军事系统,故属陕西都指挥使司管辖,与属于行政系统的汉中府所辖府州县并无关联。但是随着时间的推移,宁羌卫所在地非军籍人口不断增长,加之宁羌卫管辖范围辽阔,扼守入蜀通道,所谓"地广而险,流徙多聚为盗",不得不设立新的行政单位加以统筹管理。成化二十一年(1485)六月,"置宁羌州于陕西宁

---

① 中国科学院北京天文台主编:《中国地方志联合目录》,中华书局1985年版,第201页。
② (清)顾祖禹撰,贺次君、施和金点校:《读史方舆纪要》卷五六《陕西五》,中华书局2005年版,第2696页。
③ (明)卢大谟修:万历《重修宁羌州志》卷一《舆地》。影印抄本。北京大学图书馆编:《北京大学图书馆藏稀见方志丛刊》第76册,国家图书出版社2013年版,第14页。
④ 《明太祖实录》卷二五五,"洪武三十年九月壬子",台北"中央研究院"历史语言研究所校印本1962年版,第3678页。

羌卫城。编户四十里。并辖沔、略二县"①，此后只辖略阳一县，沔县仍属汉中府。明清两朝宁羌州一直是汉中府下辖散州。

## 一　王一鸣纂修嘉靖《宁羌州志》

《内阁藏书目录》载："《宁羌州志》二册全，嘉靖甲寅，州守王一鸣修。"②《千顷堂书目》亦载："王一鸣《宁羌州志》。嘉靖甲寅修。守。"③嘉靖甲寅为嘉靖三十三年(1554)，王一鸣时任宁羌州知州。万历《重修宁羌州志》载："王一鸣，山东齐东人。举人。嘉靖三十三年任。政崇大体，礼遇学校。迁郑府长史。士民为立碑。"王一鸣的继任者"马自强，直隶江都人。嘉靖三十四年升任"④。那么，王一鸣任知州最多仅有两年时间。两种书目均称嘉靖《宁羌州志》，成书于嘉靖三十三年，可知王一鸣到任之年就完成了志书的纂修工作。王一鸣能够短期之内完成志书纂修主要是因为前任知州李应元有志稿留存。

"李应元，四川雅州人，举人，嘉靖二十六年(1547)任，宽和平易，升正定府同知。"⑤李应元曾命略阳县知县李遇春纂修县志，《略阳县志》成书之后，李应元曾撰《略阳县志叙》置于卷首，文载："壬子秋，余欲修郡乘，乃檄李君以《略志》附。略故无志也，君即搦觚为之，再浃旬而成。将别梓焉，且以叙请余。"⑥嘉靖壬子即嘉靖三十一年(1552)，李应元该年已着手纂修《宁羌州志》，但至嘉靖三十三年卸任时，尚未成书。故而嘉靖《宁羌州志》成于继任知州王一鸣之手。

嘉靖《宁羌州志》散佚已久，编纂体例不详。但李应元修志，命《略阳县志》附录其后，或可作为二志体例一致的证据；且保存至今的嘉

---

① 《明宪宗实录》卷二六七，"成化二十一年六月乙巳"，台北"中央研究院"历史语言研究所校印本 1962 年版，第 4521 页。

② （明）张萱、孙能传等撰：《内阁藏书目录》卷六《志乘部》，影印清迟云楼钞本，《续修四库全书》第 917 册，第 98 页。

③ （清）黄虞稷撰，瞿凤起、潘景郑整理：《千顷堂书目》卷六《地理类上》，上海古籍出版社 2001 年点校本，第 176 页。

④ 明万历《重修宁羌州志》卷六《宦迹》，《北京大学图书馆藏稀见方志丛刊》第 76 册，第 75 页。

⑤ （明）卢大谟纂修：万历《宁羌州志》卷六《宦迹·知州》，《北京大学图书馆藏稀见方志丛刊》第 76 册，第 75 页。

⑥ （明）李应元撰：《略阳县志叙》，明嘉靖《略阳县志》卷首，上卷页一。

靖《略阳县志》卷三最末有《孳牧》一目，下标小字"无"①，亦可作为嘉靖《宁羌州志》有"孳牧"一目的证据。因此，由嘉靖《略阳县志》大体可知《宁羌州志》的编纂体例。至万历二十五年（1597），宁羌州知州卢大谟重修州志时，对嘉靖旧志有数句评论："旧有志，前牧王齐东纂诸嘉靖间者，掇拾虽工，而体裁驳杂，且时移势改，诸多不备。"② 嘉靖旧志编纂体例遂为卢大谟舍弃。

## 二 卢大谟纂修万历《重修宁羌州志》

万历《重修宁羌州志》由宁羌州知州卢大谟主持纂修。"卢大谟，直隶永平人。举人。万历二十三年（1595）任。"③ 卢大谟认为嘉靖旧志存在诸多问题，重修州志"固司土之责也"，"于是聘学正郭君、司训谢君相与裁故益新，搜罗校雠，越三月属草相授"。明代州学主官称学正，副官称训导。郭君即宁羌州学学正郭庆年，"四川富顺人，万历二十年任"④，司训谢君即州学训导谢赐缉，"本省郯阳县人，万历二十二年任"⑤。郭庆年、谢赐缉二人完成新修州志初稿之后，将稿本移交卢大谟审阅，卢氏"以管见所及，更为删润之"，最终形成七卷本《重修宁羌州志》。

除上述三人之外，卢大谟又于《重修宁羌州志序》中载："预纂修者则杨君堂、范君启东；佐编辑者蔡子思顺、沈子瑜、王子绍先、汤子自任、蔡子思齐也，例得备书。"⑥ "预纂修者"指参与纂修者，杨堂、范启东为宁羌州官员。明万历《重修宁羌州志》卷六《州判》载："杨堂，

---

① 明嘉靖《略阳县志》卷三《孳牧》，上卷页三一。
② （明）卢大谟撰：《重修宁羌州志序》，明万历《重修宁羌州志》卷首，《北京大学图书馆藏稀见方志丛刊》第 76 册，第 3—4 页。按：该抄本"掇拾虽工"误为"掇拾虽二"，"诸多不备"误为"诸多不构"。据清道光《续修宁羌州志》卷首《原序》改。
③ 明万历《重修宁羌州志》卷六《知州》，《北京大学图书馆藏稀见方志丛刊》第 76 册，第 78 页。
④ 明万历《重修宁羌州志》卷六《学正》，《北京大学图书馆藏稀见方志丛刊》第 76 册，第 88 页。
⑤ 明万历《重修宁羌州志》卷六《训导》，《北京大学图书馆藏稀见方志丛刊》第 76 册，第 91 页。
⑥ （明）卢大谟撰：《重修宁羌州志序》，明万历《重修宁羌州志》卷首，《北京大学图书馆藏稀见方志丛刊》第 76 册，第 3—4 页。

浙江绍兴人,吏员,万历二十五(年)升任。"① 卷六《吏目》载:"范启东,山东济南历城县人,监生,万历二十四年升任。"②"佐编辑者"指协助编辑之人,蔡思顺题名见《重修宁羌州志》卷七《岁贡》③,其余四人当为本州生员。由此可知,万历《重修宁羌州志》是由知州卢大谟主修,学正郭庆年、训导谢赐缉纂辑。杨堂、范启东、蔡思顺等人仅仅是志书的参修、参编人员,并不是志书纂修的主力。但后世学人皆未能详考该志编纂原委,1935年上海商务印书馆出版的朱士嘉《中国地方志综录》著录《重修宁羌州志》时纂修人即记作"卢大谟、杨堂",④《中国地方志联合目录》亦著录为"卢大谟修,杨堂、范启东纂"⑤。这与《重修宁羌州志》的实际纂修情况不符。

《重修宁羌州志》共七卷,卷首为卢大谟《重修宁羌州志序》《重修宁羌州志目录》。序言最末署"万历丁酉奉直大夫知宁羌州事广武卢大谟撰",万历丁酉即万历二十五年(1597),由此确定志书的编纂时间。目录卷次极其简单,卷一《舆地》、卷二《建置》、卷三《坛庙》、卷四《田赋》、卷五《宦迹(附武职)》、卷六《人物(附烈女)》、卷七《杂志》⑥。但实际内文与目录并不完全一致,或是在卷次之中不标明事类子目。卷一《舆地》,依次为沿革、郡名、村镇、山川、古迹、关隘,卷内仅标明村镇、山川、古迹三类子目名称,其余不载。卷二《建置》,依次为城池、州署、驿递、铺舍、仓储、社学、桥坊,卷内仅标注铺舍一目,其余子目亦不载。卷五名为《宦迹》,仅记录诸葛亮等六人宦迹,主体则记录宁羌州行政官员及宁羌卫武职官员题名。卷六《人物》亦主要记录科举、生

---

① 明万历《重修宁羌州志》卷六《州判》,《北京大学图书馆藏稀见方志丛刊》第76册,第82页。
② 明万历《重修宁羌州志》卷六《吏目》,《北京大学图书馆藏稀见方志丛刊》第76册,第85页。
③ 明万历《重修宁羌州志》卷七《岁贡》,《北京大学图书馆藏稀见方志丛刊》第76册,第116页。
④ 朱士嘉:《中国地方志综录(增订本)》,商务印书馆1935年初版,1958年增订本,第58页。
⑤ 中国科学院北京天文台主编:《中国地方志联合目录》,中华书局1985年版,第200页。
⑥ 按:今《北京大学图书馆藏稀见方志丛刊》所藏《重修宁羌州志》抄本为八卷,卷一《舆地》、卷二《古迹》、卷三《建置》、卷四《坛庙》、卷五《田赋》、卷六《宦迹(附武职)》、卷七《人物(附烈女)》、卷八《杂志》。但大多数抄本为七卷,《古迹》列在卷一《舆地》之中,非独立成卷。

员题名及贞节名录，仅收录明代宁羌籍六名人物事迹。这些瑕疵既与明代方志编纂体例粗略疏阔有关，亦与卢大谟的编纂主张有关，"至于取类求其当，核实务其严，于昔人所谓宁谨毋滥、宁质毋华之旨正，未之敢悖也"①，故而未编《艺文》，而将古今诗歌附于古迹、驿递之后。

万历《重修宁羌州志》仅南京大学图书馆藏有明万历二十五年（1597）刻本，全志一册。原书为金陵大学图书馆旧藏，末页钤"金陵大学藏书"印。南京大学图书馆又藏有该志抄本一种。北京大学图书馆所藏抄本，原为燕京大学旧藏，抄本文字多有错漏，但该抄本收入《北京大学图书馆藏稀见方志丛刊》较易查阅。《中国古籍善本书目》收录万历《重修宁羌州志》八卷本一种，为清初抄本②。该抄本现藏大连市图书馆，或为北京大学藏本的祖本。《美国哈佛大学哈佛燕京图书馆藏善本方志书志》著录该馆藏有清末民初抄本万历《重修宁羌州志》③。

### 三　张廷槐纂修道光《续修宁羌州志》

自卢大谟纂修万历《重修宁羌州志》之后的二百三十余年，宁羌州再未修志。清道光十年（1830），四川奉节人张廷槐出任宁羌州知州④。张廷槐是由西乡县知县调任宁羌州知州的，张氏任职西乡期间曾主持纂修《西乡县志》六卷，是一位有着丰富修志经验的官员。但纂修《宁羌州志》与此前纂修《西乡县志》的情况不可同日而语，入清以来《西乡县志》经顺治年间知县张台耀、康熙年间知县史左、王穆三次纂修，尤其是王穆重修的康熙五十七年《西乡县志》多至十卷，文献异常丰富，张廷槐重修的主要任务是做减法，只需按事类补充相关内容即可；但张廷槐到任宁羌之后，"检视州乘，主藏吏仅以抄本数页呈，断简残篇，载述缺

---

① （明）卢大谟撰：《重修宁羌州志序》，明万历《重修宁羌州志》卷首，《北京大学图书馆藏稀见方志丛刊》第76册，第7—8页。

② 中国古籍善本书目编辑委员会编：《中国古籍善本书目·史部》，上海古籍出版社1993年版，第839页。

③ 李坚、刘波编著：《美国哈佛大学哈佛燕京图书馆藏善本方志书志》，国家图书馆出版社2015年版，第772—773页。

④ （清）张廷槐纂修：道光《续修宁羌州志》卷一《职官·知州》，页二三，清道光十二年（1832）刻本。

略","二百年来，文献无征，典籍罕著"①，张廷槐不由发出感叹："旧志太率，无可删减，惟有增添改并，分门别类，加以图说，使阅者了如指掌而已"②，但是新修《宁羌州志》并非简单做加法那么简单，因其旧志过略，只能依靠搜集、考据汇聚修志文献，"作史之难，不难于汇集，而难于考据。汇集不过采辑群书，荟萃贯穿，使之毋漏毋冗；考据则必广咨名卿逸叟，稽求著述方策，务绝将信将疑。是以古人之成书也，左拥图籍，右列缥缃，而尤待旁搜远讨，始可垂训后世，史书如此其难也"③。由此可见，张廷槐并不是将《宁羌州志》重修工作视为地方文献的简单堆砌，而是以传世史书相期许。张氏有如此信心和抱负，与当时的历史背景有关。

一方面与万历旧志载述缺略相关。二百余年的历史记录缺失，足够张廷槐大展身手，即便是入清之后，"斯土屡被兵燹，其间官民乡勇，淑妇烈女，或为国殇，或因殉节，皆天地之正气，大有关于吏治民生，更不可不书，以光志乘，而助风化"。明末清初战乱、三藩之乱、白莲教之乱，宁羌州皆遭兵燹洗劫，可供《宁羌州志》编纂的内容丰富。

另一方面与清廷续辑《大清一统志》相关。道光"辛卯冬，皇上命儒臣续辑《一统志》，征收天下舆图，大宪飞檄催赍，亟于编次"④，道光辛卯即道光十一年（1831），此次征集文献是为嘉庆朝《大清一统志》作收尾工作，取材内容的截止时间亦在嘉庆二十五年（1820）。但由于宁羌州二百余年未编志书，即便是应付上级的文献征集工作，亦存在较大的难度；作为基层州县能够为国家文献工程提供文献舆图，也是极为荣耀的事情。因此，《大清一统志》的续修也在一定程度上推动了《宁羌州志》的重修。

张廷槐《续修宁羌州志》编纂体例沿袭严如熤《汉南续修郡志》，"严乐园《续修府志》有体有要，一切条例次序，皆可奉为准则。江文通言曰：'志者，宪章所系'，其原起于《尔雅》，非老于典故者不能兹，则学识浅陋。议论鲜当，何敢另外标榜。只恪遵《府志》，参以旧志"。⑤

---

① （清）张廷槐撰：《续修宁羌州志序》，道光《续修宁羌州志》卷一，页二、页三。
② 清道光《续修宁羌州志》卷一《凡例》，页九至十。
③ 清道光《续修宁羌州志》卷一《凡例》，页九。
④ （清）张廷槐撰：《续修宁羌州志序》，道光《续修宁羌州志》卷一，页二。
⑤ 清道光《续修宁羌州志》卷一《凡例》，页九。

编纂体例确定之后，文献搜集从何处着手呢？张廷槐首先想到的还是从汉中府旧志中寻找材料。"缘检《汉南郡志》及廉访严乐园先生守郡时重辑采访未久，其间山川、关隘、风俗、学校以及建置、田赋、栈道、水利之属，拾遗补略尚可采摘成帙。于是广延绅耆搜罗。"对于嘉庆《汉南续修郡志》之后的文献则由本地采访汇集，"近日职官、人物，尤于教匪滋扰，一切殉难之忠臣义士、节妇烈女，咨访而扬励之。续镌梨枣，集腋成裘，勉辑四卷。更招聚同官广文赵君敏卿、牛君保斋、参军吴伯潜考订而校阅之。虽未能义例精详，治法美备，庶可仰邀上公之览，希附《一统》之篇，以抒刍荛献忠之诚云尔"①。

《续修宁羌州志》共四卷，无卷首。全志四册。半页九行二十字，小字双行同，四周单边，单鱼尾。封面书名题"续修宁羌州志卷某"，扉页书牌题"道光十二年重镌。续修宁羌州志。板藏本衙"。版心仍作"宁羌州志卷末"。卷一依次为"道光十二年岁次壬辰孟秋候补府同知知宁羌州事"张廷槐《续修宁羌州志序》、卢大谟《原序》、《续修宁羌州志目录》、《凡例》、星野图、舆图、县治图、建置、幅员道路、形胜、关隘、山川、古迹、邱墓、坊表、里编户口、乡村、市集、津梁、驿传铺舍、城池、公署、军制、勋迹、职官、武职。卷二依次为食货、学校、名宦，各事类之下又有子目。卷三依次为选举、人物、水利、风俗、祥异（附拾遗）、物产，选举、人物之下又有子目。卷四为艺文（附诗）。由此可见，《续修宁羌州志》是以事类为序，辅以卷次的编纂体例，是对嘉庆《汉南续修郡志》体例的改进与浓缩，与张廷槐所编道光《重修西乡县志》体例则几乎完全一致。只是由于宁羌州历史文献的缺失，导致新修志书卷次较少而已。

通观《续修宁羌州志》，虽有文献沿袭府志旧说之弊，但在亦步亦趋的模仿之中，也有一些值得一提的文献亮点。卷三《风俗》，主要引用明代宁羌人蔡思顺《风俗论》。据卢大谟《重修宁羌州志序》载，蔡思顺参与了万历旧书的编纂。蔡氏所撰《风俗论》或为旧志材料，或是出于简洁修志的意图，导致该篇终未能收入旧志。张廷槐能够将《风俗论》收入新志，表明其文献搜集的眼光与编纂志书的能力。卷四《艺文》除《汉南郡志》收录宋人苏在廷《龙门洞记》、明人舒鹏翼《禹王庙记》之

---

① （清）张廷槐撰：《续修宁羌州志序》，道光《续修宁羌州志》卷一，页三至四。

外，收录张廷槐《栈道栽桑记》《劝民种麦以济春食记》《请借粮以裕民食记》，赵廷俊《祭龙洞文》等文献，对于彼时宁羌州道路交通、民众生活、社会民俗皆有记录。此外，作为入清之后，首部宁羌方志，对此后光绪《重修宁羌州志》的编纂也起到了重要引领作用。

### 四 马毓华纂修光绪《宁羌州志》

光绪《宁羌州志》由知州马毓华主持纂修。马毓华，江苏上元人，曾两度出任宁羌州知州。光绪八年(1882)由咸阳县知县调任，"九年调办厘金"。次年九月回任①。马毓华对宁羌的情况较为熟悉，据其自述："咸丰己未(九年，1859)，华奉檄查勘川陕口隘，时裕君钟番牧宁羌，志已不全。光绪壬午(八年)，华承乏斯邑，始得之，仅三卷，乃道光十二年张公所修，板毁于贼。溯自光、丰，迄今中间五六十年，川匪、发逆叠相蹂躏，凡政治损益、道路变迁、风俗转移、民情好尚，与夫忠孝节烈，足以起顽立懦之事，均茫无所考为。匪特有司之责，抑都人士之羞也。若再听其湮没，后之人将有采访无从者。"②

马毓华所说"川匪、发逆叠相蹂躏"，是指同治二年(1863)蓝大顺余部邓天王等率部自川北进入陕西境内，攻破宁羌州州城，知州金玉麟被杀之事③。此后，太平天国扶王陈得才亦率太平军自河南进入陕南，引发汉中、兴安等地震动。道光《续修宁羌州志》书版焚于战火。马毓华又考虑到距离道光修志已过去五十余年，确有重修志书之必要，遂"与同寮诸君取现存之残本，扩以近日之见闻，邀集绅耆，周咨博访，草创而讨论之。阅半载稿粗定"④。马毓华所撰序言作于"光绪十四年戊子仲春"，以修志半载推算，《宁羌州志》当始于光绪十三年十月间。

在知州马毓华、学正郑书香、训导曹良模等人的通力合作之下，最终于光绪十四年(1888)编成《宁羌州志》五卷。各卷各自成册，共五册。封面署名题"宁羌州志"，扉页书牌题"光绪十四年重镌。重修宁羌州

---

① (清)马毓华修，郑书香等纂：光绪《宁羌州志》卷三《官师志·知州》，清光绪十四年(1888)刻本，页十三。
② (清)马毓华撰：《序》，清光绪《宁羌州志》卷一《序》，页五。
③ 按：宁羌城破、知州被杀之事参见清光绪《宁羌州志》卷三《官师志·知州》"金玉麟"题名附载陕西巡抚刘蓉奏报（页十一至十二）。
④ (清)马毓华撰：《序》，清光绪《宁羌州志》卷一《序》，页五。

志。板藏本衙"。半页九行二十一字,小字双行同,白口,四周双边,单鱼尾。因光绪《宁羌州志》无卷首,故将卢大谟《宁羌州志原序》、张廷槐《宁羌州志旧序》、马毓华《序》《重修宁羌州志衔名》《重修宁羌州志目录》《凡例》列在卷一正文之前。卷一正文依次为《天文志》,下列星野图说、井宿图、鬼宿图;《舆地志》,下列疆圉、道路、舆图、山川、关隘、市集、津梁。卷二依次为《建置志》,下列沿革、城池、公署、祠祀、书院、义学、驿递、铺舍;《赋役志》,下列地丁、里甲、俸工、仓储、税课。卷三依次为《武备志》,下列营制;《官师志》,下列知州、学正、训导、州同、吏目、州判、驿丞、参将、游击、守备、千总、把总。卷四《人物志》,下列选举表、乡贤、善行、忠义、节烈、风俗、物产。卷五《艺文志》,下列文、诗、杂记。

光绪《宁羌州志》大体沿袭道光《续修宁羌州志》的事类,但又有所调整,重新增加了卷次目录,以有效归总文献。"我朝张廷槐重修时,因奉宪檄飞催,急于成编,毋乃太简,且门目部居,亦多冗杂。兹将山川、关隘、市集、津梁,并附《舆地志》内;选举、忠孝、风俗、物产,并附《人物志》内;另立《建置》一门,将城池、公署、学校、驿传附入;又立《赋役》一门,将地丁、俸工、仓储、课税附入。以清眉目而便观览。"① 以卷次门类的增设,使得相关事类得以合并归入,志书的系统性得以凸显,且大大提高了查阅的便捷度。

对于具体内容,光绪《宁羌州志》既作加法,又作减法。"旧志之《阖境全图》一幅、《栈道图》二幅而已,未免太略。兹于州境全图外另分四乡为四图;州城控制四乡,另绘一图;文庙、衙署各为一图,栈道则仍其旧,似较详细。"舆图由三幅增至九幅,可谓加法。"忠孝节义有关风化之事,虽细必书。宁羌自同治二年(1863)发逆窜扰,金前牧从容就义。各牌之绅团士庶御敌捐躯者,所在多有,虽经此次采访登入,其乡曲无闻湮没不彰者,恐亦不乏,容俟确查补入,以免向隅。"② 记录战乱死者姓名、事迹,抚慰幸存者,亦是加法。"志以纪实不尚繁文,虽有佳作,无关州事者,概从删汰。旧志《艺文》载陈琳《为曹洪与魏太子书》、陆贽《改梁州为兴元府、升洋州为望州诏》,所言皆兴、汉一带公

---

① 清光绪《宁羌州志》卷一《凡例》,页十。
② 清光绪《宁羌州志》卷一《凡例》,页十一至十二。

家语，与宁羌无涉，兹特省繁删去。其俸工、驿站、领发、支解，先今各细数；营制添减，先今各章程，增入详开。俾莅此土者于度支出入、军政虚实一目了然，不致茫无所考。"①删除与宁羌无关的艺文篇目，增加与宁羌经济、军政相关的记录，符合晚清时期宁羌州务求安定的社会心态。

此后，在光绪十四年(1888)刻本的基础上，又有增修本刊行。增修本是在原刻本的基础上进行修改增删的产物。卷一《舆图》之中《阃境全图》、东南西北《四乡图》、《州城图》等六图全部改绘，《栈道全图》两幅改为一幅。删去《文庙图》《衙署图》。涉及舆图的"凡例"亦相应修改。卷二《建置志》"城池"增补光绪十五年暑雨过多城墙坍塌，"知州马毓华劝捐重修并添建四城角更房一间，以资守望"②之事。原刻本卷二《建置志》"书院"末附"考院"；增刻本改刻"宾兴"③，"考院"事类独立，与"书院"同为《建置志》子目④。卷三《官师志》"训导"最末一人曹良模，原刻本作"曹良模，醴泉，举人。光绪十二年任"⑤；增刻本改为"曹良模，醴泉，举人。光绪十二年任。十八年奉文移设留坝"⑥。同卷"吏目"靳相臣之后增补金䤩、远锡畴二人，"远锡畴，河南登封人。光绪十八年任"⑦。同卷"千总"王福之后增补唐虞禅、马锡爵、孙衍庆、何明德四人，"何明德，光绪十八年任"⑧。"把总"田应伍之后增补成龄、冯孝、王佐才三人。卷四《人物志》"节烈"最末补刘黎氏、刘白氏、郭黎氏三人事迹。

增刻本多为《官师志》职官题名的增补，事迹增补有限。由曹良模、

---

① 清光绪《宁羌州志》卷一《凡例》，页十一。
② (清)马毓华修，郑书香等纂：光绪《宁羌州志》卷三《建置志·城池》，页三，清光绪十八年(1892)增刻本。
③ 清光绪《宁羌州志》卷三《建置志·书院》，页十九，清光绪十八年(1892)增刻本。
④ 清光绪《宁羌州志》卷三《建置志·书院》，页又二十，清光绪十八年(1892)增刻本。
⑤ 清光绪《宁羌州志》卷三《官师志·训导》，页十八，清光绪十四年(1888)刻本。
⑥ 清光绪《宁羌州志》卷三《官师志·训导》，页十八，清光绪十八年(1892)增刻本。
⑦ 清光绪《宁羌州志》卷三《官师志·吏目》，页二三，清光绪十八年(1892)增刻本。
⑧ 清光绪《宁羌州志》卷三《官师志·千总》，页三七，清光绪十八年(1892)增刻本。

远锡畴、何明德等人任职时间推断,增刻本成书于光绪十八年(1892)。原刻本《舆图》为示意图,增刻本《舆图》则采取科学测绘方法,方位、比例更为准确,但刊刻效果不佳,舆图多有模糊,图中小字难以辨识。南京图书馆藏有《宁羌州志》光绪十四年原刻本及光绪十八年增刻本。《中国地方志集成·陕西府县志辑》《中国方志丛书》收录的光绪《宁羌州志》,均为光绪十四年原刻本。

## 第四节 李遇春纂修嘉靖《略阳县志》

略阳,战国时为白马氏之东境。秦属蜀郡,汉武帝以白马氏分置武都郡,属武都郡之沮县。三国蜀汉"以其处当冲要",置武兴城,"城虽在平地,甚牢实,周回五百许步,唯开西北一门,外有垒,三面周匝"①。南北朝时仇池杨氏以此地建武兴蕃王国。"后魏太武帝于此侨立略阳郡"②,始有略阳之名。隋时设顺政郡,唐置兴州,治顺政县,即武兴城故址。南宋开禧三年(1207),改兴州为沔州,改顺政县为略阳县③。此后略阳之名沿用至今。明清两朝略阳县均属汉中府宁羌州下辖。

### 一 嘉靖《略阳县志》纂修过程

明嘉靖《略阳县志》由知州李遇春纂修。嘉靖《略阳县志》卷四《宦迹·知县》载:"李遇春,襄垣人。嘉靖己酉以国子生、钜野县丞任"④,嘉靖己酉为嘉靖二十八年(1549)。李遇春所撰《略阳县志序》作于"嘉靖壬子(三十一年)秋八月吉日",序言载:"嘉靖戊申(二十七年,1548)冬十二月,履任之初,适大寇劫掠之后,民物凋敝,十室九空,政

---

① (唐)李吉甫撰,贺次君点校:《元和郡县图志》卷二二《山南道三·兴州》,中华书局1983年版,第569页。
② (宋)乐史撰,王文楚点校:《太平寰宇记》卷一三五《山南西道三》,中华书局2007年版,第2644页。
③ (元)脱脱等撰:《宋史》卷八九《地理五·利州路》,中华书局1977年点校本,第2223页。
④ (明)李遇春纂修,李东甲、贾言校补:嘉靖《略阳县志》卷四《宦迹·知县》,上卷页三六,明嘉靖三十一年(1552)刻本。

第四章　凤县、沔县、宁羌、略阳方志的纂修

废教弛，民逃地芜，殆非昔日之略阳矣！予受任不遑忧思万状，曲为抚恤，幸赖天道顺序，雨旸时若，谷麦皆登，三载之内，百姓始安，由今视昔，可谓大有之时矣！于是平政以敦典礼，因时以兴文事。今奉郡伯六台公明文，取邑志附郡同修，因求古志不存，往事无稽，遂谋于贤大夫、诸君子遍访古迹、收览残篇，参之诸公高见宏识，辑以成帙。"① 李遇春大致叙述了嘉靖《略阳县志》的纂修过程，但修志细节仍有申述之必要。

其一，编纂《略阳县志》是在盗寇平息、三载丰年之后，李遇春方才有时间精力从事志书编纂工作。

其二，编纂志书是奉命行事。宁羌州"郡伯六台公"也在纂修志书，故而要求所辖略阳县一并纂修，以便将《略阳县志》附在《宁羌州志》之后。嘉靖《略阳县志》卷首有"六台山人李应元"《略阳县志叙》，可知"郡伯六台公"即宁羌州知州李应元。"李应元，四川雅州人，举人，嘉靖二十六年（1547）任，宽和平易，升正定府同知。"② 李氏《略阳县志叙》载："壬子秋，余欲修郡乘，乃檄李君以《略志》附。略故无志也，君即搦觚为之，再浃旬而成。将别梓焉，且以叙请余。"③ 这一记载亦与李遇春《略阳县志序》相吻合，尤其是明确了李遇春编纂《略阳县志》仅在"浃旬"之间，即十日之内，可见该志成书之迅速。

其三，略阳县此前曾修志书。略阳籍太学生贾言《重修略阳县志序》载："略阳旧有志书，为自私者收隐，无从考集。"④ 卷首《凡例》又载："县志前代无考，近世虽有纂述，为自私者收隐。是以忘其固陋，因所见闻，采而集之。若夫体要详备，以俟后之君子。"⑤ 由此可知，嘉靖《略阳县志》之前有旧志流传，但李遇春等人未能见到并利用旧志文献，不得不重辑文献，自纂新志。

其四，太学生贾言、李东甲校补志书出力甚多。李遇春云："修志总裁则有掌教曹君子濂、司训曹君銮，上舍李君东甲、贾君言同修，协谋者

---

① （明）李遇春撰：《略阳县志序》，明嘉靖《略阳县志》卷首，上卷页四。
② （明）卢大谟纂修：万历《宁羌州志》卷六《宦迹·知州》，《北京大学图书馆藏稀见方志丛刊》第76册，第75页。
③ （明）李应元撰：《略阳县志叙》，明嘉靖《略阳县志》卷首，上卷页一。
④ （明）贾言撰：《重修略阳县志序》，明嘉靖《略阳县志》卷首，上卷页六。
⑤ 明嘉靖《略阳县志》卷首《凡例》，上卷页九。

则致政何君洋、张君杰、刘君仪、王君仲杰，皆与焉。予则供给其事而已。"①贾言云："言与李友东甲辱知于公，公暇出志稿以示，遂命以校补之责。"②李东甲《重修略阳县志跋》载："东甲与贾友言辱知公门，辞弗能却，乃应嘉命，协心校补。"③嘉靖《略阳县志》各卷首页均载"略阳县知县晋襄垣李遇春编辑。太学生李东甲、贾言校补"，由志书序跋及题名可知，李、贾二人实为嘉靖《略阳县志》的编校主力成员。

## 二 纂修意图与编纂体例

李应元、李遇春作为主政官员，编纂志书首重施政实用。李应元云："徐阅之，疆域析矣，户口蕃矣，田赋理矣，祠祀秩矣，城堑新、兵农一矣。可以察政焉。终验之，弦歌诵作矣，士诜诜有造有德矣，可以征教焉。志成而君之懿具矣！"④所述虽是嘉靖《略阳县志》篇目顺序，但究其实质关注点则在户口、田赋、城池、兵农，只有抓住户口、钱粮这一县政根本，才能实现文教兴盛的社会局面。李遇春亦云："夫志之作，不徒纪述为文具也。世变犹江河，日趋于下。志在郡邑亦维持世教之一助也。民有以稽其俗、士有以考其学，官于此者有以验其政，曰是地也、是人也、是政也。"⑤重视志书实用效果的同时，李遇春更注重志书的人文教化功能。

嘉靖《略阳县志》共六卷。卷首依次为李应元《略阳县志叙》、李遇春《略阳县志序》、贾言《重修略阳县志序》、《略阳县志凡例》、《略阳县志目录》，卷末为李东甲《重修略阳县志跋》。卷一分列县图、建置（沿革）、城池、里至、疆域图、形胜、风俗、山川、古迹、碑碣、陵墓。卷二分列公署（廨宇附）、学校、邮驿、铺舍、祠祀、坊郭、乡井、关梁（济渡附）、水利。卷三分列版籍（里名附）、贡赋（仓廒附）、土产。卷四分列宦迹、流寓、人物、科贡（杂籍附）、寺观、列节、仙释。卷五分列题咏、文章。卷六为古今诗集。全志基本采取以事类为主、卷次为辅的编纂方

---

① （明）李遇春撰：《略阳县志序》，明嘉靖《略阳县志》卷首，上卷页五。
② （明）贾言撰：《重修略阳县志序》，明嘉靖《略阳县志》卷首，上卷页六。
③ （明）李东甲撰：《重修略阳县志跋》，明嘉靖《略阳县志》卷末，下卷页四二。
④ （明）李应元撰：《略阳县志叙》，明嘉靖《略阳县志》卷首，上卷页二。
⑤ （明）李遇春撰：《略阳县志序》，明嘉靖《略阳县志》卷首，上卷页四。

式，以事类统领文献，卷次仅起目录作用，因此各卷并无统一卷名。编纂体例或是直接套用李应元正在纂修的《宁羌州志》，如卷三最末有"孳牧"一目，下标小字"无"①。宁羌州与宁羌卫同城，明代卫所有孳牧马匹的职责，而略阳县并无孳牧之事，故而只列目录，并无内容。

### 三 版本与馆藏

嘉靖《略阳县志》是极为珍贵的孤本方志。全志分为上、下两册，上册为卷首至卷四，存于宁波天一阁博物馆；下册为卷五、卷六及卷末，存于上海图书馆。据《天一阁博物馆藏古籍善本书目》记载：该志半叶"九行二十一字，小字双行同，上下黑口，四周双边。包背装。一册。存四卷：一至四"。② 上、下两册的页码各自独立，分别编序。版心标注为"上卷某页""下卷某页"。

清人编著的《天一阁书目》载："《略阳县志》六卷。刊本。明知县李遇春编辑并序。"③ 今嘉靖《略阳县志》卷首李应元《略阳县志叙》首页右下角有"范氏天一阁藏书"朱文方印，此书或是明代天一阁创建者范钦旧藏。上海图书馆所藏下册当是天一阁散出。1963年汇编《天一阁藏明代地方志选刊》时，将嘉靖《略阳县志》上、下两册合并影印出版，使得读者一睹全帙风采。

### 四 文献价值与文献讹误

作为现存最早的《略阳县志》，对嘉靖《略阳县志》的文献价值如何评价皆不过分。首先，该志较为全面地记录明代中后期略阳县各方面的社会状况，政治、经济、文化、风俗诸方面包罗万象，相较于以简略为编纂理念的万历《重修宁羌州志》，嘉靖《略阳县志》为我们留下了极为可观的丰厚文献。其次，嘉靖《略阳县志》是李遇春等人自主编纂，并未利用旧志文献，因此，该志可以视为略阳地方文献的源头，此后明万历

---

① 明嘉靖《略阳县志》卷三《孳牧》，上卷页三一。
② 天一阁博物馆编：《天一阁博物馆藏古籍善本书目》，国家图书馆出版社2016年版，第154页。
③ （清）范邦甸等撰，江曦、李婧点校：《天一阁书目》卷二《史部二·地理类》，上海古籍出版社2010年版，第186页。

《汉中府志》、清代《汉中府志》及略阳方志多征引、沿用该志的记载与观点，可谓影响深远。

当然，由于嘉靖《略阳县志》编纂时间过短，修志参考文献有限，加之实地寻访记录有误，导致志书中出现了较多错误，而这些错误多为后代方志所吸收，从而引发陈陈相因的错误累积。志中错误大概分为以下三类。

其一，历史地理知识缺乏导致的错误。最为典型的就是将唐代之前的略阳郡与略阳县相混淆。略阳作为行政区划地名最早见于《汉书》，该书《地理志》载：天水郡领县十六，略阳道为其一①。《后汉书》又载：光武帝建武"八年(32)春正月，中郎将来歙袭略阳，杀隗嚣守将而据其城"，唐李贤"略阳"注云："县名，属天水郡，故城在今秦州陇城县西北。"②略阳郡之名始见《晋书》记载，秦州"略阳郡，本名广魏。泰始中更名焉。统县四"，临渭、平襄、略阳、清水③。而略阳县原属武都郡沮县，三国时名武兴城，直到北魏太武帝时才侨置略阳郡于此。嘉靖《略阳县志》将来歙视为略阳官员，卷四《宦迹》收录来歙传记；将"高台"视为来歙斩杀隗嚣的旧址，编入卷一《古迹》。又将汉代略阳人锡光、南朝桓护之为首的桓氏家族、唐代权德舆为代表的权氏家族视为略阳人物，列入卷四《人物》。这些错误又随着明清《汉中府志》的纂修而流传甚广。

其二，误将民间传说视为史实。略阳县有东汉《郙阁颂》摩崖题刻，民间传为蔡邕所书；又传说境内冉家山为北朝冉闵故里。嘉靖《略阳县志》不加考辨，直接编入《碑碣》《山川》。

其三，石刻文献抄录错误。《郙阁颂》是为赞颂东汉武都郡太守李翕修筑栈桥而作，嘉靖《略阳县志》误作"李会"，并列入《古迹》《人物》。志书卷五《文章》收录《翠峰亭记碑》，作者误作"唐太守房武撰"，实为唐代兴州刺史房涣翠峰亭题刻。直到清道光年间知县谭瑀编纂《重修略阳县志》，实地考察并重新校录碑文，将碑文分为唐人房涣《宴

---

① （汉）班固撰：《汉书》卷二八下《地理志下》，中华书局1962年点校本，第1612页。
② （宋）范晔撰，（唐）李贤等注：《后汉书》卷一下《光武帝纪第一下》，中华书局1965年点校本，第53页。
③ （唐）房玄龄等撰：《晋书》卷十四《地理上》，中华书局1974年点校本，第435页。

游记》与宋人王震《翠峰亭铭》两部分，又作《翠峰亭辨》①，才彻底纠正了嘉靖《略阳县志》的错误。

## 第五节 清代三种略阳方志的纂修

### 一 范昉纂修雍正《略阳县志》

嘉靖《略阳县志》修成之后很长一段时间，略阳县再未纂修志书。直到清雍正九年（1731），才有知县范昉纂修的新志问世②。"范昉，浙江绍兴府会稽县人，监生。"③ 在为新志撰写的序言中，范昉简要介绍了修志背景。"余向不敢言文，自吏略以来，绝少笔札。然记一邑之风俗而为之志，司土者之责也，何敢忽诸？奈旧无刻本，难以增辑，于是广为搜罗，仅得手录败楮，而又讹舛鄙俚，究难卒读。余因少加更正，鸠工镂板，庶成卷帙。"④ 从以上记述可以了解两方面的情况，其一，范昉未见嘉靖《略阳县志》刻本，仅见过抄本，且纸张破损，难以卒读。其二，范昉纂修新志是在旧志的基础上进行的，只是稍作更正，便付梓了。

对于编纂志书的具体办法，范昉在序言中也有明确说明：

> 独是逆藩变乱，其前此之善政流风，遗文逸事，即欲考之断碣荒碑，而兵燹略尽，于是不得不取手录而订修之。山川、城社则仍其旧，赋役、风俗则因其时，尽去其讹与诬，而存其信与确者。使一邑因革兴亡、毁誉得失，有以表见也。至于孤忠遗直、

---

① （清）谭瑀撰：《翠峰亭辨》，（清）谭瑀修，黎成德等纂：道光《重修略阳县志》卷四《艺文部》，页四九至五十，清道光二十八年（1848）刻本。

② 按：清雍正《略阳县志》卷首范昉《序》文末署"雍正辛亥岁仲夏上浣，稽山范昉式亭氏题于略阳县署"。雍正辛亥仲夏为雍正九年（1731）五月，应为雍正《略阳县志》成书年月。

③ （清）范昉纂修：雍正《略阳县志》卷一《知县》，上册页四七。按：范昉任职年月不详，据雍正《略阳县志》卷一《县署》记载："康熙五十年，令范昉建马神庙二堂、过堂，重修后宅东书房。"（页二一）可知其于康熙末年已任略阳知县。

④ （清）范昉撰：《序》，雍正《略阳县志》卷首《自序》，上册页一。

> 孝子贞妇，卓卓可记述者，悉为登记，其或被诬传讹、泯灭幽芳，稍涉疑似者，不敢悉录，以待后之博雅君子考订而增入焉。①

明清之际，兵火频仍，地方文献散佚本是平常的事情。范昉若想认真编纂《略阳县志》，首先应当做好文献的调研与搜集工作，但他并没有闲暇从事碑刻文献的调查与整理，而统称之为"断碣荒碑"，又称其为"兵燹略尽"，那么，范昉"手录而订修"的只能是嘉靖旧志文献了。因此新志完全沿袭旧志山川、城社文献，只是在涉及赋役、风俗、人物等与现实社会生活密切相关的文献时，才予以更新、删改。由此来说，范昉纂修的雍正《略阳县志》只是对嘉靖旧志的增删续补，并没有什么创意。

雍正《略阳县志》对嘉靖旧志的模仿可谓亦步亦趋，同样分为上、下两册，上册为卷首、卷一，下册为卷二。两册封面书签均题"略阳县志"。上、下两册的页码各自独立，分别排序。半叶八行十七字，小字双行，字数不等。白口，四周单边，单鱼尾。卷首依次为范昉《序》、县图、目录，无凡例。根据卷首《目录》的记载，卷一分列沿革、释名、形胜、八景、幅员、关隘、山川、江河、舆地、丘墓、古迹、风俗、灾祥、僭乱、得失、城池、衙署、学宫、庙宇、津梁、乡村、市集、铺舍、驿传、寺宇、里甲、田赋、户口、起运、存留、盐课、物产、政迹、文员、武职、兵防、军额、马匹、俸饷共计39个子目。卷二分列勋爵、贤达、孝义、节烈、仙释、文艺共计6个子目。由此可见，新志仍是沿袭嘉靖旧志以事类归类的编纂形式，但卷次的归纳作用与目录作用则进一步弱化。新志又存在目录与内文不一致的情况。卷一"灾祥"之后有"转饷"，目录失载。目录载"庙宇"，内文实为"祠庙"；"祠庙"之后为"寺宇"，但目录将"寺宇"列在"驿传"之后。"文员"内文实为"知县""县丞""典吏""教谕"等职官的汇总，并无"文员"一目。"兵防""军额"内文统称"军制"。此类情况比比皆是。

范昉虽在雍正《略阳县志》增设"转饷""僭乱""得失"等子目，但其文献皆摘抄康熙《汉南郡志》卷二《舆地志》"转饷""僭乱""历代汉中得失大略"涉及略阳的内容，并无续补新意。对于嘉靖旧志的错

---

① （清）范昉撰：《序》，雍正《略阳县志》卷首《自序》，上册页二至三。

误则大体承袭未改,"僭乱"仍称隗嚣据略阳县为乱,"得失"仍载来歙灭隗嚣事迹,"贤达"仍载垣氏、权氏家族,"文艺"增收权德舆《鹊巢背太岁赋》①。范昉虽觉察到旧志所载《郙阁颂》《翠峰亭记碑》信息有误,但仍未能改正,反而错上加错。《郙阁颂》作者仍误作蔡邕,赞颂对象则改为武都郡太守"李惠"。《翠峰亭记碑》作者仍误为房武,《翠峰亭铭》作者北宋兴州知州王震,则被误认作南朝刘宋武兴太守及翠峰亭创建者②。

总而言之,雍正《略阳县志》确实如纂修人范昉所说,就是对嘉靖旧志内容的再造与简单续补。涉及官员上计考核的赋役数据,才是范昉最为注重的志书内容,其余文献虽说是面面俱到,但文献水准差强人意。因此,雍正《略阳县志》虽有志书之名,但其实质上更像是一本具有施政实用功能的赋役手册。道光《略阳县志》载范昉生平,雍正年间"用兵西域准噶尔,昉运马至营,留办军粮六年,积功加布政使衔。没,葬于邑之文家坪"③。在此大时代背景下,范昉能够编成《略阳县志》已属难得。据《中国地方志联合目录》记载,北京国家图书馆、故宫博物院均藏有雍正《略阳县志》刻本。④

## 二 谭瑀纂修道光《略阳县志》

正是由于雍正《略阳县志》存在极为明显的缺陷,范滂的继任者们也曾投入精力,试图重修县志。谭瑀《重修略阳县志序》载:"邑之有志,资考镜也。阙而不补,讹而不正,与无志同。略邑志自范式亭手勒后,失传者百有余年,以云阙讹,概可见已,高、苗两稿,语焉弗详。"⑤这里所说的"高、苗两稿"即是略阳县高姓知县与苗姓知县所纂县志稿。道光《略阳县志》卷三《人才部·知县》载:"苗临澧,奉天海宁拔贡,嘉庆二十五年(1820)署,道光元年(1821)调任。重修文昌阁,续纂邑乘,

---

① 雍正《略阳县志》卷二《文艺》,下册页二八。
② 雍正《略阳县志》卷一《政迹》,上册页四一。
③ (清)谭瑀修,黎成德等纂:道光《重修略阳县志》卷三《人才部·宦迹》,页三十,清道光二十八年(1848)刻本。
④ 中国科学院北京天文台主编:《中国地方志联合目录》,中华书局1985年版,第201页。
⑤ (清)谭瑀撰:《重修略阳县志序》,道光《略阳县志》卷一《谭序》,页一。

未卒业而去，尚存遗稿。"① 可知谭瑀所称"苗稿"即苗临澧所纂志稿。高姓知县或为乾隆年间知县高理，"高理，号瑞湖，湖南石屏举人。乾隆庚子(四十五年，1780)莅任略阳"②，高氏罢铜厂、创嘉陵书院、修坛庙、治路途，政绩极多，传记虽未载其纂修县志事，但范昉之后，高姓知县仅此一人，"高稿"为高理所辑最为可信。但以上两种稿本均未成书。

至道光十七年(1837)，广东南海举人谭瑀出任略阳知县③，重修县志之事才正式提上议事日程。谭瑀对雍正旧志及高、苗遗稿是不满意的。但县志如何编纂、文献如何考据，并非一人之力所能完成。因此，谭瑀"暇辄与西甫广文商略续辑"，"西甫广文"即略阳县儒学训导、丁酉拔贡王寀；与此同时，又邀请嘉陵书院主讲黎成德、塾师白启华参与志书的编纂工作。不料，开局未久，王寀不幸病逝。因白启华与王寀同为丁酉拔贡，谭瑀遂请白启华分任其劳。至道光二十四年(1844)，谭瑀改任榆林府吴堡县知县时，志书虽已成型，但仍未完备。谭瑀"袖稿抵任，又阅一岁，而始克成书"。谭瑀感慨修志之经过，作《重修略阳县志序》以志其事，文末署"道光丙午(二十六年，1846)夏五南海谭瑀"。

同年，谭瑀将志书定稿邮寄给署理略阳县知县周嘉会。周嘉会对志书刊刻非常重视。一面向汉中府知府段大章报告，请段氏撰写序言。段大章《重修略阳县志序》载："丁未(道光二十七年)署邑令周公嘉会，以其前令谭公瑀续辑邑志若干卷将付剞劂，属余为序。"④ 一面为志书印行筹措资金。据周嘉会《重修略阳县志后序》及《计开捐资姓氏》记录，捐资人员不仅有汉中府知府段大章，还包括略阳县官员以及耆老、客民、厂商、生员。"以戊申二月开雕，七月告成"⑤，周嘉会于"道光戊申(二十八年)七月下浣"作《后序》于略阳官舍，新志终于道光二十八年(1848)刊刻成书。

道光《重修略阳县志》共四卷。各卷自成一册。封面书签题"重修略阳县志"。扉页书牌载"道光丙午重修，略阳县志，本衙藏版"。《中国地方志总录》《中国地方志联合目录》等书均据"道光丙午"认定《重

---

① 清道光《重修略阳县志》卷三《人才部·秩官·知县》，页十三。
② 清道光《重修略阳县志》卷三《人才部·宦迹》，页三一。
③ 清道光《重修略阳县志》卷三《人才部·秩官·知县》，页十三。
④ (清)段大章撰：《重修略阳县志序》，道光《略阳县志》卷一《段序》，页一。
⑤ (清)周嘉会撰：《重修略阳县志后序》，道光《略阳县志》卷四《后序》，页一。

修略阳县志》为道光二十六年刻本①。其实该志成书已在两年之后。半叶九行二十二字，小字双行同，白口，四周双边，单鱼尾。因无卷首，段大章《重修略阳县志序》、谭瑀《重修略阳县志序》、《重修略阳县志职官姓氏》、《重修略阳县志目录》、《县境图》、《县城图》均列在卷一正文之前。卷一《舆地部》，下列疆域、道路、关隘、八景、山川、古迹、邱墓、市集、津梁、物产、风俗。卷二《建置部》，下列沿革、地丁（杂税附）、里甲（村庄附）、城郭、衙署（监狱附）、驿铺、仓庾、学校（书院、义学附）、兵防、坛壝（庙宇、寺观附）、纪事。卷三《人才部》，下列封爵、秩官、宦绩、侨寓、贤达、孝义、齿德、科名、封荫、掾吏、贞节。卷四《艺文部》，下列颂、铭、记、序、辨、考、诗。由此可见，《重修略阳县志》编纂体例以卷次为主，事类为辅，事类详尽，又能统归于卷次大类之下，内容虽多，但纲举目张，使读者一目了然，便于查阅。

谭瑀主持纂修的《重修略阳县志》是略阳县历史上最为完备的一部方志。段大章云："今读其书，搜罗繁富，考据详明，一切疆域、山川，以至人才、艺文，均仿古史成例，分类叙次，典核精详，诚非俗吏之所能为也。夫著作莫难于史志，而服官莫劳于邑侯，以至劳之任而成至难之书，文章政事表里俱见。"②就其内容考察，段氏的评语并非夸张溢美之词。

其一，道光新志订正了三百年沿革地理的错误记述。卷二《建置部》"沿革"一改此前旧志将汉唐略阳与南宋以来略阳县混为一谈的错误，首次厘清了略阳县历史沿革脉络，为《重修略阳县志》舆地山川、职官人物的记载指明了正确方向。

其二，道光新志善于运用古籍、长于文献考据。卷一《舆地部·古迹》收"高台"，旧志以为隗嚣台，又称是来歙备兵台。新志据《资治通鉴纲目》考察来歙征讨隗嚣之役，并论曰："今汉中略阳之名，始于北魏。在汉时为沮县地，汉时略阳在今秦安境。秦安七星峰、野战坡皆歙与嚣战处，歙所袭略阳，今秦安境。"③摒弃了将传说当作正史列入志书的

---

① 参见朱士嘉《中国地方志总录（增订本）》，商务印书馆1935年初版，1958年增订本，第59页。中国科学院北京天文台主编：《中国地方志联合目录》，中华书局1985年版，第201页。
② （清）段大章撰：《重修略阳县志序》，道光《略阳县志》卷一《段序》，页一。
③ 清道光《重修略阳县志》卷一《舆地部 古迹》，页三十。

错误观点。卷三《人才部》亦将祖籍天水略阳的南朝垣氏家族、唐代权氏家族等剔除殆尽。道光新志不但查阅康熙《陕西通志》《汉南郡志》《汉南续修郡志》等地方总志，更征引《太平寰宇记》、《舆地纪胜》以及《隋书地理志》、《宋史地理志》等历代文献，使得新志相关文献记述真实可信，对于无从考证的旧志说法，亦不厌其烦一一注明出处。

其三，注重当代碑刻文献的考察抄录。卷四《艺文部》共收录文章38篇，其中绝大多数为碑记，足见谭瑀等人搜集石刻文献之勤。《艺文部》首录《郙阁颂》全文并作考释，正确记录武都郡太守李翕之名。唐兴州刺史房涣《宴游记》与宋兴州知州王震《翠峰亭记》的关系得以厘清。明代以来县治、坛庙、道路、山川各类碑记都得以系统记录。收录诗歌八十余首，亦为历代《略阳县志》集大成者。

百密必有一疏，《重修略阳县志》也并非尽善尽美。谭瑀自知略阳之名源自侨置，但仍在"沿革"中载："以其地为用武之区曰略，象山之南曰阳"①，这当然是不符合历史真相的美好注解。卷三《人才部》"侨寓"又将蔡邕、李白、柳宗元、苏轼等人视为寓居古兴州的名人②，其实并无史实依据。

道光新志最为突出的文献价值仍然是对明清三百年来地方史实的真实记录。因此，清光绪三十年(1904)略阳县知县桂超再度翻刻道光《重修略阳县志》，并将自己纂修的新志命名为《新续略阳县志》以示传承。光绪重刻本《重修略阳县志》扉页书牌题"光绪甲辰重修。略阳县志。本衙藏板"，亦分四册，一册为一卷。内文舆图、字体与道光刻本完全一致。《中国地方志集成·陕西府县志辑》收录光绪重刻本《重修略阳县志》。

### 三　桂超纂修光绪《新续略阳县志》

光绪二十八年(1902)，镶黄旗汉军贡生桂超出任略阳县知县。彼时，略阳经太平军、捻军、回民起义等数次战乱的破坏，道光旧志书板已无存。桂超考虑到"自道光丙午，迄今已近六十年矣。其间迁新城而返旧城，屡经兵燹，迭遭旱劫水灾，况忠孝节义，悉秉天地之正气，何时不

---

① 清道光《重修略阳县志》卷二《建置部·沿革》，页一。
② 清道光《重修略阳县志》卷三《人才部·侨寓》，页三二至三三。

降，何地不生，恐岁久而渐就湮没也"，因此"延邑绅留心采访，继旧志而续编于后"。桂超在"前任吴敬之明府曾存有公款百缗"的基础上，又捐资百缗，以补刊刻经费之不足。"癸卯(光绪二十九年，1903)出鸠工开雕，甲辰(光绪三十年)秋手民告厥成功"。桂超于"光绪甲辰中秋"撰写《重修略阳县志序》，期望重刊旧志及新续县志，"非徒表前徽、扬遗烈，亦可使继守斯土者，藉资考镜焉"①。

《新续略阳县志》是对道光《重修略阳县志》的续补，仅有一卷。版式、体例亦沿袭道光旧志。封面题"新续略阳县志备考"。正文之前有陕安兵备道戴兆春《序》、桂超《重修略阳县志序》、《略阳县舆图》、《县署图》、《新续略阳县志职官姓氏》、《新续略阳县志目录》。正文分列沿革、建置、职官、宦绩、孝义、齿德、科名、仕宦、贞节、艺文、灾异等子目。

《新续略阳县志》的主要文献价值是对略阳县咸丰至光绪年间史事的记录。"沿革"载道光七年(1827)略阳县城因水患移驻新城，"同治初发逆将城攻陷，焚毁罄尽，仅留文庙一所。历任知县以书院作廨署，游击还旧城原署，守备改武库为署。光绪元年(1875)知县高(振鹏)建廨署、学宫于旧城故址"②。水患与兵燹交互作用，对略阳造成了严重破坏，道光旧志书板也毁于太平军攻陷新城之时。"宦绩"一目记载自谭瑀之后至光绪年间略阳知县事迹，对于了解这六十余年的略阳历史大有裨益。"灾异"载明、清两朝略阳水灾状况，又载咸丰、同治年间略阳兵乱史实。光绪《新续略阳县志》是对清末略阳社会实景的真实记录。

《中国地方志集成·陕西府县志辑》《中国方志丛书》各收录光绪《新续略阳县志》抄本一种，但均无舆图、篇目多有缺页、文字多有不全。

---

① (清)桂超修，侯龙光纂：光绪《新续略阳县志》卷一《桂序》，页一，清光绪三十年(1904)刻本。
② 清光绪《新续略阳县志》卷一《沿革》，页一。

# 第五章 留坝、定远、佛坪方志的纂修

留坝、定远、佛坪同为汉中府所辖厅一级行政区划。清代中后期随着南方数省流民涌入秦巴山区开荒采矿，昔日人迹罕至、土著无多的南山老林、大巴山地变成了迁移人口络绎于途、流民社会五方杂处的局面。加之流民多信仰白莲教，供奉"无生老母"及"弥勒佛"，清廷统治者担心流民啸聚山林，破坏统治秩序。因此，便采取因地制宜的办法，就地设立行政机构对秦巴山地进行管辖，尤其是在地理位置、军事意义极为重要的地区添设县、厅一级行政区划以加强流民管理、防范事变。留坝、定远、佛坪等三厅皆是在此背景之下设立的。

## 第一节 清代留坝方志的纂修

### 一 陈庆怡编纂《留坝厅志略》

留坝原属凤县辖地，其地位于古褒斜道与陈仓道交会处，明清两朝又为连云栈道必经之地，为控御这一交通要冲，清"乾隆十五年（1750），移汉中府通判驻留坝"，"三十年正月，分凤县地为留坝厅，（长官）改为留坝抚民通判"[1]。留坝厅由此设立。但此后留坝厅一直未纂修志书。

嘉庆十八年（1813），陈庆怡出任留坝厅驿丞兼司狱[2]，工作之余编纂

---

[1] （清）贺仲瑊修，蒋湘南纂：道光《留坝厅志》卷二《纪事沿革表》，页二二，清道光二十二年（1842）汉中友义斋刻本。

[2] 清道光《留坝厅志》卷三《职官表》，页九。

《留坝厅志略》七卷。陈庆怡自述："予乃留坝之闲曹末吏哉。无何,听鼓于斯已二十年。溯自分治垂六十载,凤既志乘缺如此,间之经久畎数,风化芳臭,又忍听其变革湮替,而恝然置之乎？公余之暇,借山川之胜,以成余名,何其幸也！"① 至道光八年(1828)冬,左都御史汤金钊因公事途经留坝,陈庆怡请其为《志略》撰写序言。汤氏《留坝厅志略序》载:《志略》"犁然秩然,简要该[概]括,足备此邦志乘已。陈君博雅明敏,小试卑官,辄能留心一方政要,则其遇事尽心可知也"②。对《志略》给予肯定。道光十一年九月,陕西移文各府县为续修《大清一统志》催缴地方文献。留坝厅同知方华钦奏称:"除将紧要门类、各项事迹造册申赍外,兹据卑厅司狱陈庆怡详称:'为呈明志略,以备采泽事。……今念创始之维艰,蒐罗务广,幸闲官之多暇,考核綦勤,体例甫成,规模粗备,录成一册,类分其卷。幸值馆开国史,无非集腋成裘。况奉檄自长官,聊效采花酿蜜。为此具申,呈请转赍前来。'"③并将《留坝厅志略》呈送国史馆。亦可见官方对该志的首肯。

惜该《志略》今已无存。道光《留坝厅志》卷首《凡例》又载:"司狱陈君庆怡辑有《志略》七卷,曰疆域、建置、田赋、祥异、官师、人物、艺文,大概本诸《府志》,于大事诸多未备。今志凡引陈书,必注明,以示不敢掠美。"④《留坝厅志》主修者贺仲瑊亦云:"前任司狱陈君辑有《志略》,购而观止,语焉不详。"⑤ 由此可知《留坝厅志略》简明目录,道光《留坝厅志》虽对《志略》评价不高,但后者文献多为道光《留坝厅志》所征引选用,并在新志中注明"志略"二字。

## 二 贺仲瑊、蒋湘南纂修道光《留坝厅志》

道光二十年(1840),贡生贺仲瑊出任留坝厅通判。在此之前,贺仲瑊对留坝厅的情况已较为熟悉。据其自述:"道光十五年,仲瑊宰褒城,

---

① (清)陈庆怡撰:《留坝厅志略原序》,《留坝厅足征录》卷一《文征》,页三二,清道光二十二年(1842)汉中友义斋刻本。
② (清)汤金钊撰:《留坝厅志略序》,《留坝厅足征录》卷一《文征》,页三二。
③ (清)方华钦:《申赍留坝厅志略详文》,《留坝厅足征录》卷一《文征》,页三三至三四。
④ 清道光《留坝厅志》卷首《凡例》,页三。
⑤ (清)贺仲瑊撰:《自叙》,清道光《留坝厅志》卷末《叙》,页二。

两度兼权斯厅,深叹八十年来志乘未具。二十年夏,由长安令授今职,思创为一书,以备陕省掌故。"在查阅陈庆怡所纂《志略》之后,贺仲瑊认为实有必要新修一部厅志,"因上稽群史,旁征档案,左右采获,历有年余。授简于友人固始蒋君,参互考订,粗有完书"①。固始蒋君即蒋湘南。蒋湘南(1796—1854),字子潇,河南固始人。道光五年拔贡,道光十五年举人。先后入山东学政吴慈鹤、两江总督蒋攸铦、陕甘学政周之祯幕府担任幕僚。一生四入陕西,足迹遍及关中、陕南,主持编纂《蓝田县志》《泾阳县志》《留坝厅志》等多部志书②。也正是蒋湘南将章学诚方志学理论运用到志书的编纂之中,使得《留坝厅志》更富于学术色彩。

《留坝厅志》卷首《凡例》载:"方志罗列诗文,始于宋祝穆之《方舆胜览》,足以供题咏之料而已,挂漏既多,体制未洁。今援乾隆中《永清县志文征录》之例,别编为《留坝厅足征录》以与正志相辅。"③ 此乾隆《永清县志》是章学诚编纂的志书,更是章学诚修志理论的产物。章氏提出修志"有四体:皇恩庆典宜作纪,官师科甲宜作谱,典籍法制宜作考,名宦人物宜作传"④,又云:"凡欲经纪一方之文献,必立三家之学,而始可以通古人之遗意也。仿纪传正史之体而作志,仿律令典例之体而作掌故,仿《文选》《文苑》之体而作文征。三书相辅而行。阙一不可;合而为一,尤不可也。"⑤《永清县志》分"纪二、表三、图三、书六、政略一、列传十,凡二十五篇"⑥,又附《永清文征》五卷,以成"三书"之体例。蒋湘南受此编纂体例启发,将《留坝厅志》编成"为图一卷、表二卷、志五卷、传二卷"⑦,共十卷,又编《留坝足征录》四卷,完全仿照《永清文征》体例。

---

① (清)贺仲瑊撰:《自叙》,清道光《留坝厅志》卷末《叙》,页二。
② 按:蒋湘南生平事迹及与陕西方志的关系,详见王雪玲著《清代学者名儒与陕西地方志的修纂》第六章《蒋湘南与陕西方志》,科学出版社2016年版,第135—149页。
③ 清道光《留坝厅志》卷首《凡例》,页二、页三至四。
④ (清)章学诚:《修志十议》,章学诚撰,叶瑛校注:《文史通义校注》卷八《外篇三》,中华书局2014年版,第981页。
⑤ (清)章学诚:《方志立三书议》,章学诚撰,叶瑛校注:《文史通义校注》卷六《外篇一》,第663页。
⑥ (清)周震荣修,章学诚纂:乾隆《永清县志》卷首《目录》,页一,清嘉庆十八年(1813)补刻本。
⑦ (清)贺仲瑊撰:《自叙》,清道光《留坝厅志》卷末《叙》,页二。

## 第五章 留坝、定远、佛坪方志的纂修

《留坝厅志》卷首《凡例》又载:"田赋征收、批解各款,较昔时多有不同,谨遵现在奏销册案,列其详要。全志惟此卷仿康对山《武功志》法,取其简明也。"蒋湘南亦注重吸收康海《武功志》的编纂经验,不把《田赋志》等同于《赋役全书》,而是取其简要。由此可见,《留坝厅志》较为全面地吸收了康海、章学诚等名家的修志理论,使得志书具有较为深厚的理论基础,在实践基础上形成了体例完善、条理清晰、内容丰富的《留坝厅志》。

当然,理论基础的丰厚并不能够立即形成一部考究的志书,《留坝厅志》的编纂更是如此。蒋湘南认为"厅志之体,于古无仿,其建置、沿革、山川、风土、赋税、兵防,与州县同则,与州县志无异体也",但编纂道光《留坝厅志》有六难:

> 特留坝有独难者,其地从凤县分出,而凤县未废,则古来凤州之事,应入《凤县志》中,非《厅志》所可雷同,一难也。汉为武都郡地,唐为河池、顺政二郡地,宋为秦凤、利州二路地。取各郡之事件,系条举于其下,则是《一统志》《陕甘通志》《川陕通志》之体,非一厅之志所得专,二难也。《汉中府志》修于嘉庆中,以留坝无志,故所载寥寥,间有论辨[辩],不能确切,今不详加考证,因而仍之,则是以误袭误,三难也。褒谷、斜谷,古人统谓之褒斜,其分言者,亦只谓南口、北口而已。宋李文子始考定其里数,两谷相交乃在厅境,使不详加推测,则古史中统言褒斜道、专言斜谷阁者,皆不能确指,四难也。分地以来,屡经兵燹,遗老旧闻,靡所咨诹,五难也。凤县自来无志,无可因藉,六难也。①

以上"六难"可谓一一属实,既是新创《留坝厅志》的重点、难点,也是志书必须解决的关键问题。因此,贺仲瑊、蒋湘南注重志书舆图的绘制与解说、厅制设官设立及土地划拨经过、军事驻防添设等方面的记录,与此同时,首次系统记录留坝厅境内山川、道路、职官、赋役、艺文等诸方面的情况。

---

① 清道光《留坝厅志》卷首《凡例》,页一。

道光《留坝厅志》共十卷，卷首、卷末各一卷。封面书签题"留坝厅志"。半叶九行二十三字，小字双行同。白口，四周双边，单鱼尾。卷首依次为凡例、《新修留坝厅志姓氏》、《留坝厅志目录》。卷一《诸图》，下列厅境经纬图、疆域图、厅城图、十三里图、道路图、厅境栈道图、厅署图、紫柏山图，并辅以大量文字说明，以符章氏所述古图经之制。卷二《纪事沿革表》、卷三《职官表》，二表无子目。卷四《土地志》，下列释名、设官原始、拨地原始、建城原始、形势、风俗、水利、户口、仓储、物产、书院义学、传舍、坊表、古迹、栈道。卷五《山川志》，无子目。卷六《田赋志》，下列民地、军地、田、赋、税课、留支、俸工、夫马工料直修。卷七《祠祀志》，无子目。卷八《兵防志》，下列分防、换防、营署、兵饷、塘讯。卷九《官师传》，无子目。卷十《列传》，下列孝子、忠义、选举、节孝。卷末为贺仲瑊《自叙》，述《留坝厅志》编纂过程及各卷梗概。《留坝足征录》分四卷，卷一《文征》、卷二《诗征》、卷三《事征》、卷四《异征》，卷末为贺仲瑊《足征录叙》。

道光《留坝厅志》无扉页书牌，贺仲瑊《自叙》文末署"道光二十有二年岁在壬寅夏五留坝厅同知善化贺仲瑊美恒氏撰"，可知道光《留坝厅志》刊刻于清道光二十二年（1842）夏。《中国地方志集成·陕西府县志辑》所收《留坝厅志》即为道光二十二年刻本。今北京国家图书馆又有道光增刻本，该本卷三《职官表》有"续辑"官员名录，起于道光二十四年，止于道光二十七年。

除上述两种刻本之外，又有民国石印本。该本刊印时间不详，只是将"留坝厅"全部改为"留坝县"，其余文字一仍其旧。今留坝县档案馆藏有民国《留坝县志》，原书为党积龄（松年）所藏，志书封面其题跋云：

> 留坝原为古凤泉县地，旧城在今东关之三元桥，跨河至对山麓，设有驿丞一员。乾隆四十年始改设厅治，设同知一员，□名留坝厅。《厅志》成于道光廿年，以后迄今未续修。民国□立，改厅为县。县并无志，此志仍□厅志也，乃翻印之。县官糊涂荒谬，竟以"厅"字改为"县"字，内容凡"厅"字者均改为"县"字，亦不问其事实、年月之符合与否，且错误百出，贻笑方家。特此记明，免以讹传讹。民国廿八年元月十七日。松年记。

该民国石印本并不令人满意。由党积龄题记时间，则知此本当翻刻于民国二十八年（1939）之前。

## 第二节　余修凤纂修光绪《定远厅志》

### 一　光绪《定远厅志》的纂修过程

定远厅，位于汉中府"府东南四百八十里"①。其地原属西乡县，至清嘉庆七年（1802）始设定远厅，是清代为治理川陕毗邻地区而新设的行政单位。嘉庆八年，西乡县"奉文分县之二十四地，析置定远厅"②，最终划定了定远厅与西乡县的地界。自建设厅治之后，直到光绪三年（1877），定远厅同知余修凤到任之时，已建厅七十余年，但一直未曾纂修志书。

"余修凤，湖南平江县。监生。光绪三年除，八月莅任。"③据余氏《创修定远厅志序》自述："丁丑（光绪三年）秋，修凤捧檄莅定远任。初下车即调取志乘，阙如也。地处偏隅，设厅日浅，是以文献无征。虽然文献可待，而民情难缓，不有志乘，何以为治？于是随时咨访，遇事勤求，迄今三载，粗得体要，乃设局选绅，分司其事。有疑难者，则旁征典籍，互参众议；间或断以己意，由是始有成焉。"也正是由于定远厅设立以来未有编纂志书，从文献搜集到编纂志稿皆是从无到有、点滴积累的结果。对于定远修志之难，余修凤颇多感慨："或采访不实，则议论多乖；好恶不公，则贤否易混；见闻不广，亦彰阐难明。修凤技鲜三长，值此僻远多故，乃欲空所倚傍，独辟洪荒，成此一方文献也，岂不难哉！且定本岩疆，幅员辽阔，其间山川形势、道路险夷，以及津梁关隘，尤宜切实详明，而穷山邃谷，足迹未遍，虑难周知。"④正当余修凤踌躇之际，同乡

---

① （清）穆彰阿，潘锡恩等纂修：嘉庆《大清一统志》卷二三七《汉中府·建置沿革》，页五，《四部丛刊续编》1934年影印清史馆进呈钞本。
② （清）张廷槐纂修：道光《西乡县志》卷一《凡例》，页十六，清道光八年（1828）刻本。
③ （清）余修凤纂修：光绪《定远厅志》卷十八《职官志·官师》，页四，清光绪五年（1879）刻本。
④ （清）余修凤撰：《创修定远厅志序》，光绪《定远厅志》卷首《序》，页一。

好友赵祯隆前来投奔，"适同里赵祯隆游戎来访。赵君盖尝从余驰驱边徼有年，雅工绘事，即倩其周历方隅，绘图贴说，灿若列眉，可谓具千里于尺幅中矣"！① 正是由于赵祯隆的加入，《定远厅志》之中地理调查、舆图绘制等重大问题得以解决。但赵祯隆仅作为余修凤的私人幕僚及修志助手，其姓名并未出现在《定远厅志》卷首《创修衔名》之中。

光绪五年（1879）九月，《定远厅志》修成，余修凤撰写《创修定远厅志序》，回顾修志历程。从序言字里行间可以看出，余修凤对志书品质是极为满意的，他说："幸全稿粗成，复翻阅数四，觉分门别类，原委井然，庶或不失古人易记名志之义，而为后来者导夫先路耶。"可见其志书定位之高远。又云："今而后，吾知厅人士睹是书者，忠孝节义必有所感激，而天性不少漓也。学问经济必皆知所扩充，而人功不少懈也。讼狱由是而衰息，风俗由是而敦庞，诚盛事也。此吾之所重望也。"② 可见余氏对《定远厅志》教化民风、安定民心等作用有着极大的内心期待。

## 二 厅志体例失当及其成因

光绪《定远厅志》是余修凤、赵祯隆以及定远厅各级官员、地方绅士共同努力的成果。据志书卷首《创修衔名》记录，《定远厅志》鉴辑者为陕安道劳文翻、汉中府知府林士班，纂修人为余修凤，督刊者为定远营游击陈金凯、千总姚有章，同修者为儒学训导石云峰、主簿李运开、渔渡坝巡检顾鸿谟、司狱诚桂，协修者为原甘泉县儒学训导王汝翼、举人何天亨、候选训导程敬民、附生景星照、廪生董又新等五人。又有以贡生蒋绍周为首的总校者五人，以拔贡王锡珍为首的采访者七十三人③，可见定远厅为纂修志书动用了大量的人力物力。但看似庞大的修志团队，最终决定权只在定远厅最高长官——同知余修凤一念之间。

非常可惜的是，余修凤为志书选择的编纂体例并不适应《定远厅志》纂修的实际需要。《定远厅志例言》载："爰仿李氏元度《平江志》义例，恭录诏谕于卷首，别为总目十有三，曰地理、曰建置、曰赋役、曰食货、曰学校、曰祀典、曰礼仪、曰职官、曰武备、曰选举、曰人物、曰五行、

---

① （清）余修凤撰：《创修定远厅志序》，光绪《定远厅志》卷首《序》，页一至二。
② （清）余修凤撰：《创修定远厅志序》，光绪《定远厅志》卷首《序》，页二。
③ 清光绪《定远厅志》卷首《创修衔名》，页一至五。

第五章 留坝、定远、佛坪方志的纂修

曰艺文。并仿康氏《武功志》例，以山川、城池之属并入地理，官署、市集之属并入建置，祠庙、寺观之属并入祀典，以纲统目，以简御烦[繁]，计为类十有三，卷二十有六，总二十余万言。"① 李元度，字次青，一字笏庭，自号天岳山樵，湖南平江人，咸丰二年(1852)投入曾国藩帐下，转战于江西、浙江、湖北、湖南等地，参与镇压太平天国运动，同治七年(1868)，授浙江盐运使、兼署布政使，"以道梗，均未抵任"。未几，被劾免，遂家居，整理读书札记，编成《国朝先正事略》。七年，被授云南按察使，以终养开缺回籍②。李元度注重乡邦文献且勤于著述，于同治十三年(1874)纂成《平江县志》。同治《平江县志》修成之后受到了一众人等的追捧。这其中即有同为平江人的余修凤。

《定远厅志》对《平江县志》的模仿可谓亦步亦趋，不仅卷次篇目刻意模拟，甚至《例言》也是对《平江县志例言》的缩略，较少改动，更少有发明。如上文所引《定远厅志例言》"并仿康氏《武功志》例"之言即出自《平江县志》。甚至有摘录错误之处，如《平江县志例言》载："郡县有志犹列国之有史，例皆恭录圣谕于简首，凡所叙述，皆上对朝廷，下对天下万世而言，故大吏一律书名。宋潜氏说友《临安志》首载诏令，此《春秋》书王正月之义也。"③《定远厅志例言》却将"潜说友"误抄作"潜说文"。《定远厅志例言》载："郡县志地理。地理，志之本也。治地理者首重舆图，其次则沿革。今师顾氏计里开方、胡氏虚空鸟道之法，绘制总图一、四乡图各一、城图一，衙署、学宫、坛庙诸图六"④，顾氏、胡氏不知所指何人。查《平江县志例言》载："郡县志于目录家属地理。地理，志之本也。治地理者首重舆图，其次则沿革。……国初，胡氏渭《禹贡锥指》、顾氏祖禹《方舆纪要》，其为图并计里开方，深契古法；而胡氏于虚空鸟道之说尤独得心解。今师其意画方计里，绘制总图

---

① 清光绪《定远厅志》卷首《例言》，页一。
② 按：李元度生平事迹详见赵尔巽等撰《清史稿》卷四三二《李元度传》（中华书局1977年点校本，第12319—12320页），又见王钟翰点校《清史列传》卷七六《循吏传三》（中华书局1987年版，第6292—6298页）。
③ （清）张培仁等修，李元度纂：同治《平江县志》卷首《例言》，页二，清同治十三年(1874)刻本。
④ 清光绪《定远厅志》卷首《例言》，页二。

· 167 ·

一、四乡图各一"①,如此才弄清楚胡氏指胡渭、顾氏则指顾祖禹,《平江县志》指二人皆擅计里开方绘图之法,《定远厅志》则把此法改为顾氏所独擅,非但文意不明,且扭曲原意。如此类似的问题屡见《定远厅志例言》。

例言问题仅是《定远厅志》编纂体例问题的开端。《定远厅志》选择跟随编纂水平不甚高明的同治《平江县志》,最终导致《定远厅志》重蹈编纂误区。二志最突出的问题,都是未能根据县(厅)级志书的文献体量,采取量体裁衣的办法,选取适合于县级志书所需的编纂体例;而是以省级志书的编纂体例强加于县志体量,导致志书头重脚轻、根基不稳。为了弥补这一缺失,又不得不大量掺入与志书不相干的文献内容,最终导致志书内容杂芜枝蔓。

以《定远厅志》而言,卷首《诏谕》收录自顺治元年《定鼎建元诏》,至咸丰三年《谕表章忠节诏》,共计四十余篇、五十余页。这些诏书确有劝谕百姓、士子之用,但与《定远厅志》本身毫无瓜葛。卷九至卷十一为《学校志》,其中与定远厅相关内容仅"学宫""学额""学地""书院""田钱""考棚""义学"等子目,且内容寥寥数语;但"尊崇典礼"、祭孔"位次""陈设""仪注""乐章""礼器""书籍"却占据了《学校志》的绝大篇幅,这些内容多摘自《大清会典》,与定远厅并无关联。同样的情况亦见卷十四至卷十七的《礼仪志》"公典""祭礼""丧礼""昏礼"的记载。卷二十至卷二三《选举志》花费大量篇幅介绍进士、举人、岁贡等历代科举、贡举制度。因此,《定远厅志》中存在大量与定远厅无关的文字,若将这些无关文献全部删除,二十万字的《定远厅志》当缩减至八万字以内。

余修凤为何要将与《定远厅志》毫不相关的文献纳入志书之中?一方面,确实是深受李元度《平江县志》编纂体例的影响。另一方面,则是由于余修凤对《定远厅志》的纂修寄托了深刻的政治寓意,而这种期待却是志书本身无法承受的。《定远厅志例言》针对《学校志》载:"定远山陬僻处,地瘠民贫,典籍缺如,几不知礼乐为何事。是用详稽《会典》,凡典礼、位次、牲币、器数、乐章之属,悉缀于篇。"② 针对《礼仪志》又载:

---

① 清同治《平江县志》卷首《例言》,页三。
② 清光绪《定远厅志》卷首《例言》,页三。

"伏读《大清会典》《通礼》《通典》诸书，萃《周官仪礼》之精，损益百王之法，实足以广教化而美风俗也。惜山郡偏隅，不能家置一编，甚有终身未获见者。兹检官民通行公典及祭礼、昏礼、丧礼之类，具著于简，俾良有司与邦之士民习乎其事而喻乎其志，庶几无失遵道遵路之义。"① 这些记述大体阐明了余修凤修志的具体思路，他更希望《定远厅志》汇聚各种积极向上的社会生活行为规范，并将这些行为规范切实转化为本地百姓社会生活奉行的基本准则。余修凤也知道这些官方提倡的礼仪名教要想在流民聚集的定远厅付诸实施绝非易事，这或许更加激发了将这些内容编入志书的动力，最终却造成了《定远厅志》冗繁杂乱的弊病。

### 三 编纂体例及文献价值

光绪《定远厅志》成书于光绪五年(1879)。全书共二十六卷，卷首一卷。扉页书牌题"光绪五年同治余修凤纂修。定远厅志。本衙藏板"。半叶十行满行二十四字，小字双行同，白口，左右双边，单鱼尾。卷首依次为余修凤《创修定远厅志序》《例言》《目录》《创修衔名》《诏谕》。因其卷次庞杂，仅据《地理志》简介其编纂体例。卷一《地理志一》，下列舆图一目；《地理志二》，下列沿革、沿革表。卷二《地理志三》，下列疆域、道路、乡里、市镇；《地理志四》，下列山、水、堰、滩潭。卷四《地理志五》，下列关隘、保甲、寨堡、古迹、古木、冢墓、义地、官山。卷五《地理志六》，下列风俗、苗俗、风土。由此可见，《定远厅志》卷次目录以事类名称命名，由于同一事类体量庞大，不得不拆分为若干卷次，卷次目录对同一事类既起到分解作用，也具有同一卷次之下的归纳作用。但由于该志卷次烦冗，不少事类与卷次的分配仍值得商榷。

以上虽对《定远厅志》的编纂体例多有批评，但是作为定远厅历史上第一部方志，其文献价值仍是值得肯定的。其一，志书注重舆地文献的编纂，《地理志》多达五卷，首次详尽绘制定远厅舆图，详细记录了境内山川道路、市镇民俗等诸多材料。其二，志书注重艺文搜集，编成《艺文志》文、诗各一卷，有关定远厅设置、城池、教育、景观、宗教文献一应俱全，确实花费了极大的功夫，值得充分肯定。其三，不回避社会丑恶，能够予以真实记录。卷五《地理志六》"风俗"记载"南山好赌，定

---

① 清光绪《定远厅志》卷首《例言》，页四。

远尤甚",对于流民社会普遍存在的问题并不刻意回避。其四,编纂者亦具有远见卓识的修志水平。"乾隆五十年,有贵州遵义府迁来苗民"①,《定远厅志》以"苗俗"一目详细记录这批移民的社会习俗;卷四《地理志五》又有"古木"一目,记录境内古树名木的名称、形状、方位及传说,亦是他志极少涉及的方面。

光绪十七年(1891),定远厅为响应朝廷纂修《大清会典》征集各地舆图的诏谕,按照"谕旨颁发《钦定舆图格式》《图说式》"以及测绘章程等具体要求,重新绘制定远厅全境地图。次年秋完成《续刻定远厅全图》,同知贺培芬作《续刻定远厅全图序》,附在光绪《定远厅志》卷一《舆图》之后,共有五页。此为光绪十八年增刻本,北京国家图书馆有藏本。《中国地方志集成·陕西府县志辑》及《中国方志丛书》均收录光绪五年《定远厅志》刻本。

## 第三节 清光绪《佛坪厅志》的纂修

### 一 《佛坪厅志》纂修过程

佛坪厅位于秦岭深处,是清代汉中府所辖县级行政单位中设立最晚的。清道光四年(1824),清廷置佛坪厅,添设佛坪厅抚民同知一员,"将盩厔县老君岭迤南,洋县华阳以北,及原拨盩洋县丞经营之袁家庄一带村庄,俱归同知管理,则于南山形式扼吭拊背,一切防奸缉匪、谳狱征粮,官民各得其便,声气亦复相通,实在险要岩疆,永得裨益"②。地处万山之中的佛坪厅的主要任务就是保障秦岭山内的社会安定、防治匪患的蔓延。

正是由于辖境蛮荒、流民众多,更无文士乡绅,"阅时少而典章未备,莅政者日劳于簿书,期会志窃未有遑焉",长期以来佛坪厅并未编纂志书。至光绪八年(1882),抚民同知刘煟到任之后方才开始了《佛坪厅志》的编修。"刘煟,字汉楂,四川铜梁(人)。监生。由军功保举同知。

---

① 清光绪《定远厅志》卷五《地理志·风俗》,页六。
② (清)卢坤撰:《会议添设佛坪厅治疏》,严如熤辑:《三省边防备览》卷十四《艺文下》,影印清道光二年(1822)刻本,《续修四库全书》第732册,第365—366页。

第五章　留坝、定远、佛坪方志的纂修

光绪八年任。"①刘煟在《创修佛坪厅志序》中自述修志过程："壬午夏，余承乏兹土。索掌故茫无以应。心忧甚。客乃告余曰：'文献无征，何以为治，子其举此废典乎？'余唯唯，又以寡闻为虑，爰广咨故老，搜辑往事，历一载，所得者类次为七篇：曰地理、曰建置、曰田赋、曰官师、曰人物、曰选举、曰杂记。"②《佛坪厅志》是同知刘煟利用一年时间搜集文献资料汇编而成。所得文献七篇，诸篇文献体量均不足成卷，故称"篇"不称"卷"。刘煟所撰序言作于"清光绪九年(1883)岁次癸未仲秋朔日"，可知光绪《佛坪厅志》刊刻于此后未久。

## 二　体例简约与文献价值

《佛坪厅志》共两卷，卷首一卷。扉页书牌为"佛坪厅志"四字，四周双边，无刊印年月。全志共一册。半叶九行二十二字，小字双行同。白口，四周双边。单鱼尾。卷首依次为刘煟《创修佛坪厅志序》、《目录》、《疆域图》、《厅城图》，卷一依次为地理、建置、田赋三篇，卷二依次为官师、人物、选举、杂记四篇。

刘煟作为编者自然意识到《佛坪厅志》篇目无多、文献单薄的问题。因此他自我宽慰道："自顾浅陋无文，未能博览册籍，聊存大略已耳。以云信而有征，足备采择则可。若云如浒西子核而有要、五泉子之详而不繁者，又梦寐之不及矣，奚止在霄壤哉？后之君子，谅其愚而继正焉，则余之素心也夫。"③浒西子为明人康海之号，五泉子为明人韩邦靖之号。康、韩二人于明正德年间分别编纂《武功县志》《朝邑县志》，因二志皆以文简事约、文字凝练流畅而著称。后人常将二志奉为修志楷模，《佛坪厅志》也充分借鉴了二志的编纂体例。正德《武功县志》共三卷，卷一分列为地理、建置、祠祀，卷二分列田赋、官师，卷三分列人物、选举④。正德《朝邑县志》共两卷，卷一为总志、风俗、物产、田赋四篇，卷二为名宦、人物、杂记三篇⑤。显

---

① （清）刘煟纂修：光绪《佛坪厅志》卷二《官师·同知》，页一至二，清光绪九年(1883)刻本。
② （清）刘煟撰：《创修佛坪厅志序》，（清）刘煟纂修：光绪《佛坪厅志》卷首《序》，页一至二。
③ （清）刘煟撰：《创修佛坪厅志序》，清光绪《佛坪厅志》卷首《序》，页二。
④ 正德《武功县志》卷首《目录》，页一，清道光八年(1828)党金衡慎德堂刻大字本。
⑤ 正德《朝邑县志》卷首《目录》，页一，清嘉庆元年(1796)是政堂刻本。

而易见，《佛坪厅志》将《武功县志》《朝邑县志》事类合二为一，又取《朝邑县志》以两卷、七篇的分类办法，最终编成二卷、七篇。

光绪《佛坪厅志》是佛坪历史上第一部志书，虽然篇目简略，但文献价值仍是值得肯定的。其一，对佛坪厅地理山川、城池市镇、田地赋税、官员人物等各方面的情况都有记录，这些记录皆是当时所见档案文献的汇编汇总。其二，卷二《杂记》所载文献虽为"补前六篇所未及，近于齐谐者"，但多是佛坪厅内自然、民俗的真实记录，可补史志之缺。如载佛坪厅境内农作物、物候情况，"境内夏无酷暑、冬极严寒，三、四月积冰甫消，至八月又霏霏下雪，低山重包［苞］谷，高处只宜洋芋、苦荍。荍、芋其收七月，包［苞］谷收八月，倘秋雨连绵，则数种无收矣！""光绪三、四年夏旱，山外俱无收，而山内包［苞］谷、洋芋、苦荍皆成熟，以地气阴森，不畏旱，常苦雨也。"① 又载："属治沙窝子有庙民李、吴、熊、马、王、陈六姓，系道光二十三年由贵州遵义府迁至。善药弩，谓为武侯遗法，发必中，中必伤人。同治间，贼犯苗寨，苗民发弩，伤其前锋，贼退，不敢复来。然性极古朴，男女躬耕，自食其力，从无争竞事。"② 由此可知，道光年间已有贵州苗族移民迁徙至秦岭深处定居。民国之后，佛坪厅改为县，厅城即改为县城。由于生态环境的恶化、匪患的加剧，至民国十四年（1925），佛坪县城迁至袁家庄，原老县城逐渐废弃，今为周至县厚畛子镇老县城村。《佛坪厅志》既是清代佛坪厅的最初记录，也是最后的回响。

《佛坪厅志》刻本仅有光绪九年（1883）刻本一种。至民国十八年（1929），佛坪县知事张机高将《佛坪厅志》更名为《佛坪县志》，又将卷首刘煐《创修佛坪厅志序》改头换面，替换成《佛坪县志序》，自云："今秋余承乏兹土。悉志创修于光绪同知刘君，迄今四十余载。旧板漫漶，考索无应。广咨故老，搜辑重付梨枣，以备采择焉。"序末署"中华民国十八年七月十四日。知佛坪县事邠县张机高序"③。但全志内容与《佛坪厅志》无异。该本未见刻本，仅见民国抄本。光绪刻本及民国抄本均见《中国方志丛书》《中国地方志集成·陕西府县志辑》收录。

---

① 清光绪《佛坪厅志》卷二《杂记》，页九。
② 清光绪《佛坪厅志》卷二《杂记》，页十。
③ 张机高《佛坪县志序》，《佛坪县志》卷首，影印民国十八年抄本，成文出版社1969年版，第1页。

## 第六章　金州及兴安方志的编纂

金州，"春秋时庸国地，战国时属楚。秦属汉中郡，汉因之。东汉末置西城郡，曹魏改为魏兴郡，晋、宋、齐因之"①。西魏"因其地出金，改金州，仍领魏兴郡"。隋、唐于此相继置西城郡、安康郡、汉南郡，至唐"乾元元年(758)复为金州"②，宋、元因之。"明仍为金州，属汉中府，万历十一年(1583)改曰兴安州。领县六"，领平利、石泉、洵阳、汉阴、白河、紫阳。"万历二十三年(1595)，改直隶布政"③，脱离汉中府管辖，称兴安直隶州。

### 第一节　明代金州、兴安州方志的编纂

明代金州及兴安州志书均已散佚无存，但我们可以通过康熙《兴安州志》卷首保存的旧志序言以及明、清书目相关著录，了解明代金州、兴安州的志书修纂情况。

---

① （清）顾祖禹撰，贺次君、施和金点校：《读史方舆纪要》卷五六《陕西五》，中华书局2005年版，第2707页。

② （宋）乐史撰，王文楚等点校：《太平寰宇记》卷一四一《山南西道九·金州》，中华书局2007年版，第2728页。

③ （清）顾炎武撰，谭其骧、王文楚等点校：《肇域志》，上海古籍出版社2012年版，第2817页。

## 一 郑福、普晖纂修成化《金州志》

康熙《兴安州志》卷首《旧序》第一篇为普晖所撰《创修兴安州志序》，作于"成化戊戌秋七月望日"，成化戊戌为成化十四年（1478），作者于序末自署"知白河县事垣曲普晖序"。可知此《创修兴安州志序》并不是由兴安州知州撰写，而是由兴安州下辖白河县知县撰写的。按照惯例，志书序言均应由地方长官请上级官员撰写，或由地方长官自行撰写，而绝不会由下级官员代作序言。况且至明万历十一年才将金州更名为兴安州，成化十四年何来《创修兴安州志序》之名呢？

细读该序则会发现其中端倪。序载："金州统五邑，曰洵阳，曰平利，曰汉阴，曰石泉，旧领也。唯白河为新开。旧志俱落，莫不悉无，乃道典有缺与！郡守深州郑公福首为此虑，以政事繁剧，不逮，索晖集。"① 文中提及的"郡守深州郑公福"即是金州知州郑福。明嘉靖《汉中府志》载："郑福，深州人也。成化中由监生知金州。时州治虽久，规矩制度多所未备。福廉正有为，先于抚字，上信下从。然后增修学校、建置公署。先是州治临汉江，数被水患，福相度东、西二关，筑万春、长春二堤，以障之。开市集商，以通货财，劝民力农，以务本业。后虎患杀人，福忧之，默祷于城隍，令虎手捕之，即杀虎，民患顿息。凡所兴作，费不告竭，而民不知劳。任满，州士民奉留，加秩参议，复任二年。"② 由此可见普晖所说郑福公务繁忙并非虚言。普晖作为白河县知县，其原意是成化十二年（1476）新置未久的白河县纂修志书，但由于金州所辖其余四县旧志久已无存，加之知州郑福忙于公务，遂将纂修《金州志》一事委于普晖。因此，志成之后，由普晖撰写序言亦在情理之中。康熙《兴安州志》又载："郑福，成化十三年知金州。"③ 普晖序言作于成化十四年，由此推测《金州志》编纂成书也仅在一年之间，且涉及金州及所辖五县文献资料。

---

① （明）普晖撰：《创修兴安州志序》，（清）王希舜修，刘应秋纂：康熙《兴安州志》卷首《旧序》，页一，清康熙三十四年（1695）刻本。
② （明）张良知纂修：嘉靖《汉中府志》卷六《宦迹传》，页二七至二八，明嘉靖二十三年（1544）刻本。
③ （清）王希舜修，刘应秋纂：康熙《兴安州志》卷三《名宦》，页六，清康熙三十四年（1695）刻本。

普晖对志书所涉事类也有较为详细的记录，序言云："志何为而作也？为志其形而下者也夫。志其形而下者，其山川、城池、物产、贡赋，与其公署、庙学、池亭、桥梁、寺观、井泉与？抑其溪涧、道里、铺舍、人物、名宦、诗文邪？盖兼有之，则形而上者亦在是矣！"① 由此可知成化《金州志》大致事类篇目。

## 二　郑琦纂修嘉靖《金州志》

明人《内阁藏书目录》载："《兴安州志》二册全。嘉靖丁亥，州守郑琦修。"② 清初黄虞稷《千顷堂书目》载："郑琦《兴安州志》。嘉靖丁亥修。守。"③ 嘉靖丁亥为嘉靖六年（1527），此时仍为金州，郑琦绝不会将志书命名为《兴安州志》。今康熙《兴安州志》卷首《旧序》收录郑琦《补修金州志序》，该序作于"嘉靖丁亥淳三月既望"，文末署"知金州事建业郑琦序"。亦可知郑琦纂修的志书应名为《金州志》或《补修金州志》。

郑琦在《补修金州志序》中详细记述了重修志书的经过，序载："嘉靖甲申（三年，1524），予始至金州，其疆域之辽迩，土地之肥硗，风俗之淳漓，生民之休戚，赋役之重轻，与夫古今人物、建置、沿革举无所知。访之旧志，佥曰'版籍残缺'。明年得成化间先守郑君福刊本，因知金州国初下邑四，成化时增置白河，而紫阳设于正德庚午（五年，1510）。里亦四，成化时增为十七，弘治末增为二十五，未几，析三里于紫阳，今实二十二。以今睹昔，不无有缺。又明年，见风土、贡赋、人物之日盛，藩臬守令设施之继举，较郑君时大不侔矣！琦忝州牧，不续志之可乎？爰采众识，付庠生王定之，汇次成编。"④ 郑琦嘉靖三年到任，四年寻得成化旧志，进一步了解金州所辖各县情况，嘉靖五年开始补修新志，至嘉靖六年完成《金州志》，前后共花费三年时间。

嘉靖新志着重对成化以来金州及所属各县的情况进行增补，如新设紫

---

① （明）普晖撰：《创修兴安州志序》，清康熙《兴安州志》卷首《旧序》，页一。
② （明）张萱、孙能传等撰：《内阁藏书目录》卷六《志乘部》，影印清迟云楼钞本。《续修四库全书》，上海古籍出版社1996年版，第917册，第99页。
③ （清）黄虞稷撰，瞿凤起、潘景郑整理：《千顷堂书目》卷六《地理类上》，上海古籍出版社2001年点校本，第176页。
④ （明）郑琦撰：《补修金州志序》，清康熙《兴安州志》卷首《旧序》，页二至三。

阳县的情况，在事类方面增补较多。"夫志以纪载，因类附增。至田亩惟以起科纪，著因土作贡之制也；屯田不以军政略，示兵出于农之法也。录户口见繁庶，现有可征；载徭役见财力，不宜尽取。表和公王氏之行，显忠节也；籍步亩间架之税，备稽考也。孝义虽无，犹题其目，望后人也。社仓虽废，犹详其事，存义举也。以今之有，补昔之无；以今之详，该昔之略，而志庶几成矣！"① 由此可见，嘉靖新志增补了民田、屯田、户口、徭役、税赋、社仓等与社会经济相关的内容，人物事迹方面又增加忠节、孝义。上述事类的增补与金州行政区划变更、人口迅速增长、田赋徭役变化密切相关，而如此巨大的变化又是在明代中后期湖广流民涌入金州这一历史大背景下发生的。因此，郑琦于序末感慨道："安知今日之所有不为后日之所无，后日之所增不为今日之所缺乎？"② 可谓一语中的。

### 三 胡天秩纂修万历十三年《兴安州志》

万历十一年(1583)四月"乙亥，金州大雨，河溢，城尽没"③。同年七月，"以陕西金州被水患，移州治于城南二里"④，八月，"改陕西金州为兴安州"⑤。金州城池濒临汉江，州治建于江南坡地之上，每逢汉江洪水肆虐之时，金州城便有覆灭之险。万历十一年汉江洪灾迫使金州州治迁址，朝廷不得不为其更名，以求庇佑。胡天秩正是在此背景之下开始了《兴安州志》的纂修。

康熙《兴安州志》卷首《旧序》收录胡天秩《改修兴安州志序》，该序作于"万历乙未夏四月朔"，文末署"知兴安州事东牟胡天秩序"。万历乙未为万历二十三年(1595)，可知胡氏所修《兴安州志》在金州更名十二年之后。胡天秩在序中简要介绍了新志的编纂背景。"兴安在陕东南，旧有志，癸未(万历十一年)汉水之变，典籍荡然，则志不可缺，亦不可缓。矧甲申(十二年)改金为兴安郡，且异名，志何可仍旧？余奉命莅州，甫两月，例当入觐，及旋，博访群籍，商同学正董际，训导袁尚

---

① （明）郑琦撰：《补修金州志序》，清康熙《兴安州志》卷首《旧序》，页三。
② （明）郑琦撰：《补修金州志序》，清康熙《兴安州志》卷首《旧序》，页三。
③ 《明神宗实录》卷一三六，"万历十一年四月乙亥"，台北"中央研究院"历史语言研究所1962年校印本，第2542页。
④ 《明神宗实录》卷一三九，"万历十一年七月癸卯"，第2597页。
⑤ 《明神宗实录》卷一四〇，"万历十一年八月壬子"，第2603页。

纪、周鲁，采旧志、询耆献，删繁就简，釐而序，序而类。令生员李进芳、杨以桴校雠之。"① 胡天秩纂修《兴安州志》一方面是由于水灾过后，金州旧志文献无存，亟待整理重编；改设兴安州之后，亦当有志书传世。另一方面，自嘉靖六年《金州志》修成，至万历二十三年，已近七十年时间。时移世易，金州社会诸方面的情况亦发生了较大变化，这则是胡天秩新修志书的内在原因，这些显见的变化在其《改修兴安州志序》中有明确记载：

> 夫志者，一方实录也。自嘉靖丁亥郑守琦修刻，抵今未六纪，其土田、形胜不减也，户口、贡赋尤过也。而风俗远不及嘉靖之世，岂真江河之趋，不可返乎？盖嘉靖时，其民淳则安于无事，故财力培而长厚之道崇。今囊橐付之河伯矣，血力委之土木矣！民苦荒歉，奔波亡命，始竞儇巧，以偷生闪避，与嘉靖不相及。非真民心之过，财匮力竭，势不得不然耳。虽然顾上之所处，何如耳？吾以勤率，俾民力于耕作；吾一俭率，俾民甘于节省，需之岁月，民心虽愚，必有向风挽辙，可回气运于万一云。②

金州诸地百姓惨遭水患之后，困于赋税徭役、疲于奔命的场面必然是胡天秩亲眼所见。国家财政匮乏便将重赋强加于百姓，百姓为逃避赋役不得不狡黠偷生，从而导致金州土田、户口不减，但逋赋日益严峻的局面。这应当是胡天秩纂修《兴安州志》的深层次原因。

## 四　许尔忠、李正芳纂修万历四十五年《兴安州志》

明万历四十五年(1617)，兴安州知州许尔忠再度重修《兴安州志》。今康熙《兴安州志》卷首《旧序》保存万历四十五年志书序跋四篇，分别为陕西布政司右参政、分守关南道吴愈所撰《重修兴安州志序》，陕西按察司副使、分巡关南道吴维东所撰《重修兴安州志序》，许尔忠所撰《重修兴安州志序》，平利县知县陈说言跋及石泉、汉阴、洵阳、白河、紫阳五县知县同跋《重修兴安州志跋》。

---

① （明）胡天秩撰：《改修兴安州志序》，清康熙《兴安州志》卷首《旧序》，页四。
② （明）胡天秩撰：《改修兴安州志序》，清康熙《兴安州志》卷首《旧序》，页四。

吴愈《序》作于"万历丁巳(四十五年)八月既望",文中自称:"丁巳夏,由民部奉简书,分藩兹土。……稽掌故于州守许君。守曰:'州故有志,拟薙庞杂,勒一家言。'无何,以所修六卷请予翻阅。"① 吴维东《序》作于"万历丁巳仲秋",文载:"州守许君发其意于州志,凡六卷。"② 二人都均指《兴安州志》由知州许尔忠修,共六卷。

许尔忠《序》作于"万历四十五年七月十五日",序末署"知兴安州事井陉许尔忠序"。文中从民风变迁的视角系统回顾了有明一代金州及兴安州志书编纂历程。

> 兴之有志,创自郑州守福,时则其民淳、其俗朴。阅四纪,郑州守琦复有增补,时则其民衍、其俗裕。再四纪有八载,阳侯肆虐,城市为沼,改治更名,因穷则变之时也。又十载,胡州守天秩重修时,则其民瘠、其俗漓。缘漂流之余,疮痍未瘳,时势然也。丙申,直隶于省,免奔供之繁,埒八郡而九。休养生息二十余年,又变则通之时也,而瘠也、漓也日甚,岂流风逝波,不可返耶?亦水旱频仍,劳来安集,未尽其道耶!③

文中丙申为万历丙申,即万历二十四年(1596),一说此年为兴安州由散州改为直隶州之年。兴安直隶州的设立并没有改变"瘠漓日甚"的局面,许尔忠到任之后,"观批峦带堑,广轮千里,比即事百废蝟集,环瞩蒿目,思与百姓更始,惟无以道髓髀",不得不求助于旧志探究兴安州历史变迁,为改变兴安州现状提供参考。翻阅旧志之后,虽"得起肯綮"但旧志"旧事不载,新事且缺"。许尔忠因而有修志之举。"嗟嗟一州之不知,何以治州?于是集群书、咨耆宿,付学博李正芳编纂之,缺者葺、略者详、芜讹者厘正,而所守之事若烛照数计,傥亦所谓挈其裘领者乎?通变宜民,又在设诚而致行耳,如曰夸多斗靡,忠何敢?"④ 由此可见,

---

① (明)吴愈撰:《重修兴安州志序》,清康熙《兴安州志》卷首《旧序》,页五。
② (清)吴维东撰:《重修兴安州志序》,清康熙《兴安州志》卷首《旧序》,页六。
③ (清)许尔忠撰:《重修兴安州志序》,清康熙《兴安州志》卷首《旧序》,页七至八。按:原书个别文字不清,据清嘉庆《续兴安府志》卷首《旧序》所录许尔忠撰《州志旧序四》补(页八至九)。
④ (清)许尔忠撰:《重修兴安州志序》,清康熙《兴安州志》卷首《旧序》,页八。

许尔忠主持编修《兴安州志》其意图则在施政所需。

序中编纂《兴安州志》者"学博李正芳"为兴安州学正。康熙《兴安州志》载："李正芳，富平人。重修志书。"① 故明人祁承爜《澹生堂藏书目》载："《兴安州志》六卷。李正芳。"② 清人黄虞稷《千顷堂书目》载："李正芳《兴安州志》六卷"③，亦指许尔忠修、李正芳纂万历四十五年《兴安州志》。

## 第二节　清代兴安州及兴安府志书的编纂

### 一　高寄编纂康熙二十三年《兴安州志》

清代首部《兴安州志》是由寓居兴安的高寄自行编纂的。"高寄，一名咸，字众偕，江南武进人。好读书，工吟咏。负才疏放，寓兴四十年，搜罗往事，自成郡志，刊刻成书，至今得所考焉。"④ 高寄所撰《重修兴安州志序》作于"康熙岁次阏逢困敦孟春朔旦"，即为康熙甲子（二十三年，1684）正月初一日。序中高寄详细叙述了自己移居此地、编纂州志的全过程。序云：

> 岁在庚寅（顺治七年，1650），门生董巽祥选紫阳知县，邀请同来。得见兴安旧志刻本，止于明万历丁巳（四十五年，1617）。自后来往不常。壬寅岁（康熙元年，1662）复求刻本不得，止[只]得抄本。即访问讲求，删其芜鄙、更其讹舛、补其阙略，录成草稿。甲寅岁（康熙十三年），寓平利花栎冈，再加订正，增入唐以来名人题咏数百余首，手自楷书，携至州城，将谋剞劂。明年乙卯（康熙十四年）元宵兵变，仓皇奔避，侨寓平阳。庚申（康熙十九年），再来。于营丁之家得前所修草稿，而楷书善本则杳然

---

① 清康熙《兴安州志》卷三《职官》，页十。

② （明）祁承爜著，郑诚整理：《澹生堂藏书目》史部下《图志》，上海古籍出版社2015年版，第405页。

③ （清）黄虞稷撰：《千顷堂书目》卷六《地理类上》，第177页。

④ 清康熙《兴安州志》卷三《寓贤志》，页二。

不可问矣。州地屡经兵燹，文献无征，于今尤甚，而此稿尚存则犹为深幸也。遂据旧所见闻，悉为增补，又得旧邻朱正色送还予昔年所录诗文稿一部，而前人题咏失遗过半，可慨也已！讫辛酉（康熙二十年）春，抄誊甫竟，自念影逼桑榆，志稿未刻，将来绝传，所关匪细，即为勉力捐刊，犹自惧其挂漏，后之阅此者恕其狂瞽，加之是正，虽一日千秋可矣！①

清顺治七年（1650），高寄门生董巽祥出任紫阳县知县，邀其一同前往紫阳赴任。此后高寄即关注兴安旧志的搜集，并对旧志进行增删，又自行增补唐以来诗歌。康熙十三年（1674）高寄将书稿携至兴安州，不料即将付梓之际，突遇兵变，"是年镇兵鼓噪，总镇王怀忠罹害，遂为吴逆叛党所据，大乱者五年"②，吴三桂叛军占据汉南日久，直到康熙十九年战乱平息，高寄才得以重返兴安，寻找志稿，又经志稿誊抄、募集资金，才最终于康熙二十二年刊刻成志。高寄于康熙二十三年正月初一日撰成《重修兴安州志序》以记录个人编纂志书的艰辛经历。

高寄以一人之力独撰《兴安州志》，并没有任何官方背景。与此同时，新任知州李翔凤也正为兴安州无志书而忧心忡忡。李翔凤自述："今上二十一年，予由芷阳量移兴安，明年春始受事。念州虽万山丛亘，僻处关中之一隅，而直隶藩司，与八郡并列。间稽前史，虞舜侧微而居妫汭，武王东征而命庸人。……盖东南之上游，而西土之雄障也。第州被兵，村郭鞠为茂草，民献凋谢，询因革损益之宜，鲜有知者，窃不自揣，欲广蒐遗闻，勒诸铅椠，而旧志久毁，无所考信。"正在李翔凤无所适从之际，听闻刘姓诸生有稿本进呈。"诸生刘子体元，名应秋者，淹雅之士也。以稿本进，将拟厘正，以授梓人。"与此同时，高寄也将新刻《兴安州志》呈送李翔凤，请李氏作序，"适毗陵里选高君众偕赍所纂新刻州□七帙。阅其引据与刘本略同，问之，则体元其从游□。前空数简，属序"③。李翔凤应高寄之请，"康熙二十有三年夏五月"作《重修兴安州志序》置于

---

① （清）高寄撰：《重修兴安州志序》，清康熙《兴安州志》卷首《旧序》，页十一至十二。
② 清康熙《兴安州志》卷三《灾异志》，页四。
③ （清）李翔凤撰：《重修兴安州志序》，清康熙《兴安州志》卷首《旧序》，页十至十一。

志书卷首，刘应秋稿本修改刊刻之事遂告终止。

李翔凤对于高寄《兴安州志》的评价并不甚高。"高君之志为目二十有七，于史之义几备焉。然今通志、州县志大较若此，高君仿而为之，非创也。"指出该志是采用清初志书通行模式进行编纂的，体例方面并非原创。但高寄以客居身份为兴安州编纂志书的精神值得肯定，"高君南产，旅居汉干，年垂古稀，犹瞿瞿朝夕，手编斯集，可谓好学之笃、老而孚衰，进业之勤，随地而又获者矣！且鸠工剞劂，自捐幕[募]资，举而必成，贫而忘己，用心殆不可及也。予忝守是邦，而高君为其先难同乐，得而序之，庶几后之征信者得所考云耳"。①

高寄《兴安州志》已散佚无存，仅知该志共七册、二十七目，体例与清初通行志书体例无异。刘应秋志稿虽未能印行，但此后未久刘应秋即参与编纂康熙三十四年（1695）《兴安州志》，高氏志书与刘氏志稿共同成为后者的文献基础与来源。

## 二　王希舜、刘应秋纂修康熙三十四年《兴安州志》

康熙三十四年修成的《兴安州志》是目前所见最早的兴安地方志，也是唯一一部仍以"兴安州"命名的方志。该志由知州王希舜主持纂修，州判石潇参与编定，主要编纂工作则由贡生刘应秋、太学生穆坤二人完成。今康熙《兴安州志》卷首依次有王希舜、石潇、刘应秋、穆坤四人所撰重修州志序言，为我们研究志书的编纂过程提供了较为翔实的文献。

"王希舜，字梅侣。康熙三十二年（1693）任"②，其到任之时正是汉江水灾之后，"癸酉（三十二年）夏，值江水之泛涨，冲陷者一望几成邱墟也"③，"城市、衙署俱为一空"，王希舜"捐资修建，又佣夫筑惠家口、石佛庵诸处堤岸，修仁寿桥以御水患"④，至康熙三十四年"天子命征通属志书，将以上之国史。而我兴安遭屡变之后，殊形异势，文献无征，其何以成百年之基业，而副熙世之采择也哉"？⑤ 王希舜因忙于政务，便将

---

① （清）李翔凤撰：《重修兴安州志序》，清康熙《兴安州志》卷首《旧序》，页十一。
② 清康熙《兴安州志》卷三《职官》，页十五。
③ （清）王希舜撰：《重修兴安州志序》，清康熙《兴安州志》卷首《王序》，页三。
④ 清康熙《兴安州志》卷三《职官》，页十五。
⑤ （清）王希舜撰：《重修兴安州志序》，清康熙《兴安州志》卷首《王序》，页三。

修志具体工作委托给州判石潇。

"石潇,字邵庵,苏州嘉定人。例监。康熙三十二年任"①,他到任五日,恰逢汉江洪水来袭,"江水泛溢城堤,衙舍、庙寺、民居漂不可胜纪",图书文献更是漂没殆尽,"即有蠹简遗编之一二仅存者,亦已尽付之波臣矣",加之"兴安僻在万山,前此屡经兵燹,图籍掌故丧如也"②。石潇要为志书纂修寻找文献难度极大,石潇先是前往西安,"蒐罗载籍于古长安,得全省通志,阅之颇悉大概";回到兴安之后,"更从积案中得前刺史遗郡乘写本一帙与高君众偕前所辑州志一册"。《陕西通志》与兴安旧志都有了着落,本该是一件令人高兴的事情,但新的问题随之出现,"间亦窥其总领,第张本零落、水痕渐渍,迄无以辨;抑又今昔殊观,形尚迥别,所见异辞、所闻异辞、所传闻异辞,以视通志所称,又何以问耶?"③ 一方面,所见《兴安州志》卷次不全、水渍严重,无法卒读;另一方面,《陕西通志》与兴安州旧志的记载相互牴牾,导致石潇无从辨别,陷入无所适从的境地。

王希舜、石潇等人适时邀请刘应秋、穆坤(简臣)二人参与其中,使得志书编纂难题得以解决。"适本郡刘子体元博洽之士也,所留心者已久。而穆子简臣以吴下不羁生入洵阳幕府,寻从刺史公游,其所识极广。乃并请于王公致之馆,俾有所述、即有所正,而王公为之纂其成",石潇则得以"参互考订之列,相与釐定而编次之"④,最终完成了《兴安州志》的编纂。刘应秋亦云:"与诸同人各以杖履之所经历、耳目之所睹闻,较同改异,质之王公。……阅寒暑而成书,为目二十有八,各有总论,详著其利弊。"⑤

王希舜《重修兴安州志序》作于"康熙三十四年(1695)乙亥十一月吉旦"。刘应秋《兴安州志后序》作于"康熙乙亥冬杪",冬杪又称杪冬,则为康熙三十四年十二月。穆坤《兴安州志后序》作于"康熙乙亥仲冬",则为康熙三十四年十一月。由此推断,该志书当成书于康熙三十四年年末。

---

① 清康熙《兴安州志》卷三《职官》,页十七。
② (清)石潇撰:《重修兴安州志序》,清康熙《兴安州志》卷首《石序》,页一。
③ (清)石潇撰:《重修兴安州志序》,清康熙《兴安州志》卷首《石序》,页二至三。
④ (清)石潇撰:《重修兴安州志序》,清康熙《兴安州志》卷首《石序》,页三至四。
⑤ (清)刘应秋撰:《兴安州志后序》,清康熙《兴安州志》卷首《刘后序》,页三。

康熙三十四年《兴安州志》共四卷，卷首一卷。全志共四册，半叶八行二十字，小字双行同，白口，四周双边，单鱼尾。卷首依次为王希舜、石潇、刘应秋、穆坤四人序，明以来《旧序》九篇，《修志姓氏》《凡例》《兴安州志总目》。卷一分列天文、疆域(附舆图)、建置、山川等四志，卷二分列公署、城池、学校、祠祀(附寺观)、田赋(附盐法、茶法、驿传、杂项)、户口(附里甲)、关梁、堤堰、古迹(附陵墓、八景)、兵防、风俗等十一志。卷三分列职官(附忠烈)、名宦、乡贤、孝义、节烈、选举、武科、人物、寓贤、土产、灾异、仙释等十二志。卷四为艺文志(附题咏)。总计二十八卷，三十九则。由此可见，康熙三十四年《兴安州志》采取以事类为志，并辅以卷次的编纂体例，各志页码独立，而不采取各卷统编页码的方式，亦可见各事类的独立性。除卷首与卷一合为一册外，其余各卷单独成册。

作为目前所见最早的兴安地方志，康熙《兴安州志》具备文物与文献双重价值。目前仅北京国家图书馆有藏本，早已列入古籍善本书目①。其文献价值则体现在志书文献的唯一性，大致可作三个方面的解读。

其一，康熙《兴安州志》较为系统地记录明初以来至清康熙年间，金州、兴安州政治、经济、文化、军事、城市、社会、人物诸多方面的情况，各个方面文献自成体系，是研究兴安州历史不可或缺的重要文献。且各志之后均辅以"王希舜论曰"，加以系统归纳总结。

其二，志书编者重视山川、城池、户口等篇目的古今异同，并能够加以系统完善。如《凡例》载："山川，《通志》所载不过寥寥数处，仅存其名。兹志中则八方序列，而水则以汉水为条贯，庶几纲举目张，足供卧游。""城池，既已迁建，则志书例应改修，不然新城既口、旧志沦亡，俨然百雉无志可稽，何以彰圣朝大典？今自明季以来，凡波荡经营，悉详载之。""户口，时移世异，而尚载前代额数者，良以兵燹之后，人民十去其九，按籍阅之，目击心伤而休养煦育之，罔不至焉，以之追踪往昔，俟之十年生聚之后乎！"②

其三，保存诸多不同于通志、正史的文献记载，供后人查疑参考。如

---

① 北京图书馆编：《北京图书馆古籍善本书目》，书目文献出版社1987年版，第656页。
② 清康熙《兴安州志》卷首《凡例》，页一至三。

万历《陕西通志》载兴安州于"万历二十五年直隶陕西布政使司"①，《明史》则载：万历"二十三年直隶布政司"②。康熙《兴安州志》则载：万历"二十四年丙申，州人以十不便条议呈准，以兴安州直隶陕西布政司"③。又如《明史》载：兴安州"旧治在汉水北，后迁汉水南。万历十一年又迁故城南三里许"④，该记载易使人误认为明代金州州治初在汉水北，后迁汉水南。查康熙《兴安州志》并无旧治在汉水北的记载，只云"宋元以来金州并为土城"⑤。治所在汉江之北则是指两汉时的西城故城，《太平寰宇记》载：西城"故城即汉之西城，今州西北四里汉江之北，西城山之东，魏兴郡故城是也"⑥，由此得以勘破正史之含混。

不过，康熙《兴安州志》只记载兴安一州文献，并不涉及兴安州所辖六县的情况，这是需要读者注意的。直到乾隆《兴安府志》纂修之时才将所辖六县纳入府志之中。

### 三 吴六鳌、李国麒纂修乾隆《兴安府志》

清乾隆四十七年（1782）正月，陕西巡抚毕沅将筹谋已久的《兴安升府疏》呈请乾隆皇帝御览。毕沅在奏疏中指出："陕西兴安直隶州濒临汉水，背负终南，为秦蜀之关键，亦荆襄之门户，万山重叠，实系四塞奥区，形势最为险要。该州管辖平利、洵阳、白河、紫阳、石泉、汉阴六县，通计地方四千余里，从前俱系荒山僻壤、土著无多。自乾隆三十七、八年以后，因川楚间有歉收，处所穷民就食前来，旋即栖谷依岩、开垦度日，而河南、江西、安徽等处贫民亦多携带家室来此认地开荒、络绎不绝，是以近年户口骤增至数十余万。五方杂处，良莠错居，迩来风俗刁悍，讼狱繁兴，命盗案件甲于通省，兼有外来无业匪徒，因地方僻远，易于匿迹潜踪，出没无定。"兴安州流民人口激增、社会环境复杂、治安状

---

① （明）李思孝修，冯从吾等纂，陕西省地方志办公室整理：万历《陕西通志》卷二《建置沿革中》，影印明万历三十九年（1611）刻本，国家图书馆出版社2017年版，第1册，第208页。
② （清）张廷玉等撰：《明史》卷四二《地理三》，中华书局1974年版，第1010页。
③ 清康熙《兴安州志》卷一《沿革》，页十。
④ 《明史》卷四二《地理三》，中华书局1974年版，第1010页。
⑤ 清康熙《兴安州志》卷二《城池》，页一。
⑥ 《太平寰宇记》卷一四一《山南西道九·金州》，中华书局2007年版，第2730页。

况恶化，引起了陕西省主政官员的高度重视。毕沅因此建议："该州品秩稍卑，办理恐形掣肘，必须将兴安州升为兴安府，改设知府，方足以资弹压。"①

至乾隆四十七年九月，经"吏部议覆，陕甘总督李侍尧奏称：陕省兴安州，形势险要，户口较前增至数十倍，请改为兴安府，兼设抚民通判，并于县属分设佐杂等员。应如所请。从之"②。

兴安府的设立是清代陕西行政区划调整的一件大事，方志必然要有所记述。乾隆《兴安府志》就是在这一背景之下应运而生的首部兴安府府志。乾隆《兴安府志》由知府吴六鳌首修，"吴六鳌，江西宜黄人。举人。乾隆四十八年任"③，至乾隆五十年卸任时，吴氏已有志稿在案。

乾隆五十三年（1788），李国麒出任兴安府知府。在翻阅了王希舜《兴安州志》及各属县志书之后，李国麒认为："康熙年刺史王所修州志又以疏讹颇多，难于依据，各县志内唯《洵阳志》辑于邑令邓梦琴之手，网罗博洽，成一家言。余汉阴、平利、紫阳诸志仅可取资、未为善本；白河、石泉并无刊本，但购得缮［善］本，又复缺略。故府志前无可因，发凡起例俱系创始，编辑较他郡倍难也。"④待李国麒查阅吴六鳌志稿时发现"其所禀为程式者，惟雍正十三年刘文怡［恪］、史文靖奉敕纂修《陕西通志》一书，而至于详略异宜"，因此有重新审订续辑之举，"予又旁征图籍，博考经史，以期征信，不敢以臆见妄参，贻笑大雅，阅数月而其志以成"⑤。

李国麒认为王希舜《兴安州志》难于依据，主要是因为后者常常出现与清修正史、政书不一致的记载。而李国麒所说重订吴六鳌志稿时间并不充裕，李氏自述："戊申春，予奉命移守是郡"，即在乾隆五十三年春；而李氏《兴安州志序》作于"乾隆五十三年戊申八月吉旦"，重订续辑也

---

① （清）毕沅：《兴安升府疏》，（清）严如熤辑，张朋盼续辑：《三省边防备览》卷十七《艺文下》，页三至四，清道光十年来鹿堂刻本。
② 《清高宗实录》卷一一六四，"乾隆四十七年九月壬寅"，影印清内府钞本，《清实录》第23册，中华书局1987年版，第599页。
③ （清）李国麒纂修：乾隆《兴安府志》卷十三《职官志下·兴安知府》，页十八，清道光二十八年（1848）刻本。
④ （清）李国麒撰：《兴安府志序》，清乾隆《兴安府志》卷首《兴安府志序》，页一。
⑤ （清）李国麒撰：《兴安府志序》，清乾隆《兴安府志》卷首《兴安府志序》，页二。

仅有六七个月的时间。要在短期之内完成一部涵盖一府五县的府志修订，只能是在吴六鳌志稿基础上小修小补而已。

乾隆《兴安府志》共三十卷。卷首为《兴安府志全图》、《分野图》、李国麒《兴安府志序》、《凡例》、《目录》。以上内容虽不在正文之内，但《目录》却将《府总图(分野附)》列在卷一之首。全志以事类划分卷次，由于府志体量较大，同一事类往往需要分为数卷。卷一至卷三《地理志》，有沿革表、沿革考、释名、疆域、形胜等子目。卷四、卷五《建置志》，有城池、公署、关镇、桥渡、驿传、营制等子目。卷六至卷八《山川志》，有汉川考、山、川、水利等子目。卷九至十一《食货志》，有蠲赈、户口、田赋、积贮、课程、盐茶、物产等子目。卷十二、十三《职官志》。卷十四、十五《名宦志》。卷十六《学校志》，风俗附。卷十七《祠祀志》，寺观附。卷十八、十九《选举志》，封荫附。卷二十至二二《人物志》，有列传、治行、文学、忠节、孝友、义行、耆硕、流寓、释道、列女等子目。卷二三、二四《史事志》，祥异附。卷二五至二八《艺文志》，分文、诗各两卷。卷二九、三十《古迹志》，拾遗附。"共离为十三门，其附见各门者亦多取事类相近云。"①

注重征引文献的标注是乾隆《兴安府志》的一大编纂特点，亦可见乾嘉考据学对方志编纂的影响。"志内引用诸书，俱先将书名标出，或一事内多所引证，悉以文义为先后，兼有自出已见者，用案以别之，或双行小注，恐涉混淆也。"据此考察乾隆《兴安府志》征引书目确实丰富多彩，除历代史志之外，又有明代兴安州知州许尔忠《州志图说》、李正芳《图经说》等已失传的地方文献。

乾隆《兴安府志》是兴安升府后的首部志书，较为全面地记录了明清以来兴安地区各方面的状况，志中文献往往因为所辖各县志书的缺失而显得尤为重要。但志书校勘不细、文字疏误较多，《艺文志》首篇为毕沅《兴安升府奏疏》，如此重要的文献也存在错字漏字，实属不该；又如引文错误，将《兴安州志》所载万历"二十四年丙申，州人以十不便条议呈准，以兴安州直隶陕西布政司"②，误作万历二十年③。此类错误屡见，

---

① 清乾隆《兴安府志》卷首《兴安府志凡例》，页一。
② 清康熙《兴安州志》卷一《沿革》，页十。
③ 清乾隆《兴安府志》卷二《地理志·兴安府沿革考》，页九。

对志书品质造成了一定影响。

乾隆《兴安府志》共有三种版本。一为乾隆五十三年（1788）刻本。一为道光二十八年（1848）重刻本，濯汉山房藏板；一为咸丰三年（1853）知府、大竹人王履亨重刻本，来鹿堂藏板。后两种均是据乾隆刻本模刻，故而三者差异并不明显，均为半叶十一行，二十二字，小字双行同，黑口，左右双边。道光重刻本卷十三《职官志》"兴安知府"最末增补一人"王应芬，山东进士，乾隆五十五年升任"；同卷"通判"最末一人为朱恂，"乾隆五十一年署任"①。咸丰重刻本"通判"朱恂之后又增加一人"宋有辉，乾隆五十四年署任"，"通判"之下又加小字注释："于乾隆五十四年奏请改为抚民通判，是年奉准部覆其旧制，汉阴仍归通判管辖"②。可知，自乾隆五十三年《兴安府志》刊刻之后，后任官员又在原刻书板上剜补增刻文字，道光、咸丰重刻本仍是根据不同时期的乾隆刻本重刻的。道光重刻本《兴安府志》见《中国地方志集成·陕西府县志辑》收录。《美国哈佛大学哈佛燕京图书馆藏善本方志书志》著录有清乾隆刻本《兴安府志》③，卷十三《秩官志》则与咸丰重刻本无异。

### 四　叶世倬纂修《续兴安府志》

《续兴安府志》成书于嘉庆十七年（1812），由兴安府知府叶世倬主持纂修。叶世倬，江宁府上元县人，嘉庆十二年冬出任兴安府知府。此时距乾隆四十三年纂修《兴安府志》不到二十年时间，本没有续修志书的紧迫性。

但二十年间兴安府所经历的社会大动荡，使得续修志书成为一件较为紧迫的大事。"兴郡负山滨江，为四塞奥区。自嘉庆元年白莲教匪倡乱以来，常依为逋逃薮，遭蹂躏者九载，其间阵亡官兵、乡勇以及临难捐躯之士民、妇女所在多有"④，为川陕白莲教起义期间兴安战乱留下纪事，为殉命兴安士子百姓记录姓名事迹，是叶世倬续修《兴安府志》的重要目

---

① 清乾隆《兴安府志》卷十三《职官志下》，页十八，清道光二十八年（1848）刻本。
② 清乾隆《兴安府志》卷十三《职官志下》，页十八，清咸丰三年（1853）刻本。
③ 李坚、刘波编著：《美国哈佛大学哈佛燕京图书馆藏善本方志书志》，国家图书馆出版社2015年版，第777—778页。
④ （清）叶世倬撰：《续兴安府志叙》，叶世倬纂修：嘉庆《续兴安府志序》卷首，页三。

的。此外，随着时间的推移，乾隆《兴安府志》涉及"建置、食货、职官诸门继因便俗宜民，亦多更易，皆不可以无传"，故而在叶世倬到任之后就忙于稽核文献、访询耆老，为续修府志做准备工作。

在续修府志过程中，邑人董诏（朴园）起到了非常重要的作用。董诏藏书丰富，藏有清初高寄《兴安州志》，且熟稔汉南地方文献，"旧撰有《读志脞说》一书，分刊误订讹、补遗，增封建、兵防、外志，凡五门"，叶世倬将董诏延请入局，成为《续兴安府志》的编纂主力，最终确定续纂体例，"一遵原志，惟增《昭忠》《节烈》两门，缺者补之，讹者正之，凡八卷，阅期年而成"。叶世倬于嘉庆十七年三月撰写《续兴安府志叙》，又请致仕返乡的洋县籍进士岳震川撰写序言一篇。最终完成了府志重修事宜，命名为《续兴安府志》。

《续兴安府志》共八卷，卷首一卷。全志二册，半叶十一行，二十二字，小字双行同，黑口，左右双边。卷首依次为岳震川《续兴安府志序》、叶世倬《续兴安府志叙》、《旧序》、《目录》。其中《旧序》包括明代普晖、郑琦、胡天秩、许尔忠，清代高寄、王希舜等六人为《金州志》《兴安州志》撰写的序言。卷一为《疆域志》《建置志》，《建置志》有城堡、坛庙、公署等子目。卷二为《食货志》，有蠲赈、户口、田赋、课税、土产等子目。卷三《职官志》。卷四《学校志》《书院志》《选举志》《乡饮志》。卷五《昭忠志》。卷六《义烈志》，有子目"纪事"。卷七《艺文志》。卷八《补遗》。叶世倬在《续兴安府志叙》中指出《昭忠》《义烈》为新增，其实《书院》《乡饮》二志也是乾隆旧志未有的篇目。

卷八《补遗》全称《府志补遗》，单独编有目录，"《建置志》补二条。《祠祀志》补一条。《封爵志》补七人。《职官志》补六十五人。《选举志》补一人。《人物志》补遗［一］人，附《杂传》一人。《寓贤志》补二人。《史事志》补廿三条。《山川志》补堤堰。《艺文志》补文五、诗廿四。《拾遗志》补七条。附'订讹'二十九则"。该卷应是董诏《读志脞说》一书的精华汇编，主要是对乾隆旧志的文献缺失与错误进行补充、订正。

《续兴安府志》编纂细致、考订精审，既补二十年间兴安府大事纪年，又记录其间兴安府众多人物事迹，并且能够有意识地保存明清旧志序言、考订旧志谬误，秉持对历史、对后代负责的修志精神，可谓志书续修之典范。《续兴安府志》共有三种版本。一是清嘉庆十七年（1812）刻本。

一为道光二十八年(1848)重刻本,濯汉山房藏板;一为咸丰三年(1853)知府王履亨重刻本,来鹿堂藏板。道光、咸丰两次重刻都是作为乾隆《兴安府志》的附属志书,与乾隆旧志一并重刻的。咸丰重刻本《续兴安府志》见《中国方志丛书》收录。《中国地方志集成·陕西府县志辑》亦收录《续兴安府志》。

# 第七章　安康、汉阴方志的编纂

## 第一节　郑谦、王森文纂修嘉庆《安康县志》

### 一　乾隆四十七年新设安康县

安康县是兴安府附郭县。按照明、清两朝惯例，直隶州、散州皆不设附郭县，因此，明代的金州及兴安州都没有附郭县的存在。清乾隆四十七年（1782），兴安直隶州升为兴安府，而府城必须设立附郭县，兴安州升府自然要解决附郭县的问题。陕西巡抚毕沅提议："将州属之汉阴县，改为附府首县，查兴安系古安康郡地，应请即名为安康县，将州辖地方归并管理。……至汉阴旧治在兴安迤西一百八十里，未便乏员，应另设兴安府通判一员驻扎此地，专司捕盗、缉匪及查拿地方私贩盐茶、私宰私烧、赌博挞降等事。"① 由此可知，安康之名源于古安康郡，但兴安府附郭县命名为安康县，也就是近二百年间的事情。

### 二　《安康县志》的编纂过程

由于安康县设立未久，又与兴安府府城同城，安康县历史上仅纂修过一部县志。清嘉庆年间，兴安府知府叶世倬主持纂修《续兴安府志》之

---

① （清）毕沅：《兴安升府疏》，（清）严如熤辑，张朋弣续辑：《三省边防备览》卷十七《艺文下》，页三至四，清道光十年来鹿堂刻本。

时，纂修《安康县志》的计划也已提上议事日程，但因安康缺乏修志人才，修志计划一度搁浅。至嘉庆十五年，王森文署理安康县知县一职①，县志编纂工作得以展开，并得到了关南书院山长岳震川的帮助。"适春林王君以博雅、擅著作之才来摄邑篆，欢然从事，因委重焉。时岳舍人一山来主讲席，属之载笔"，次年王森文离任之时，"体例已成，未及修饰"。"王君(森文)驱驰三辅、敦历汉南又五年矣，虽行笈长携，时勤编纂"②，一直将志稿随身携带，不时修改。叶世倬则屡次书信询问志稿情况。至嘉庆二十年(1815)秋，王森文最终将志书定稿寄回安康。同年十月，署理安康县知县郑谦为《安康县志》撰写序言，最终完成志书刊印事宜。

## 三 编纂体例与文献特色

嘉庆《安康县志》共二十卷，正文之前有郑谦《叙》、修志姓氏、目录。全志共四册，半叶十一行，二十二字，小字双行同，白口，左右双边，单鱼尾。全志共分纪、图、表、考、略、传、文征等七大体裁。"纪"一种，卷一《皇朝编年纪》(《前代编年纪》附)。"图"三种，卷二《舆地图》、卷三《建置图》、卷四《水利图》。"表"四种，卷五《沿革表》、卷六《职官表》(上、下)、卷七《选举表》、卷八《阵亡官弁兵勇表》。"考"三种，卷九《舆地考》(上、下)、卷十《建置考》(上、下)、卷十一《食货考》。"略"一种，卷十二《政略》。"传"四种，卷十三《人物传》、卷十四《列女传》、卷十五《阙访传》、卷十六《旧志传》。"文征"四种，卷十七至二十分别为甲、乙、丙、丁四集。

《安康县志》打破了此前兴安志书以天文地理开篇、以诗歌艺文结束的旧体例，而是采取章学诚编纂《永清县志》所采用的体例，可知《安康县志》深受章学诚方志编纂理论与实践的影响。署理知县郑谦对该志评价甚高，"其为书，言约而事详，思精而体大。绘山川、城郭、渠堰，土训之掌故也。表建置、职官、选举，训诵之遗则也。详驿置、关隘、险易，《元和》四至八到之明画也。列传之作，非身后论定者不登；艺文所

---

① (清)郑谦修，王森文纂：嘉庆《安康县志》卷六《职官表上·知县》，页二二，清嘉庆二十年(1815)刻本。
② (清)郑谦撰：《叙》，清嘉庆《安康县志》卷首《序》，页二。

收,非实关政治者不采。慎择而简出之,足以信今传后"①。《安康县志》最值得称道的文献价值在"舆地""建置""水利"三种地图,"舆地"之下又有"道路图";"建置"之下又有"两城总图""旧城图""新城图""县署总图";"水利图"之下又有"千工堰图"等六堰图。舆图绘制不但较《兴安府志》更加细致,建置、水利诸图则仅见《安康县志》。此外,《安康县志》为厘清明清兴安志书传承历史,特意编纂《旧志传》,提出"旧志者,志所渊源也。故《永清志》云:新编告成,而旧书覆瓿。未必新书皆优,而旧书尽劣也。不为旧志作传,是攘人所有而自忘其本也"②,一改此前新志成、旧志毁,新志贬低旧志的非理性倾向,体现了王森文卓越的史识观。

但《安康县志》个别卷次也存在一些命名拟古、不明所以的问题,如卷十二《政略》实为安康历代官员《宦迹传》;卷十五《阙访传》实为增补安康历代人物传记。但总体而言,《安康县志》编纂体例得当、文献考证充分,是遵循章学诚方志学理论的优秀志书代表,作为安康县历史上唯一一部志书,其文献价值与史学理论实践应予以充分肯定。

## 第二节 明代汉阴县志的纂修

汉阴位于兴安府西,距兴安府府城一百五十里。"汉安阳县,属汉中郡。晋武改为安康,置安康郡。隋改为县。武德元年(618),置西安州,立宁都、广德二县。改西安州为直州。州废,省宁都、广德二县入安康。至德二年(757)二月,改为汉阴县。"③ 此后,除元代将汉阴县省入金州之外,宋、明、清均置汉阴县。明代曾四度纂修《汉阴县志》,现存最早的万历四十六年《汉阴县志艺文志》收录了三种明代《汉阴县志旧志序》,为我们了解明代《汉阴县志》的编纂情况提供了文献依据。

---

① (清)郑谦撰:《叙》,清嘉庆《安康县志》卷首《序》,页三至四。
② (清)郑谦修,王森文纂:嘉庆《安康县志》卷十六《旧志传》,页一。
③ (后晋)刘昫撰:《旧唐书》卷三九《地理二·山南西道》,中华书局1975年点校本,第1540页。

## 一 张大纶纂修弘治《汉阴县志》

汉阴县知县张大纶主持纂修的《汉阴县志》，是目前所知最早的汉阴县明代志书。"张大纶，四川成都县人。由举人。成化二十一年（1485）任。初任扶风教谕，成化庚子（十六年）典文山西，转汉阴令。时县制未备，公剔蠹植善，树表范俗，崇广学舍，增修公署，疏月河，开渠堰，创县志。邑务一新，而爱民好士之诚，发于诗文者尤可概见。盖不愧于古之循良矣！寻转徽州知州，民至今颂之。"① 张大纶认为汉阴是钟灵毓秀之地，但文教不盛、科举人物无多，是令人遗憾的缺陷。"汉阴为邑，江汉效灵，凤山呈秀，毓为人物。可考而知者，如古之汉阴丈人，抱德弗耀、高出世表者。固众第以典籍不存，而名实泯于后者，亦多矣！至今江山如昨，风气日开，而又当我圣朝文明之运，教化薰蒸之久，岩穴衡茅之间，宜其贤才挺生、伟人迭出，何寥寥百年，科第之乏人，何欤？"张大纶对此解释道："知人才之兴盛，故在山川钟秀、气运隆盛。使文献不存，则后人何以挹幽香、企遗躅，而兴起于百世之下乎？文献不存为风化之所关系，岂细故哉？"② 古人认为自然环境的优劣决定一地人物的繁盛与否，但缺乏文献的积累保存，人才亦难于培植，即便有贤才出世，也会因为缺乏文献记录而湮灭无闻。

因此，张大纶急于编纂一部《汉阴县志》以流传后世、有益人文。"同寅主簿贾端暨典史李顺、儒学（教）谕刘阎、训导彭昇，虑汉阴志缺，留心采辑，博访有年，以今日可知、可考者，编辑成志，备一邑之典籍，其用心亦大矣！"主簿"贾端，山西安邑县人。由监生。弘治二年（1489）任"③，又云"博访有年"，可知该《汉阴县志》成书在明弘治二年之后的数年间。由于张大纶表彰人物的修志主张，弘治《汉阴县志》注重人物事迹的编录，"忠臣烈士、孝子顺孙、义夫节妇建事业于当时、播声光于后世，皆愿收名是志者，殆不绝书矣！"④ 因此，万历四十六年《汉阴

---

① （明）张启蒙修，柏可用纂：万历《重修汉阴县志》卷四《官师志》，页三，明万历四十六年（1618）刻本。
② （明）张大纶撰：《汉阴旧志序》。明万历《重修汉阴县志》卷六《艺文志》，页三一至三二。
③ 明万历《重修汉阴县志》卷四《官师志》，页三。
④ （明）张大纶撰：《汉阴旧志序》，明万历《重修汉阴县志》卷六《艺文志》，页三二。

县志》卷首《凡例》载:"县志创自弘治间,简略不悉"①,此后又有新志加以续修增订。

## 二 袁一翰、胡叔寯纂修万历十三年《汉阴县新志》

明人《内阁藏书目录》载:"《汉阴县新志》二册全,万历乙酉邑令袁一翰修。"② 清初黄虞稷《千顷堂书目》载:"袁一翰《汉阴县新志》。万历乙酉修。令。"③ 万历乙酉即万历十三年(1585),《汉阴县新志》由知县袁一翰主持纂修。"袁一翰,直隶曲周人。由举人。万历十二年任。剔弊除奸,殚劳任怨,后升陇州知州。"④ 袁氏到任之时距张大纶首修《汉阴县志》已近百年,"顾岁改政易,散落无伦",汉阴文献确有整理之必要。与此同时,袁一翰"检案牍,又得督学成公檄群县纂辑地志","督学成公"即陕西按察使司提学副使成宪⑤,在官方的强力推动下,县志重修事宜便得以迅速展开。

袁一翰与儒学教谕胡子寯、训导萧音,以及本县耆老绅士商议编纂方案,"暇日集众广思,既而获邑大夫温公训日笔,及凡屋壁、山岩断碑残碣,详加考订,越明年秋,蒿始脱揭"⑥。由此可知《重修汉阴县志》文献来源有二:一为邑人温训自纂志书遗稿;一为全县境内碑刻文献的汇集。"温训,嘉靖丙午科,中乡试四十八名,任莱州府推官,迁成都府同知,丁忧,补太原府同知,升户部员外郎",是汉阴人物的杰出代表,"纂邑志未完,公卒,邑人咸惜之"⑦。重获温训志稿,是重修志书得以迅速完成的重要因素。《重修汉阴县志》"其编凡六,计其目凡四十有奇。

---

① 明万历《重修汉阴县志》卷首《凡例》,页一。
② (明)张萱,孙能传等撰:《内阁藏书目录》卷六《志乘部》,影印清迟云楼钞本,《续修四库全书》上海古籍出版社1996年版,第917册,第99页。
③ (清)黄虞稷撰,瞿凤起、潘景郑整理:《千顷堂书目》卷六《地理类上》,上海古籍出版社2001年点校本,第177页。
④ 明万历《重修汉阴县志》卷四《官师志》,页六。
⑤ 按:《明神宗实录》卷一三〇,"万历十年十一月戊辰"载:"升贵州左参政史槚为贵州按察使,南京户部郎中成宪为陕西提学副使",台北"中央研究院"历史语言研究所1962年校勘本,第2423页。
⑥ (明)袁一翰撰:《重修汉阴县志序》,明万历《重修汉阴县志》卷六《艺文志》,页三三至三四。
⑦ 明万历《重修汉阴县志》卷五《人物志》,页二至三。

始于疆域，终于艺文，其建置、田赋、官师、人物咸在目中，视之往帙颇有增衍，垂之永世，不无漏逸云"①。胡叔寓又撰《重修汉阴县志跋》，跋中载："乙酉秋，邑侯袁先生新志成，属余申告简末。"② 可明确新志成于万历十三年(乙酉，1585)秋。

万历四十六年《生修汉阴县志》卷首《凡例》载："旧志止疆域有图，余未悉载"；又云："旧志泛录诰命，是家乘，而非县志也"③，大致可知该志"计其目凡四十有奇"的原因。

## 三 张启蒙、柏可用纂修万历四十六年《重修汉阴县志》

万历四十六年(1618)《重修汉阴县志》是唯一一部留存至今的明代汉阴县志，由知县张启蒙修、教谕柏可用纂。"张启蒙，顺天府霸州人。由举人。万历四十一年任。"④ "柏可用，陕西沔县人。由岁贡。万历四十五年任。"⑤

万历四十六年《重修汉阴县志》深受许尔忠纂修《兴安州志》示范作用的影响。万历四十五年，"许公修志成，颁示六属"，"六属"即指兴安直隶州下辖平利、石泉、汉阴、洵阳、白河、紫阳六县。平利县知县陈谠言代表六县知县撰写《重修兴安州志跋》，赞颂许尔忠修志之功，并表示"六属俱当奉指南也"⑥，汉阴县知县"霸州张启蒙"亦列名跋尾。万历四十六年，《重修汉阴县志》成书，张启蒙请许尔忠撰序言，许尔忠《重修汉阴县志序》开篇即云："余牧兴未二稔，郡志草就，匪徒文之蕲也，以治郡而率属也。无何，汉令张君赍所修邑志征序简卒。"⑦ 张启蒙《重修汉阴县志序》亦云："郡乘，郡伯许公笔也。效者汉乘而步郡，不

---

① (明)袁一翰撰：《重修汉阴县志序》，明万历《重修汉阴县志》卷六《艺文志》，页三四。

② (明)胡叔寓撰：《重修汉阴县志跋》，明万历《重修汉阴县志》卷六《艺文志》，页三四。

③ 明万历《重修汉阴县志》卷首《凡例》，页一。

④ 明万历《汉阴县志》卷四《官师志》，页七。

⑤ 明万历《汉阴县志》卷四《官师志》，页十四。

⑥ (明)陈谠言撰：《重修兴安州志跋》，清康熙《兴安州志》卷首《旧序》，页八至九。

⑦ (明)许尔忠撰：《重修汉阴县志序》。明万历《重修汉阴县志》卷首《许序》，页一。

· 195 ·

计匍匐归也"①。可见万历《兴安州志》对万历《重修汉阴县志》的表率示范意义。

《重修汉阴县志》较此前万历十三年旧志，其主要进步在更正与增补两方面。汉阴训导井九仞指出："邑虽旧奉纂修，以成编类，多详略、信疑未可尽据。如仍其旧而已，匪直前之失实，无以资劝，而后宜增益者，亦何所凭而备采择也？"② 教谕柏可用亦云："顾简处病于轻掷，详处病于滥陈。甚者豕亥承讹、芳秽袭谬，胡以备采择、垂劝惩、彰风化而翊赞盛治乎？"③ 这是由于旧志存在不少讹误，张启蒙等人"殚精研虑，博访舆论，旁搜坟典，无废前载，酌续新录，每志一事参以己意，先详具其始末，复品定其是非，订讹窜谬，几半载告竣"④。

《重修汉阴县志》共六卷，卷首一卷。卷首依次为陕西布政司右参政、分守关南道吴愈《重修汉阴县志叙》、许尔忠《重修汉阴县志序》、张启蒙《重修汉阴县志序》，《凡例》《目录》《修志姓氏》。全志共两册，卷一至卷三为一册，卷四至卷六为一册。半叶九行十八字，小字双行同，白口，四周双边，单鱼尾。卷一《舆地志》，下列星野、沿革、疆域、山川、场堰、泉洞、古迹、风俗。卷二《建置志》，下列城池、县治、公署、关堡、池园、学校、秩祀、寺观。卷三《田赋志》，下列田赋、户口、夏粮、秋粮、银差、力差、税课、武备、灾祥、物产。卷四《官师志》，下列官师、名宦。卷五《人物志》，下列乡贤、选举、岁贡、例贡、吏员、节义、仙释。卷六《艺文志》，下列诗类、文类，柏可用《跋汉阴县志后》、井九仞《汉乘后序》二篇皆附于志末，沿用《艺文志》页码。《重修汉阴县志》有两大突出特点，其一，重视舆图的绘制，"今画全境四路并学宫、文昌、魁殿俱有图说，令览者一披阅若亲历然"⑤，除此之外，尚有《八景总图》，每图均配有图说文字，使读者一目了然，犹如亲临。其二，志书文字精练而翔实，精练指其文字风格，翔实则指志书文献

---

① （明）张启蒙撰：《重修汉阴县志序》，明万历《重修汉阴县志》卷首《张序》，页一至二。
② （明）井九仞撰：《汉乘后序》，明万历《重修汉阴县志》卷六《艺文志》，页四一。
③ （明）柏可用撰：《跋汉阴县志后》，明万历《重修汉阴县志》卷六《艺文志》，页三九。
④ （明）井九仞撰：《汉乘后序》，明万历《重修汉阴县志》卷六《艺文志》，页四一。
⑤ 明万历《重修汉阴县志》卷首《凡例》，页一。

内容。例如《舆地志》"疆域"载汉阴县东南西北四路说，不仅载道路途径，又记沿途民情风物、关隘要区；《职官志》《人物志》则详略得当，极少出现事无巨细、事迹累牍的情况，《艺文志》所收"文类"亦多与汉阴城池、文教相关，解决了旧志志书如家乘的弊病。

成书于民国二十二年（1933）的《国立北平图书馆善本书目》载："万历《重修汉阴县志》六卷。明张启蒙、柏可用纂修。明万历刻本。"① 今万历《重修汉阴县志》二册首、末叶均钤有"京师图书/馆藏书记"朱文方印。该志现存台北故宫博物院。已收入《原北平国立图书馆甲库善本丛书》。

### 四　张鹏翱纂修崇祯《汉阴县志》

崇祯《汉阴县志》是明代最后一部汉阴县志，由知县张鹏翱纂修。清乾隆《汉阴县志》载："张鹏翱，临城人，由选贡任。崇祯十一年（1638）城没于流寇，人民散亡，公恢复县治，召集流离，善缉窃盗，一时赖之。"② 该志虽散佚已久，但从张鹏翱所撰《重修汉阴志叙》中，仍能感受到明朝末年汉阴乃至汉南遭遇农民军起义烽火之后，百姓逃亡、城市破败、社会残破的真实景象。

张鹏翱自述云："余于乙亥年（崇祯八年，1635）佐淮阳郡，丁丑（十年）九月署篆西华。接邸报，叨转汉阴令，戊寅（十一年）春，束装就道，亲友有谓余者：'传闻邑已残破，此行亦何迫耶？'余曰：'臣子绾半通纶，东西南北惟所使之，况授以百里地，值多故之时，畏此简书？'乃决意叱驭。"③ 张鹏翱接到汉阴知县任命已在崇祯十一年，且得知汉阴遭遇农民军兵燹之灾、城邑残破的消息，但仍然不考虑个人得失，毅然如期前往任职，可谓使命在肩、勇气可嘉。

张鹏翱一路艰险，"及抵关南，及莅任，环城四望，公署、民房较旧日基址仅存十分之一，瓦砾蓬蒿，痛心惨目。士民寓山中者惊魂未复，裹

---

① 赵万里撰：《国立北平图书馆善本书目》卷二《史部·地理类》，页五四，民国二十二年（1933）刊本。
② （清）赵世震修，汪泽延纂：康熙《汉阴县志》卷四《官师》，影印清康熙二十六年（1687）刻。陕西省图书馆编：《陕西省图书馆藏稀见方志丛刊》第16册，北京图书馆出版社2006年版，第6页。
③ （明）张鹏翱撰：《重修汉阴志叙》，清康熙《汉阴县志》卷首《序》，页十五。

足难前。及与铨部王公晤谈时，即以'耐烦'二字相劝慰。未几十日，忽闻报，寇从西来，余誓以必守，王公复劝慰曰：'城中无人民，城头无墙垛，既无仓库、钱粮之累，又无火药、器械之储，且重此铜章，为国惜身，议图恢复未晚也。'强拉余赴山砦中，约住月余"。① 张鹏翱不但目睹了汉阴县遭受战乱摧残的悲惨场景，而且亲身经历了躲避农民军、栖身山寨的全过程，对于汉阴百姓所受痛苦感同身受。直到农民军散去之后，张鹏翱才得以回到残破的县城，逐步恢复社会秩序。"以七月初九日入城，亟筑内城、砌雉堞、立四城楼、辟东西二门，招集士民，各葺旧业。今历任五年，凡创建学宫神祠、公署衙门、增城濬池之役，皆次第举，居民房舍亦次第修，气象且一新矣！"②

崇祯十五年，张鹏翱在汉阴知县任上已达五年之久。随着汉阴逐步恢复生机，张鹏翱才得以查找志书下落。"先是询问志书焚毁，庚辰（崇祯十三年）秋，方得之兴安刘上舍家，屡欲修刻，其如兵荒洊至、日不暇给何？壬午（十五年）春，谋之绅士，仿旧志而删润之，征文征献，犹有存者。余实幸焉！至于恢复苦衷，心血皆枯，须发为白，劳怨固所不避，升沉又何足言！"③ 由此可知，崇祯《汉阴县志》是仿照旧志体例增补删润之作，其中主要是增补万历四十六年以来，尤其是崇祯年间汉阴所经兵燹、重建之事。张鹏翱《重修汉阴志叙》文末署名"崇祯壬午知汉阴县事赵人张鹏翱书"，可知该志成书于崇祯十五年（1642），距离明朝灭亡仅两年时间。该志散佚已久，甚为可惜，相关记载见康熙《汉阴县志》征引。

## 第三节 清代汉阴方志的编纂

### 一 赵世震、汪泽延纂修康熙《汉阴县志》

康熙《汉阴县志》是入清后，汉阴编纂的首部县志。志书由汉阴知县赵世震主持重修，贡生汪泽延纂辑。赵世震于康熙二十三年（1684）出

---

① （明）张鹏翱撰：《重修汉阴志叙》，清康熙《汉阴县志》卷首《序》，页十五至十六。
② （明）张鹏翱撰：《重修汉阴志叙》，清康熙《汉阴县志》卷首《序》，页十六。
③ （明）张鹏翱撰：《重修汉阴志叙》，清康熙《汉阴县志》卷首《序》，页十六至十七。

任汉阴知县,此时的汉阴"土瘠民贫,最下下区",入境所见"荒凉万状,更甚于所闻",赵世震"自念百里生民之寄,敢作秦越人视哉?由是夙夜焦劳,广咨利弊。三载以来,民困渐苏、民力渐舒,起废补坠,已次第举行",赵世震三年勤政辛劳,使得汉阴县社会民生逐渐恢复常态。与此同时,康熙二十五年,康熙帝命纂修《大清一统志》,全国各府县征集方志舆图的工作次第开展,"今我皇上审四方之俗,观疆土之宜,纂修《一统全志》,因亟钦承为事"①。

赵世震"稽诸原志,自故明崇祯壬午临城张君重修,距今已四十余载,旧籍散失,原板毁烬,人事之代谢,户口之凋残,不知凡几。……逆变流离,并户并甲,百不存一,为关南极苦之地",明清之际兵燹劫掠之后,地方残破之苦楚不可胜言,人事变迁、户口锐减,从而引发赋役缩减,皆是新修《汉阴县志》的重点内容。此外,康熙《汉阴县志》是因应《大清一统志》编纂所需的衍生产物,自然要表彰清廷统治下的仁政德行,"近沐皇仁普育,蠲荒免课,屡邀旷典。顾异量恩波,又岂数数觏耶?是以寥寥孑遗,稍有起色",皇恩浩荡、赋役蠲免同样是新志纂修的应有之义。"邑之绅若衿,广咨博采,群聚增修,有百日,新志于焉告成。"② 赵世震所撰《重修汉阴志叙》文末署"康熙丁卯年壬子月上浣日",可知该志成书于康熙二十六年(1687)十一月上旬。

康熙《汉阴县志》共六卷,卷首一卷。卷首依次为赵世震《重修汉阴志叙》、儒学训导白尔珍《序》,张大纶、吴愈、张鹏翱三人所撰《旧志序》,《修志姓氏》《目录》。全志"一册。九行二十字,小字双行同,白口,四周双边"③。卷一《舆地》,下列星野、疆域(形胜附)、沿革、山川、水利、泉洞(池园附)、古迹、风俗。卷二《建置》,下列城池、公署(县治附)、学校、祠祀、村落(砦附)、寺观。卷三《田赋》,下列田土(学屯附)、户口、赋役(驿站附)、税课、武备、灾祥、物产。卷四《官师》,下列官师、名宦。卷五《人物》,下列乡贤、科目、贡监(武附)、孝义、节烈、仙释。卷六《艺文志》,下列诗类、文类,汪泽延《□志后跋》附于志末,沿用《艺文志》页码。卷首至卷三统编页码,卷

---

① (清)赵世震撰:《重修汉阴志叙》,(清)赵世震修,汪泽延纂:康熙《汉阴县志》卷首《序》,页二,清康熙二十六年(1687)刻本。

② (清)赵世震撰:《重修汉阴志叙》,清康熙《汉阴县志》卷首《序》,页二至四。

③ 北京图书馆编:《北京图书馆古籍善本书目》,书目文献出版社1987年版,第656页。

四至卷六统编页码。其卷次和诸卷事类与明万历《重修汉阴县志》几乎完全一致。亦可见崇祯旧志、康熙新志皆沿袭万历《重修汉阴县志》体例未改，只是在具体内容上有所增删。正如汪泽延《□志后跋》云："旧簿上或有渗漏处，宜为之增补；有紊乱处，宜为之清楚；有倒错处，宜为之更正；有迫于时而过乎实者，宜为之裁汰；有随乎俗而近于漏者，宜为之润色。至于新簿，分门别类，数指列眉，揭其编凡六，其目凡三十有奇。"①

据《中国地方志联合目录》记载北京国家图书馆、陕西省图书馆及南京地理所均藏有康熙《汉阴县志》刻本②。国家图书馆藏本首、末页均钤"京师图书/馆藏书记"朱文长方印，卷六《艺文》止于赵世震《修城自序》。陕西省图书馆藏本在赵世震《修城自序》之后，尚有陈典《凤凰山记》（康熙二十三年作）、《丹崖洞记》（二十四年作）、汪泽延《□志后跋》（二十六年作）等三篇文章，共计六页。可知国家图书馆藏本缺页，陕西省图书馆藏本为全帙。《中国地方志集成·陕西府县志辑》收录康熙《汉阴县志》钞本一种。

## 二　郝敬修纂修乾隆《汉阴县志》

乾隆《汉阴县志》由汉阴知县郝敬修纂修。"郝敬修，山东高密人。由监生。乾隆三十六年（1771）任。"③ 郝氏自述修志经过云："岁辛卯（乾隆三十六年），余奉命由滇南量移斯邑，勤咨利弊，见志乘自康熙丁卯（二十六年）三韩赵公纂辑后，迄今垂九十年，板字漫灭，事迹亦多所未载，慨焉有重修之志。谋之绅士，厘订成书。"④ 由此可知，乾隆《汉阴县志》仍是在旧志基础上重修增删的产物。

---

① （明）汪泽延《□志后跋》，康熙《汉阴县志》卷六《艺文》，影印清康熙二十六年（1687）刻本。陕西省图书馆编：《陕西省图书馆藏稀见方志丛刊》第16册，北京图书馆出版社2006年版，第102页。
② 中国科学院北京天文台主编：《中国地方志联合目录》，中华书局1985年版，第203页。
③ （清）郝敬修纂修：乾隆《汉阴县志》卷四《职官》，影印清乾隆四十年（1701）刻本。故宫博物院编：《故宫博物院藏稀见方志丛刊》第8册，故宫出版社2013年版，第372页。
④ （清）郝敬修撰：《汉阴县志序》，清乾隆《汉阴县志》卷首，《故宫博物院藏稀见方志丛刊》第8册，第164—165页。按：原书书叶多有虫蛀、文字残缺，据嘉庆《汉阴厅志》卷首《旧序》（页十四至十五）补。

但郝敬修在增补文献方面必然有所侧重,"余忝民牧,思所以休养而绥编之,辟田畴,广树艺。汉凤之山多槲林,余召乡之善蚕者,劝课如法,行之再朞,颇著成效。暇时相度原巘,葺龙神祠,移文昌宫,俾农不忧旱,士得镞砺、登贤书,敢曰吾以经术饰吏治哉?"兴安州知州王政义亦云:"高密郝君来守兹土,爰取旧志,缮为新帙,并所以著《养山蚕二十图说》附之,吾知非故为纷更之举也,意所谓存什一于千百者,盖有所待焉云耳。"① 由此可知,郝敬修将其劝民养蚕、修葺祠宇等政绩纳入新编志书之中,以此彰显"国家累洽重熙、恩泽醇厚,汉虽蕞尔小邑,户口日增、人文日炳,骎骎乎,益趋美盛而敦庞醇"②的盛世景象。郝敬修《汉阴县志序》作于"乾隆四十年(1775)岁次乙未三月朔",即为乾隆《汉阴县志》修成之时。

乾隆《汉阴县志》共八卷,卷首一卷。全书四册,半叶九行二十字,小字双行同,白口,四周双边。卷首依次为兴安州知州王政义《序》、郝敬修《汉阴县志序》、张大纶旧序、袁一翰旧序、吴愈旧序、张启蒙旧序、张鹏翱旧序、赵世震旧序、白尔珍旧序、柏可用旧序、胡叔寯旧序、《汉阴县志目录》、星野图、东西南北四路图、县治图、首事姓名(协辑、同校、同订)。卷一《舆地》,下列星野考、疆域、沿革、古志八景、山、河、水利、泉洞、园池、古迹、风俗。卷二《建置》,下列城池、公署、学校、祠祀、村落、寺观。卷三《田赋》,下列田土(学田地、屯田地)、户口、赋役、驿站、税课、灾祥、物产。卷四《官师》,下列官师、武备、名宦。卷五、卷六均为《人物》,卷五下列乡贤、科目、贡士,卷六下列例监、武科、武弁、封赠、乡饮宾介、例任、吏员、仙释、孝义、节烈、仙释,但无卷六首页无《人物》之名。卷七《艺文》,为"诗类"。卷八《艺文》,为"文类"。新志较康熙旧志增多两卷,是由于《人物志》《艺文志》各拆分为两卷的结果,体例与旧志无异。

据《中国地方志联合目录》记载故宫博物院、中国科学院图书馆、

---

① (清)王政义撰:《序》,清乾隆《汉阴县志》卷首,《故宫博物院藏稀见方志丛刊》第8册,第159—160页。按:原书书叶多有虫蛀、文字残缺,据嘉庆《汉阴厅志》卷首《旧序》(页十四)补。

② (清)郝敬修撰:《汉阴县志序》,清乾隆《汉阴县志》卷首,《故宫博物院藏稀见方志丛刊》第8册,第170—171页。

湖北省图书馆均藏有康熙《汉阴县志》①，其中中科学院图书馆仅存卷一至七。故宫博物院于2013年将乾隆《汉阴县志》纳入《故宫博物院藏稀见方志丛刊》，但据其刻本影印情况而言，卷首序言及卷八《艺文》"文类"残损严重。

### 三　钱鹤年、董诏纂修嘉庆《汉阴厅志》

清乾隆四十七年（1782）九月，兴安直隶州升兴安府。按照此前陕西巡抚毕沅提出的兴安升府方案，将兴安州与汉阴县两地合并，设立安康县，作为兴安府附郭县。"原设汉阴县典史移为安康县典史，原设汉阴训导改为安康教谕，至汉阴旧治在兴安迤西一百八十里，未便乏员，应另设兴安府通判一员驻扎此地，专司捕盗、缉匪及查拏地方私贩盐茶、私宰私烧、赌博挞降等事。"② 汉阴县行政建制撤销，只设置巡防通判一员。因此，乾隆五十三年修成的《兴安府志》并没有汉阴县的存在，汉阴相关文献全部附在新设的安康县之后。

乾隆五十四年，陕甘总督勒保、陕西巡抚秦承恩上奏朝廷，请求恢复汉阴建制。其主要理由是"安康县管地方东西长三百八十里，南北广七百里，幅员辽阔，跬步皆山，烟户散处，讼狱繁多，从前一州（兴安州）一县（汉阴县）分管尚且繁剧，今统归安康一县管理，四乡相距窵远，踏勘山场、相验尸伤等事，往返动需旬日，该县在乡办公之日多，在署理事之日少。民间词讼易滋守候，知县一官实有照料难周之势"。安康县辖区范围过于宽广，且境内多山、交通不便，因此陕西省希望能够赋予驻在汉阴旧城的巡防通判更多的行政权力，改设抚民通判，"将旧时汉阴县地方一切命盗等件及钱粮、课税，俱责成该通判管理所有，安康县知县止令专管旧时兴安州所辖地方。如此一转移间，庶照料易周，于民事、官守均有裨益"③。同年十一月，经乾隆帝御批、大臣部议，"改陕西汉阴通判为抚

---

① 中国科学院北京天文台主编：《中国地方志联合目录》，中华书局1985年版，第203页。
② （清）毕沅：《兴安升府疏》，（清）严如熤辑，张朋翎续辑：《三省边防备览》卷十七《艺文下》，页三至四，清道光十年来鹿堂刻本。
③ （清）勒保、秦承恩撰：《请改巡防通判为抚民奏》，（清）钱鹤年修，董诏纂：嘉庆《汉阴厅志》卷九《艺文志上》，页一至二，清嘉庆二十三年（1818）刻本。

民通判"①，由此重新恢复汉阴建制，设立汉阴厅，"一切仓库、学校皆归旧治，添设训导、巡检各一"②。

嘉庆《汉阴厅志》正是汉阴撤而复设这一历史背景下的产物。《汉阴厅志》由抚民通判钱鹤年主持纂修，"钱鹤年，浙江乌程县，监生"，曾三度出任汉阴厅通判一职。嘉庆十年十月署理通判一职，十二年正月奉命"设法防堵宁陕贼匪，认真妥协，民情爱戴。奏请实授，十三年闰五月引见"；"嘉庆十三年七月回任，征收钱粮六载全完，奉旨加二级，二十一年十二月署鄜州"；"二十二年鄜州卸事，七月引见，九月回任"③。钱氏长期在汉阴任职，对当地风土名物必然是熟悉的，在其任内也做了大量有益于民生的工作，故而钱氏自称"余受事十余年中，城筑有工、堡寨有设、祀典新增，书院、义学递建。兵燹以来所搜扬忠义孝友之士民、节烈之妇女，祭于命祀、著于旌表者，且更仆难数也"，更何况自"郝君(郝敬修)至今又四十余年矣！县改为厅，已非旧制"，确有新修志书的必要。兴安府两任知府叶世倬、胡晋康等官员"咸以表传忠节、激励士民为要务焉。因亟谋之耆旧，共事编摩，订补旧章，备征近事，再阅寒暑，排纂成书"④，《重修汉阴厅志姓氏》载：纂修人为"甲午科安康举人董诏"⑤。嘉庆二十三年(1818)七月，钱鹤年撰《重修汉阴厅志序》，随后《汉阴厅志》付梓。

《汉阴厅志》共十卷，卷首一卷。全书六册。半叶九行二十字，小字双行，四周双边，单鱼尾。扉页书牌作"通判钱鹤年重修。汉阴厅志。本衙藏板"。卷首依次为钱鹤年《重修汉阴厅志序》，张大纶、袁一翰、胡叔寓、吴愈、张启蒙、柏可用、张鹏翱、赵世震、白尔珍、王政义等十人的《旧序》《重修汉阴厅志姓氏》《汉阴厅志目录》《绘图》《凡例》。卷一《沿革志》，无子目。卷二《疆域志》，下列山堡、河渠、物产、风俗、纪事。卷三《建置志》，下列城池、公署、庙坛、桥渡、寺观。卷四《食货志》，下列蠲赈、户口、田赋、仓储、义捐。卷五《官师志》，下列

---

① 《清高宗实录》卷一三四三，"乾隆五十四年十一月己酉"，影印清内府钞本，《清实录》第25册，中华书局1987年版，第1214页。
② 清嘉庆《汉阴厅志》卷五《官师志》，页八。
③ 清嘉庆《汉阴厅志》卷五《官师志》，页九、页十。
④ (清)钱鹤年撰：《重修汉阴厅志序》，清嘉庆《汉阴厅志》卷首《序》，页三至四。
⑤ 清嘉庆《汉阴厅志》卷首《姓氏》，页一。

名宦、循绩。卷六、卷七为《人物志》，卷六下列名德、忠义。卷八下列孝友、列女。卷九、卷十为《艺文志》，卷九为文、卷十为诗。《汉阴厅志》的编纂体例虽然仍然遵循此前旧志体例，但卷次名称、子目排序已有了一些明显的变化。首先，《汉阴厅志》重视地方沿革的记载，单独辟为首卷；而自白莲教乱后，地方志书极端重视堡垒、城寨的记录，"堡寨必据险要，耕凿必引沟溪，序其程途，而山阜聚落，即以附见"①。其次，《人物志》注重忠义、节烈人物事迹的记录，"自戈弄潢池，士民之就义者，无列于朝、无诏于国，而皆慷慨捐躯、皎然不污其志，可谓忠乎！兹编先忠义、次孝友，遵史例也"②。

总而言之，嘉庆《汉阴厅志》具有时代特征明显、文献收录完备、刊刻品质优良等突出特色，是清代第一部也是最后一部《汉阴厅志》。该志已收入《中国地方志集成·陕西府县志辑》。另据，《中国地方志联合目录》记载无锡市图书馆尚有一部清宣统三年(1911)抄本《汉阴厅续志访稿》四卷③，尚未得见，留待备考。

---

① 清嘉庆《汉阴厅志》卷首《凡例》，页二。
② 清嘉庆《汉阴厅志》卷首《凡例》，页二。
③ 中国科学院北京天文台主编：《中国地方志联合目录》，中华书局1985年版，第203页。

# 第八章　平利、洵阳、白河三县志书的编纂

## 第一节　明清《平利县志》的纂修

平利县因平利川得名。《旧唐书》载："后周于平利川置吉阳县,隋改为安吉。武德元年(618),改为平利。"① 唐宋两朝皆为金州属县。元代以金州原属"六县地荒,不复设立"②,平利县废。明"洪武三年(1370)置,属四川大宁州。五年二月来属。十年六月复省,后复置"③,明、清两朝皆属金州(兴安州)、兴安府辖县。目前所知平利于明代编纂县志一部、清代纂修县志三部。

### 一　罗宪祖编纂万历《平利县志》

据明人《内阁藏书目录》载："《平利县志》二册全。万历己卯邑人罗宪祖修。"④ 清初黄虞稷《千顷堂书目》载："罗宪祖《平利县志》。万

---

① (后晋)刘昫撰:《旧唐书》卷三九《地理二·山南西道》,中华书局1975年点校本,第1540页。
② (元)孛兰肹等撰,赵万里校辑:《元一统志》卷四《陕西等处行中书省·兴元路》,中华书局1966年版,第439页。
③ (清)张廷玉等撰:《明史》卷四二《地理三·陕西》,中华书局1977年点校本,第1010页。
④ (明)张萱、孙能传等撰:《内阁藏书目录》卷六《志乘部》,影印清迟云楼钞本。《续修四库全书》,上海古籍出版社1996年版,第917册,第99页。

历己卯修。邑人。"① 万历己卯即万历七年（1579），罗宪祖为平利县人。乾隆《平利县志》卷四《艺文》收录明代平利县知县张极所撰《平利县改建庙学记》，载："居无何，教谕吴君玠、士夫罗君宪祖辈，偕诸生张羽鸿、王伟，具颠末请记。"此处称罗宪祖为"士夫"，即指本地文人。又据张极自述："余戊寅冬尹平利县"②，戊寅即万历六年。与罗宪祖编纂《平利县志》的时间亦相吻合。

　　罗宪祖编纂的万历《平利县志》是目前所知明代唯一一部平利志书，但"明季屡经冰火，土地荒残，文献阙如，故凡一切风土人物，可喜可传、可惊可愕之事，咸淹没不彰，甚可慨也"③，万历《平利县志》因而散佚无存。清雍正《陕西通志》曾征引《平利县志》三条。卷四三《物产一》"软枣"，小字注："按，《平利县志》有之。"④ 卷四四《物产二》载："花鱼，四腮，状似松江之鲈，产于秋河，昔有今无。《平利县志》。"⑤ 卷四五《风俗》载："平邑五方杂处，幸俗尚淳朴、崇俭约，惟兵过于民，习俗竞骛，读书者殊寥寥也。《平利县志》。"⑥ 以上三处记载或出自万历《平利县志》。

## 二　王霆、古澧编纂《平利县志》稿本

　　明末清初的战乱对平利县造成了极大破坏。直到康熙十八年（1679），吴三桂之乱大致平定之后，平利县才重新铸印授官。但恢复社会是一个缓慢的过程，康熙、雍正两朝的平利县"城垣则跨山临溪，周回不过三里，高者仅及其肩，颓毁强半者高不逾尺。虎豹时往来，食民畜犬豕无禁。衙署茅茨湫隘，仅避风雨。城中居民二十余家，向晦则闭户自守，不敢夜行街间。而山野之竹篱荆扉，惴惴居息，又可知矣！阖县人烟仅四百余户，

---

　　① （清）黄虞稷撰，瞿凤起、潘景郑整理：《千顷堂书目》卷六《地理类上》，上海古籍出版社2001年点校本，第177页。
　　② （明）张极撰：《平利县改建庙学记》，（清）黄宽纂修：乾隆《平利县志》卷四《艺文》，页三八、三九，清乾隆二十一年（1756）刻本。
　　③ （清）古澧撰：《平利县钞本志序》，清乾隆《平利县志》卷四《艺文》，页四三。
　　④ （清）刘於义修，沈青崖纂：雍正《陕西通志》卷四三《物产一》，页十二，清雍正十三年（1735）刻本。
　　⑤ 清雍正《陕西通志》卷四四《物产二》，页四八。
　　⑥ 清雍正《陕西通志》卷四五《风俗》，页十一。

散住六百里竹篁荒茅之中"①。在此社会状况之下,前代志书文献更是难以留存,"历朝典故因兵燹后,荡无孑遗,一切名宦、乡贤、节孝俱归泯灭"②。直至清雍正年间,才有知县王霙、古澧二人相继编纂《平利志书》稿本,但一直未刊刻成书。

《平利县志书》载:"王霙,正蓝旗汉军。雍正元年(1723)任,六年押运兵粮,由西宁进藏,从四川。四十年升江宁同知。"③乾隆《平利县志》又载:"王霙,奉天正蓝旗人。由监生。雍正元年任,十年升江宁府同知。"④可知,《平利县志书》"四十年升江宁同知"中"四十年"当为"十年"之误。《平利县志书》载:"古澧,湖北安陆府荆门州。庚戌科(雍正八年)进士。雍正十三年(1735)到任,居官清廉,爱民如子。"⑤乾隆《平利县志》又载:"古澧,湖北荆门州人。由庚戌科进士,分发陕省,于雍正十三年(1735)补授平利令,居官廉静爱民,于士类多所陶育,因邑中文风不振,士子具亲加训课,谆切指示不倦云。"⑥

乾隆《平利县志》卷首《凡例》载:"平邑向无刻本志书。兹访取前邑令王名霙、古名澧草创稿本,重加搜辑,不敢夸多,期于征信。"⑦乾隆《平利县志》卷首有知县黄宽《修平利县志序》,序中载:"宽初莅兹土,首询县志,阙如也。多方检觅,得见前两邑令稿本,皆未有成书也。"⑧由此可知,王霙与古澧在知县任内均纂有平利志书稿本。古澧《平利县钞本志序》亦云:"前令王所编邑志已略陈梗概,兹因疏漏大多,复重为俱撼编集,第当文献无征之后,亦聊存十一于千百,以备轺轩志采择云尔。"⑨可知古澧是在王霙稿本基础上加以增补,又成一种稿本;又

---

① (清)古澧撰:《平利县钞本志序》,(清)黄宽纂修:乾隆《平利县志》卷四《艺文》,页四二。
② 清乾隆《平利县志》卷首《凡例》,页一。
③ (清)佚名纂:乾隆《平利县志书》不分卷,抄本。陕西省图书馆编:《陕西省图书馆藏稀见方志丛刊》第16册,第130页。
④ 清乾隆《平利县志》卷三《职官》,页六。
⑤ (清)佚名纂:乾隆《平利县志书》不分卷,抄本。陕西省图书馆编:《陕西省图书馆藏稀见方志丛刊》第16册,第131页。
⑥ 清乾隆《平利县志》卷三《名宦》,页二十。
⑦ 清乾隆《平利县志》卷首《凡例》,页一。
⑧ (清)黄宽撰:《修平利县志序》,乾隆《平利县志》卷首《序》,页三。
⑨ (清)古澧撰:《平利县钞本志序》,(清)黄宽纂修:乾隆《平利县志》卷四《艺文》,页四三。

因王、古二人任职时间接近，两种志稿抄本都得以保存至乾隆二十一年（1756）黄宽纂修《平利县志》之时。

今陕西省图书馆藏有《平利县志书》抄本一种，不分卷，无序跋。分列分野、建制、城池、疆域、山川、古迹、关梁、田亩、户口、风俗、盐茶、仓储、学校、祠庙、衙署、职官（知县、县丞、典史、主簿、教谕、吏）、兵防、选举、人物、节孝等二十门。其中"学校"载："乾隆十年补足廪数，仍二年一贡。"① "职官"所载末任知县"齐世雄，直隶保定府高阳县人，丁巳科（乾隆二年）进士"②。乾隆《平利县志》载："齐士雄，北直高阳人，由丁巳进士。乾隆十二年（1747）任，十三年调沔县。"③ 由此可知，陕西省图书馆藏《平利县志书》当在乾隆十二年至十三年间抄录完毕。志中王霪、古澧政绩记载较为详尽，当是王、古二人稿本的传抄增补本。

### 三 黄宽编纂乾隆《平利县志》

乾隆《平利县志》由知县黄宽纂修。"黄宽，江南武进人。由壬戌（乾隆七年）进士。乾隆十七年（1752）任。"此时较康熙、雍正年间，平利社会环境有了较大的改善，"康熙十八年铸印授官以来，沐浴圣泽，久益深厚，民得优游化日，户口渐增"④，社会环境安定，文教事业便提上了议事日程。"国家重熙累洽，一道同风。平利，古吉阳地，虽僻在山隅，而幅员辽阔广袤，且六百余里，咏沐膏泽，民气蒸蒸日上，向使文献无征、采择罔据，奚以彰往昭来、俾益政教欤？"⑤ 因此，黄宽在王霪、古澧志稿的基础上，"订为二十八则，亟授梓人。务核其真、务核其切、务备其纲，弗敢泛也、弗敢诬也、弗敢略也"⑥。黄宽《修平利县志序》作于"乾隆二十年（1755）孟春月穀旦"，陕西按察司副使分巡汉安道魏崿

---

① （清）佚名纂：乾隆《平利县志书》不分卷，《陕西省图书馆藏稀见方志丛刊》第16册，第125页。
② （清）佚名纂：乾隆《平利县志书》不分卷，《陕西省图书馆藏稀见方志丛刊》第16册，第131页。
③ 清乾隆《平利县志》卷三《职官》，页六。
④ （清）黄宽撰：《修平利县志序》，乾隆《平利县志》卷首《序》，页三。
⑤ （清）李世垣撰：《平利县志序》，乾隆《平利县志》卷首《序》，页一。
⑥ （清）黄宽撰：《修平利县志序》，乾隆《平利县志》卷首《序》，页三。

《平利县志序》作于"乾隆二十年岁次乙亥孟夏穀旦",可知乾隆二十年四月《平利县志》已成书。但黄宽又请陕西省按察使塔永宁作序,该序作于"乾隆二十一年岁次丙子仲秋",至次年八月,《平利县志》方才刊刻成书。

乾隆《平利县志》共四卷。半叶八行二十字,白口,四周双边,单鱼尾。全志分上、下两册,上册为卷首至卷二,下册为卷三、卷四,封面书签分别题"平利县志上册""平利县志下册"。两册的页码与现代图书页码编排方式一致,而不再以卷次内容分别编页。卷首依次为塔永宁、魏崶、李世垣《平利县志序》,黄宽《修平利县志序》《凡例》《总目》。四卷均无统一卷名。卷一分列分野、疆域(程途附)、建置、形胜、县境总图、县城图、城池、山川、古迹、平利八景。卷二分列关梁、衙署、学校、祠庙(寺观附)、田赋、经费、仓储、户口(乡保附)、堤堰。卷三分列兵防、职官、选举、将才、仕籍、名宦、人物、孝义、列女、风俗。卷四分列土产、灾祥、艺文,最末附儒学训导苏天职《跋》。由目录可知,《平利县志》编纂体例以事类为中心,卷次仅起到简单分组作用,由于卷次目录仅出现在版心,而不在各卷首页标注卷次,使得各事类彼此相近、卷次间的界限更为模糊。

乾隆《平利县志》是入清以来第一部正式刊刻的平利志书,虽卷次无多,但事类详尽,各事类之后又有黄宽品评按语,综述志书要义,实有画龙点睛之妙。针对平利艺文缺失的现状,黄宽积极收集整理碑刻文献,"邑中前代艺文悉已失考,仅录出碑文二首、《兴安州志跋》一首,以同吉光片羽"[1],并能够辅以诗歌,《艺文》的编纂弥补了此前王霆、古澧志稿之不足,志书事类得以完备,黄宽为乾隆《平利县志》纂修付出的心血值得铭记。该志见《美国哈佛大学哈佛燕京图书馆藏善本方志书志》(国家图书馆出版社 2015 年版)著录。《中国地方志集成·陕西府县志辑》收录。

## 四 谢恩浩、史兆熊纂修同治《平利县志》

同治《平利县志》由知县谢恩浩主持纂修。该志今已无存,但谢恩浩、史兆熊二人所撰《重修平利县志序》对该志编纂情况叙述颇详。"谢

---

[1] 清乾隆《平利县志》卷首《凡例》,页五。

恩浩，江苏丹徒人，监生。"① 据谢氏《重修平利县志序》自述："丙寅夏，浩奉檄擢斯邑，览山川之险要，观风俗之厚美，心辄喜焉。惟以旧志所载今昔迥异，翻阅之余，殊不足以资考核，其间贤哲迭兴、人烟凑集，虽处万山之中，时著钟毓之秀，他如寨洞、团练皆保民之上策、当时之要务也，再事因循，责将谁贷？"② 谢恩浩于同治丙寅（五年，1866）出任平利知县，此时距乾隆《平利县志》修成已有一百一十年之久。

自清乾隆中期之后，平利出现了较为安定的社会局面，"生齿日繁，土地日垦，弦诵之声遍野，缙绅之士连科"，"证之旧志，昔则草昧，今则文明矣"，确有重修县志的必要。更何况百余年间，平利曾发生不少大事件，因水灾侵袭，嘉庆七年（1802）不得不将县城迁至白土关；嘉庆川陕白莲教起义军、同治年间太平军西征大军均曾频繁活动于县境，"变故迭经，宜亟搜罗往事，传古信今"③。

谢恩浩《重修平利县志序》记载，重修志书有三大文献来源：一为档案文书，"搜寻卷宗，博采舆论"；一为"查核黄公宽之旧志"，即乾隆旧志；一为"史公兆熊之《心劝集》"④。"史兆熊，汉中城固人。举人。道光二十八年（1848）任"平利县训导，"司铎平利二十年，硕德重望，郡中知名士多游其门，掇巍科者指不胜屈。著有《心劝集》《儿童必读书》《棘闱夺命录》《身世准绳》等书行世。同治初，办团练，协同守城，尤有功。今文庙规模整肃，其所重修也。先生去后，诸生思之，为立德教碑"⑤。史氏"司平邑教职，因取有关学校者，辑乡贤、忠义、节孝、科学暨重修文庙诸要务，编其类为《心劝集》"⑥，"《心劝集》于平邑之掌

---

① （清）杨孝宽修，李联芳纂：光绪《续修平利县志》卷五《官师》，页十三，清光绪二十三年（1897）刻本。
② （清）谢恩浩撰：《重修平利县志序》，清光绪《续修平利县志》卷十《艺文》，页三四至三五。
③ （清）史兆熊撰：《重修平利县志序》，清光绪《续修平利县志》卷十《艺文》，页三五。
④ （清）谢恩浩撰：《重修平利县志序》，清光绪《续修平利县志》卷十《艺文》，页三五。
⑤ 清光绪《续修平利县志》卷五《官师》，页二三。
⑥ （清）史兆熊撰：《重修平利县志序》，清光绪《续修平利县志》卷十《艺文》，页三五。

故特详，而乡贤、忠义、节孝尤备载之，以维持风化"①，据其书名及内容简介推测，《心劝集》应是一部以记录平利县人物事迹为主要内容的小册子，其目的是通过褒扬本地科举忠节人物，从而发挥引导社会风俗的作用。书中材料为谢恩浩纂修县志提供了丰富素材。

谢恩浩依据以上三种文献，将《平利县志》"草草汇辑成篇"，并请丁忧返乡的史兆熊为新志撰写序言。史兆熊在《重修平利县志序》中也谈及谢恩浩"慨然任其事，方浃旬而逐类考核，规模已备，复遍谕四乡，博搜广采，期无遗漏"②。根据谢、史二人所撰《重修平利县志序》分析，同治《平利县志》成书于同治五年（1866），但谢恩浩也承认志书"遗漏颇多，尽善尽美，谨俟后之君子"③。光绪《续修平利县志》又称："同治五年（1866），知县谢公与史公建议修志，未久，而两公皆以忧去其官，士林惜之"④，似指同治《平利县志》未能成书或尚未刊刻，谢恩浩即已离任。

### 五　杨孝宽、李联芳纂修光绪《续修平利县志》

光绪十七年（1891）春，杨孝宽出任平利县知县。杨孝宽到任之后"奉部文，测绘地舆，日与文聚，五老友勘量疆域，八阅月而测绘始竣"⑤。平利县舆图测绘完毕之后，又接到兴安府知府童兆蓉要求各属县重修志书的公文。

童兆蓉所撰《重修平利县志序》载："余自壬午（光绪八年，1882）秋典郡，批阅志乘，类多辑自乾嘉，时阅百年，其间兵燹、潦旱及一切政事因革，卷帙多佚，诹之故老亦语焉勿详，盖久深文献无征之惧矣！承乏既久，视事多暇，接士大夫之贤者，属以续成前志，以存邦之旧闻。今年夏，复手刊条例数十则，下之于属，冀诸君子稽参详略、县各成志，而上之郡，郡因邑志而综其成。"童兆蓉的本意是令各属县编纂志书，将志书

---

① （清）李联芳撰：《平利县志序》，清光绪《续修平利县志》卷首《序》，页一。
② （清）史兆熊撰：《重修平利县志序》，清光绪《续修平利县志》卷十《艺文》，页三五。
③ （清）谢恩浩撰：《重修平利县志序》，清光绪《续修平利县志》卷十《艺文》，页三五。
④ （清）李联芳撰：《平利县志序》，清光绪《续修平利县志》卷首《序》，页一。
⑤ （清）杨孝宽撰：《平利县志跋》，清光绪《续修平利县志》卷十《跋》，页四十。

呈送兴安府，而后开启兴安府志书重修事宜。但各县实施情况并不理想，"顾或限于僻壤，征采不易为，力役兴数月，尚茫然莫得端倪，成者惟平利及白河两属"①。

平利县能够修成新志，与知县杨孝宽的统筹协调密切相关。"乙未（光绪二十一年）孟春，乃延曹子铭孝廉、冯次云茂才详考《明史》及《圣武记》，兼史司训《志稿》、《心劝集》等书，博采周咨，汇集一帙，乃呈请李实斋宫赞秉笔而删定之，提纲挈领，区分九门，激浊扬清，谨严一字，纪其实也。"② 由此可知，新志材料亦有三种来源：一为与平利相关的史志文献，二为谢恩浩、史兆熊所遗同治《平利县志》，三为史兆熊《心劝集》。尤其是由"李实斋宫赞"编订全志，为光绪《平利县志》最终成书奠定了基础。

李实斋即李联芳，平利县人，同治十年（1871）进士，"翰林院庶吉士，授编修，迁詹事府右春坊右赞善。历放广西、山西、云南、甘肃考官"③。光绪二十年，李联芳因丁忧返乡，知县杨孝宽告知"以县志阙如，久益失考，人物之盛衰、时事之迁革，将至湮没无征"④，遂聘请李联芳担纲县志总纂。光绪《平利县志》卷一首页题名载："邑人李联芳实斋编。邑举人曹京周子铭、廪生冯星燦次云仝纂辑。邑附生饶庭桂子芳、廪生蔡宪章子昆同校字。"可知此四人是编纂县志的主力成员。至光绪二十一年十月，杨孝宽撰《平利县志跋》，标志新志大体完备。随后，杨孝宽将志书呈送童兆蓉，并请其作序置于卷首。光绪二十二年，李联芳撰写《平利县志序》。光绪二十三年四月《续修平利县志》刊刻成书。

光绪《续修平利县志》共十卷，卷首一卷。扉页书牌"续修平利县志。光绪丁酉年孟夏上瀚刻"。半叶十一行二十三字，小字双行同，白口，四周双边，单鱼尾。卷首依次为童兆蓉《重修平利县志序》、李联芳《平利县志序》、续平利县志目录、天文图、平利县全境舆图、平利县城图、旧县城图、镇坪分防城图、宾兴公业图。卷一无卷名，载分野（天度附）。卷二《地理志》，下列县名沿革考、疆域、形胜、山川、古迹、八

---

① （清）童兆蓉撰：《重修平利县志序》，清光绪《续修平利县志》卷首《序》，页一至二。
② （清）杨孝宽撰：《平利县志跋》，清光绪《续修平利县志》卷十《跋》，页四十。
③ 清光绪《续修平利县志》卷六《选举》，页二。
④ （清）李联芳撰：《平利县志序》，清光绪《续修平利县志》卷首《序》，页一。

景。卷三《建置志》，下列城池(镇坪城附)、公署、祠庙、关梁。卷四《田赋志》，下列地丁、均徭、禄米、盐课、仓储、户口、堰渠。卷五《官师志》，下列知县、县丞、巡检司、典史、教谕、游击、守备、兵防。卷六《选举志》，下列进士、举人、副榜、拔贡、武举、恩贡、学校、书院、宾兴、卷局。卷七《人物志》，下列乡贤、仕籍、将材、忠义、阵亡将士名录、孝友。卷八《人物志》，下列节孝、贞烈。卷九《土产志》，下列土产、风俗。卷十《艺文志》，下列文类、诗类。全书共四册，以元亨利贞为序。

童兆蓉对光绪《续修平利县志》评价极高，"李实斋读礼家居，爰为秉笔，述中兴之佚事，纪乡贤之轨迹，条流灿然，臧否成败，连缀定录，止资一手，余既乐其成编之速，又不诡于实录之义"①。各卷事类之下均补录嘉庆至同治年间史事，尤其重视本地兵燹战乱、殉难士女的记录，为今人系统了解清末平利县情况提供了极为宝贵的文献。光绪《续修平利县志》也是清代最后一部平利县方志。

## 第二节 明清洵阳方志的编纂

洵阳，一作郇阳、旬阳，因旬水得名。《战国策》已有"郇阳"之名，"苏秦说楚威王曰：楚，天下之强国也。大王，天下之贤王也。楚地西有黔中、巫郡，东有夏州、海阳，南有洞庭、苍梧，北有汾陉之塞、郇阳"。②郇阳或即洵阳。《汉书地理志》载汉中郡辖十二县，"旬阳"为其一，"北山，旬水所出，南入沔"③。唐"武德元年(618)，置洵州，又分洵阳置洵城、驴川二县。七年，废洵州，三县属金州。贞观二年(628)，省驴川。八年，省洵城，并入洵阳"④。宋代属金州。元代洵阳县废。至

---

① (清)童兆蓉撰：《重修平利县志序》，清光绪《续修平利县志》卷首《序》，页二。
② (汉)刘向集录：《战国策》卷十四《楚一》，上海古籍出版社1985年点校本，第500页。
③ (汉)班固撰：《汉书》卷二八上《地理志上》，中华书局1962年点校本，第1596页。
④ (后晋)刘昫撰：《旧唐书》卷三九《地理二·山南西道》，中华书局1975年点校本，第1540页。

"洪武三年(1370)复置。五年二月来属"金州①，清代仍属兴安。明、清两朝洵阳县曾三度纂修县志，其中又曾两度续修。

## 一 沈本泗、胡源编纂万历《洵阳县志》

明人《内阁藏书目录》载："《洵阳县志》二册全。万历辛巳。邑人沈本泗修。"② 清初黄虞稷《千顷堂书目》载："沈本泗《洵阳县志》。万历辛巳修。邑人。"③ 万历辛巳即万历九年(1581)。沈本泗为洵阳县人，雍正《洵阳县志》载："沈本泗，中嘉靖丙午(二十五年，1546)乡试。任四川广元县知县，保调成都县知县，以妖人蔡伯贯作乱，攻陷合州，部议就近拥捕，遂升该州知州，在任鹰荐八次，诰封奉直大夫，寻升河南归德府同知。"④ 由此可见，万历《洵阳县志》是一部由本地人自发编纂的方志。

今雍正《洵阳县志》卷首存有明万历知县南兆所撰《洵阳县志序》，对万历旧志的编纂过程有较为详细的记述。"斯志之作所以不可已也，邑人胡公慨然有志于是而纂之，邑候沈公毅然有念于此而成之。"又云："非沈公之精，固无以集志之成；非胡公之博，亦无以开志之端，二公之功均不可诬也，遂令锓诸梓以求其传。"⑤ 此"邑候沈公"即指沈本泗，"邑人胡公"则不详何人。好在《洵阳县志序》文末又有四人题名"赐进士第、文林郎、知洵阳县事帝邱南兆撰并刊订""任河南归德府清军同知沈本泗近桥氏集""邑岁贡生胡源培斋氏藏志、邑太学生胡继祖碧溪氏修志"⑥。可知"邑人胡公"应指胡源。雍正《洵阳县志》载："胡源，字

---

① (清)张廷玉等撰：《明史》卷四二《地理三·陕西》，中华书局1977年点校本，第1010页。

② (明)张萱、孙能传等撰：《内阁藏书目录》卷六《志乘部》，影印清迟云楼钞本。《续修四库全书》，上海古籍出版社1996年版，第917册，第99页。

③ (清)黄虞稷撰，瞿凤起、潘景郑整理：《千顷堂书目》卷六《地理类上》，上海古籍出版社2001年点校本，第177页。

④ (清)叶时㳅纂修：雍正《洵阳县志》卷二《人物志·选举》，清雍正抄本，《陕西省图书馆藏稀见方志丛刊》第16册，第533—534页。

⑤ (明)南兆撰：《洵阳县志序》，清雍正《洵阳县志》卷首，《陕西省图书馆藏稀见方志丛刊》第16册，第469、470—471页。

⑥ (明)南兆撰：《洵阳县志序》，清雍正《洵阳县志》卷首，《陕西省图书馆藏稀见方志丛刊》第16册，第471页。

培斋，学问优长，邑志乃其所创。"① 胡源与胡继祖当为父子，二人共同参与万历《洵阳县志》的编纂。

沈本泗、胡源编纂《洵阳县志》成书之时，适逢南兆出任洵阳县知县，故南兆《洵阳县志序》又称："余之贸贸然来者，庶有所适从矣！"充分肯定《洵阳县志》的编纂成绩，并辅以校订刊行之职。《洵阳县志序》文末纪年作"万历辛巳夏月"，亦与《内阁藏书目录》《千顷堂书目》一致。

万历《洵阳县志》散佚已久，但清康熙四十二年（1703）续修县志、雍正九年（1731）补辑县志，均是在万历旧志的基础上进行的，今所见雍正《洵阳县志》抄本中仍保存了不少源于万历旧志的文献，试举二例。其一，卷二《人物志》"科举"有沈本泗传记，传记附载诰封沈本泗奉直大夫的诏书。其二，《人物志》"藩封"载："洵阳王，肃府分封，在兰州城内。每岁办纳禄米七十石。"② 朱元璋分封第十四子朱楧为肃王，建藩甘州，后改兰州。第三代肃王朱禄埤，"初封洵阳王，成化四年袭封，十五年薨"③。旬阳县岁办禄米当源于此。

## 二　清人李弘勋、叶时沕续修《洵阳县志》

现存最早的《洵阳县志》是雍正《洵阳县志》，该志仅有抄本存世，分藏北京国家图书馆、陕西省图书馆及西北大学图书馆。陕西省图书馆藏本卷首开篇即万历九年知县南兆《洵阳县志序》，序末除上文所述南兆、沈本泗、胡源等人题名外，又有清代洵阳县知县李弘勋、叶时沕题名。记作"康熙癸未夏月。赐进士出身、文林郎、知洵阳县事大名李弘勋建侯续修""雍正辛亥孟冬。署陕西直隶兴安州洵阳县知县渠阳叶时沕补辑"④。

---

① 清雍正《洵阳县志》卷二《人物志·岁贡》，《陕西省图书馆藏稀见方志丛刊》第16册，第536页。
② 清雍正《洵阳县志》卷二《人物志·藩封》，《陕西省图书馆藏稀见方志丛刊》第16册，第543页。
③ （清）张廷玉等撰：《明史》卷一〇一《诸王世表二》，中华书局1974年点校本，第2685—2686页。
④ 清雍正《洵阳县志》卷首，《陕西省图书馆藏稀见方志丛刊》第16册，第471—472页。

由此可知，清康熙四十二年(癸未，1703)夏，李弘勋曾续修《洵阳县志》；雍正九年(辛亥，1731)十月，叶时沕曾补辑《洵阳县志》。"李弘勋，北直大名人，由进士。康熙四十年任。重修县志，善政及民，建修常平仓。""叶时沕，直隶顺天府宝坻县人。由甲辰举人，雍正九年任。修辑县志。"① 但陕西省图书馆藏本仅见李弘勋、叶时沕题名，未见两次重修序言，因而两次重修具体情况不详。乾隆《洵阳县志》卷首《凡例》载："邑志故有明万历年间南令兆刻本，暨本朝康熙年间李令宏勋续修、雍正年间叶令时沕补葺，二书俱抄本，因南之旧，稍加缀集。"② 可知康熙、雍正两朝重修志书均未刊刻。

雍正《洵阳县志》共六卷，卷首有南兆《洵阳县志序》一篇，及诸人题名。卷一《地舆志》，下列分野、建置、疆域、城池、山川(桥渡、渠堰附)、风俗、编里、户口、田赋(经费、杂支、驿站附)、兵制、物产。卷二《人物志》，下列秩官、宦迹、选举(恩拔贡监附)、名宦、乡贤、藩封、恩封、武弁、节孝、流寓。卷三《典礼志》，分列祀典、礼仪。卷四《宫室志》，分列公署、学校、坊市、邮舍、寺观。卷五《杂志》，分列古迹、邱墓。卷六《艺文志》，分列记文、题咏。编纂体例以卷次为主、事类为辅，但卷次与事类并不协调，田赋、户口一般应纳入《食货志》，秩官、宦迹、名宦应纳入《职官志》。洵阳并无帝王宫殿，《宫室志》之名欠妥，即便通指房屋，坊市亦难以归入。由此可见，自万历《洵阳县志》修成以来，志书编纂体例的问题一直未得到更正。

雍正《洵阳县志》纪事截止到雍正年间，卷二《人物志》所载最末一任知县为叶时沕的继任者"吴万善，贵州平远州人"③，乾隆《洵阳县志》载："吴万善，贵州平远州人，举人。雍正十二年任。"④ 可知雍正《洵阳县志》经叶时沕补辑之后，又有题名补入。陕西省图书馆馆藏抄本中"李弘勋"的"弘"字已有部分文字作缺笔避讳，该藏本应为乾隆初

---

① 清雍正《洵阳县志》卷二《人物志·宦迹》，《陕西省图书馆藏稀见方志丛刊》第16册，第524、525页。
② (清)邓梦琴纂修：乾隆《洵阳县志》卷首《凡例》，页一，清乾隆四十八年(1783)刻本。
③ 清雍正《洵阳县志》卷二《人物志·宦迹》，《陕西省图书馆藏稀见方志丛刊》第16册，第525页。
④ 清乾隆《洵阳县志》卷七《秩官》，页九。

年抄本。北京国家图书馆所藏雍正《洵阳县志》抄本,见《北京图书馆古籍善本书目》著录:"清抄本。二册。九行二十六至二十七字不等,小字双行三十余字不等。黑格,白口,四周单边。"①

### 三 邓梦琴纂修乾隆《洵阳县志》

乾隆《洵阳县志》由知县邓梦琴纂修,是一部文献丰富、体例成熟的志书。该志的纂修是上、下两方面力量共同推动的结果。乾隆四十一年(1776),陕西巡抚毕沅进京觐见乾隆帝,"请将陕西府志重加修辑,荷蒙俞允"。待毕沅返回西安之后,即"次第甄综厥事,诸县属亦相率以请",各县也提出重修县志的请求。毕沅认为"县志者,府志之权舆也。县志修明,府志当益臻美备"②,对各县重修县志亦抱乐观其成的态度。与此同时,洵阳县知县邓梦琴也一直积极筹划县志重修事宜,"邓梦琴,江西浮梁县人。进士。乾隆四十三年任"③,邓梦琴为乾隆十七年(1752)进士,具有良好的史学文献功底。他查阅旧志发现入清之后《洵阳县志》仅有抄本,又见旧志"荒略益甚,自康熙四十九年至雍正七年,知县仅得一人,其阙帙可知已",何况旧志所载《沿革》"杜撰舛错,皆不知其据何书也"④,因而深感修志迫切,由此广邀名士开局修志。

修志首先应当确定志书编纂体例,从而按部就班开展文献编辑事宜。邓梦琴首先考察了康海《武功县志》、乔世宁《耀州志》、孙丕扬《富平县志》等陕西三大名志,阅读三志之后,邓氏认为"三志耳,大约以简核为得体,然诸志地迩三辅,牵引易蔓,削牍正难于简。《洵志》不得修几二百年矣,前无所因,征典颇难于详"。因此《洵阳县志》不可能套用《武功县志》简核为要的编纂体例,而应当秉承元人修《宋史》"辞之繁简以事,文之今古以时"⑤的编纂原则。邓梦琴最终将雍正《陕西通志》编纂体例作为《洵阳县志》的重要参考,"今所据者雍正十三年纂修定本耳,盖观察沈公青崖笔也。兹禀以为经,旁采诸书以维之,纲举目张,体

---

① 北京图书馆编:《北京图书馆古籍善本书目》,书目文献出版社1987年版,第656页。
② (清)毕沅撰:《志序》,乾隆《洵阳县志》卷首《序》,页二。
③ 清乾隆《洵阳县志》卷七《秩官》,页十。
④ 清乾隆《洵阳县志》卷首《凡例》,页一。
⑤ 清乾隆《洵阳县志》卷首《凡例》,页一。

制宜尔"①。但也借鉴了《武功县志》不编《艺文志》的办法，"今郡邑志另立《艺文》一则，所谓收之纪传，悉入书部是也。但失其断限，文与事离，矫其所偏，未之能胜。兹仿《武功》之例，所载《艺文》附于建置、名胜之下，庶文以事丽，既不苦记载之赜，亦不厌辞章之支"②。

在修志体例确定之后，邓梦琴将具体修志篇目委于众人。"志内分野、沿革、录史三则成于兴安州孝廉董诏，先其难者而易者应节以解。赋役一则成于从兄明经(邓)林。录史内宋、元、明三代命儿子文学傅安补葺。其建置诸记亦有命代作者，成书颇速，需饮良殷，余则不揣荒谬，率尔操觚。"③ 至乾隆四十八年《洵阳县志》修成。而在此前一年，邓梦琴已"调署岐山县事"，乾隆四十八年邓梦琴"调繁宝鸡县"④。故陕西巡抚毕沅所撰《志序》云：邓梦琴"以实政行之而转，惜政声卓著以报最，调任繁剧，未获于此观厥成也"⑤。因邓梦琴调离洵阳已久，《洵阳县志》最终于乾隆四十八年(1783)由知县李敬胜刊刻成书。

乾隆《洵阳县志》共十四卷。全书四册。半叶九行二十字，小字双行，字数不等。白口，左右双边，单鱼尾。卷首依次为毕沅《志序》、县境全图、县治图、汉水图、水渠图、目录、凡例。《目录》首页右下角署"浮梁邓梦琴纂修"。卷一《分野》。卷二《沿革》，下列表、考。卷三《疆域》，附载山川、津梁、堰渠。卷四《建置》，附载学校、营制。卷五《赋役》。卷六《祠庙》，附载寺观。卷七《秩官》。卷八《选举》。卷九《宦迹》。卷十《人物》。卷十一《风俗》，附载物产。卷十二《祥异》。卷十三《录史》。卷十四《古迹》。

乾隆《洵阳县志》的成就是得到学界公认的。毕沅《志序》云："分门凡十有四，编次井井，勿漏勿支。至其据群史以证南(兆)《志》沿革之讹，据《宋书》以究《通志》避讳之非，据《后汉书》'西城'以辩西城之误，据《梁书》'洵州'以补'官绩'之遗。他如志赋役而见其勤求政本焉，志建置而见其兴举废坠焉。于选举、秩官知其兴德造而重循

---

① 清乾隆《洵阳县志》卷首《凡例》，页二。
② 清乾隆《洵阳县志》卷首《凡例》，页四。
③ 清乾隆《洵阳县志》卷首《凡例》，页五。
④ (清)乔湉修，贺熙龄纂，游际盛增补：道光《浮梁县志》卷十三《人物·贤良》，页六十，清道光三年(1823)修，十二年(1832)增补刻本。
⑤ (清)毕沅撰：《志序》，乾隆《洵阳县志》卷首《序》，页二。

良，于祠祀、风俗知其禅幽微而维风俗。则是志也，虽一邑之献征，即谓邓令之治谱可也。"① 一方面，邓梦琴注重洵阳历史的考证与订正，详于沿革、录史，志中所录艺文多未见雍正《洵阳县志》抄本，如卷七《秩官》收录南兆《洵阳县志官题名碑记》，应是依原碑碑文辑录。另一方面，邓梦琴注重赋役、秩官、人物、祠祀的记录，这体现了编者希望志书有益于世、有助风化的传统仁政思想。乾隆《洵阳县志》也存在两方面的问题，《录史》全以《明史》等官修史志为准，缺乏地方文献的记录，亦可见地方官员规避文网的苦衷；另外，邓梦琴将参与修志的董诏、邓林、邓傅安等人无关诗文纳入志书，对志书品质有显著影响。

乾隆《洵阳县志》修成之后，又有同治九年（1870）增刻本、光绪十二年（1886）增补本。同治增刻本扉页书牌作"乾隆癸卯年重修。洵阳县志。同治九年增修。本署藏板"。卷四《学校》，增刻页十三，补"同治三年，知县孙潍因庙貌全圮，重加修葺"句，并附《重修文庙碑记》；同卷又增刻页十四、十五，载同治三年孙潍兴办养济院事。卷十四《古迹》之后增刻两纸，附录《采访嘉庆初年教匪滋事殉难男妇姓氏》，载李寒姐等十九人事迹。同治增刻本见《中国地方志集成·陕西府县志辑》。光绪十二年增补本仅天津图书馆有藏，原为任凤苞藏书，志书首页有"任振采所/藏方志印"。该本与同治增刻本别无二致，只是在卷十《人物》最末附录一纸《祝朱氏节烈状略赞》，文末题"光绪十二年丙戌春正月上元日山左古琅邪赵嘉肇秋崖识于县署"。

## 四 刘德全、郭焱昌纂修光绪《洵阳县志》

清光绪八年（1882），兴安府知府童兆蓉曾"欲修郡志，而各厅县之志未经编纂，郡志无所取资"，童氏"屡函商各倅令，劝修志乘"，除平利、白河二县修成新志之外，其余各县均未修成。光绪二十二年，童兆蓉调守西安，"适刘君德全以进士，需次省垣"②，刘德全与童氏相熟，曾谈及修志往事。光绪二十五年，刘德全出任洵阳县知县，《洵阳县志》重修之事得以正式展开。

---

① （清）毕沅撰：《志序》，乾隆《洵阳县志》卷首《童序》，页二至三。
② （清）童兆蓉撰：《洵阳县志序》，（清）刘德全修，郭焱昌纂：光绪《洵阳县志》卷首《序》，页二，清光绪二十八年（1902）刻本。

"刘德全，湖北穀城县，进士。光绪二十五年二月任。"① 刘德全认为"乾隆《洵阳县志》考据详确、征引繁富，惟学校列子目，而学额不登于篇；艺文无专门，而诗文概属散见，意虽有取，体究未精。且山川、堰渠、名流、古迹间有脱漏，百密一疏，要其雅驯，殊无遗议。成书及今，垂百余年，中间兵燹频仍，沧桑屡易，天地人物之变、盛衰兴废之机，藐兹弹丸，颇关治道"②。简言之，乾隆洵阳旧志已距今百年有余，为记录洵阳近代史事确有重修新志之必要；刘德全对乾隆旧志编纂体例亦提出不同意见，尤其是对旧志未编"学校""艺文"二志持否定态度。

那么，刘德全认为应当如何编纂新志呢？首先，志书理应要言不烦，应当删除与本地无关的史事。"邓志引征赅博，《分野》《沿革》《录史》三则，成于邑人董孝廉诏。其《录史》宋、金、元及明季兵事，凡关系大局、不专涉洵阳者，是编略从删汰。旧志《赋役》泛录《明史食货志》，篇牍甚繁，亦稍示裁制。后人欲窥全书，自有前代诸史足备讨论，无虞阙遗。"其次，志书应统一编纂《艺文志》，但应取其精华，"邓志学识渊通，词旨渊雅，或篇终著论、即景赋诗，已择其佳者，附入《艺文》，兹编不能尽录"③。再次，对于乾隆旧志应当沿袭的事类体例，则采取赓续之法，予以续修增补。纂修思路与编纂体例确定之后，洵阳新志的编纂得以快速施行。至光绪二十八年五月，刘德全撰写《重修洵阳县志序》，标志着光绪《洵阳县志》编纂成书，随后刘德全又请已改任浙江温处道的童兆蓉撰写序。同年七月，刘德全调任西安府咸宁县知县，新志则于光绪二十八年十月刊刻成书。

光绪《洵阳县志》共十四卷。全书四册。半叶十行二十二字，小字双行同。黑口，四周双边，单鱼尾。扉页书牌"洵阳县志。光绪甲辰孟冬开雕"。卷首有洵阳县全图、汉水图、县治图、童兆蓉《洵阳县志序》、刘德全《重修洵阳县志序》、续修职名、凡例、目录。卷一《分野》。卷二《沿革》，表附。卷三《疆域》，山川、堰渠附。卷四《建置》，分列城池、公署、义所、堡寨、关梁、桥渡。卷五《学校》。卷六《坛庙》，

---

① 清光绪《洵阳县志》卷八《职官》，页七。
② （清）刘德全撰：《重修洵阳县志序》，清光绪《洵阳县志》卷首《刘序》，页一至二。
③ 清光绪《洵阳县志》卷首《凡例》，页一至二。

寺观附。卷七《赋役》，蠲赈、户口、课税、仓储、物产附。卷八《职官》，宦绩附。卷九《选举》，乡官附。卷十《人物》，分列忠义、孝友、仕绩、学行。卷十一《人物》，分列捍御、任恤、耆宾、方外、流寓。卷十二《列女》，分列节妇、孝妇、烈妇、烈女、女寿。卷十三《艺文》。卷十四《杂记》，兵警、祥异附。

光绪《洵阳县志》是厚今薄古的志书代表，详于乾隆以来史实的续修，对于乾隆旧志已经详细考证的史事、收录的诗文大多采取扬弃的态度，这一做法显然是因应时代变迁的正确举措。该志见《中国地方志集成·陕西府县志辑》。

## 第三节　明清白河方志的纂修

白河县设立于明成化年间。成化十二年（1476）十二月，抚治荆襄都御史原杰奏请"于陕西汉中之洵阳白石河置白河县，编户八里，岁征税粮三百九石有奇"①，并将白河县划归新设湖广郧阳府管辖。至成化十三年九月，"复以湖广白河县隶陕西金州。先是金州白石河创立县治方成，即改隶湖广郧阳府。至是，县民以南北水土不同，人不安习，请复如旧。从之"。② 此后，白河县一直隶属金州、兴安州。清乾隆四十八年（1783），兴安州升府，白河为兴安府属县之一。《白河县志》始修于明成化年间，但有明一代仅见一次修志记录。清代曾三度纂修县志。

### 一　普晖纂修成化《白河县志》

成化《白河县志》散佚已久，仅见明清书目著录。明人《内阁藏书目录》载："《白河县志》一册。成化戊戌。邑令普郓修。"③ 清初黄虞稷

---

① 《明宪宗实录》卷一六〇，"成化十二年十二月己丑"，台北"中央研究院"历史语言研究所 1962 年校印本，第 2927—2928 页。
② 《明宪宗实录》卷一七〇，"成化十三年九月戊辰"，第 3074 页。
③ （明）张萱、孙能传等撰：《内阁藏书目录》卷六《志乘部》，影印清迟云楼钞本。《续修四库全书》，上海古籍出版社 1996 年版，第 917 册，第 99 页。

《千顷堂书目》载:"普郓《白河县志》。成化戊戌修。"① 成化戊戌即成化十四年(1478),该志修于白河县设立两年之后。以上二书目均称志书纂修者名为普郓。但康熙《兴安州志》卷首《旧序》首篇为白河县知县普晖所撰《创修兴安州志序》,作于"成化戊戌秋七月望日",作者序末自署"知白河县事垣曲普晖序"②。由此可知,普晖为山西垣曲县人。光绪《垣曲县志》载:"普晖,景泰癸酉(四年,1453)举人,任汶上训导、长安教谕,升白河知县,除虎患、有异政,民为立祠。报最,擢南京江西道监察御史,执法劾奸。又擢山东按察司佥事,大臣迭荐,有经济才,将大用,寻卒,时论惜之。"③ 可知,《内阁藏书目录》《千顷堂书目》著录姓名有误,成化《白河县志》纂修者应为普晖无疑。

成化十四年,普晖向金州知州郑福提请创修《白河县志》,郑福欣然同意,此后又将编纂《金州志》之事委托普晖代劳④。普晖《创修兴安州志序》云:"志何为而作也?为志其形而下者也夫。志其形而下者,其山川、城池、物产、贡赋,与其公署、庙学、池亭、桥梁、寺观、井泉与?抑其溪涧、道里、铺舍、人物、名宦、诗文邪?盖兼有之,则形而上者亦在是矣!"⑤ 这里所指虽为成化《金州志》大致事类篇目,但应与成化《白河县志》无异。此后,明代《白河县志》编纂情况不详。

## 二 汪汉、管尽善纂修雍正《白河县志》

清代第一部《白河县志》编纂于清雍正七年(1729),该志也已散佚。仅存管尽善等人所撰《白河县原修志书序》,列于嘉庆《白河县志》卷首。《白河县原修志书序》首先回顾了明代设县以来本地的社会状况,"自明之成化(十)二年,置县设官,彼时人烟稠集,裕国通商,俨然与通

---

① (清)黄虞稷撰,瞿凤起、潘景郑整理:《千顷堂书目》卷六《地理类上》,上海古籍出版社2001年点校本,第177页。

② (明)普晖撰:《创修兴安州志序》,(清)王希舜修,刘应秋纂:康熙《兴安州志》卷首《旧序》,页二,清康熙三十四年(1695)刻本。

③ (清)薛元钊修,张于铸纂:光绪《垣曲县志》卷八《人物》,页五,清光绪五年(1879)刻本。

④ 按:金州知州郑福命普晖编纂成化《金州志》的经过,参见本书第六章《金州及兴安方志的编纂》第一节《明代金州、兴安州方志的编纂》。

⑤ (明)普晖撰:《创修兴安志序》,清康熙《兴安州志》卷首《旧序》,页一。

第八章 平利、洵阳、白河三县志书的编纂

都大邑相为媲美。及至明末，屡遭张贼肆虐，人民星散，十去其九，城市顿为空虚，庐舍悉成灰烬。迨本朝定鼎，而设官分职，民之归而复业者仅十数家耳。官斯土者无不心焉戚之，当其莅任之际，渐次招徕，竭力劝恳，多方培植，以教以养，卒之未能如旧者，盖以土瘠民贫故也"。① 明清之际，战乱频仍，百姓或死或逃，白河人口锐减，至清康熙年间虽经招徕复垦，仍未恢复元气。直至雍正年间，《白河县志》纂修事宜才正式提上议事日程。

《白河县原修志书序》载："戊申岁终，汪父母来署县事，视事之日，上体朝廷爱民之心，下恤百姓力田之苦。如建祠宇、修仓廒，经营区画，春省耕、秋省敛，筹度劳心，未朞月而政通人和，百废俱兴。复于公余之下，留心采访，适值奉文纂修《陕省通志》，行取各县残篇。而汪父母遂传集善等士民，顾而言曰：'志者，所以旌以已往励将来，诚有不可缺者尔。诸生皆生于斯、长于斯，尽悉山川之形胜、风俗之美恶，何不各出所知，记录成篇，以备采择?'"② 由此可知与《白河县志》编纂相关的历史背景：其一，志书是在署理知县"汪父母"任内完成的，汪氏不详其名，雍正六年（1728）年末署理县事，有政绩可循。其二，为编纂《陕西通志》所需，上级行文采集各府县志书，促成了《白河县志》的编纂进程。其三，雍正《白河县志》由本地士人编纂成书，其主力成员为《白河县志原修志书序》作者、邑庠生管尽善、王达心、毛彪等三人。

署理知县"汪父母"究竟是何人，一直是白河修志历史上的不解之谜。乾隆《兴安府志》卷十三《职官志下》"白河知县"载："刘元清，广西宣化人，举人，雍正五年任；李在峦，山东日照人，举人，雍正十三年任。"③ 此二人分别于雍正六年前后在任，但"白河知县"并无汪姓知县的记载，汪氏或因是署理知县，并未记录在册。嘉庆《白河县志》卷十《职官志》的情况与乾隆《兴安府志》一致。管尽善称汪氏曾"建祠宇、修仓廒"，嘉庆《白河县志》卷八《食货》"常平仓"载："县署南

---

① （清）管尽善、王达心、毛彪撰：《白河县原修志书序》，（清）严一青纂修：嘉庆《白河县志》卷首《序》，页一，嘉庆六年（1801）挹汉亭刻本。
② （清）管尽善等撰：《白河县原修志书序》，清嘉庆《白河县志》卷首《序》，页一至二。
③ （清）李国麒纂修：乾隆《兴安府志》卷十三《职官志下·白河知县》，页十六，清道光二十八年（1848）刻本。

木厫三间，系知县黎安捐修；县署北木厫三间，系知县刘元清捐修，后二处俱废。雍正七年，奉旨发帑，盖造大厫七间，在东门内，系署印澄城县县丞汪汉任内承建。"① 该汪汉为澄城县县丞，署理白河印务，又于雍正七年新建仓厫，正与管氏序言相符。道光《歙县志》卷七《选举志·仕宦》"知县"载："汪汉，白河"②，此汪汉应与署理白河知县汪汉为同一人。由此可知，雍正《白河县志》由汪汉主持纂修，庠生管尽善等人负责编辑，管尽善《白河县原修志书序》作于"雍正七年(1729)岁次己酉仲冬"，应视为雍正《白河县志》成书时间。

雍正《白河县志》纂修时间较短，尤其是基础文献缺乏，影响了志书事类编纂的完整性。"前代人物、古迹及孝子顺孙、义夫节妇之名，既无文献旧志之可考，又无断碣残碑之足录，故略而未备。虽已成帙，亦不过记其事已耳，敢云志乎哉？"③ 该志散佚已久，今仅见雍正《陕西通志》征引了该志两条记录，卷四四《物产二》载："花蛇，净避寨内多毒蛇，名曰花蛇。《白河县志》"④；卷四五《风俗》载："白邑土瘠民贫，人皆俭朴，男妇项多瘿瘤，婚姻以布匹通好，居丧以哀恸为先。岁时节序不知往来、无宴会，常唯以浊酒探亲而已，盖因零星散处，无三家村堡，无半亩平田，亦习俗使然也。《白河县志》。"⑤

### 三 严一青纂修嘉庆《白河县志》

嘉庆《白河县志》由署理白河县知县严一青纂修。"严一青，浙江乌程县人。甲午科(乾隆三十九年，1774)举人。乾隆五十八年到任，嘉庆三年(1798)升任西安府五郎通判，仍委署理白河县事。嘉庆六年因病详请解任调理。"⑥ 嘉庆元年，川陕白莲教大起义爆发以来，严一青一直恪尽职守、殚精竭虑，力保白河一县无虞，因其政绩突出，故授予五郎关厅通判一职，但仍署理白河县事。嘉庆五年，严一青"病魔缠扰，竟得风

---

① 清嘉庆《白河县志》卷八《食货》，页三。
② (清)劳逢源修，沈伯棠等纂：道光《歙县志》卷七之四《选举志·仕宦》，页十五，道光八年(1828)刻本。
③ (清)管尽善等撰：《白河县原修志书序》，清嘉庆《白河县志》卷首《序》，页二。
④ 清雍正《陕西通志》卷四四《物产二》，页四五。
⑤ 清雍正《陕西通志》卷四五《风俗》，页十一。
⑥ 清嘉庆《白河县志》卷十《职官》，页三。

症，手足不仁"，次年春病情越发严峻，其自述"当军需吃紧之际，正努力驰驱之时，胡以疾病频加，不能经理，抚心歉仄，实难以对君王、以谢黎庶。本年(六年)二月初一日，详请解任调理。蒙各宪批准，于二月二十七日解任"①。严一青虽卸任知县一职，但仍居住白河城中，并为其继任署理知县叶腾蛟、黄衮等人出谋划策，并在病榻之上完成了《白河县志》的纂修工作，忠于职守、呵护一方的为政热忱着实令人感佩。

嘉庆《白河县志》卷首有序四篇，除雍正七年管尽善旧序之外，其余三篇均为新序。一为"前署县事叶腾蛟序"，作于"嘉庆六年岁次辛酉季秋"；一为"署白河县事黄衮序"，作于"嘉庆六年岁次辛酉季秋月穀旦"；一为"署白河县事、候补通判加五级，吴兴严一青选亭氏谨序"，作于"嘉庆六年岁次辛酉季秋月"。川陕白莲教大起义是三人序言的共同主题。

叶腾蛟序云："乾隆癸丑，吴兴严一青来治兹邑。时患山贼窃发，增筑外城，民赖以安。……君又念邑旧无志，山城朴陋，文献无征，欲思昭示来许，用垂不朽。因以公余，网罗轶事，采辑旧闻，勒成县志。"②

黄衮序云："嘉庆元年，教匪滋事以来，此地遂为战争之场，死伤转徙，十室九空，不转瞬间而丰亨豫大之形，渐成凋敝，于此间赢绌之无常，而民生之不易易也。"百年未见之兵燹，给叶腾蛟留下了深刻印象。嘉庆六年，起义烽火渐次熄灭，社会秩序如何恢复、历史教训如何总结，已然摆在了当政者面前，黄衮认为《白河县志》凝聚了严一青治理白河之经验教训，是一部有益于后世的文献，"前令吴兴严君莅此土者九年，于兹时值纷纭，凡所为捍御、抚绥之术，无不因时因地，竭尽苦心。今此子遗何？莫非严君呵护卵翼以存之者！然其心犹有所未尽于其将去也。爰修县志，彼其意亦岂惟是备一方之掌故已耶！无亦使后之继此而治者，览于是书，为之考其山川、按其户口，因惕然于盛衰之无常、殷盈之难恃，而前人之所以因地设险，以保此遗黎者，用心良苦，则顾此瞻乌之象，而思所以苏鸿雁之劳者，宜何如亟亟也。"③

严一青序则是详细叙述了自到任之后数年间抵御白莲教起义军的全过

---

① (清)严一青撰：《志序》，清嘉庆《白河县志》卷首《严序》，页七。
② (清)叶腾蛟撰：《志序》，清嘉庆《白河县志》卷首《叶序》，页一至二。
③ (清)黄衮撰：《志序》，清嘉庆《白河县志》卷首《黄序》，页一至二。

程，修志情况转而退居次要位置，严氏仅提及"癸丑冬，予承乏兹土即访邑乘，仅得稿本，其中诸多缺略，予毅然为己任，肆力蒐罗，备加考证"①，但受战事影响，直至严氏因风疾缠绵病榻之时，才完成了志书的编纂事宜。

嘉庆《白河县志》共十四卷。全书四册。半叶九行二十一字，小字双行同。白口，四周双边，单鱼尾。扉页书牌载"嘉庆六年孟秋月刊。白河县志。挹汉亭藏板"。"挹汉亭"位于白河县署之内，即为县衙藏板。卷首依次为分野图、疆域图、外城图、内城图、管尽善序、叶腾蛟序、黄衮序、严一青序、目录。分野、疆域诸图并不在卷一正文之中，但目录将其列为卷一子目。卷一《地理志》，下列分野、沿革考。卷二、卷三《建置志》，分列城池、公署。卷四《学校志》，风俗附。卷五《祠祀志》，寺观附。卷六《山川志》，桥渡附。卷七《寨堡志》，边墙附。卷八《食货志》，分列户口、积贮、课程、盐茶。卷九《食货志》，分列义仓、义田、物产。卷十《职官志》，名宦附。卷十一《选举志》。卷十二《人物志》。卷十三《古迹志》。卷十四《录事志》，祥异附。各卷首页均署"署白河县事、候补通判严一青辑"，未编《艺文志》，将艺文附于事类之后。严一青重视城池、寨堡、边墙等防御工事的记录，亦重视社会经济文书的抄录，《建置志》《寨堡志》《食货志》在全书中具有较为突出的地位，这与白莲教起义前后的历史背景息息相关。

嘉庆《白河县志》除嘉庆六年刻本之外，又有道光增补重印本。该重印本由知县朱斗南增补续刻，"朱斗南，字松皋，四川重庆阳江。进士。道光七年(1827)莅任，有惠政"②。朱斗南在嘉庆《白河县志》卷二《建置志》、卷四《学校志》、卷五《祠庙志》卷末分别补录自撰《重修迎枫门记》(道光十年六月)、《重修文庙记》(道光八年十月)、《重修城隍庙记》(道光十年四月)三篇艺文；又于卷十三《古迹》最末补录知县丁贵舆等人所作诗歌，共八页。

## 四 顾騄、王贤辅纂修光绪《白河县志》

光绪《白河县志》由知县顾騄主持纂修。顾騄，字耳山，扬州府兴

---

① （清）严一青撰：《志序》，清嘉庆《白河县志》卷首《严序》，页一。
② （清）顾騄修，王贤辅、李宗麟纂：光绪《白河县志》卷八《宦绩》，页二三，光绪十九年(1893)刻本。

化县人。"同治庚午(九年)举于乡，连试礼部，不第。就光绪庚辰(六年，1880)大挑知县，签分陕西"，"至陕，初补白河县，继调补凤翔县，再署同官县，未几回任凤翔，因以假归"①。顾騄到任白河之后，即着手研读志书，他认为"严志修于嘉庆六年辛酉，其时教匪云扰乱，军务坌兴，或亦未暇蒐罗，详加釐订，故踌駮时所不免"。顾騄自述修志经过云："辛卯(光绪十七年，1891)春，騄始下车，山长王君弼廷，学博李君灵石，即举县志见嘱，辞以一年后再事编辑，今忽忽岁余矣！幸时和年丰，讼牍简少，因取严志细勘，有不得不为刊续者。"②

顾騄为新修志书做了很多细致的筹备及善后工作。针对新志文献搜集，提出"采访宜周也"，命白河"五乡各设一局，每局约计三人，……各举所知，毋隐毋徇。城内即城隍庙南厢，为志局，每月汇稿赍送，以总其成"③。针对修志经费提出众筹方案，"或拨公款，或捐富户，由学校首士筹议，即由学校首士经理，从实核办，不刻不滥，足资竣事而已"④。顾騄针对志书编纂体例及具体内容亦提出详细操作办法：一云"记载宜择也"，"凡事涉及国典，海内所共有者，不书"。一云"笔削宜公也"，"旧志有宜沿袭者，分野、山川、城池、寨堡，积久不变，踌事奚增，惟舛误处宜加考正。其中建置、食货两门，深苦繁芜，须严加删汰。有宜赓续者，职官、选举、人物、风俗，例从义起，事逐时更"。一云"援引宜核也"，"凡墓志、碑铭、形状、宗谱、友朋赠答之文，有关于人物事实、山川名胜者，类宜摭拾成篇"，"已刊未刊诗文类稿，咸宜荟萃而来，以备讨论"⑤。由此顺利完成了光绪《白河县志》的纂修工程，"创始于壬辰(光绪十八年)冬十月，告竣于癸巳(光绪十九年)秋八月，鸠工庀材之费，五乡捐钱一千缗，余捐另作公款"⑥。

光绪《白河县志》共十三卷，全书四册。半叶十行二十二字，小字双行同。白口，四周双边，单鱼尾。扉页书牌载"光绪癸巳年修。白河

---

① (清)李详撰：《顾凤翔遗集序》，《顾凤翔遗集》卷首，影印光绪三十二年(1906)刻本。《清代诗文集汇编》第739册，上海古籍出版社2010年版，第297页。
② 清光绪《白河县志》卷首《凡例》，页一。
③ 清光绪《白河县志》卷首《凡例》，页一。
④ 清光绪《白河县志》卷首《凡例》，页三。
⑤ 清光绪《白河县志》卷首《凡例》，页二。
⑥ (清)王贤辅撰：《跋》，光绪《白河县志》卷末，页三。

县志"。卷首依次为顾骙序(光绪十九年二月)、纂修职名、目录、县境全图、县治全图、县署图、学宫图、营署图、天地书院图、原叙、凡例。卷一《分野》。卷二《沿革》，表附。卷三《疆域》，山川、堰渠附。卷四《建置》，城池、廨署、桥渡、寨堡、界墙附。卷五《学校》，营制、风俗附。卷六《坛庙》，寺观附。卷七《田赋》，蠲赈、户口、课税、仓储、铺司、物产附。卷八《职官》，宦绩附。卷九《选举》。卷十《人物》，下列忠义、孝友、仕绩、学行、捍御、任恤、耆宾、方外。卷十一《人物》，下列妇女。卷十二《艺文》。卷十三《杂记》，灾祥附。相较于乾隆旧志，光绪新志编纂体例更为合理，先沿革、山川，后政治经济，再为人物、人文，最末辅以杂记。该体例亦为随后修成的光绪《洵阳县志》所采纳，俨然已是志书成功典范。光绪《白河县志》见《中国地方志集成·陕西府县志辑》及《中国地方志丛刊》。民国九年(1920)又有朱廷矩增补重印本，于卷十四《杂记》增补"捐户"一目。

# 第九章　紫阳、石泉、砖坪方志的纂修

## 第一节　清代紫阳方志的纂修

紫阳县设立于明正德年间，县治所在地原为金州紫阳滩。正德七年（1512）十一月"己亥，增置紫阳县于汉中府紫阳滩，以地僻多盗故也"①。"县治在紫阳滩之左，是为旧县，无城垣。嘉靖丙辰（三十五年，1556），知县张亨甫迁县治于紫阳滩之右，是为新县。"② 紫阳自设立之时即属金州管辖，其后属兴安州、兴安府辖县。明代曾两次纂修县志，但均未成书。清代曾三度纂修县志，今有康熙二十七年《紫阳县新志》及道光《紫阳县志》传世。

### 一　朱允治纂修康熙六年《紫阳县志》

清代第一部《紫阳县志》由知县朱允治纂修。"朱允治，江南常熟人，举人。顺治十六年任。"③ 朱允治"受事之初，即询及有无志乘，金

---

① 《明武宗实录》卷九四，"正德七年十一月己亥"台北"中央研究院"历史语言研究所校印本1962年，第2001页。

② （清）沈麟修，刘应秋纂：康熙《紫阳县新志》上卷《城郭志》，页二十八，康熙二十七年（1688）刻本。

③ （清）李国麒纂修：乾隆《兴安府志》卷十三《职官志下·紫阳知县》，页十六，道光二十八年（1848）刻本。

· 229 ·

曰：明邑侯沁水张公、安邑范公皆修之，未成"①。"沁水张公"指知县"张继芳，陕西沁水县人，万历三十五年(1607)以举人任"；"安邑范公"指知县"范宗文，山西安邑县人，天启五年(1625)以选贡任"②，张、范二人曾纂修县志，但均未成书。朱允治也仅是听闻此事，并未见到旧志遗篇。

明末清初社会剧烈动荡，紫阳亦是如此，"自鼎革以来，屡遭兵燹，城郭丘墟，人民流亡，固已巢无完卵、目无完舍矣！又安得所为志乎"？结合紫阳县的实际情况，主政官员日常工作尚且繁剧，修志更是无从谈起，"紫在万峰之中，峻岭危壑，每为盗薮，莅兹土者急赋税、勤调发，孜孜为民，制产谋生之不暇，欲举一百五六十年情事，阐幽扬芳，肉骨而生死之，此实难矣！况乎山川、风土、道里远近，文献不能存，考订无从也"。朱允治任职紫阳多年，对本地实际困难自然是了如指掌，但他考虑到"朝廷设邑命官，凡邑之建置、沿革可久而无稽乎？邑之疆域、名胜可概勿表章乎？其仕兹邑之姓氏、政事与邑之名公巨卿懿行、节孝可湮没无闻乎？谁为守土，惟治之耻也"！抱着"紫虽小邑，不可以无志"的决心，"爰谋之父老，矢志咨访，有邑茂才魏子列台者，尚书确庵公(魏学曾)嫡派，出其先人所记一册示治，治手辑编次。录成一帙"，又"苦于帑无余金、囊乏遗俸"③，迟至康熙六年(1667)十一月方才付梓。

今康熙二十七年《紫阳县志》卷首收录康熙六年《紫阳县志旧序》两篇，一为朱允治序，一为李楷序。李楷，西安府朝邑县人，原任江南宝应县知县，是康熙《陕西通志》的主要纂辑人。李楷对朱允治修志之举大加赞赏，"予不才，读《紫阳志》而有感于令之贤也，今之君子，固有不愿为志者矣！君江南之常熟人，笃信谨守，廉平善任，以志为急，知先务矣"！④康熙六年《紫阳县志》虽已散佚，但实为清代紫阳方志之先声。

## 二 沈麟、刘应秋纂修康熙二十七年《紫阳县新志》

康熙《紫阳县新志》由知县沈麟主持纂修，"沈麟，陕西平阳人，康

---

① (清)朱允治撰：《序》，康熙《紫阳县新志》卷首《旧序》，页七。
② (清)陈仪、吴纯修，杨家坤等纂：道光《紫阳县志》卷四《秩官志·知县》，页三，道光二十三年(1843)刻本。
③ (清)朱允治撰：《序》，康熙《紫阳县新志》卷首《旧序》，页七至八。
④ (清)李楷撰：《序》，康熙《紫阳县新志》卷首《旧序》，页六。

熙十九年任"①，此时距康熙六年《紫阳县志》刊行仅过去十三年，但其间吴三桂部将占据兴安州，破坏清廷原有统治秩序的同时，亦对紫阳历史文献造成了极大破坏，"迩来兵火频年，书既佚亡，板亦散失，迄今二十年间，沧桑变易，记载无人，遂成绝响"②。因此，重修新志成为继任者的必然选择，同时亦是清廷统治秩序在紫阳得以恢复的体现。

沈麟虽有重修方志之心，但政务繁忙，"几欲纂集，以鸿雁未归、疮痍未复，补救之不遑，奚暇征文献、事载籍哉"？不过，沈麟为寻找康熙六年旧志颇费一番功夫，兴安州知州李翔凤云："今上六年朱君允治宰是邦，草次成帙，继遭寇变佚散。沈令于秦灰孔壁中征求掌故，更为增补，亦可谓知先务矣！"③ 此后，直到康熙二十七年春，沈麟才正式"走役聘本郡刘子，会邑诸绅士，较同改异，斟酌损益，辑为新志，亦颇详赡，披览之余而今日之紫阳可知矣"！④《紫阳县新志》卷首沈麟《重修紫阳县志序》作于"康熙二十七年戊辰暮春"，即康熙二十七年三月；李翔凤《紫阳县志序》作于"康熙二十七年岁在著雍执徐日躔寿星之次"，即康熙二十七年八月。可知康熙《紫阳县新志》成书于康熙二十七年秋冬之际。

《紫阳县新志凡例》虽称"邑志修于康熙六年，去今二十余载，屡经寇变，覆巢毁卵之后，再经肇造，不无更张"⑤，但新志仅针对具体事类篇目略作微调。"前志《天文》无图"，新志增入《分野图》。旧志《建置》《沿革》一分为二，"今仍从同，不欲立异也"。将《桥梁》《津渡》并入《山川志》，又将公署、坊表、铺舍附于《城郭志》，以便观览。旧志《人物》是《职官志》与《人物志》的综合，新志则拆分为二。旧志《物产》详载紫阳产茶情况，新志以"前志以琐细之物，夸多斗靡，殊非记载之意"，"附《物产》于《风俗》之后，以省繁杂"。由此可见，《紫阳县新志》的编纂方式与体例并没有多少新意，但在诸志之前补录小序，"凡郡县志乘条目皆有小序，所以别于他志也，前志皆无，兹特补入，以

---

① 清乾隆《兴安府志》卷十三《职官志下·紫阳知县》，页十六。
② （清）沈麟撰：《重修紫阳县志序》，康熙《紫阳县新志》卷首《沈序》，页二。
③ （清）李翔凤撰：《紫阳县志序》，康熙《紫阳县新志》卷首《李序》，页六。
④ （清）沈麟撰：《重修紫阳县志序》，康熙《紫阳县新志》卷首《沈序》，页四至五。
⑤ 清康熙《紫阳县新志》卷首《凡例》，页九。

成全书"①；又能大力搜集金石文献，编入《艺文志》中，亦可视为新志亮点。

《紫阳县新志》共二卷。全书二册。半叶九行二十字，小字双行同。白口，四周双边，单鱼尾。卷首依次为李翔凤《紫阳县志序》，沈麟《重修紫阳县志序》，李楷、朱允治旧序，凡例，修志姓氏，紫阳县新志目录。上卷依次为分野图志、疆域图志、山川志、古迹志、城郭志（公署附）、建置沿革志、学校志、祠祀志（寺观附）、赋役志（茶法附）、兵防志。下卷依次为职官志、选举志、人物志、仙释志、风俗志（物产附）、祥异志、艺文志。上、下两册的页码各自独立，分别编序。版心标注为"上卷某页""下卷某页"。卷内子目虽以"志"命名，但实质上仍是以事类为中心的编纂方式，上、下两卷仅起到编目排序作用。《紫阳县新志》作为现存最早的紫阳方志，其文献价值具有不可替代性，其文字多精练而言之有物，各志最末均有朱允治、沈麟等人评论，文字情真意切、直抒胸臆，读者自会从中体察明末直至清康熙中期紫阳兵燹不绝、社会经济凋敝、百姓民生困苦、苛捐杂税繁多的真实场景。

### 三 陈仪、吴纯纂修道光《紫阳县志》

道光《紫阳县志》由知县陈仪、吴纯相继纂修，紫阳籍举人杨家坤、曹学易二人是志书的主要编纂者。"陈仪，浙江鄞县人，举人。道光十五年（1835）任。……十九年调安康去。""吴纯，江苏武进县人，监生，道光二十年任。"②据吴仪自述："余初莅紫阳，见旧志荒略百六十年来，阙焉莫继。于是倡议续修，属各乡绅士采访蒐辑，延杨松泉（家坤）、曹补堂两君子以为之政。越二年，未成，而余调安康，濒行，与两君子誓曰：'如志不成，余不得离兴安，两君子亦不得出仕。'又二年，仍不成。岁辛丑（道光二十一年），补堂自春闱返里，毅然以志事自任，于是授经之暇，朝访夕稽，星钞雪纂，与松泉排次而订证之，又时时取裁于明府吴粹卿（吴纯）先生。癸卯三月，以志成告，时余以俸满，将解组北上矣！"③

由此可见道光《紫阳县志》编纂耗时之久，陈仪于道光十九年调任

---

① 清康熙《紫阳县志》卷首《凡例》，页九。
② （清）陈仪、吴纯修，杨家坤等纂：道光《紫阳县志》卷四《秩官志·知县》，页八。
③ （清）陈仪撰：《续修紫阳县志序》，道光《紫阳县志》卷首《陈序》，页一。

安康县知县，而该志已编纂两年之久；直到道光二十三年(癸卯，1843)，陈仅调离安康，新志方告成书，前后时间长达六年之久。修志延宕与编纂人曹学易忙于求取功名有关。曹学易，号补堂，"道光辛卯科(十一年)中式第六名副榜"，乡试副榜难以满足曹氏仕进之心，直到考中"道光庚子科(二十年)举人"①并参加次年会试之后，曹氏才返回紫阳，将主要精力用于编纂《紫阳县志》。此外，文献征集工作进展也不顺利，陈仅《重谕紫阳采访邑志事实诸绅士文》称："自去年设局，已历年所矣！告谕之频，再而三矣！采访之任，择贤而畀询谋佥同，诸贤士大夫非不足与有为，何视邑志为令之一家言，因循废弛，不乐为之赞襄也？今之宰斯邑将五年矣，区区之心不见信于诸君子，自愧且不暇，其敢有责言？"②本地士绅不愿积极参与，同样影响新志的编纂进度。

以致继任知县吴纯一度怀疑《紫阳县志》是否胎死腹中，吴氏自述："余步后尘，续貂乏术，而心所倚重于两君者，视陈君(仅)为更切也。未几，补堂赴礼闱，又二年，仍未竣事。余窃虑此举骎骎乎息矣！赖松泉遍访旁搜，以持此意于勿懈。辛丑，补堂旋里，忆陈君之属言，而见松泉之笃志也，尘装甫卸，钞纂旋劳。晦明风雨与松泉赏析而订证之，忽忽又易寒暑，至癸卯春杪而志乃告成。松泉复为筹资，以付剞劂。"③最终在众人的共同努力之下，完成了道光《紫阳县志》的编纂。吴纯《续纂紫阳县志序》作于"道光二十三年岁次癸卯莫春"，即道光二十三年三月。同年该志刊刻成书。

道光《紫阳县志》共八卷，卷首一卷。全书四册。半叶十行二十三字，小字双行同。白口，四周单边，单鱼尾。卷首依次为吴纯序、陈仅序、李翔凤、沈麟、李楷、朱允治旧序、凡例、目次、县境全图、城治全图及县内各区详图二十七幅。卷一《地理志》，下列纪代、疆域、乡里、山川、名胜、道路、险要、星野。卷二《建置志》，下列城池、衙署、学校、营制、祠庙、桥渡、寨堡、塘汛。卷三《食货志》，下列户口、贡赋、仓储、蠲赈、物产。卷四《秩官志》，下列县令、主簿、典史、训导、都司、千把。卷五《选举志》，下列进士、举人、贡生、荐辟、吏

---

① 清道光《紫阳县志》卷五《选举志》，页二。
② (清)陈仅撰：《重谕紫阳采访邑志事实诸绅士文》，道光《紫阳县志》卷八《艺文志》，页四四。
③ (清)吴纯撰：《续纂紫阳县志序》，道光《紫阳县志》卷首《吴序》，页一。

员、武科、军功、封赠、议叙、乡饮、耆老。卷六《人物志》,下列宦业、懿行、孝友、忠勇、义捐、节烈、仙释。卷七《纪事志》,下列寇患、祥异、风俗、佚文。卷八《艺文志》,下列记、序、传、文、示、碣、赋、诗。各卷首页均载:"邑令吴纯纂修。典史施鸣銮、训导张濂校阅。"道光《紫阳县志》编纂体例以卷次为主,相关事类统于卷次之下,较康熙旧志仅有上下两卷的单薄册子,其文献体例的精细程度、文献体量的升级扩容可谓天壤之别。

道光《紫阳县志》重视《地理志》的编纂及县境地图的绘制。"邑治在万山中,为川楚孔道,由明迄今,屡为寇薮。古语云:'不知险要者,不可与言兵。'故《地理》一门于道路、险要别详,而四乡舆地仿画沙聚采之意,各绘一图。则远近形势,披览皆在目中矣!"该编纂特点亦是汲取嘉庆白莲教起义教训的因应举措。《纪事志》"寇患"、《人物志》"忠勇""义捐""节烈"诸子目同样是对兵燹战乱的追忆与反思。

道光《紫阳县志》除道光二十三年(1843)刻本之外,又有光绪八年(1882)吴世泽补刻本。署理知县吴世泽《补葺紫阳县志记》云:"第虑前贤之事功、文章愈久而愈泯,使后之人有无征不信之慨,抑可悲也。会邑太学生张君廷柱输欤二百缗,助县官公费,爰饬梓民即旧板而补葺之,浼张海清广文督厥功,越三月而蒇事,缺者复全,剥者复完,非敢为功也,要使前贤之遗型余绪得以无废坠耳。"① 文末署"光绪八年壬午暮春。署紫阳县事北平吴世泽记"。补刻书板均于版心鱼尾处标注"补刻"二字。卷八《艺文志》最末增补梁士选《庄羽士捐置上舍课石记》等四篇文章,专载同治年间文昌宫道长庄教礼捐资河工、翻新庙宇等事迹。道光原刻本见天一阁博物馆编《天一阁藏历代方志丛刊》(国家图书馆出版社 2017 年版)收录,光绪补刻本见《中国地方志集成·陕西府县志辑》收录。

## 第二节 清代石泉方志的编纂

石泉县,位于兴安府西。"本汉西城县地,萧齐置安乐县,又置晋昌

---

① (清)吴世泽撰:《补葺紫阳县志记》,道光《紫阳县志》卷一《吴序》,光绪八年(1882)补刻本。

郡于此。梁改曰永乐县。西魏改郡曰魏昌，又改县为石泉县。""隋属金州，唐因之。""宋仍属金州。元废。"① 明"洪武三年（1370）置，属四川大宁州。五年二月来属（金州）。嘉靖三十八年（1559）十一月改属汉中府。万历十一年（1583）还属州"②。清代仍为兴安州、兴安府辖县。明代《石泉县志》见明人祁承㸁《澹生堂藏书目》著录③，但仅载志名，无卷数及纂修者姓名。清代石泉曾两度纂修志书。

## 一 潘瑞奇、张骏蹟纂修康熙《石泉县志》

康熙《石泉县志》由"知县潘瑞奇校修，邑布衣张骏蹟手纂，邑乡官王麟参订。邑庠生张星燦、任君命、周德亮参阅"④。"潘瑞奇，广东番禺人，由保举"出任石泉县知县⑤。"张骏蹟，邑人。因逆闯破京僭号，愤裂章缝，临贡而隐，入山教授，不与人事。以著作自任，有诗文若干卷，号《悲愤藏书》，未行世。两征不出，士论高之。"⑥ 张骏蹟是享誉石泉的明代遗民，潘瑞奇则是清廷任命的一县主官，二人能通力合作完成《石泉县志》的编纂并不是一场意外，而是与明末清初五十年来石泉县所经历的变迁密切相关。

潘瑞奇《石泉县志序》载："邑自明崇祯丙子以后，五十二年间七经寇陷。所存于今者寥寥数百余家，当日锋镝之余，鸠鹄成行，蒿莱满目，人物山川非其旧矣！不惟旧志已灰于秦火，即长老复同于说梦，乃欲翻秋艳于凋丧之秋、振徽音于绝响之后，固不难哉！"世道巨变、旧志散佚，作为一县主官自有重修志书、保存文献的重任，"奇承乏待罪九载，无米之炊，心口卒瘏，隐痛兹志诚为缺典，窃思家有家乘、族有族谱，而况朝

---

① （清）顾祖禹撰，贺次君、施和金点校：《读史方舆纪要》卷五六《陕西五》，中华书局2005年版，第2711页。
② （清）张廷玉等撰：《明史》卷四二《地理三·陕西》，中华书局1974年点校本，第1010页。
③ （明）祁承㸁著，郑诚整理：《澹生堂藏书目》，上海古籍出版社2015年版，第417页。
④ （清）潘瑞奇修，张骏蹟纂：康熙《石泉县志》不分卷《修志姓氏》，《陕西省图书馆藏稀见方志丛刊》第16册，第357页。
⑤ 清康熙《石泉县志》不分卷《名宦》，《陕西省图书馆藏稀见方志丛刊》第16册，第421页。
⑥ 清康熙《石泉县志》不分卷《人物·隐逸》，《陕西省图书馆藏稀见方志丛刊》第16册，第434—435页。

廷封疆？今日已委诸草莽，将来又无所考稽，岂非有土者之责哉！"① 潘瑞奇亟亟于新志纂修，寻访耆老之后，便将修志事宜托付张骏蹟。张骏蹟年已八旬，同样希望将明末清初五十年间的历史变迁记录在乘、以传诸后世。张骏蹟自述云："邑侯潘明府慨然以修废为己任，卑礼厚币，征余而辑之，欲勒成一书，以垂不朽，诚宪老乞言之盛举也。余思此邑叠罹兵火，埋没于邱墟瓦砾中，知无生机久矣！忽得明府起死回生之手，拨而活之，真疆域之功臣也。余敢不竭蹶从事，以勷其举哉！即日伸纸濡毫，次第详记，分门别类，条目井然，使一往陈迹跃跃纸上，自知僭笔之罪，又何辞焉！"② 康熙《石泉县志》正是潘瑞奇、张骏蹟等人通力合作、共同纂修的成果。

康熙《石泉县志》不分卷。开篇依次为潘瑞奇《石泉县志序》、修志姓氏、目录。潘瑞奇序末署"康熙二十六年岁在丁卯林钟月中浣日。石泉县知县、冬粤潘瑞奇际嘉氏书于饮冰室公署"，可知该志成书当在康熙二十六年(1687)六月中旬。正文依次为图说、地图、图说、汉江图、沿革、公署、山川(附八景、古迹)、土田、钱粮、户口、荒政、水利、驿站、村落、军政、关津、庙宇、名宦、人物、流寓、风俗、土产、艺文。最末为张骏蹟《石泉县志后跋》。全志以事类排比编次，纂辑成书。各事类开篇均有按语"张骏蹟识"，以解释说明事类主旨。就全志目录来看，康熙《石泉县志》确有草草成书之嫌，如"人物"与"流寓"并列，但"人物"之下又有科目、贡监、忠臣、孝子、顺孙、隐逸、节烈各小类，应将"流寓"归入"人物"才是。又如"艺文"只有诗歌、未编文章。加之张骏蹟纂辑志书时缺少参考文献，"沿革"一门颇多谬误，明代后期以前的石泉历史难于考索。

康熙《石泉县志》虽然存在这样或那样的问题，但其文献价值仍值得重视，尤其是对于明清鼎革之际石泉历史的记录，"户口"载："石固岩邑，昔年颇称繁衍。即鸠形鹄衣，不可谓非民也；编茅列棘，不可谓非户也。区区数十年间，七经寇陷，半葬江鱼之腹，半供市刀之屠。起视城

---

① (清)潘瑞奇撰：《石泉县志序》，《陕西省图书馆藏稀见方志丛刊》第16册，第355—356页。

② (清)张骏蹟撰：《石泉县志后跋》，《陕西省图书馆藏稀见方志丛刊》第16册，第466—467页。

野,青燐白骨,可胜泫涕。兹后之生聚教养,非二十年之可期矣。"① 兵燹之后,人口锐减,导致石泉村落无人烟,"到处鞠为茂草,其地之名犹存也"②,田地无人耕种,"石泉蹲在万山,上下百里间,俱悬崖绝壁。求其平畴沃壤,则不及邻封十之一也。当在承平时,生齿林林,尚多土满之虞。今则耕者如星,垦者如掌,土田犹在,知不能起白骨而驱青犁也"③。土地无人开垦,但完纳正赋却不得减少,"今则缘丁派徭,计亩起科,粮额已定,则必取盈焉。子未生而名先起,是征赋于无何公子也;人已殁而讳尚存,是索粮于乌有先生也。大创之后,征解维艰,虽蒙题分荒熟,然土田无全垦之日,则钱粮终无满额之期。而焦心于正供者,苦点金之无术矣","康熙盛世"之下,丁去而赋存、人亡役不亡的现实场景屡见不鲜,石泉百姓不亡于流寇,亦亡于征赋之苦。

今康熙《石泉县志》仅存抄本,但陕西省图书馆所藏抄本最末载有"长安县刻字匠顾有金、顾有志、尚升龙、苏奇"④,可知原有刻本今已散佚无存。陕西省图书馆所藏抄本一册,半叶十行二十字,无格。首尾完整,刻字匠姓名为该抄本所独有。今已收入《陕西省图书馆藏稀见方志丛刊》。北京国家图书馆亦有该志抄本,"一册,九行二十二字,无格"⑤,见《北京图书馆古籍善本书目》著录,《国家图书馆藏地方志珍本丛刊》收录。故宫博物院藏抄本见故宫博物院编《故宫珍本丛刊·陕西府州县志》(海南出版社2001年版)收录,但该抄本《艺文》不全,缺张骏蹟跋。

## 二 舒钧纂修道光《石泉县志》

道光《石泉县志》由知县舒钧纂修。"舒钧,甘肃秦州,举人。道光

---

① 清康熙《石泉县志》不分卷《户口》,《陕西省图书馆藏稀见方志丛刊》第16册,第396页。
② 清康熙《石泉县志》不分卷《村落》,《陕西省图书馆藏稀见方志丛刊》第16册,第406页。
③ 清康熙《石泉县志》不分卷《土田》,《陕西省图书馆藏稀见方志丛刊》第16册,第388—389页。
④ 清康熙《石泉县志》,《陕西省图书馆藏稀见方志丛刊》第16册,第467页。
⑤ 北京图书馆编:《北京图书馆古籍善本书目》,书目文献出版社1987年版,第656页。

二十八年（1848）八月补授。"① 舒钧到任之后查找旧志，仅见康熙旧志抄本，"国朝康熙时邑人张骏蹟所修仅存抄本，亥豕鲁鱼，讹以传讹，迄今又百余年矣，何文献之无征也"！因而有重修志书之念，康熙旧志"疏讹颇多，难于依据"，舒钧"乃取府志而搜辑之，且采之绅耆所传，参之史氏所载。八阅月而成"②。由此可知舒钧修志文献源于三个方面，一为乾隆《兴安府志》、嘉庆《续修兴安府志》；二为政府档案文书、缙绅耆老所传口碑资料；三为爬梳史籍文献所得。当然，康熙旧志仍作为必备重要参考。

道光《石泉县志》共四卷。无卷首。扉页书牌"道光己酉年新刊。石泉县志。板藏运甓下帷之圃"。道光己酉即道光二十九年（1849）。正文之前依次为署理兴安府知府刘建韶序、舒钧序、总目录。各卷无卷名，卷一下列疆域全图、城图、疆域里程、地理志、建置志、祠祀志。卷二下列田赋志、户口志、官师志。卷三下列选举志、人物志。卷四下列史事节录、事宜附录。全书目录虽名为"总目录"，但文中并无"分目录"。志书主体仍是以"志"为名的事类，卷次仅起到排比、编次的辅助作用。

舒钧并不在意志书体例，而在意文献的实用功能。"地理，纪其大者；建置，纪其要者；祠祀，纪其正者。田赋核实，而物产昭焉；户口分乡，而保甲寓焉。循良济济，著于官师，企前贤也；科第寥寥，存具选举、厉后进也。人物，就地而论，亦有不可没者。其体例遵府志。艺文无多，因仿《武功志》随事载入。至《史事节录》《事宜附录》，其非志例之谓。谓夫览山川之险夷，建置之废兴，以及赋役之多寡，税课之因革，人心风俗之贞淫，莫不因时易宜，以为政治之本。……今治乱详于《史事》，善恶著于《事宜》，不更为政治之一助乎？是志也，亦唯志其所志而已矣。"③《史事节录》取自历代史籍文献。《事宜附录》则为引导百姓生活的文告，如禁烟禁赌、劝民纺织、预谋盖藏等，《事宜》确与志书体例不合，但舒钧考虑到文献的实用性而将其附于志书之后。署理兴安府知府刘建韶亦对道光《石泉县志》的简约与实用深表赞赏，"其事详而文

---

① （清）舒钧纂修：道光《石泉县志》卷二《官师志》，页三六，道光二十九年（1849）刻本。
② （清）舒钧撰：《石泉县志序》，道光《石泉县志》卷一《舒序》，无页码。
③ （清）舒钧撰：《石泉县志序》，道光《石泉县志》卷一《舒序》，无页码。

核，与康对山之《武功志》足相颉颃，而《人物》门之扬微阐幽，《事宜》门之因时制宜，则尤关政事之大者"①。《中国地方志集成·陕西府县志辑》收录该志。1987 年石泉县地方志编纂委员会编《石泉县志校注》，将康熙、道光、民国三种版本的《石泉县志》整理点校，以内部刊物形式发行。

## 第三节 清代《砖坪厅志》的编纂

### 一 砖坪厅的设立

砖坪，今名岚皋，是清道光初年设立的厅级行政区划，该地原属兴安州辖地，但因地理位置险要，早在乾隆四十七年（1782）正月陕西巡抚毕沅呈奏《兴安升府疏》时，对砖坪已有初步建置安排，"兴安境内西南砖坪地方，距州二百四十里，楚蜀人民杂处，实为要隘，此地将来归并安康首县管辖，应另设分防县丞一员"②。兴安州升府、设立附郭安康县之后，砖坪驻有安康县丞一员。

道光元年（1821），"四川总督蒋攸铦、陕西巡抚朱勋、湖北巡抚毓岱奏，遵旨会议各该省边境老林、置官防察"③，经三省大员会商讨论，决定将砖坪由安康县划出，增设砖坪厅，设抚民通判一员。其主要目的是治理此地流民、严控交通要道，"安康县所管地方跬步皆山，幅员辽阔，地方官查察难周，该县迤南之砖坪营与四川太平厅城口营连界，中间大界岭、杨四岩、南天门、两扇门等处未开老林，袤长三四百里，地极险要，原设砖坪县丞一员，不足以资治理，应改设抚民通判一员，并设巡检一员兼管司狱事务。其地距安康县二百四十里，系通川省要路，添设厅治，自砖坪以南至邻川边界，俱归通判管理，俾资弹压，与知县分疆治理，庶不致有鞭长莫及之虞"。依照清代惯例，要在砖坪新设通判、巡检等官，只

---

① （清）刘建韶撰：《石泉县志序》，道光《石泉县志》卷一《刘序》，无页码。
② （清）毕沅：《兴安升府疏》，（清）严如熤辑，张朋弼续辑：《三省边防备览》卷十七《艺文下》，页四，清道光十年来鹿堂刻本。
③ 《清宣宗实录》卷二四，"道光元年十月戊子"，影印清内府钞本，《清实录》第 33 册，中华书局 1987 年版，第 436 页。

能在本省现有员额官职之内调配。因此，蒋攸铦等人考虑"凤翔府通判与该府同城，事务甚简，可以裁抵，改为砖坪抚民通判，该处界连川省，地方紧要，应请照孝义、宁陕、留坝、定远等厅边俸之例，定为在外题调要缺，五年俸满保题陕省繁缺。……其应需巡检一员，查留坝厅南星巡检，系属闲曹，应即以该巡检裁汰，改为砖坪巡检兼管司狱事务"①。由此解决砖坪通判、巡检职缺问题。同年十月，经军机大臣、吏部、兵部各自议准，道光帝批准了添设砖坪厅等川、陕、楚三省行政区划变更及职官调整方案。

道光二年十月，陕西巡抚卢坤请"修建陕西砖坪通判衙署、仓廒、监狱"②，标志着砖坪厅在当地正式设立。三年四月，"裁陕西凤翔府通判一员、留坝厅南星巡检一员，添设安康县抚民通判一员，定为要缺；砖坪巡检一员，定为选缺。改砖坪县丞为略阳县丞，定为要缺"③。此安康县抚民通判即为新设立的砖坪厅抚民通判。由此，砖坪厅抚民通判、巡检等官员正式履职。

## 二　李聪纂修光绪《砖坪厅志》

砖坪厅是兴安府所辖厅县中设立最晚的，因而志书至清光绪末年才告成书。今陕西省图书馆藏有《砖坪厅志》抄本一种，该志不分卷，前无序言、后无题跋。首页即为正文，该志无纂修人信息，志中《职官》"通判"最后一人为李聪。"李聪，光绪三十一年（1905）复任"④，李聪此前也曾署理砖坪厅抚民通判，"李聪，号作谋，四川新都县。监生。光绪七年署。自四年连年丰稔，甫到任，为备荒计，劝捐义谷六千余石，建九仓储之。创设养济院一所，置稞二十余石，以养孤贫俾无告之民，遂咸得所"⑤。据民国六年（1917）《砖坪县志》卷二《续修砖坪厅志草》载：

---

① （清）蒋攸铦等撰：《川陕楚老林情形亟宜区处》，《三省边防备览》卷十七《艺文下》，页二二至二三。
② 《清宣宗实录》卷四二，"道光二年十月戊申"，《清实录》第33册，第755页。
③ 《清宣宗实录》卷五一，"道光三年四月庚申"，《清实录》第33册，第920页。
④ （清）李聪纂修：光绪《砖坪厅志》不分卷《职官·通判》，《陕西省图书馆藏稀见方志丛刊》第16册，第298页。
⑤ 清光绪《砖坪厅志》不分卷《职官·通判》，《陕西省图书馆藏稀见方志丛刊》第16册，第296页。

"按，砖坪始于道光二年改设厅治，为治尚浅。迨至光绪三十一年始经前任李公印聪创修厅志，尚未削政发刊。"① 由此推断，光绪《砖坪厅志》应为通判李聪纂修，志中详细记载李聪事迹亦可佐证。

陕西省图书馆藏光绪《砖坪厅志》半叶九行二十字，小字双行，无格。正文首页标注"砖坪地理志"，依次为厅治沿革考、地里(山、东乡、南乡、西乡、北乡、川、道路)。田赋、仓储、建置、公署、祠庙、职官(县丞、通判、巡检、武职都司、把总)。人物志(科贡、孝友、德行、忠义、节烈)。兵事录(川粤各逆、会匪仇教)。土产志(谷、蔬、果、花、木、药、禽、兽、麟、货、矿)。风俗、人类、汉人户口、宗教、实业、艺文。基本是以事类为中心组织文献，以地理、建置、职官、人物、兵事、土产为序，编排成书。但事类目录极不规范，最末"人类""户口""宗教""实业"之类，又与清末乡土志的编纂体例相似。

光绪《砖坪厅志》就编纂体例而言，应属于志稿之列，但其文献价值颇有可取之处。其一，作为新设厅治，首次总结汇编地理文献，山川、道路皆有详细记录。其二，砖坪厅职官更替、人物事迹、兵事民俗因该志的编纂得以完整保存。该志抄本见《陕西省图书馆藏稀见方志丛刊》收录。

## 三　民国抄本宣统《续修厅志》

天津图书馆藏有抄本《砖坪县志》二册，书中内容由两部分组成：第一部分即光绪三十一年《砖坪厅志》，与陕西省图书馆藏抄本文字无异，共六十九页。第二部分为《续修厅志》，共四页。载田赋(一则)、公署(五则)，职官(通判、巡检)，武职(都司、把总)，人物(科贡、节烈)。通判最末一人为"张书绅，浙江海盐县人，宣统三年(1911)闰六月署"。其中又载："李聪，宣统二年四月复任。先后抚砖者三次。其政绩备详前志。"② 可知宣统《续修厅志》是对光绪《砖坪厅志》的文献续补。该《砖坪县志》不分卷，书口题"砖坪县志"，半叶八行二十二字，

---

① 佚名编纂：民国《砖坪县志》卷二《续修砖坪厅志草》，页十五，民国六年(1917)铅印本。

② (清)佚名：宣统《续修厅志》，民国抄本《砖坪县志》不分卷，页七一，天津古籍书店1980年影印本。

无格，页码统一编排。正文之前有地图，图中标注"砖坪县"三字。民国初年废厅改县，该志为民初抄本无疑。1980 年天津古籍书店曾影印该志。民国六年铅印本《砖坪县志》则将宣统《续修厅志》称作《续修砖坪厅志草》，文字并无差别，并在此基础上再次编纂《续修砖坪县志》。

# 第十章　明代商州方志的编纂

商州历史悠久、地理险要，自古即为秦楚交通的要道。顾祖禹称商州"扼秦、楚之交，据山川之险，道南阳而东方动，入蓝田而关右危，武关巨防，一举足而轻重分焉矣"①。明初一度将商州改为商县，至成化十三年(1477)三月，商县复升商州，下辖商南、洛南、山阳、镇安四县②。明代商州志书早已散佚无存，但今人仍可通过保存至今的明代旧志序跋以及明清书目著录了解明代商州志书的纂修情况。

## 第一节　嘉靖《商州志》《商略》的编纂

### 一　萧廷杰纂修嘉靖《商州志》

明嘉靖年间有《商州志》《商略》两部志书问世。《商州志》由陕西布政司右参议萧廷杰主持纂修，《商略》则是在《商州志》的基础上修订而成，二者渊源颇深。两种志书虽均已散佚，但志书序言保存至今，为今人了解二志的基本情况提供了重要线索。

清康熙《续修商志》卷十《序文》收录明人康海所撰《商志旧序》

---

① （清）顾祖禹撰，贺次君、施和金点校：《读史方舆纪要》卷五四《陕西三》，中华书局2005年版，第2593页。
② 《明宪宗实录》卷一六四，"成化十三年三月丁亥"，台北"中央研究院"历史语言研究所1962年校印本，第2977页。

一篇①。康氏《对山集》亦收录此文,名为《商州志序》,可知《商州志》应是正式书名。《商州志序》开篇就说明了纂修原委,"五溪萧子以陕西布政司右参议治商洛、汉中,谓商为关西大郡,当有以传其文献。于是取郡志参校更定而成是编,笔虽秉于任氏,而斟酌损益则一出于萧子。刻既成,以予序诸其首"。②这段记述涉及两个关键人物:一是"五溪萧子",一是"任氏"。《商州志》由"任氏"秉笔,"五溪萧子"更定损益而成。"五溪萧子"时任"陕西布政司右参议,治商洛、汉中",在其任职期间,总裁《商州志》,并请康海作《商州志序》。

明嘉靖《陕西通志》卷十九《全陕名宦》记载:陕西布政司右参议"萧廷杰,四川泸州人。丁丑进士"③。清康熙《续修商志》卷三《官师志·监司》"抚治商洛道"载:"萧廷杰,字元功,四川泸州人,丁丑进士,约己裕民,革弊省派,兴学造士,人感仰之。"④康海的记述可与上述文献互为印证。

《商州志》成书时间在《商州志序》中也有记载:"明兴百六十有八年,典章文物,前此之代莫之能或先也。数年以来,官程格于口祸,理道盭于议端。圣天子励精图治十又三年,始皆釐而正之,吏就典列,民有恒心,天下章缝之士,歌咏诵说,骎骎乎有洪武、永乐之旧。阙者渐全,略者咸备,废者以兴,坏者以复,故而萧子盖又先得乎我心之同然者。其所以亟亟以成是编,夫岂徒然者哉?"⑤这段话提及两个时间节点,一是"明兴百六十有八年",二是"圣天子励精图治十又三年"。若以洪武元年(1368)为"明兴"之元年,一百六十八年之后,则是嘉靖十四年(1535),这与"圣天子励精图治十又三年"不符;康海所说的"明兴"之元年应指吴元年(1367),此年小明王韩林儿已死,吴王朱元璋弃用龙凤年号,

---

① (明)康海撰:《商志旧序》,(清)王廷伊修,李本定纂:康熙《续修商志》卷十《序文》,页九至十,康熙四年(1665)刻本。

② (明)康海撰:《对山集》卷十《序》,影印嘉靖二十四年(1545)吴孟祺刻本,《四库全书存目丛书·集部》第52册,第389页。

③ (明)赵廷瑞修,马理纂:嘉靖《陕西通志》卷十九《全陕名宦》,影印明嘉靖二十一年(1593)刻本,《华东师范大学图书馆藏稀见方志丛刊》第3册,北京图书馆出版社2005年版,第79页。

④ 清康熙《续修商志》卷三《官师志》,页五。

⑤ (明)康海撰:《对山集》卷十《序》,《四库全书存目丛书·集部》第52册,第389页。

为称帝做最后准备。康海将此年作为"明兴"之始。由此推断,《商州志》应当成书于嘉靖十三年(1534)。另据《明世宗实录》记载:嘉靖十三年六月,陕西省布政使司右参议萧廷杰升任陕西按察司副使①。康海撰写《商州志序》时仍称萧廷杰为"陕西布政司右参议",可见该序作于嘉靖十三年六月之前,《商州志》成书时间也绝不会晚于嘉靖十三年六月。

## 二 《商州志》《商略》编纂人任庆云

既已解开了《商州志》主修者身份、编纂时间的疑问,另一个疑问则是秉笔者"任氏"的身份问题。《商州志序》有云:"撰述参校之意,萧子自叙已尽,观者当览而得之,兹不复赘"②,正是由于萧廷杰"自叙"的存在,才导致康海不复赘述。但萧氏"自叙"早已无存,任氏身份还需借助后出志书加以考察。

清康熙《续修商志》卷一《凡例》云:"旧志远者无征。惟任怀南《商略》八卷,皆自创义例,嘉靖壬子有抚治五溪萧公《商州志》二卷,亦损益任稿也。"③ 这说明萧廷杰《商州志》确以"任稿"为基础,任氏又著有《商略》一书,"怀南"当为其字号。但"嘉靖壬子"是嘉靖三十一年(1552),《续修商志》显然是将萧廷杰《商州志》的编纂时间弄错了。

《商略》现存《旧序》三篇,分别由知名学者童承叙、马理及商州知州刘承学撰文,均见清康熙《续修商志》收录。童承叙,字士畴,号内方,湖广沔阳人,明正德十六年(1521)进士。历任翰林院庶吉士、编修,升国子监司业,官至左春坊左庶子兼翰林院侍讲④。《童序》载:"怀南任子义重世梓,恒念念于志。思绳往而牖来,远稽于坟典,博采于谱牒,咨询于故老,参订于儒绅。数月而志成,更名曰《商略》,谓举商大略

---

① 《明世宗实录》卷一六四,"嘉靖十三年六月癸卯",台北"中央研究院"历史语言研究所1962年校印本,第3621页。
② (明)康海撰:《对山集》卷十《序》,《四库全书存目丛书·集部》第52册,第389页。
③ (清)王廷伊修,李本定纂:康熙《续修商志》卷一《凡例》,页一。
④ (明)焦竑辑:《焦太史编辑国朝献征录》卷十九《詹事府二》,影印徐象橒曼山馆万历四十四年(1616)刻本,《续修四库全书》第526册,第5页。

也。属予序诸首简。"① 童承叙称《商略》编纂者为"怀南任子"。

《千顷堂书目》记载："任庆云《商略》八卷，一作十六卷。商故无志，庆云考求散佚，自为义例。马理、童承叙皆为之序。嘉靖癸卯修，邑人。"② 可知，"任怀南""怀南任子"即是任庆云。同书又载：庆云为"(任)经子，正德癸酉(八年，1513)举人，陕州知州"。③ 康熙《续修商志》载："任庆云，由举人，少随父任经之莱州任。从学名公为文，归即为有司赏识，博综典籍子史，尤长诗赋。以著作自任，所著有《商略》八卷，考求散佚，自成义例，有功郡乘。马公伯循(马理字伯循)为之序，谓其远有师承、学博词宏。仕陕州知州。"④

由此可知，嘉靖十三年《商州志》的秉笔者也应是任庆云。既然已有《商州志》，任庆云为何还要重订《商略》呢？这大概有两重原因：其一，任庆云对萧廷杰更定的《商州志》并不认同，但萧廷杰位高权重，任氏很难违逆长官意图。其二，嘉靖十四年正月，"吏部、都察院考察天下方面官"，萧廷杰因"贪酷"被黜降调用⑤。萧廷杰的倒台势必影响到《商州志》的流通。因此，任氏重订《商略》就是顺理成章的事情了。

## 三 《商略》的刊刻与编纂体例

明嘉靖三十年(辛亥，1551)刘承学出任商州知州时，任庆云早已将《商略》修订成书。刘承学《商略旧序》记载："辛亥岁，复自晋如商，守之继至，则见夫废芜填委，浩浩乎漫无统纪，梦梦乎弗可以智乘也。暇日乃取怀南任子《商略》考而观之。"⑥ 正是在刘承学的支持下，《商略》最终付梓。《千顷堂书目》称《商略》"嘉靖癸卯修"，嘉靖癸卯即嘉靖二十二年(1543)，远早于刘承学出任商州知州时间，该年或是任庆云为《商略》所撰序言时间。《续修商志》称萧氏《商州志》修于"嘉靖壬子"，此年正是刘承学任职之次年，极有可能是将《商略》刊印时间误植

---

① 清康熙《续修商志》卷十《序文》，页十。
② (清)黄虞稷撰，瞿凤起、潘景郑整理：《千顷堂书目》卷六《地理类上》，上海古籍出版社2001年版，第175页。
③ 《千顷堂书目》卷一《易类》，第6页。
④ 清康熙《续修商志》卷六《典礼志·文苑》，页十九。
⑤ 《明世宗实录》卷一七一，"嘉靖十四年正月癸酉"，第3724页。
⑥ (明)刘承学撰：《商略旧序》，清康熙《续修商志》卷十《序文》，页十三。

到了《商州志》头上。

马理《商略序》称赞道："刘侯者谁，文和之孙。亲承庭训，躬怀玉存。号曰龙洋，东土聿尊。一德与政，人和俗淳。任君商产，远有师承。蒙泉怀麓，二世曾甥。厥器彬彬，厥质瑛瑛。琢文绘句，学博词宏。板录楮印，洵都可传。"① 刘承学，号龙洋，山东寿光人，与三朝元老、谨身殿大学士刘珝(谥文和)同族，是刘珝的族孙；任庆云家族或与岳正(号蒙泉)、李东阳(著有《怀麓堂集》)翁婿有旧。马理所言意在抬高刘、任二人身价，突出《商略》传之后世的重要价值。

《商略》虽已散佚，但该志编纂体例非常明确。《童序》云："明《地理》知更涉之富，明《建置》知综理之密，明《学校》知崇迪之隆，明《典礼》知经曲之审，明《官师》知诏诫之严，明《选举》知涵育之素，明《人士》知景行之笃，明《杂述》知搜辑之备。"② 这里所说的《地理》《建置》《学校》《典礼》《官师》《选举》《人士》《杂述》即是《商略》的卷次目录。清人编纂《四库全书总目》时，四库馆臣曾见《商略》原本，"其书首州志，次镇安、洛南、山阳、商南四邑志。各分《地理》《建置》《学校》《典礼》《官师》《选举》《人士》《杂述》等八门"③。"四邑志"中仅明嘉靖《商略商南县集》存世，该志目录与《商略》完全一致，知县李鸿渐《商略商南县序》云："郡公龙洋翁修郡志，将以下邑附也。"④ 这说明《四库全书总目》所言非虚。将商南县志命名为《商略商南县集》，就是为了显示其与《商略》的从属关系。《商略商南县集》约刊刻于明嘉靖三十一年(1552)，《商略》刊刻时间亦当在此前不久。

## 四 《商略》命名与评价

"商略"所指何意？任庆云自有一番解释。《四库全书总目》引《商略》"目录之前有题词曰：'今之郡邑，古之国也。国可以言《语》、言

---

① (明)马理撰：《商略旧序》，清康熙《续修商志》卷十《序文》，页十二。
② (明)童承叙撰：《商略旧序》，清康熙《续修商志》卷十《序文》，页十一。
③ (清)永瑢等撰：《四库全书总目》，中华书局1965年影印本，第640页。
④ (明)李鸿渐撰：《商略商南县序》，(明)李鸿渐修，朱朝弼纂：《商略商南县集》卷首，影印嘉靖三十一年(1552)刻本，《原北平图书馆甲库善本丛书》第352册，国家图书馆出版社2014年版，第509页。

《策》；郡邑不可以言《纪》，故言《略》。盖本之华峤，若《文选》之《典引》云尔。'"四库馆臣就此评论道："然《国语》、《国策》原非地志，班固《典引》亦符命之流，引类殊为纰缪。至于'华峤曰略'，语出《史通》，亦史志之别名，非地志之名也。则其书可知矣。"①《四库全书总目》认为《国语》《战国策》属于国别体史书，《典引》体现的是东汉符命思想，这三种文献在体裁、内容上与地方志书《商略》毫不相干，任庆云却将其混为一谈，《商略》编纂水平可想而知。

由于《商略商南县集》从属于《商略》，《四库全书总目》所引《目录》之前的题词亦见于《商略商南县集》，全文如下：

> 志为郡邑作也。今之郡邑，古之国也。国可以言《语》、言《策》；郡邑不可以言《纪》，故言《略》。盖本之华峤。若《文选》之《典引》云尔，此当致详，将以古证今，而犹不及详，然亦可以征矣！②

要理解任庆云的真实意图，一是要弄清楚"本之华峤"所指何事，二是《典引》所指何意。华峤，字叔骏，平原高唐人，西晋史学家。《晋书》称其"博闻多识，属书典实，有良史之志"。"峤以《汉纪》烦秽，慨然有改作之意。会为台郎，典官制事，由是得遍观秘籍，遂就其绪。起于光武，终于孝献，一百九十五年，为帝纪十二卷、皇后纪二卷、十典十卷、传七十卷及三谱、序传、目录，凡九十七卷。峤以皇后配天作合，前史作外戚传以继末编，非其义也，故易为皇后纪，以次帝纪。又改志为典，以有《尧典》故也。而改名《汉后书》奏之。"时人称此书"文质事核，有迁固之规，实录之风"③。《汉纪》即《东观汉纪》，是一部纪传体史书，记载了东汉光武帝至灵帝百余年间的历史。因在东观设馆修史而得名。华峤以为此书"烦秽"，遂改作《汉后书》。任庆云重订《商略》，引华峤故事，意在说明删繁就简之必要。因此童承叙认为《商略》"谓举

---

① （清）永瑢等撰：《四库全书总目》，中华书局1965年影印本，第640页。
② （明）李鸿渐修，朱朝弼纂：《商略商南县集》卷首《目录》，《原北平图书馆甲库善本丛书》第352册，第512页。
③ （唐）房玄龄等撰：《晋书》卷四四《华峤传》，中华书局1974年点校本，第1264页。

· 248 ·

商大略也"①，也是有道理的。

《典引》则是东汉史学家班固撰写的一篇文章，体现的是上天预示帝王受命的符命思想。南朝梁代萧统所编《文选》将此文收录《符命》卷内②。任庆云认为《商略》中符命之说较少，"犹不及详"，但志中的记载也是可以起到"以古证今"，昭示符命的意义。四库馆臣显然是误解了任庆云的原意。

《史通》中更没有"华峤曰略"的相关表述，《史通》卷三《书志》记载："夫刑法、礼乐、风土、山川，求诸文籍，出于《三礼》。及班、马著史，别裁书志。考其所记，多效《礼经》。……原夫司马迁曰书，班固曰志，蔡邕曰意，华峤曰典，张勃曰录，何法盛曰说。名目虽异，体统不殊。亦犹楚谓之'梼杌'，晋谓之'乘'，鲁谓之'春秋'，其义一也。"③刘知几在这里讨论的是历代史家命名刑法、礼乐诸志的名称多样性问题，"华峤曰典"与《晋书》记载《汉后书》"十典十卷"一致。四库馆臣所谓"华峤曰略"显然是未经查证造成的疏误。由此可见，《四库全书总目》对《商略》的评价有着明显的误读及不应有的轻视态度，这对客观公正的评价《商略》造成了不必要的干扰。

与之形成鲜明对比的是，时人对《商略》不吝溢美之词。童承叙称赞《商略》"谨灾祥以示儆，后佛老以黜邪，崇节义以立维，重人才以砺钝。判经者不轨于权，履道者不问其类。予再阅而终篇，则又刊繁挈要，祛浮覈实，匪华以诬，匪诡以鄙，骎骎乎班马之遗良也。公而信，断而裁，纪录而考以便也，往存而鉴自昭也。商民其永赖乎？兹志出而人诵之，将以视商者视天下，岂特一郡之取征哉？"④刘承学则称："任子之《略》，其事该而核，其义严而正，其虑深而远，而能出一时崛起之志，成百年未集之典，毅矣哉！夫非尽才且美乎？若是者共为志家之良也。呜呼！斯《略》也，作之善则为政体之龟鉴，作之不善则为政体之瘫赘。任子之作，其善有如此，吾知其为龟鉴而非瘫赘也，谅矣！乃遂寿诸梓，

---

① （明）童承叙撰：《商略旧序》，清康熙《续修商志》卷十《序文》，页十。
② （梁）萧统编，（唐）李善注：《文选》卷四八《符命》，上海古籍出版社1986年点校本，第2158—2166页。
③ （唐）刘知几著，（清）浦起龙通释，王煦华整理：《史通通释》卷三《书志》，上海古籍出版社2009年版，第51—52页。
④ （明）童承叙撰：《商略旧序》，清康熙《续修商志》卷十《序文》，页十一。

俾凡后之来守兹郡者见有可征、行为可传，而商之人则将永赖而丕冒。夫至仁也，谓非集略者之仁，而仁之于无穷也哉！"① 童、刘二人均认为《商略》在体例内容方面要言不烦，具有重要的现实功用，是治理商州的重要借鉴，因此也具备了传之后世的独特价值。

### 五 明清书目中的《商略》著录

鉴于《商略》义例的独创性特点，明清书目对《商略》多有著录。明人焦竑《国史经籍志》卷三《史类》载："《商略》十六卷，任庆云。"② 清人书目对《商略》著录较多，除上文提及《千顷堂书目》《四库全书总目》之外，范邦甸等撰《天一阁书目》载："《商略》六卷"③，《四库全书总目》所见《商略》即出自天一阁藏书，但称"《商略》无卷数。浙江范懋柱家天一阁藏本"④。《明史艺文志》则载："任庆云《商州志》八卷。"⑤ 阮元《文选楼藏书记》载："《商略》六册。明任庆云著。商州人。刊本。是书系商州地志，分地理至杂述八门，后列商南、洛南、山阳、镇安四邑地志。"⑥ 综上所述，《商略》卷数有六卷、八卷、十六卷三种说法，考虑到《商略》共分八门，"六卷"之说并不可信，当是"六册"之误。《商略商南县集》即为八卷，因其沿袭《商略》体例，由此推测《商略》也应是八卷；或因《商略》体量较大，任庆云又将各卷分为上、下两部，"十六卷"之说或源于此。《商略》虽已散佚无存，但该志可谓商州方志的开山之作，对明代编纂商州及所属四县方志起到了积极带动作用，对后世商州方志的修纂产生了重大影响，厘清《商略》的编纂历史对于商州地方文献的传承也具有重要意义。

---

① （明）刘承学撰：《商略旧序》，清康熙《续修商志》卷十《序文》，页十四。
② （明）焦竑撰：《国史经籍志》卷三《史类》，影印明徐象橒刻本，《续修四库全书》第916册，第366页。
③ （清）范邦甸等撰，江曦、李婧点校：《天一阁书目》卷一之一《进呈书》，上海古籍出版社2010年版，第34页。
④ （清）永瑢等撰：《四库全书总目》，中华书局1965年影印本，第640页。
⑤ （清）张廷玉等撰：《明史》卷九七《艺文二》，中华书局1974年点校本，第2410页。
⑥ （清）阮元撰，王爱亭、赵嫄点校：《文选楼藏书记》，上海古籍出版社2009年版，第278页。

## 第二节　王邦俊纂修万历《续修商志》

### 一　苏濬重修州志未成

万历年间陕西布政司右参议、抚治商洛道苏濬曾倡议重修州志。康熙《续修商志》载："苏濬，字君禹，福建晋江人。万历丁丑(五年)进士，十七年(1589)任。问民疾苦，釐蠹清冤，议行条鞭，节省万计，民始全活。创书院、建文屏，谭经较艺，指示法程，连科获隽，甲于关中。时矿寇赵天知等千余啸聚，公潜抵巢穴，擒渠魁。士民歌颂专祠、书院。"① 可见苏濬尤重文教，书院、科举等文化事业在其任内取得了突出业绩。"盖《商志》六十有六年。紫溪苏公欲创修之，会以迁去"②，即指苏濬(号紫溪)欲修商州志书未成之事。

### 二　万历《续修商志》的编纂过程

万历末年，王邦俊出任商州知州，"王邦俊，字籲卿，福建龙溪人，举人"③。其到任之后"览《商志》吁嗟，念梓里后学无以成紫溪公之志，因与博士咨询。凡山川志所阅历，黄耇之所延见，古迹荒墟、坠碑残简，必搜求不置，而故家遗俗与藩伯、州牧之兴鳌，有裨蓍蔡者，不啻高山仰之"。④ 王氏着力搜集文献资料，为续修志书作了大量准备工作。

商州作为西安府所辖散州，修成未久的《西安府志》亦是商州修志的重要参考。《西安府志》由知府杨邦宪纂修，杨邦宪于明万历四十年(1612)至四十三年任西安府知府⑤，《西安府志》当成书于此间。万历四十三年六月，杨邦宪升任陕西按察司副使⑥，按察使古有"观察"之称，故王邦俊云："今观察杨公(邦宪)守郡，修《西安府志》，征故实、郡国，

---

① 清康熙《续修商志》卷六《典礼志·名宦》，页九。
② (明)王邦俊撰：《续修商志序》，清康熙《续修商志》卷一《旧序》，页十二。
③ 清康熙《续修商志》卷三《官师志·秩官》，页十五。
④ (明)王邦俊撰：《续修商志序》，清康熙《续修商志》卷一《旧序》，页十二。
⑤ 《明神宗实录》卷四九三，"万历四十年三月辛丑"，台北"中央研究院"历史语言研究所1962年校印本，第9278页。
⑥ 《明神宗实录》卷五三三，"万历四十三年六月戊戌"，第10084页。

则商之为商，其山川、土田、秩官、科目，梗概可知也。扬徽表节、删文纪咏，则商之为商，褒贬核、义例严，可师其意，润色而成，一郡之史可知也。"①《西安府志》编纂体例与志中文献为王邦俊纂修志书启发尤多。

在文献收集完备、参考义例详备的情况下，王邦俊于万历四十五年（1617）四月，着手新志编纂。"今夏四月迄秋，旱蝗迭见，有司日雩祷于神，公庭简讼，可张罗雀"，也使得王邦俊难得空暇，集中精力于志书编纂。"今六十六年之内，其可志者比《商略》几倍之，而采榷之扰、回汉之孽、水旱蝗蝻之异，前所未见；议防议赈、修救修备，此亦当事之苦心也。筑室难成，分门聚讼，俊以文质献、以古鉴今，直道之行，庶几共之。阅三月而稿成矣！以授诸梓，捐诸禄饩，人不知也，一览卷而故实备矣。"② 最终于万历四十五年八月完成了志稿。王邦俊所撰序作于"万历四十五年丁巳中秋日"，可知志书当于此后未久付梓。今康熙《续修商志》所收王邦俊旧志序言，仅称"旧序"；但邑人牛维曜应王邦俊所撰序，则称"续修商志序"。由此推测，新志名称应为《续修商志》。

## 三 万历《续修商志》编纂体例

万历《续修商志》虽散佚已久，但其编纂体例仍见旧序记载。志书修成之后，王邦俊曾请邑人、南京户部主事牛维曜撰写序言，牛氏《续修商志序》载：新志"为图一、为志十三、为卷十。志《沿革》以述古今也。志《星野》以正幅员也。志《建置》以惩鳏旷也。志《官师》以崇教养也。志《食货》以定则壤也。志《学校》以重本原也。志《选举》以广敷求也。志《典礼》以明经制也。志《兵防》以备缓急也。志《恤政》以悯困穷也。志《人物》以示景行也。志《方外》以蒐漏遗也。志《艺文》以启闻见也"③。康熙《续修商志凡例》亦载："万历丁巳（四十五年）州守伯凡王公续辑上、中、下三卷，分沿革、星野、建置、官师、食货、学校、选举、典礼、备防、恤政、人物、方外、艺文，凡十三

---

① （明）王邦俊撰：《续修商志序》，清康熙《续修商志》卷一《旧序》，页十二。
② （明）王邦俊撰：《续修商志序》，清康熙《续修商志》卷一《旧序》，页十二。
③ （明）牛维曜撰：《续修商志序》，清康熙《续修商志》卷十《艺文志·序文》，页十五。

目。"① 由此可知万历《续修商志》全书三册,有图一幅,共十卷,有志十三篇。编纂体例应属以卷次为中心、以事类为内核的新修义例,因其未再沿袭《商略》旧例,故康熙《续修商志凡例》指其"与任、萧义例亦差殊矣"!②

牛维曜评价万历《续修商志》云:"于往志也,冗者剔之,讹者正之,未备者增之。自古迹、灾祥以至丛谈、杂记,精粗俱载、惩劝靡遗,简帙颇悉于旧,而六十年以后之掌故灿然大备。此志也,乃一郡之信史也。"③ 则说明卷内各志之下又有更为细化的事类,新志虽名为《续修商志》,但其编纂体例与纂辑方法可谓焕然一新,并为康熙《续修商志》所沿袭。

## 第三节 王廷伊、李本定纂修康熙《续修商志》

### 一 康熙《续修商志》的编纂过程

康熙《续修商志》成书于康熙四年(1665),是清代第一部商州志书。由知州王廷伊续修、举人李本定订正,廪生李庚如、李曰栋校阅。"王廷伊,山西介休人。己卯(崇祯十二年,1639)举人",康熙元年任商州知州④。曾于顺治十五年(1658)出任信阳州知州⑤,次年因丁忧去职。早在王廷伊到任之前,万历《续修商志》已无全帙,"我朝顺治辛丑(十八年),奉麓台、藩司征志,去任靖宇王公(思治)极力访求,虽觅得三册,而首尾剥削,中多坏缺,如户口、丁粮,片纸无存,余可知也"⑥。王廷伊到任也曾查找旧志踪迹,他说:"商州旧志成于先达州守王公邦俊之手,捃摭典核,义例简严,彬彬质有其文,奈事止于前朝,自后五十余年

---

① 清康熙《续修商志》卷一《凡例》,页一。
② 清康熙《续修商志》卷一《凡例》,页一。
③ (明)牛维曜撰:《续修商志序》,清康熙《续修商志》卷十《艺文志·序文》,页十五。
④ 清康熙《续修商志》卷三《官师志·秩官》,页十七。
⑤ (清)张钺修,万侯纂:乾隆《信阳州志》卷五《官师志》,页五九,乾隆十四年(1749)刻本。
⑥ 清康熙《续修商志》卷一《凡例》,页一。

缺焉未举,且梨枣归之劫灰,原书鲜有存者,愚下车怅然惜之"①,而此前王廷伊曾于信阳知州任上纂修《信阳州志》,"愚前任信阳,修成《信志》,以读礼去,未获附梓,后人继成之"②。王氏既见商州志书亟待重修,更希望能在自己任内修成一部志书,以弥补信阳之憾,故而积极筹备商州志书的纂修事宜。

与此同时,"抚治钱公(受祺)以武林名杰,胸罗二酉,驰檄征志于商",王廷伊于"公余校雠旧帙,采辑新闻,纂成十卷"③。王廷伊"哀集粗备"之后,便"延郡人孝廉李讳本定,博士员李讳庚如、讳曰栋,三君诠次续成之,为册五,分仁义礼知[智]信;为卷十,目下各系以则。文减于昔,事增于前;历代之事迹、人文列眉炳而燃烛计也"④。李本定亦云:"(王廷伊)甫脱稿即下询余辈,余虽菲漏,敢以梓里之轶事不勉抒一得、仰佐高深乎?亟与博士李白生、李东木等参互考订、补残叙次,功告竣,将敬献之执事。"⑤ 王廷伊所撰《续修商志序》作于"康熙四年岁次乙巳孟夏之吉",商州学正马启圣《跋言》云:"今上之四载、乙巳岁,余起内艰,补商州学正。秋抵任,适州守王父母奉道宪钱宗师命重纂郡志,刻工将告竣"⑥,可知康熙《续修商志》于康熙四年秋付梓。

## 二 《续修商志》与李梦阳、《南康府志》无关

康熙《续修商志凡例》称"偶得李崆峒《南康志》,夙称善本,谨照例序次,与旧志率无大迕,即有昔有而今无、昔略而今详者,亦时世为之也,凡我同人尚其鉴诸"⑦。究其意,则指康熙《续修商志》一方面参考了李崆峒《南康志》体例,一方面又沿袭了万历《续修商志》体例,是综合二志义例的产物。李崆峒即明人李梦阳,字献吉,号空同,亦作崆峒。弘治六年(1493)进士。正德元年(1506)因弹劾刘瑾,下狱几死。六年迁江西按察司提学副使,八年上书弹劾巡按御史江万实等人,同年冬受

---

① (清)王廷伊撰:《续修商志序》,清康熙《续修商志》卷一《王序》,页四。
② (清)王廷伊撰:《续修商志序》,清康熙《续修商志》卷一《王序》,页五。
③ (清)李本定撰:《续修商志叙》,清康熙《续修商志》卷一《李序》,页九。
④ (清)王廷伊撰:《续修商志序》,清康熙《续修商志》卷一《王序》,页五。
⑤ (清)李本定撰:《续修商志叙》,清康熙《续修商志》卷一《李序》,页九至十。
⑥ (清)马启圣撰:《跋言》,清康熙《续修商志》卷十下《艺文志》,页九七。
⑦ 清康熙《续修商志》卷一《凡例》,页一。

命待罪南康府(今江西星子县)。九年正月,由南康至广信(今江西上饶),等候勘官勘结;四月罢免江西提学副使之职①。李梦阳任职江西期间,未曾编纂《南康府志》;李氏《空同集》亦未留下编纂《南康府志》的只言片语。正德《南康府志》由"知南康府事、前湖广道监察御史吴兴陈霖"纂修,陈霖所撰《南康府志序》云:"正德乙亥岁(十年,1515),余尝阅《南康府志》,公暇修之,凡一郡志颠末,自《沿革》以至《诗类》,笔之郡斋,因旧为新,去谬存正,补遗汰冗,以成郡志。"②志中卷九《杂著》虽收录李梦阳《水帘泉歌》,但亦未提及李梦阳与《南康府志》有任何关联。而仅就目录体例而言,康熙《续修商志》以卷次为主、事类为辅,正德《南康府志》则以事类为主、卷次为辅,编纂体例同样毫无干系。康熙《续修商志》编纂者既未弄清《南康府志》的纂修情形,更无从借鉴其编纂体例,只是单纯地攀附高名罢了。核查万历《续修商志》卷次,即可知康熙《续修商志》实为沿袭旧志义例的产物。

## 三 体例评价与著录纠谬

康熙《续修商志》共十卷,无卷首。全志五册。半叶九行二十一字,小字双行同,白口,四周双边。志书开篇即为卷一,卷一正文之前依次为王廷伊《续修商志序》、李本定《续修商志叙》、王邦俊旧序、凡例、目录、修志姓氏、星野图、州境图、州治图、文庙图、儒学图、书院图、考院图。但《续修商志·目录》则将星野图等七幅图列在"卷首"之下③。卷一《舆图志》,下列沿革、古迹、星野、疆域、形胜(附八景十观)、山川。卷二《建置志》,下列城池、公署、坛壝、学宫、书院、社学、行署、属署、铺舍、社仓、养济院、关市、村落、桥路。卷三《官师志》,下列封建、守镇、监司、秩官、教职(附四合属)。卷四《食货志》下列户口、土田、赋役、官俸、廪粮、工食、杂税、杂差、物产、钱法。卷五《选举志》,下列进士、举人、明经、例贡(附寄学贡)、掾史、貤恩、任

---

① (明)朱安泩编:《李空同先生年表》,(明)李梦阳撰:《空同子集》卷六七《附录二》,页九至十,邓云霄、潘之恒明万历三十年(1602)校刻本。

② (明)陈霖撰:《南康府志序》,(明)陈霖纂修:正德《南康府志》卷首《前序》,页一。

③ 清康熙《续修商志》卷一《目录》,页四。

子、武弁。卷六《典礼志》，下列公式、祭社、名宦、乡贤、风俗、四礼、乡约、节序。卷七《备防志》，下列武备、防守、防矿、乡兵、驿递、烽火、抚制、客兵、山寨、补虎、漕运、武关遗事。卷八《人物志》，下列人士、世家、隐逸、寓贤、德行、文学、忠义、贞烈(附孝妇女)。卷九《杂传志》，下列坊表(附锾梓)、丘坟(附古木)、灾祥、异录、兵劫、寺观(附浮屠)、释道。卷十《艺文志》，分上、下两卷，上卷分列古文、碑记，下卷分列序文、墓志、赋、歌、诗(附对联)，最末为马启圣《跋言》。康熙《续修商志》是一部文献充实、面面俱到的方志，沿袭万历旧志的同时，对任庆云《商略》所论亦多摘录，尤其是艺文众多，实为商州文献之大观。

但其中编纂体例仍有不足之处，最明显的就是"人物"不单见于《人物志》，且在《建置志》《选举志》《典礼志》《杂传志》均有收录，尤其是《典礼志》"乡贤"之下又有名臣、理学、节义、文苑、循吏、孝行、乡饮等七个人物事类，可谓环环相扣，足以使读者查阅困难、无所适从。"名宦"不列《官师志》，同样列在《典礼志》中。加之目录混乱，与内文多有不符，导致康熙《续修商志》的总体品质大打折扣。

但作为现存最早的一部商州志书，该书早已跻身善本之列，仅北京国家图书馆藏有该志两部。一部为善本全本，影印本已收入《国家图书馆藏地方志珍本丛刊》；一部仅存卷一、卷二、卷十下共三卷。《北京图书馆藏古籍善本书目》载："康熙《续修商志》十卷、卷首一卷"，"清康熙四年刻本"[1]，实则有误。其一，该志封面书签载有"卷首：叙、凡例、诸图"，《目录》亦载"卷首"，但志书首页版心即为"卷一"。其二，该志卷三《官师志》"商州知州"王廷伊名下载：康熙"五年升兵部职方员外"。其左又载："孔兴洪，山东曲阜人。圣裔。由荫生"，康熙"五年任。升刑部员外，题授陕西平庆道"[2]。可知该刻本至少是康熙五年以后的增刻本，并非康熙四年原刻本无疑。

---

[1] 北京图书馆编：《北京图书馆古籍善本书目》，书目文献出版社1987年版，第658页。

[2] 清康熙《续修商志》卷三《官师志·秩官》，页十七。

## 第四节　两种乾隆商州方志的编纂

### 一　王如玖纂修《直隶商州志》

乾隆《直隶商州志》由知州王如玖纂修。"王如玖，顺天宛平人。雍正四年（1726）任。"① 在王如玖到任前一年，雍正三年九月，"陕西巡抚图理琛疏言：陕省西安、延安两府，管理州县地广事繁。请将商州、同州、华州、乾州、邠州、耀州、鄜州、葭州、绥德州，俱改为直隶州。其西安府属之镇安、雒南、山阳、商南四县，分隶商州"②。此前商州虽领四县，但毕竟是西安府所辖散州。商州改直隶州，虽仍领四县，但不再隶属于西安府，行政级别已与西安府平级。"奉改直隶，则旧志不副其名，宜统修一志，以改前观，以诏后人。"③康熙《续修商志》仅及商州一州，并不涵盖下属四县；改直隶州之后，王如玖遂打算纂修一部涵盖一州四县的方志。

至乾隆九年（1744），王如玖在商州知州任上已有十八年之久，"自国初迄今，圣朝之休养生息，涵濡教育，百年于兹矣！土田日辟、人物蕃滋，举旧志之所无，而宜备录于今者，固大有在也"，续写自康熙四年（1665）《续修商志》以来近九十年来的商州史实，亦是王如玖急于编纂新志的重要原因。加之，王如玖"自莅兹州，翻阅旧志，见其颇多阙陋，即思有以釐正之"④。改升直隶、续修史实、弥补旧志缺漏等三重因素的共同影响之下，王如玖开始了商州志书重修工作。

重修新志面临着两重困境。其一，除旧志之外，无其他可供参考的文献，"惜乎名山石室鲜有藏书，野史稗官寂无私乘"；其二，所辖镇安、雒南、山阳、商南四县同样文献凋残，"属邑志载则阙陋更甚，文献无

---

① （清）王如玖纂修：乾隆《直隶商州志》卷九《本朝文职》，页三十，清乾隆九年（1744）刻本。
② 《清世宗实录》卷三六，"雍正三年九月乙未"，影印清内府钞本，《清实录》第7册，中华书局1987年版，第537页。
③ （清）王如玖撰：《直隶商州总志序》，清乾隆《直隶商州志》卷首《王序》，页二。
④ （清）王如玖撰：《直隶商州总志序》，清乾隆《直隶商州志》卷首《王序》，页二。

征，釐正为难，盖欲修而搁笔者屡矣"！① 当时"属邑如武维绪之《重修镇邑志》(《镇安县志》)、畅体元之《重修雒邑志》(《雒南县志》)、秦凝奎之《纂辑山阳初志》，三书者亦聊存故事而已，至商南一邑，则并无志焉"②。如何解决文献不足的问题，则是王如玖必须攻克的修志难关。王如玖一面取材于旧志，"摭拾补缀而存之"；一面考虑到"散著于《通志》者尚有可采撷者"，从《陕西通志》中摘录所需文献，又辅以"四邑之册，更为访罗，别为条例"。最终形成十四卷的《直隶商州志》。王如玖认为新志"搜之《通志》以酌其取舍，节之旧志以备其参考，略者详之，不能详者慎之，繁者删之，不必删者仍之，阙陋之失，宁敢云殆尽与？第较之前乘差为明备耳"！③ 可见其对所修新志是较为满意的。

志成之后，王如玖请陕西按察司按察使赫庆、陕西布政司参议督粮道舒辂作序，赫庆对王如玖赞誉有加，"王君以宛平名家子出所学以为治，于兹十有七年，其治民、劝功、绝讼，诸大政施之皆由次第，风土人情谙习有素。故其为志也，不以辑缀掩其长，不以驰骛破其格，不以怪牒蚀其笔端，不以疑似依违洿其胸臆，约而该、详而要"④。舒辂则赞其"以治人而留治法，兹当报最，犹必成书，将遗作来者之师资，乃毕其爱民之隐愿"⑤。赫、舒二人皆称赞王如玖之政绩，而对于志书之优劣多似表面文章，而赫庆隐然已有"辑缀""驰骛"之论。这也为此后未久《续商州志》的编纂埋下了伏笔。

《直隶商州志》共十四卷，卷首一卷。共八册。半叶十行二十字，小字双行同，白口，四周双边，单鱼尾。封面书签题"直隶商州总志第某册"，又有卷次目录。卷首依次为王如玖《直隶商州总志序》、赫庆序、舒辂序、目录、凡例、星野图、疆域图、城池图。卷一《星野》《疆域上》，卷二《疆域中》，卷三《疆域下》。《疆域上》主要记录历代沿革、道里、形势、八景；《疆域中》载商州、镇安县山川、岔峪、沟渠、井

---

① (清)王如玖撰：《直隶商州总志序》，清乾隆《直隶商州志》卷首《王序》，页二至三。
② 清乾隆《直隶商州志》卷首《凡例》，页一。
③ (清)王如玖撰：《直隶商州总志序》，清乾隆《直隶商州志》卷首《王序》，页三至四。
④ (清)赫庆撰：《序》，清乾隆《直隶商州志》卷首《赫序》，页四。
⑤ (清)舒辂撰：《叙言》，清乾隆《直隶商州志》卷首《舒序》，页三。

泉；《疆域下》载雒南县、山阳、商南三县山川地理。卷四、卷五《建置》。卷六《田赋》。卷七、卷八《食货》。卷九《职官》。卷十《选举》。卷十一、十二《人物》。卷十三《艺文》。卷十四《杂录》。由于《直隶商州志》涵盖一州四县，文献体量较大，因此其同一事类最多拆分为两至三卷，但就其事类而言，仍大体沿袭康熙《续修商志》事类名目未变，如《人物志》仍包括"节镇""监司""世家"等独特子目名称。但较旧志也有所更改，如将《备防志》"以附入《建置》内关梁、兵防类中，故不另列"①；又如旧志艺文有上、下两卷，且全为商州一州诗文，王如玖以为"志者，记也，记其事与文之不可缺也。无甚关系之作，又何取焉？况其文又未足取乎"！故而"严加裁汰"②，一州四县仅保留艺文一卷。新志在义例上的一大贡献则是理顺了"人物"散见全志的混乱局面，得以归拢在两卷之内。

乾隆《直隶商州志》作为商州直隶陕西布政司之后的首部州志，其文献内容虽有截取拼接之嫌，但总体可观。王如玖也意识到新志"志之详于商，而或略于属邑者"，因而特别指出"盖邑各有志，不能以州志统志而尽废邑乘也，然其大要亦粲然矣"！③ 今所见乾隆《直隶商州志》有两种版本，一为乾隆九年（1744）王如玖原刻本，一为乾隆二十三年（1758）罗文思重刻本。罗文思重印本见《美国哈佛大学哈佛燕京图书馆藏善本方志书志》著录。该志见《中国地方志集成·陕西府县志辑》收录。

## 二　罗文思纂修《续商州志》

《续商州志》由知州罗文思纂修。"罗文思，四川合江人。戊午（乾隆三年）解元。乾隆十八年任。"④《续商州志》成书于乾隆二十三年（1758），该年距《直隶商州志》修成仅有短短十四年时间。罗文思急于续修州志主要有两方面的考虑。其一，旧志存在诸多不足，"前牧王如玖

---

① 清乾隆《直隶商州志》卷首《凡例》，页一。
② 清乾隆《直隶商州志》卷首《凡例》，页二。
③ 清乾隆《直隶商州志》卷首《凡例》，页三。
④ （清）罗文思纂修：乾隆《续商州志》卷五《职官》，页一，乾隆二十三年（1758）刻本。

重修，大约就旧志而增删之。然有不可删者、不及增者"①，"议者以为综核未备，谬误相仍，多所不满"②。其导致的结果便是"前志之所由荒略者，总以时事变更，疏于载笔，故致后来莫考，疑以传疑，难成信史"③。其二，续写乾隆旧志之后商州史事，"自甲子成书而后，历今又十余年。此十余年中国家政教日新，民俗风土递变，其间天时、地利、人事、物产多有可书。散而无纪，后将谁咎？"④ 基于以上双重考量，罗文思决定续修商州志书。"文思不揣固陋，乃集乾隆九年以后事，悉依前志编次，汇成一书，未免昌黎挂一之嫌。窃仿《通鉴》续编之例，名曰《续商州志》，与前志并存。其参考所及，间于前志之讹缺者，宜补补之、宜正正之，非敢云完书也。"⑤ 简而言之，《续商州志》对《直隶商州志》的订正与补充，后者是前者存在的基础，故而罗文思于乾隆二十三年刊行纂修《续商州志》之时，又将乾隆旧志重新翻刻。

针对上述情况，《续商州志》的编纂主要解决以下两个方面的问题。其一，增补文献、纠正谬误。罗文思认为乾隆《直隶商州志》有"有不可删者、不及增者"，所谓"不可删者"是针对康熙《续修商志》而言，因此需要在新志中补入康熙旧志文献；"不及增者"则是针对康熙四年至乾隆九年之间未收文献而言，同样应增补收入新志。为此，罗文思"以康熙乙巳年志为乙志，乾隆甲子志为甲志"，凡有补录征引、订正辨误，条目下方必注明"甲志""乙志"之名。这一部分的重点体现在疆域、建置、典礼、杂录等部分。其二，续修文献，以传信史。续修内容主要是开荒、军需、矿厂、职官、选举、人物、艺文等部分。值得注意的是，《续商州志》除在职官、选举、人物等事类涉及所辖四县之外，其余部分皆只涉及商州一州。

《续商州志》十卷。共二册。半叶十行二十字，小字双行同，白口，四周双边，单鱼尾。封面书签题"续商州志"，又贴有卷次目录。卷首依次为罗文思《续商州志序》、凡例、目录。卷一《疆域》，下列山、水、河渠、名胜。卷二《建置》，下列城池、公署、学校、祠庙、寺观、桥

---

① 清乾隆《续商州志》卷首《凡例》，页一。
② （清）罗文思撰：《续商州志序》，乾隆《续商州志》卷首《序》，页一。
③ （清）罗文思撰：《续商州志序》，乾隆《续商州志》卷首《序》，页三。
④ （清）罗文思撰：《续商州志序》，乾隆《续商州志》卷首《序》，页四。
⑤ （清）罗文思撰：《续商州志序》，乾隆《续商州志》卷首《序》，页四至六。

道、铺寨、塘汛、驿递。卷三《田赋》，下列开荒、军需。卷四《食货》，下列积贮、矿厂、物产。卷五《职官》，下列文职、武职。卷六《选举》，下列进士、举人、贡生、武进士、武举人、武途、封赠。卷七《人物》，下列高士、寓贤、节镇、监司、忠节、孝义、理学、仙释、贞节。卷八《典礼》，下列朝贺、接诏、迎春畊籍、祭祀、祈祷、禁宰、忌辰、停刑日期、停刑月分、乡饮酒礼、祭文、风俗。卷九《艺文》，下列文、诗。卷十《杂录》，下列祥异、纪事、陵墓、拾遗。究其编纂目录也可看出《续商州志》确实是将康熙《续修商志》与乾隆《直隶商州志》两种编纂体例与基本目录融合再造的产物。《续修商志》见《美国哈佛大学哈佛燕京图书馆藏善本方志书志》著录，亦见《中国地方志集成·陕西府县志辑》收录。

# 第十一章 商南、洛南、山阳、镇安方志的编纂

## 第一节 明清商南方志的编纂

商南县,"明初为商县地,成化十二年(1476)改县为州,析置今县。城周不及二里。编户十五里"①。据《明宪宗实录》记载,商南县与山阳县同时设立,成化十三年三月"丁亥,户部再议抚治荆襄右都御史原杰所奏事宜",原杰奏议提出"陕西新设山阳县,附籍流民十有二里,其地界有距县治三百余里者,与商县属,地名木河者相接,宜别立为商南县"②。《商略商南县集》亦载:"皇明成化丙申(十二年),巨盗王彪之乱既平,抚治尚书原公杰奏分商县地,南置山阳县、东置商南县,升商县为州,并洛南、镇安四县属之,隶西安府。"③ 有明一代商南县曾两度编纂志书,清乾隆年间曾编纂志书一部。

### 一 李鸿渐、朱朝弼纂修《商略商南县集》

《商略商南县集》成书于明嘉靖三十一年(1552),由商南县知县李鸿

---

① (清)顾祖禹撰:《读史方舆纪要》卷五四《陕西三》,中华书局2005年版,第2596页。
② 《明宪宗实录》卷一六四,"成化十三年三月丁亥",台北"中央研究院"历史语言研究所1962年校印本,第2977页。
③ (明)李鸿渐修,朱朝弼纂:嘉靖《商略商南县集》卷一《地理》,影印嘉靖三十一年(1552)刻本,《原北平图书馆甲库善本丛书》第352册,第513页。

· 262 ·

第十一章　商南、洛南、山阳、镇安方志的编纂

渐修、儒学教谕朱朝弼纂。明嘉靖三十年，刘承学出任商州知州，命所属商南、洛南、山阳、镇安四县，以邑人任庆云所纂《商略》体例编纂各县方志，《商略商南县集》正是秉承刘承学、任庆云意志的产物。李鸿渐《商略商南县序》云："郡公龙洋翁（李承学）修郡志，将以下邑附也。鸿渐于是役也，有惧心焉。于是征诸邑博庠彦，访风土于耆旧、检故实于典籍，求遗逸于野史、核是非于公论，以采以择，务求至当，然后权度而次第焉。是故统之以地理，综之以建置，崇之以学校，节之以典礼，苾之以官师，作之以选举，考之以人士，通之以杂述，而商南之志终焉。……于是质诸郡公，曰：'可矣！'乃又咨请乡大夫任公订正而后传焉。"① 儒学训导朱朝弼是《商略商南县集》的主要编纂者，他在《商略商南县后序》中详细记述了修志过程：

  朝弼始承郡公龙洋老先生命，编《商南县志》，首谕以"贵实贵备，足惩足劝"。……朝弼奉命惶惧，庸劣孚称，乃率诸生远求博采、撫拾往事，强成是帙。上之，公乃亲披阅，删其舛戾、正其条格，事核辞简，于初意合，既犹不足，仍命朝弼参订而益之，更考诸故典，访诸耆议，复得其一二，以成是编。再上，曰："可矣！"乃因授诸梓。呜呼！事之兴废，信有时哉？商南有县以来几百年，至今乃获是举，致治明教，欲谨欲察之，故有所持循，后将因公以信以传之，虽千百世可也。商南其永赖矣乎！②

由此可知，《商略商南县集》是在刘承学、任庆云指导之下，由知县李鸿渐主持、训导朱朝弼执笔，遵循《商略》体例编纂而成。该志卷首《目录》有"庆云曰""又曰"，且与《四库全书总目》所引《商略》题词一致，全书实为移植《商略》体例，直接填充商南文献的产物，故以《商略商南县集》命名。朱朝弼《后序》作于"嘉靖三十一年岁次壬子冬季既望"，即嘉靖三十一年十二月十六日。《商略商南县集》当在此后不

---

① （明）李鸿渐撰：《商略商南县序》，明嘉靖《商略商南县集》卷首，《原北平图书馆甲库善本丛书》第352册，第509页。
② （明）朱朝弼撰：《商略商南县后序》，《商略商南县集》卷末，《原北平图书馆甲库善本丛书》第352册，第535页。

· 263 ·

久付梓。

《商略商南县集》共八卷，共一册。半叶九行二十字，小字双行同。白口，四周单边，单鱼尾。版心有"商略""商南"四字。卷首依次为李鸿渐《商略商南县序》、县境图、县治图、目录。卷一《地理》，下列疆域、建革、旧治、分野、形胜、山川、节序、物产、古迹。卷二《建置》，下列城池、公署、官吏、里廓、坊表、市集、铺舍、桥渡、田赋、户口。卷三《学校》，下列庙学及附属建筑、书籍、祭器、射圃。卷四《典礼》，下列公式、祀典、宾兴、乡仪、礼俗、恤政。卷五《官师》，下列宦迹。卷六《选举》，下列进士、举人、贡生、例贡。卷七《人士》，下列节义、耆寿。卷八《杂述》，下列祥异、庙异、庙寺、遗文。末附朱朝弼《商南县集后序》。各卷首页右下角均有"郡人任庆云重编"七字，任庆云对《商南县集》虽有校订之功，但此处题名直接掩盖了李鸿渐与朱朝弼的贡献，甚为不妥，由此亦可看出《商略》对商南志书的统领作用。

《商略商南县集》是商南县最早的一部志书，其文献价值具有不可替代性。诸多明代历史细节均有详细记录。如商县升州、商南新设的过程。又如，商南地理区位的记述。卷二《建置》"桥渡"收录邑人南镗为普惠桥所撰记，文载："商南，商之新邑也。邑虽小而制，凡吴浙、闽广、荆楚之人，由东南以赴关中者，必由乎此。"[1] 商南设县与此地地处交通要道关系极大。再如成化至嘉靖年间户口、赋役的变迁情况，户口虽有增长，但赋役增加更为迅速，导致流民再度逃亡。卷二《建置》"户口"载："地土俱浇薄之山林，居民多三省之流移，时迫即窜而之他，无所顾虑。户口日不如昔矣！是故，崇恩、崇善于正德年并之矣，清口、富水于嘉靖间并之矣。今之十二里其实数仅八里，而中间权宜轻重、分为大小，而出办者又有司酌量之术也。"[2] 崇恩、崇善皆为里名，可见至嘉靖中叶商南县人口逃移之迅猛。

《商略商南县集》仅存孤本，该志原藏国立北平图书馆。《国立北平图书馆善本书目》载："嘉靖《商略商南县集》八卷。明任庆云纂修。明

---

[1] 《商略商南县集》卷二《建置》，《原北平图书馆甲库善本丛书》第352册，第519页。
[2] 《商略商南县集》卷二《建置》，《原北平图书馆甲库善本丛书》第352册，第520页。

嘉靖刻本。"① 今《商略商南县集》首、末叶均钤有"国立北/平图书/馆所藏"朱文方印。该志现存台北故宫博物院。已收入《原北平国立图书馆甲库善本丛书》。

### 二 方本清纂修万历《商南县志》

明人《内阁藏书目录》载："《商南县志》一册全，万历丁丑（五年，1577）邑令方本清修。"② 清初黄虞稷《千顷堂书目》载："方本清《商南县志》。万历丁丑修。令。"③ 该志于《商略商南县集》修成二十五年之后成书。据《商南县志》之名考量，应当是完全摆脱了《商略》编纂体例影响而重拟义例的全新志书。

乾隆《商南县志》卷七《职官·知县》载："方本清，万历七年（1579）任。详名宦。"④ 卷八《名宦》又载："方本清，万历七年城甃以砖石。"⑤ 这与方本清万历五年修成《商南县志》相矛盾。记录乾隆《商南县志》编纂过程的序跋均未提及明代旧志的情况，至乾隆年间恐已难觅嘉靖《商略商南县集》与万历《商南县志》的踪迹，故而志中无法记录方本清任职详情，仅知其万历七年修筑城墙之事。康熙《三水县志》载："方本清，字子任，河南南阳中护卫人。恩贡"，虽未载其任期，但其前任李先于万历十年任，其继任梁槚于万历十四年任。⑥ 由此推测，方本清当是由商南县知县改任三水县知县。万历《商南县志》当散佚于明末清初之际。

### 三 罗文思纂修乾隆《商南县志》

乾隆《商南县志》由知县罗文思纂修。"罗文思，四川合江县人，字

---

① 赵万里撰：《国立北平图书馆善本书目》卷二《史部·地理类》，页五三，民国二十二年（1933）刊本。
② （明）张萱、孙能传等撰：《内阁藏书目录》卷六《志乘部》，影印清迟云楼钞本。《续修四库全书》，上海古籍出版社1996年版，第917册，第97页。
③ （清）黄虞稷撰，瞿凤起、潘景郑整理：《千顷堂书目》卷六《地理类上》，上海古籍出版社2001年点校本，第176页。
④ （清）罗文思纂修：乾隆《商南县志》卷七《职官》，页一，乾隆十三年（1748）刻本。
⑤ 清乾隆《商南县志》卷八《名宦》，页十一。
⑥ （清）林逢泰修，文倬天纂：康熙《三水县志》卷三《名宦·县令》，页五，康熙十六年（1677）刻本。

曰睿。雍正元年(1723)拔贡,雍正七年己酉科副榜,乾隆元年(1736)保举孝廉方正,乾隆三年戊午科解元,乾隆十年九卿保举,乾隆十一年(1746)任。"① 此后"调蒲城知县,升商州知州,继升贵州石阡知府"②。罗文思在商州知州任上曾主持纂修《续商州志》,已见上文考述。此乾隆《商南县志》乃是罗氏任职以来首次编纂地方志书。

乾隆《商南县志》未见罗文思序跋,无法得知罗文思本人寻找旧志的情况。但乾隆《商南县志》卷末有原商南知县杨毓芳所撰《罗公商志后叙》,文中提及商南县文献无征的状况,"世宗宪皇帝之六年,余曾待罪于兹邑。未尝不慨志乘之无闻,往事尽湮。靡急修明,长夜何底?一苦于不文,再苦于无征"。③ "杨毓芳,贵州贵阳人,保举孝廉。雍正六年(1728)任,贤能有声,士民勒去思碑。后补武功,调长安,升邠州牧。"④ 杨毓芳并非无能之辈,政绩颇有可称之处;但苦于本县文献无征,未能实现修志之愿。杨毓芳在任时已难觅旧志踪迹,待到罗文思就职之时搜寻旧志更是无从谈起了。这也说明嘉靖《商略商南县集》与万历《商南县志》已在商南乃至商州散佚无存了。

乾隆《商南县志》在无旧志可依的情况下,修志材料基本出自罗文思个人搜集考订。商州知州许惟权《商南县志序》载:罗文思"采辑旧闻,摩挲金石,征文考献,勒成一书"⑤。关中书院掌院李士元《商南县志叙》载:"西蜀罗公以斯文领袖来莅兹土,不惮搜辑,手订志书四卷,将付诸梓。"⑥ 罗氏门人、邑人姚嘉言《商南志跋》亦云:"邑侯公余辄搜奇访古,凡短石残碣必亲往摹榻,其有脱遗,乃虚衷讨论,而增补之。越戊辰(乾隆十三年)而书成,四集十二卷。"⑦ 于此可见,罗文思征集到的商南地方文献多来自残碑断碣,虽经罗文思艰辛模拓、细致释读,但仍无法满足志书编纂之所需,因此只得在《陕西通志》《西安府志》、乾隆《直隶商州志》

---

① 清乾隆《商南县志》卷七《职官》,页三。
② (清)秦湘修,杨致道等纂:同治《合江县志》卷三八《人物》,页二七,同治十年(1871)增刻本。
③ (清)杨毓芳撰:《罗公商志后叙》,清乾隆《商南县志》卷末《叙》,页二。
④ 清乾隆《商南县志》卷七《职官》,页三。
⑤ (清)许惟权撰:《商南县志序》,清乾隆《商南县志》卷首《许序》,页二至三。
⑥ (清)李士元撰:《商南县志叙》,清乾隆《商南县志》卷首《李叙》,页一。
⑦ (清)姚嘉言撰:《商南志跋》,清乾隆《商南县志》卷末《跋》,页一至二。

## 第十一章 商南、洛南、山阳、镇安方志的编纂

中寻找商南文献线索,并在乾隆《商南县志》一一注明出处,可见罗文思编纂新志之难。志书修成不久,罗文思调离商南,新志最终由继任者李嗣洙负责刊刻成书,李氏则将题名补入《职官》之中。志中序跋李士元《叙》所撰最晚,作于"乾隆十三年岁次戊辰小阳之吉"①,即乾隆十三年十月,可知《商南县志》最晚成书于乾隆十三年底。

乾隆《商南县志》共十二卷。全志四册。半叶九行二十字,小字双行同,白口,四周双边,单鱼尾。卷首依次为许惟权、李士元二人序,全图(总图、县城图、文庙图、社稷坛图、星宿图)。无全志总目录,各卷目录置于各卷首页。卷一分列建置、星野(步天歌、分野考、柳宿考)、疆域。卷二分列山川、形势(八景)、城池(城楼、官署)。卷三分列村寨、铺舍、关梁、道路(水路、陆路)、水滩。卷四分列渠堰(堰说、塘说)、风俗、田赋(地粮、招垦、里甲、户口、民丁、支销、起运、税银)。卷五分列贮备(常平仓、义学仓、社仓)、盐引、物产。卷六全为典礼,附载社稷坛、关帝庙等坛庙信息。卷七分列职官、兵防。卷八全为学校,下列制度、祭品、祭文、乐章、乐器、乐舞、名宦、乡贤、忠义孝弟祠、节孝祠、书籍、明伦堂、学额、学田、宾兴、乡饮、书院、社学、考试、讲约。卷九全为选举,下列人材科、进士、举人、拔贡、岁贡、武举。卷十分列人物、烈女、节妇。卷十一分列流寓、仙释、冢墓、古迹、祥异、纪事。卷十二全为艺文。卷末有姚嘉言、杨毓芳二人跋。

乾隆《商南县志》采取以事类为中心的编纂体例,各卷无具体卷目名称,典礼、学校、选举、艺文等事类独占一卷,但考虑到其余各卷多含有两种及以上事类,故未单独成卷。罗文思在编纂义例上也存在一些缺陷,如卷八《学校》下设"名宦""乡贤",其本意是为设立名宦、乡贤二祠张本,而将祠祀列在学校之下;但卷十《人物》又载明人南镗等已列入卷八《乡贤》的人物传记,造成一人事迹两次出现在志书中的局面。

乾隆《商南县志》是清代唯一一部商南方志。目前所见国家图书馆、陕西师范大学图书馆藏本均存在书板断烂、文字漫漶的情况,文字辨识极为困难。《中国地方志集成·陕西府县志辑》所收乾隆《商南县志》同样如此。国家图书馆藏本卷首缺许惟权《商南志序》,书内存一纸,纸载:

---

① (清)李士元撰:《商南县志叙》,清乾隆《商南县志》卷首《李叙》,页三。

"内志书邮递。北京编书局钧启。陕西商南县知县臧瑜谨呈。""臧瑜，字次琅，四川归安人。光绪三十一年（1905）任。"① 臧氏寄送的乾隆《商南县志》当是光绪年间据乾隆十三年刻板重印的，年深日久、书板反复使用从而导致志书文字模糊、难以卒读。此外，陕西省图书馆藏有该志抄本，该抄本前无序、后无跋，但文字清晰，已收入《陕西省图书馆藏稀见方志丛刊》。另据《中国地方志联合目录》著录，北京大学存有清乾隆四十八年（1783）补刻本②，尚待详考。

## 第二节　明代洛南方志的编纂

洛南县，"汉上洛县地。晋分置拒阳县，隋改拒阳为洛南"③。"唐、宋因之。金仍属商州，后废为洛南镇。明成化十二年（1476）复置。"④ 因避明光宗朱常洛之讳，"天启初，改洛为雒"⑤。故清代称雒南县，仍属商州辖县。明代曾三度纂修《洛南县志》，但均已散佚。

### 一　刘仲絅纂修嘉靖《洛南县志》

明人《内阁藏书目录》载："《洛南县志》一册，嘉靖十三年（1534）商州训导刘仲缅修。"⑥ 清初黄虞稷《千顷堂书目》载："刘仲《洛南县志》。嘉靖甲午修。商明训导。"⑦ 此"商明"当为"商州"之误。查康

---

① 罗传铭修，路炳文纂：民国《商南县志》卷七《官师表》，页九，民国八年（1919）修，民国十二年（1923）铅印本。
② 中国科学院北京天文台主编：《中国地方志联合目录》，中华书局1985年版，第198页。
③ （后晋）刘昫撰：《旧唐书》卷三九《山南西道》，中华书局1975年点校本，第1538页。
④ （清）顾祖禹撰，贺次君、施和金点校：《读史方舆纪要》卷五四《陕西三》，中华书局2005年版，第2597页。
⑤ （清）张廷玉等撰：《明史》卷四二《陕西》，中华书局1974年版，第996页。
⑥ （明）张萱、孙能传等撰：《内阁藏书目录》卷六《志乘部》，影印清迟云楼钞本。《续修四库全书》，上海古籍出版社1996年版，第917册，第97页。
⑦ （清）黄虞稷撰，瞿凤起、潘景郑整理：《千顷堂书目》卷六《地理类上》，上海古籍出版社2001年点校本，第176页。

熙《续修商志》卷三《官师志·教职》"明商州训导"有"刘仲䌹，富顺人"①。乾隆《富顺县志》卷四《贡生》明嘉靖朝亦载："刘仲䌹，字大章，任教谕。"② 可知嘉靖《洛南县志》纂修人应为四川富顺人、商州训导刘仲䌹。书目著录的"刘仲缅""刘仲"姓名皆误。

嘉靖十三年正是萧廷杰主持纂修《商州志》成书之年，该年《洛南县志》同时修成，且纂修人为商州训导刘仲䌹，这并不仅仅是时间上的巧合。康熙《雒南县志》卷八《艺文志》收录萧廷杰《洛南县志序》。序中载："嘉靖癸巳（十二年）季冬，洛南教职虚位，予以商训刘仲䌹署。越明年春，予征其邑故实，以作《商志》，仲䌹实承之。久之乃至，既采择、将置之，杨令士元执而请曰：'洛南来亦远矣！久无定志，兹因征而成，故亦备矣！欲锓梓以永其传，可否惟命？'"③ 杨士元并请萧廷杰为《洛南县志》作序，萧序作于"嘉靖十有三年孟夏月望日"。由此可知，嘉靖《洛南县志》由署理洛南教谕、商州训导刘仲䌹纂修，知县杨士元刊刻。亦可知《洛南县志》与前文所述嘉靖《镇安县志》一样，都是奉萧廷杰之命、为编纂《商州志》搜集文献的副产品，是遵循嘉靖《商州志》体例而编纂的县级方志。该志散佚已久，清康熙初年雒南县知县畅体元所称"旧志"或指此志。

## 二　洪其道、李燦纂修万历《洛南县志》

清康熙二年（1663），雒南县知县畅体元《雒南县志叙》载："佥曰：前是有三种，曰旧志，曰洪志，曰李志。而洪志独称善本，兵燹变革，书与板举付煨烬。元加意访求，止得洪志之半，其辑著止万历乙未，阅是六十有九年矣！"④ 畅氏所称明代《洛南县志》有三种，一为旧志，或为嘉靖《洛南县志》；一为"洪志"，纪事止于"万历乙未"（万历二十三年，1595）；一为"李志"。

"洪志"当是以纂修人姓氏命名。康熙《雒南县志》卷五《官师志》

---

① 清康熙《续修商志》卷三《官师志·教职》，页二六。
② （清）段玉裁、李芝纂修：乾隆《富顺县志》卷四《贡生》，页三三，光绪八年（1882）重刻乾隆四十二年（1777）本。
③ （明）萧廷杰撰：《洛南县志序》，（清）畅体元纂修：康熙《雒南县志》卷八《艺文志》，页六，康熙二年（1663）刻本。
④ （清）畅体元撰：《雒南县志叙》，清康熙《雒南县志》卷首《畅序》，页一。

"明知县"万历年间有"洪其道,商城人。进士。理学清操,卓识宏才,躬俭约以率人,崇礼让以谕俗。轸恤灾苦,作兴士类。……行取刑部主事"。① 乾隆《雒南县志》又载:"洪其道,商城人也。万历中以进士除雒令。……雒城不完,缮城并治堤。葺学宫,甄陶士类。编邑志、章节孝,以厉风俗。"② 嘉庆《商城县志》亦载:"洪其道,字心源。端方为文,非六经语,不道。万历己丑(十七年,1589)进士。授雒南知县。平赋税、捐羡余,政绩大著。尤好推奖髦俊,三年以异等内召,拟擢谏垣,因忤时宰意,授刑部主事。"③ 由此可知,"洪志"应为知县洪其道纂修,成书于万历二十三年(1595)。

"李志"纂修人亦不详其名,但"李志"应晚于"洪志"。康熙《雒南县志》卷五《官师志》"明知县"洪其道之后有李春先、李燦、李如榛三位李姓知县,"李春先,宜宾人,举人"④,事迹不详。李如榛,崇祯中任,"马邑人。贡士,补任。未久即升耀州知州"⑤。李如榛在任时间极短,应无纂修志书的可能。李燦,万历中任洛南县知县,"荥阳人,举人,慈祥出治,和易近民,校课艺以兴文,培地脉而建塔。御劫矿之群奸,罢防守之恶弁。恤灾赈饥,刊书诱善。升临洮同知"⑥。"刊书"当指纂修志书之事,则"李志"应由李燦纂修无疑。康熙《雒南县志》卷二《建置志》又载:"文峰塔,李令燦于万历戊午年筑塔于东山龙首之上。"⑦ 万历戊午即万历四十六年(1618),"李志"也当成书于该年前后,李燦所修《洛南县志》应是对"洪志"的续补。

---

① (清)畅体元纂修:康熙《雒南县志》卷五《官师志》,页六。
② (清)范启源纂修,薛韫订正:乾隆《雒南县志》卷三《循卓传》,页二三至二四,乾隆十一年(1746)刻本。
③ (清)武开吉修,周之驭纂:嘉庆《商城县志》卷九《人物志·仕贤》,页五至六,嘉庆八年(1803)刻本。
④ 清康熙《雒南县志》卷五《官师志》,页六。
⑤ 清康熙《雒南县志》卷五《官师志》,页八。
⑥ 清康熙《雒南县志》卷五《官师志》,页七。
⑦ 清康熙《雒南县志》卷二《建置志》,页六至七。

第十一章 商南、洛南、山阳、镇安方志的编纂

# 第三节 清代雒南方志的编纂

## 一 畅体元纂修康熙《雒南县志》

康熙《雒南县志》由知县畅体元纂修。"畅体元，河津人，科贡。"① 自康熙二年(1663)到任之后，畅体元即积极搜求旧志，寻得万历二十三年知县洪其道所修《洛南县志》半帙。畅氏考虑到"老成凋谢，事迹渺茫，不及今纂续，章章在耳目者将不可复知，而详悉隐微，顾问之谁何"？便命采摭文献，"四历月剞劂告竣"②，仅经过四个月时间便完成了康熙《雒南县志》的编纂。

畅体元认为新志远远达不到"铺藻扬芳，昭示来兹"的标准，只能称之"聊存梗概，俟作者掇拾事料云尔"，新志价值并不在言辞优美，而在于保存文献而已。不过，畅氏对《人物》《艺文》二志极为重视，他说："《人物》《艺文》二则所关綦重，念七十年来，必有懿行表表、鸿文琅琅，与先辈齐驱颉颃者。乃征之而不出，语焉而不详，大端寂寞，不惬人意。《礼》曰'无美而称之，诬也。有善而不知，不明也。知而不传，不仁也'。于是而缄口结舌，孝子慈孙之心，忍乎？况知其美而不以告诸当事者，宁云有司之咎乎？……惟冀踵事斯编者，博求秘笥、家乘，补厥疏漏。"③ 由此可见，在新志编纂过程中，邑中缙绅百姓对文献征集并不热情；而畅体元则希望志书能够收录更多忠孝人物事迹与精彩艺文，以发挥志书褒扬典型、教化民众的社会作用。志书修成之后，畅体元于"康熙癸卯(二年，1663)仲冬月"作《雒南县志叙》置于志书卷首。

今康熙《雒南县志》仅北京国家图书馆有藏本。《北京图书馆古籍善本书目》著录："康熙《雒南县志》八卷。清畅体元纂修。清康熙二年刻本。三册。九行二十字，小字双行同。白口，四周单边。"④ 卷首依次为畅体元《雒南县志叙》、地形图、县治图、目录。卷一首页载"修纂姓

---

① 清康熙《雒南县志》卷五《官师》，页九。
② (清)畅体元撰：《雒南县志叙》，清康熙《雒南县志》卷首《畅序》，页一至二。
③ (清)畅体元撰：《雒南县志叙》，清康熙《雒南县志》卷首《畅序》，页二至三。
④ 北京图书馆编：《北京图书馆古籍善本书目》，书目文献出版社1987年版，第658页。

氏"："龙门畅体元纂定。金川胡养正考核。邑人赵云龙、张琛、杨生甲、稽山朱士琦仝阅。贡生史录订书。庠生王荫嗣、王乃晋、陈惟允、强于行仝校"。卷一《地理志》，下列沿革、疆域、山川、风俗。卷二《建置志》，下列城池、县治、儒学、铺舍、社学、社仓、街市、镇市、关厢、桥梁、界楼、道路、学田、义冢、水堤、文峰塔、坊表。卷三《祠祀志》，下列文庙、启圣祠、城隍庙、乡贤祠等，又附寺刹、庙宇。卷四《食货志》，下列户口、田赋、条编、银差、力差、夏税、秋粮、课程、班匠、地税、盐引、物产，雒南县《皇清赋役全书》也附载其中。卷五《官师志》，载前代及明清两朝雒南县职官。卷六《人物志》，下列人物、举者、贡者、封赠、恩荫、例监、三考、孝子、节烈，附隐逸、流寓、仙释。卷七《纪事志》，下列矿类、灾祥、杆贼。卷八《艺文志》。康熙《雒南县志》编纂体例以卷次为中心，各卷次之下辅以相关事类，大体上层次分明、体量适中。作为现存最早的《雒南县志》具有不可替代的文献价值，尤其是畅体元看重的《人物》《艺文》二志，确属能收尽收，但各卷所属事类未加细分、稍显纷繁；畅体元或是囿于儒家正统，《艺文》未收任何佛道碑铭，实属缺憾。康熙《雒南县志》已收入《国家图书馆藏地方志珍本丛刊》。

## 二 范启源、薛韫纂修乾隆《雒南县志》

乾隆《雒南县志》由知县范启源、邑人薛韫共同纂修。"范启源，四川西充，举人。"① "薛韫，辛卯科（康熙五十年，1711）举人，庚戌（雍正八年，1730）进士。四川道监察御史，广东广南韶连道、布政司参议，今韶州府知府。"② 康熙二年畅体元纂修《雒南县志》之后，再未重修。"雍正七年（1729）奉世庙诏直省修志，上于史馆，汇纂《一统志》，于时牒下州邑，而陈明府武婴稍排编未具，挂误去。"③ 此后，薛韫便一直记挂《雒南县志》重修之事。

新任知县范启源同样对重修志书抱有极大热情，范氏《重纂雒南县

---

① （清）范启源纂修，薛韫订正：乾隆《雒南县志》卷三《秩官志·职官表》，页二一，乾隆十一年（1746）刻本。
② 清乾隆《雒南县志》卷七《选举表》，页三十。
③ （清）薛韫撰：《跋语》，乾隆《雒南县志》卷末《薛跋》，页一。

第十一章　商南、洛南、山阳、镇安方志的编纂

志序》云："甲子(乾隆九年，1744)冬，余因汲取旧志而重纂之，以表章前迹，亦以广后来八十年余之见闻也。薛侍御南韶观察韫质直而文，素重于乡，脱稿后即寄刊正。越二岁成书，爰授诸梓，敬备盛世九邱之一隅。"① 由此可知，《雒南县志》初由知县范启源编纂，脱稿之后，范氏便将志稿寄送薛韫校读审定，又经二年之久方成定稿。薛韫亦云："乾隆十年六月，明府范君启源寓稿本以书来广韶商订，并谋梓焉。韫时方引疾，旋落职，翛然旅处，乃得反复紬绎，旁蒐考证，逾今年春粗定。夏五月权韶篆，随奉恩旨实授，于是选工锓板，凡自订书讫梓竣，越十有五月。"② 薛韫《跋语》末署："乾隆十一年丙寅中秋日，尺庵薛韫识于韶州官舍。"可知《雒南县志》经薛韫订正有七八个月之久。至乾隆十一年五月，由薛韫于韶州府知府任上命梓工锓板，八月刊印成书。乾隆《雒南县志》是一部在广东韶州刊刻的陕西方志。

正是由于薛韫在志书订正、刊印中的重要作用，乾隆《雒南县志》卷首序言除范启源序之外，皆由薛韫好友撰写。卷首三篇序言分别由礼部侍郎、番禺人庄有恭，礼部主客司主事、江西信丰人黄世成，前兵科给事中、广东南雄府保昌县人胡定撰写。庄有恭云："尺庵先生观察粤之广南韶，按部巡历，必搜所在邑乘传记，元元本本，稽其吏治民生、人心风俗志得失，而求所为因地制宜、更化善治之源。家本雒南，雒故岩邑也。先生政事余暇，念故里邑志久未修辑，留心编纂，考订成书。"③ 胡定亦云："我前辈侍御薛君出观察岭南，公余之暇，怃其邑志疏略，详加考核，补其残缺，正其纰谬，其于防守政要，尤具备焉。"④ 黄世成则云："雒南侍御薛君官广韶，病其邑志之疏略，移书于其邑令范君，请其旧志与田赋、户口之数，而纂订之，分为卷十二，条目井然，详不芜而简不漏。"⑤ 庄、胡二人完全不提及范启源编纂志稿的贡献，黄世成虽提及范启源，但仅视为旧志文献、档案文书的提供者，三人所撰序言都将薛韫视为《雒南县志》的编纂人，溢美之词连篇累牍。

乾隆《雒南县志》在编纂体例上仍是沿袭康熙旧志，只在卷次、事

---

① （清）范启源撰：《重纂雒南县志序》，乾隆《雒南县志》卷首《范序》，页一至二。
② （清）薛韫撰：《跋语》，乾隆《雒南县志》卷末《薛跋》，页一至二。
③ （清）庄有恭撰：《雒南县志序》，乾隆《雒南县志》卷首《庄序》，页三至四。
④ （清）胡定撰：《雒南县志序》，乾隆《雒南县志》卷首《胡序》，页二至三。
⑤ （清）黄世成撰：《叙》，乾隆《雒南县志》卷首《黄序》，页二。

类方面进一步细化。《雒南县志义例》载："旧志目凡有八，地理、建置、祠祀、食货、官师、人物、纪事、艺文，体简义约，今就其中紬绎，衍为十二目，故实仍取诸旧志，参以《商志》，续增近事，汇此排入，总期有条不紊，揽者一目燎然。"①《义例》所载主要是针对各卷次编纂细节的说明，并没有编纂体例上的创新。

乾隆《雒南县志》十二卷。全书四册。半叶九行二十字，小字双行同，白口，四周双边，单鱼尾。正文前依次为庄有恭(乾隆十一年岁次丙寅中秋日)、黄世成(乾隆十年十一月中浣)、胡定(乾隆十一年丙寅中秋)三人序，范启源序(乾隆十一年岁次丙寅二月望日)、畅体元旧序，义例、总目。卷一《星野志》，下列星野图、图说。卷二《地舆志》，下列全图、沿革、疆域、山川、城池、官廨、厢乡、驿铺、关梁、渠堰、惠区、土俗。卷三《秩官志》，历代职官皆为列表，下列封除表、明秩官表、国朝秩官表三种，续接循卓列传、忠勇列传、武功列传。卷四《食货志》，分列土田、户口、里甲、赋役、贮备、盐法、圜(钱)法、物产；其中赋役仍附载《皇清赋役全书》《前明赋役考》。卷五《典礼志》，下列朝贺、秩祀、坊碑、迎春、宾兴、乡饮、乡约、救护。卷六《学校志》，下列庙制、祀典、守藏、学额、学舍、学田。卷七《选举志》，历代选举皆为列表，下列汉至元选举表、明选举表、国朝选举表，其中载荐辟、科甲、武途、贡生、例监、杂流、封赠等事类。卷八《人物志》，下列本传、忠义、孝义、懋仕、笃学、列女。卷九《兵防志》，下列武制、汛哨、要隘、山砦、乡兵。卷十《事类志》，下列胜迹、要事、灾祥、矿冶。卷十一《艺文志》，下列古文、龟书、铭表、敕、碑记、序说、论帖、赞、赋、诗。卷十二《外志》，下列寓贤、方术、杂记、诸家、异闻。最末为薛韫《跋语》。

乾隆《雒南县志》编纂成书之后，又有乾隆五十二年(1787)重印本、同治七年(1868)增刻本。乾隆五十二年重印本成于署雒南县事、略阳县知县何树滋之手。据何氏《附志赘语》载："予自甲辰(乾隆四十九年，1784)五月，奉委至止，多方整饬，迄今两载，虽未尽能就治，差觉强恶畏法、柔善知恩，兼值比年丰稔，以土民力、兴义学，留费以资肄业。改

---

① 清乾隆《雒南县志》卷首《义例》，页一。

建裴庙，置产以奉香火。筑河堤、浚城壕、补南关，务期城郭巩固、风脉盛兴。"① 为将义学相关制度及个人在雒政绩记录在案，何树滋重印乾隆《雒南县志》之时，增刻《雒南县附志》一卷，附于全志最末。《附志》开篇为《增图》一幅，绘《义学全图》。其后为乾隆五十一年燕山义学讲席、何性仁《雒南县附志跋》，《雒南县附志总目》，《附志》所收均为何树滋所撰，依次为《建修义学引》《燕山学舍序》《义学规条》《文昌阁序》《薛生义捐房地序》《重修唐裴晋公祠记》《筑雒南堤坝序》《石塔寺记》《附志赘语》《拨给兵租说》《修南关新街并关楼说》。其中后两篇撰于乾隆五十二年，应为《附志》最终完成之时。乾隆五十二年重印本见《中国地方志集成·陕西府县志辑》影印收录。

同治七年增刻本由署理知县陈尔苇增刊。陈尔苇在卷十一《艺文志》之后增刻道光时雒南县知县、同治时商州知州陈作枢《雒源龙神庙碑记》《页山古柏记》《天桥鹈豹》三文，又附陈尔苇所作《八景诗》《谋定社仓更撰仓正副条规》。又于何树滋《洛南县附志》之后附《洛源书院新旧房租租地稞并存商生息钱文项》一文。该本见《美国哈佛大学哈佛燕京图书馆藏善本方志书志》著录②，《中国西北文献丛书·西北稀见方志文献》影印收录。

## 第四节　清代山阳方志的编纂

山阳县，"汉商县地，唐以后为丰阳县地，元仍为商县地。明初因之。成化十二年（1476）商山盗王彪作乱，事平，督臣原杰析置今县。城周二里有奇。编户十二里"③。据《明宪宗实录》记载，山阳县正式设立则在成化十三年，该年三月"丁亥，户部再议抚治荆襄右都御史原杰所奏事宜"，原杰所奏安抚流民方案中提出"陕西新设山阳县，附籍流民十

---

① （清）何树滋撰《附志赘语》，清乾隆《雒南县志》卷末《附志》，页十五至十六，乾隆五十二年（1787）重印本。

② 李坚、刘波编著：《美国哈佛大学哈佛燕京图书馆藏善本方志书志》，国家图书馆出版社 2015 年版，第 783 页。

③ （清）顾祖禹撰：《读史方舆纪要》卷五四《陕西三》，中华书局 2005 年版，第 2598 页。

有二里"①。户部议定之后，经成化皇帝批准，山阳县得以设立。但有明一代未见山阳县编纂志书的记载，直到清康熙中叶山阳方志才告问世。

## 一 秦凝奎纂修康熙《山阳县初志》

《山阳县初志》是山阳县历史上的首部方志，由知县秦凝奎主持纂修。"秦凝奎，字武若，号醒斋。江西九江府湖口县人。由己酉（康熙八年，1669）经魁，三十二年（1693）十月初六日任。"②秦凝奎在《山阳县初志序》中讲述了其到任之后试图寻找旧志的经过，"癸酉亥月（康熙三十二年十月）六日，诣任山阳，未浃旬，访求邑志于博士弟子员，合词对曰：'阳邑于故明成化年始设，阅我朝纂修志乘之年，诸务皆在草昧间，即赋役、沿革且无故府可循，曷及全书？'奎固伤其人物、山川不惠然告我也。"秦凝奎询问山阳学者无果，但他并不相信山阳自明代以来未编志书的事实。恰巧一个月后，秦凝奎奉命前往西安公干，遂借机询问西安府学是否有山阳旧志的踪影。"询诸郡学，得知康熙六年丁未（1667）郡志果缺山阳，然阳志之缺实又不自丁未始，盖郡志创于明成化十一年乙未（1475），此时秦中尚未有山阳，迄成化十二年丙申，邑乃设。迨嘉靖辛丑（二十年，1541）、万历辛亥（三十九年，1611），郡邑志又两修，而阳志犹寂寂焉，无怪乎后起者之无所遵循也。"简言之，成化《西安府志》初修之时，尚无山阳县，但此后嘉靖、万历两次重修《兴安府志》也未曾征集到《山阳县志》；由此断定山阳县自设立以来从未纂修志书未免草率，但秦凝奎经过两番寻找，也就基本接受了山阳县并无旧志的事实，"终令其湮没，则山阳之人物、山川不且委诸扶桑、咸池以外，托之猜蜚、因提之前，而漠然烟消耶！奎乃仰维《一统志》之盛典，毅然为阳邑任创始责"③，由此产生了要为山阳县创修新志的构想。

创修新志从何处着手，是摆在秦凝奎面前的难题。"窃病其创始之无阶也。夫辑志犹辑史，然辑史者稗官黄衣、撢人小吏，各以耳目，所该网

---

① 《明宪宗实录》卷一六四，"成化十三年三月丁亥"，台北"中央研究院"历史语言研究所1962年校印本，第2977页。

② （清）秦凝奎纂修，李曰栋、梁淳校订：康熙《山阳县初志》卷二《官师》，影印清康熙三十三年（1694）刻本，《陕西省图书馆藏稀见方志丛刊》第13册，第556页。

③ （清）秦凝奎撰：《山阳县初志序》，康熙《山阳县初志》卷首《秦序》，《陕西省图书馆藏稀见方志丛刊》第13册，第446—449页。

第十一章　商南、洛南、山阳、镇安方志的编纂

络成书。邑志则不然，兀坐斋中、面墙而立，于何征文、于何考献？创始者不几惫乎？曰不惫，广询博采，旁寄耳目，故老荒唐堪作柱史，宫娥白发可列稗官，以至断碣残碑、名山别业，悉佐见闻"，由此确定了广征博采，收集故老口碑、金石文献的修志方向。更为重要的是，秦凝奎邀请了两位重要的修志助手，"斋中尚有秣陵梁子（淳）、邑内尚有商洛李君（曰栋），通习掌故，练达旧闻。而是邑峨峨髦士，霞起云蒸，又复讨论者多途，不翅观射父、左史，倚相可以资。奎之撷取者，乃于政务鞅鞯之暇，载笔从事。越数月，而其役告竣"。①

秦凝奎倚重的山阳籍贡生李曰栋曾参与康熙四年《续修商志》的校阅工作，富于修志经验。《山阳县初志》能够在数月之间完成，一方面有赖于李曰栋的长期文献搜辑，一方面则缘于真正投入人力、物力加以实地调研。《凡例》载："里甲、田赋二条，有阳邑之册籍可稽也。余十七条非经足迹、耳目访求周密不能凭臆而得之。虽李君（曰栋）腹笥之内已俞[逾]半矣！而其缺焉未备者，实赖有车辙马迹焉，登封涉险、索隐穷幽，阳邑苟生、田生、李生、宁生诸君子后先廉访之力不可少也。且余及署内梁君（淳）风雨晨夕，约其文理、次其资格，易稿而成。"② 李曰栋则是志稿的终审者。他自谦道："识浅学疏，而年又迈，不过效一得之所见而已。幸我公暨梁子雅擅三长，观其著述，固词坛宗匠也。栋麓具稿上之，笔则笔、削则削，增加润色，不数月而告成。"③ 秦凝奎所撰《山阳县初志序》作于"大清康熙三十三年岁在甲戌相月中澣"，即康熙三十三年七月。山阳县生员田铭所撰《跋言》作于"康熙三十三年岁甲戌菊月"，即同年九月。秦凝奎请陕西学政武之亨所撰《山阳县初志序》则作于"康熙岁次甲戌阳月之吉"，即同年十月。由此判断《山阳县初志》当刊刻成书于康熙三十三年十月间。

---

① （清）秦凝奎撰：《山阳县初志序》，康熙《山阳县初志》卷首《秦序》，《陕西省图书馆藏稀见方志丛刊》第13册，第449—452页。
② 康熙《山阳县初志》卷首《凡例》，影印清康熙三十三年（1694）刻本，故宫博物院编：《故宫珍本丛刊》第79册《陕西府州县志》第1册，海南出版社2001年版，第229页。按：陕西省图书馆藏《山阳县初志》卷首无《凡例》。
③ （清）李曰栋撰：《序》，康熙《山阳县初志》卷首《李序》，《故宫珍本丛刊》第79册《陕西府州县志》第1册，第228页。按：陕西省图书馆藏《山阳县初志》卷首无此序。

康熙《山阳县初志》共三卷，全书三册。半叶九行二十二字，白口，四周双边，单鱼尾。正文之前依次为秦凝奎、武之亨、田铭、李曰栋四人序跋，凡例、星野图、县境图、衙舍图、文庙图、隍庙图、关庙图。卷一分列星野（象纬附），疆域（交界、道路、关梁、陵墓、古迹、八景），城池（衙、廨、街、社学、养济院、仓、武场），县治沿革。卷二分列山川（岭、沟、峪、垤、岩穴），市镇（堡寨、村落、义冢、义田、义井），官师（令、簿、典、谕、训、巡检、武弁），坛庙（祠、寺、庵院、观、浮屠），铺递（递马、马夫、吏书、衙役），里甲户口（流移、灾祥附），田赋（盐、茶附）。卷三分列名宦（宦迹附），选举（进举、贡监、宾介、耆民、生员、吏员），乡贤（行实附），风俗（冠、婚、丧、祭），节孝（孝行、义士、节妇、勇士），仙释，侨寓，物产。编纂体例以事类为中心，卷次仅起到编目编排的作用。其体例与山阳方志初创、文献体量适中相吻合。

　　李曰栋对《山阳县初志》有一段简短的评论："虽往古之遗闻不足，而近今之纂集则已，庶几二十目中，官师之政教、民社之风俗、士绅之人文，物采闾左之田赋、户口、山川、道路、关津，详所必详、略所当略，一展卷而法戒劝惩，胥于是为具。异日者，倘天子命辋轩采风土，吾邑中庶可出此以应之。"① 武之亨亦指出："秦子之为斯志也，一展卷间，而山川、人物、民风、吏治、政教、田赋、因革损益之数，燦若列眉，于以考得失而兴劝惩，则志也，而史存乎其中矣！异日者，上可献之当宁，下亦列之稗官，不巍然二百余年之绝业哉！"② 李、武二人所评亦与《山阳县初志》的历史地位、文献价值相称。

　　康熙《山阳县初志》见藏于北京国家图书馆、故宫博物院、陕西省图书馆，见《北京图书馆古籍善本书目》著录③。《故宫珍本丛刊》与《陕西省图书馆藏稀见方志丛刊》均影印所藏刻本，但两种藏本均存在书页缺损的情况。

---

　　① （清）李曰栋撰：《序》，康熙《山阳县初志》卷首《李序》，《故宫珍本丛刊》第79册《陕西府州县志》第1册，第228页。
　　② （清）武之亨撰：《山阳县初志序》，康熙《山阳县初志》卷首《武序》，《故宫珍本丛刊》第79册《陕西府州县志》第1册，第225页。按：陕西省图书馆藏《山阳县初志》卷首无此序。
　　③ 北京图书馆编：《北京图书馆古籍善本书目》，书目文献出版社1987年版，第658页。

## 二 林聪纂修乾隆《山阳县续志》

乾隆《山阳县续志》为知县林聪所纂稿本，今已散佚，仅有林聪《山阳县续志原序》一篇，存于嘉庆《山阳县志》卷首。"林聪，福建晋江县，进士。(乾隆)五十二年(1787)自麟游县调任，告归卸篆后，修《县续志》。"① 林聪辞官主要由于其身体状况欠佳，已无力承担繁重的公务。他自述道："聪于丁未(乾隆五十二年)之冬调任山阳，戊申(五十三年)分校秋闱归，病足月余，虽力疾视事，而案牍旁午，瞿然曰：'是尚可以居乎其位哉？'爰请给将旋，既卸篆，候代未得归，则又瞿然曰：'如此日之间过何？'"林聪因身体抱恙而有辞官归田之意，在卸任得到批准之后等待新任知县到来之际，林聪心中无事，便考虑续修山阳志书之事。"邑自康熙中前令秦公凝奎创为《初志》，经今百余年，文献无征，谋加纂辑，惧目力之不暇给也。偶阅《州志》见罗公文思有《续志》之修，因仿而为之。"② 林聪担心重修志书一时之间难于完成，便仿照罗文思纂修《续商州志》之法，续纂《山阳县志》。

林聪"远稽列史，近采诸志，旁访绅士，汇成续编，计得若干帙。阅两月始脱稿，未及剞劂，为抄本三，藏之州、县及儒学"。《山阳县续志》主要采自县衙庋藏档案文书。"山陬小邑绝少藏书，仅就行笥所庋，略为考订。而署中旧牍蠹蚀放失，援据莫稽，自雍正以前阙略殊多。挂漏之讥，知所不免，惟是计此两月间，不至虚度光阴。"③ 林聪所撰序作于"乾隆五十四年元春望后七日"，即乾隆五十四年(1789)元月。《山阳县续志》抄本虽未能留存至今，但其文献为嘉庆《山阳县志》所吸收。

## 三 何树滋纂修嘉庆《山阳县志》

嘉庆《山阳县志》由知县何树滋主持纂修。"何树滋，湖北钟祥县人。由乾隆壬午科(二十七年，1762)举人，辛丑(四十六年)挑发陕西试用。历署留坝、商南、雒南，题署略阳，丁艰，服阕，署五郎、略阳、长

---

① (清)何树滋纂修：嘉庆《山阳县志》卷七《职官志》，页七，清嘉庆元年(1796)刻本。
② (清)林聪撰：《山阳县续志原序》，清嘉庆《山阳县志》卷首《续修原序》，页四。
③ (清)林聪撰：《山阳县续志原序》，清嘉庆《山阳县志》卷首《续修原序》，页四。

武等处。五十七年(1792)莅山阳任。"① 乾隆五十二年,何树滋在署理雒南县知县任上曾重印乾隆《雒南县志》,并增刻编纂《雒南县附志》一卷。到任山阳县之后,何树滋便积极寻访旧志踪迹,此时《山阳县初志》"板已侵磨,俱就模糊,又阙遗多篇,询及绅士家藏旧本皆无完卷。后得林公《续志》亦详略失宜,大半摘叙,不无挂漏之叹",何树滋考虑到"此百余年中境内之人物、风景日新月异,不知几更;民间懿行善事踵前继后,不知几辈,欲询其遗事,率多依稀仿佛,若再加以因仍,后益远而难稽",加之何树滋以廓清民风为己任,"见其人民庞杂,急欲清剔;风俗刁敝,急欲整顿;文风士习,均须振兴"②,因而将重修志书视为任内一桩大事。

何树滋命贡士、生员"分途采访、各据事实,汇送查核。特聘蒲城王君增第秉笔主修"。"参互考订三阅月,稿经数易,而正本始成,诚慎之也。大要以《初志》为根底,而加以损益;以《续志》为附益,而严其去取;参诸《州志》《商南》《雒南》等志而辨其异同、定其疑似。绅士之搜罗、故老之传闻,各以类附。至若诗文、传记,先后登录,俱经裁度,共得十二卷。"何树滋对新志是满意的,但他并不因此否定旧志的价值,"有此志也,即谓《初志》《续志》并存可也。遂名之曰《重修山阳志》,特付枣梨,以备志乘之一体云"。③ 何树滋《重修山阳县志序》作于"嘉庆元年仲春月",即嘉庆元年(1796)二月。

嘉庆《山阳县志》共十二卷,全书六册。扉页书牌作"嘉庆元年仲春刊。山阳县志。本署藏版"。半叶九行二十字,小字双行同,白口,四周双边,单鱼尾。卷首依次为何树滋、秦凝奎、林聪三人序、目录、星野图、县境图、衙署图、文庙图、关庙图、城隍庙图、凡例。卷一《疆域上》,下列星野、沿革、方舆(八景附)、古迹(考辨附)。卷二《疆域下》,下列山川(岭、碥、峪、洞、渠堰)、市镇(村庄附)。卷三《营建上》,下列城池、衙署(仓库附)、坛庙(庵观寺院附)。卷四《营建下》,下列学校(社学社田附)、营防(铺递附)、关寨(桥梁附)。卷五《典礼》,下列秩祀、仪节。卷六《田赋》,下列里甲、户口、地丁、存运、支销、

---

① 清嘉庆《山阳县志》卷七《职官志》,页七至八。
② (清)何树滋撰:《重修山阳县志序》,清嘉庆《山阳县志》卷首《序》,页二至三。
③ (清)何树滋撰:《重修山阳县志序》,清嘉庆《山阳县志》卷首《序》,页四至五。

## 第十一章 商南、洛南、山阳、镇安方志的编纂

税课。卷七《职官》，下列邑令（主簿附）、教职（教谕附）、典史（巡司附）、武职（外委附）。卷八《选举》，下列举贡、封荫、吏员、宾耆。卷九《人物》，下列宦迹、忠孝、德义、贞节、仙释。卷十《风土》，下列习俗、节序、四礼、物产。卷十一《事类》，下列纪事、祥异。卷十二《杂集》，下列公牍、古体、诗选。嘉庆《山阳县志》改变了此前《山阳县初志》以事类为中心的编纂方法，而是将相近事类归入卷次，并设置卷名，以卷名、卷次统隶事类，使得新志编纂体例耳目一新、便于查阅。新志《凡例》对此有一番解说："《初志》纲领二十条、细目至七十有余，纷纭错杂，全无统纪。《续志》定为十二目，诚为简括，而轻重先后亦失伦次。今于各条中或分或合、或增或减，分门依类，悉为更正，庶条理秩秩，瞭如指掌。"① 但新志也存在一些问题，如目录与内文不合，《目录》将"古迹"列在卷二《疆域下》，而内文则在卷一《疆域上》。又如，将多数艺文附于事类之下，但《杂集》"古体""诗选"也属艺文之列，体例尚不完善；再如，何树滋极为注重德政的书写，所命采访者亦多采写其个人政绩，卷十二《杂集》所录县学恩贡鬲景贤所撰《禀覆采访节略》即属此类，史实究竟如何则不得而知。

嘉庆《山阳县志》多为清嘉庆元年（1796）刻本，该刻本见藏于陕西师范大学图书馆、上海图书馆（不全）、郑州大学图书馆。故宫博物院则藏有嘉庆十三年（1808）知县黄辉增刻本。该本于卷一《疆域下·古迹》王增第《题藏经洞》诗后增刻黄辉《八景诗》《虞九子冢碑记》等诗文，共八页。黄辉，安徽婺源人，嘉庆十二年（1807）任。据《虞九子冢碑记》落款"皇清嘉庆十三年岁次戊辰仲冬月长至日立石"②，可知该增刻本当在嘉靖十三年十一月之后刊行。

此外，国家图书馆又有抄本，该抄本据嘉庆增刻本抄录。卷首无图，"六册。半叶九行，行二十字，白口，四周双边，单鱼尾，朱丝栏"③，部分版心有"清史馆"三字，应为民国初年清史馆抄本。已收入《国家图

---

① 清嘉庆《山阳县志》卷首《凡例》，页一至二。
② （清）何树滋纂修，黄辉增补：嘉庆《山阳县志》卷一《疆域下》，影印清嘉庆元年（1796）刻本，十三年（1808）增刻本。《故宫珍本丛刊》第80册《陕西府州县志》第2册，第31页。
③ 傅璇琮等编：《国家图书馆藏地方志珍本丛刊》，天津古籍出版社2016年版，第1册，第91页。

281

书馆藏地方志珍本丛刊》。

## 第五节　书目所见明代《镇安县志》

镇安始设于明景泰三年(1452)。该年七月，有奏报云："陕西西安府咸宁、长安二县民居南山，有隔五六百里者，山间采矿并逃移军民杂聚者多。镇守等官恐其生患，谋析二县地，于乾祐巡检司北，置镇安县。"①得到了景泰帝的批准。因该县由西安府附郭县咸宁、长安二县划出，故仍属西安府辖县。天顺七年(1463)二月"丁丑，陕西镇安县奏：县治置于野猪坪，迂远，弗便徭役，乞徙谢家湾"②。成化十三年(1477)三月，应抚治荆襄右都御史原杰之请，升商县为商州，"以辖镇安、洛南、山阳及商南四县"③，将镇安从西安府划出。此后镇安一直为商州辖县。

### 一　萧廷杰与嘉靖《镇安县志》

明人《内阁藏书目录》载："《镇安县志》一册全，嘉靖甲午，邑令萧廷杰修。"④ 清初黄虞稷《千顷堂书目》载："萧廷杰《镇安县志》。嘉靖甲午修。令。"⑤ 嘉靖甲午为嘉靖十三年(1534)。萧廷杰时任陕西布政司右参议、抚治商洛道⑥，绝非镇安县知县。萧廷杰曾主持纂修嘉靖《商州志》，成书于嘉靖十三年，亦与上述书目所载嘉靖《镇安县志》成书时间一致。极有可能的情况是萧廷杰命商州所辖四县，以《商州志》体例纂修各县县志，并将萧氏所撰《商州志序》弁之县志卷首。后人未能详

---

① 《明英宗实录》卷二一八，"景泰三年七月戊戌"，台北"中央研究院"历史语言研究所1962年校印本，第4700页。

② 《明英宗实录》卷三四九，"天顺七年二月丁丑"，第7026页。

③ 《明宪宗实录》卷一六四，"成化十三年三月丁亥"，台北"中央研究院"历史语言研究所1962年校印本，第2977页。

④ (明)张萱、孙能传等撰：《内阁藏书目录》卷六《志乘部》，影印清迟云楼钞本。《续修四库全书》，上海古籍出版社1996年版，第917册，第97页。

⑤ (清)黄虞稷撰，瞿凤起、潘景郑整理：《千顷堂书目》卷六《地理类上》，上海古籍出版社2001年点校本，第175页。

⑥ 按：萧廷杰抚治商洛道史实，参见第十章《明代商州方志的编纂》第一节《嘉靖〈商州志〉〈商略〉的编纂》。

查，误将萧廷杰视为《镇安县志》纂修人，误将萧廷杰作序之时视为《镇安县志》修成之日。

雍正《镇安县志》卷三《官师》载："张廷辉，河南长葛县人，监生，嘉靖十七年(1538)任。张凤翼，号悍台，江南沛县人，万历癸卯(三十一年，1603)任。"① 张廷辉与张凤翼题名一前一后，其间并无他人题名，但二人任职时间相差六十五年之久，可知镇安县知县题名缺漏严重。据此推测，嘉靖《镇安县志》或成于张廷辉之手。此时嘉靖《商州志》已成，嘉靖《镇安县志》当据此纂修。这也能较合理地解释张廷辉之后知县题名缺失的情况。

## 二 黄时暹与《镇安县志》

除嘉靖《镇安县志》之外，明代尚有另一种《镇安县志》屡见书目著录。明人朱睦㮮《万卷堂书目》著录："《镇安县志》一卷，黄时暹。"② 王道明《笠泽堂书目》载："《镇安县志》一册，黄时暹。"③ 清初，黄虞稷《千顷堂书目》则著录："黄时暹《镇安县志》一卷。"④ 不过，三种书目皆未载该志成书于何时、黄时暹又是何人。

清康熙《金华府志》卷十九《例贡》有明代浦江县例贡黄时暹题名⑤，但未载其何时取得例贡资格。明嘉靖《浦江志略》卷七《人物志·科目》所载"大明援例生(例贡)"仅有戴昺等六人⑥，并无黄时暹题名。由此推测，浦江县人黄时暹取得例贡资格当在明嘉靖五年《浦江

---

① (清)武维绪修，任毓茂纂：雍正《镇安县志》卷三《官师》，页二，清雍正四年(1726)刻本。
② (明)朱睦㮮撰：《万卷堂书目》卷二《地志》，影印观古堂书目丛刻本，《续修四库全书》，上海古籍出版社2002年版，第919册，第466页。
③ (明)王道明撰：《笠泽堂书目》不分卷《史部·方舆》。(清)钱谦益等：《稿抄本明清藏书目三种》，北京图书馆出版社2003年版，第95页。
④ (清)黄虞稷撰，瞿凤起、潘景郑整理：《千顷堂书目》卷六《地理类上》，上海古籍出版社2001年点校本，第176页。
⑤ (清)张荩修，沈麟趾等纂：康熙《金华府志》卷十九《例贡》，影印清宣统元年(1909)嵩连石印本。《中国地方志集成·浙江府县志辑》第49册，上海书店1993年版，第312页。
⑥ (明)毛凤韶纂修，王庭兰校证：嘉靖《浦江志略》卷七《人物志·科目》，页四七，明嘉靖五年(1526)刻本。

县略》修成之后。明清两朝以监生、贡生身份出任边远小县知县是极为常见的，据雍正《镇安县志》卷三《官师》所载，监生、贡生担任知县者不在少数，黄时遏也应属于此列。但雍正《镇安县志》未见黄时遏题名，结合该志缺失嘉靖十七年（1538）至万历三十一年（1603）知县任职记录，大致推测黄时遏应在嘉靖后期至万历中期担任镇安县知县一职。在其任职期间主持纂修《镇安县志》一册（或一卷）。若想更进一步考证黄时遏与其所修《镇安县志》的关系尚待新史料的发现。

## 第六节　清代镇安方志的编纂

### 一　丁鹏纂修康熙《镇安县志》

现存最早的镇安方志是由知县武维绪于雍正四年纂修成书的《镇安县志》。据武维绪所撰《镇安县志序》载：

> 余自丙申（康熙五十五年，1716）孟春拣选，从军效力。于己亥（康熙五十八年）之夏，奉题授宰兹土，以边逆未宁，乃于癸卯（雍正元年，1723）孟冬始受任事。先索邑志，考其所志云何。而绅袊父老悉称原板之失，年久难稽矣！后于邑侯丁公任内曾经修志，今竟不特原板已失，而且不获其板印之书。余因曾有此举，随遍访间里，愈求之急，奈何无复存者，无从购求矣！余乃采访谘询，得于长安官舍，残志数页，系丁令所修志之原稿；继得任县尉申呈数页，亦丁令所修；又得致仕杨广文呈阅数页，再究其由，无从寻源追本矣！想丁公升任南城御史，以致原板遗失乎？抑未竣乎？①

武维绪详细叙述了自己出任镇安县知县的过程，以及到任之后找寻旧志的经过。据此，我们对武氏所见旧志大致可以形成以下三点认识：其一，"邑侯丁公"曾纂修《镇安方志》一部。其二，"邑侯丁公"后任南

---

① （清）武维绪撰：《镇安县志序》，（清）武维绪修，任毓茂纂：雍正《镇安县志》卷首《序文》，页一至二，雍正四年（1726）刻本。

城御史。其三,该志虽由武维绪、任县尉(任毓茂)、致仕官员杨广文多方寻找,但仅获残本。雍正《镇安县志》卷三《官师》"国朝知县"载:"丁鹏,浙江仁和籍、湖州人。由贡监,康熙三十一年(1692)任。适际奇荒,捐资煮赈,招抚流移,民赖全活,举荐卓异,升南城兵马司。"① 丁鹏升南城兵马司与"丁公升任南城御史"所指为一事,丁鹏即"邑侯丁公"无疑。丁鹏继任者辛姓知县于康熙三十四年任。可知,丁鹏纂修的康熙《镇安县志》成书于康熙三十一年至三十四年。至雍正初年,该志刻板已失、原书已难寻全本。

另据乾隆《镇安县志》载:"旧志原有许洄、丁鹏、武维绪三令所撰,许、丁二志久亡其籍。"② 则指丁鹏之前仍有徐洄所修志书。雍正《镇安县志》卷三《官师》载:"许洄,号方严,直定人。进士。劝课农桑,修葺文庙,培植学校。"③ 乾隆《镇安县志》卷四《官师》载:"许洄,字方巖,真定人。顺治十六年(1659)己亥科进士。康熙六年冬任,至康熙九年。"④ 其修志情况不详,仅见乾隆《镇安县志》记录。

## 二 武维绪、任毓茂纂修雍正《镇安县志》

雍正《镇安县志》由知县武维绪重修、典史任毓茂纂辑。雍正《镇安县志》卷三《官师》载:"武维绪,正蓝旗,监生。以军功于康熙五十八年任。于雍正二年(1724)被川督年(羹尧)诬参,奉旨陛见,蒙恩洞悉冤枉,于雍正三年四月仍复原任。革除积弊,修举废坠,持己清正,用法和平,凡有益于国计民生,靡不力为,民心感化,风俗丕变。"⑤ 武维绪在志书中自撰任职经历及政绩评语,这其中自然是有一番曲折故事的。康熙六十年(1721),年羹尧以四川总督兼任川陕总督。雍正帝即位后,命年羹尧经略川陕、青藏。年羹尧命陕西各府县官员转输粮草、供给军需。雍正二年武维绪获罪罢官,当是缘于筹办军需不利。但此年后,雍正帝对年羹尧越发不满,终于雍正三年十二月令其自尽。作为遭受年羹尧整肃的

---

① 清雍正《镇安县志》卷三《官师》,页四。
② (清)聂焘撰:《镇安县志后序》,(清)聂焘纂修:乾隆《镇安县志》卷末《补遗》,页九,乾隆二十年(1755)即学斋刻本。
③ 清雍正《镇安县志》卷三《官师》,页三。
④ 清乾隆《镇安县志》卷四《官师》,页四。
⑤ 清雍正《镇安县志》卷三《官师》,页四。

受害人，武维绪得以官复原职。武维绪被罢及复职前后有两年之久，这对雍正《镇安县志》的编纂、刊刻产生了一定影响。

武维绪自雍正元年到任之后，便积极寻找康熙《镇安县志》，随后即在康熙旧志残编的基础上开始编纂新志，"藉此残页，守为成规，再遍采之野、询之邑贤士绅衿，并考诸《一统》、省郡之志，又参乎经史、广舆诸书，陆续纂辑，分为三卷，且为补阙"，正当武维绪为刊行新志筹集经费之际，便遭遇了获罪罢官之祸，至雍正三年四月官复原职之后，武维绪感慨道："余以从军任事，经今数载，囊已告竭，每视志稿已成，日每三叹，不能托诸梨枣"，直到次年"丙午(四年)初秋，蒙圣恩给与养廉银，余乃欣然自慰"①，随即以养廉银刊刻《镇安县赋役全书》《镇安县志》，又经本县缙绅捐资，最终于雍正四年十月完成了新志的刊刻。武维绪于"雍正四年岁次丙午应钟月既望"撰成《镇安县志序》，叙述志书编纂刊刻经过以及个人的官场遭遇。

雍正《镇安县志》共三卷，全书"一册。九行二十字，小字双行同。白口，四周单边"②。卷首有武维绪序、修志姓氏、目录、星野图、县境图。卷一依次为星野、疆域、形胜、沿革、八景、山川、古迹、节序(附祭祀)、公式、风俗。卷二依次为城池、公署、铺舍、里郭、寺观(附异木)、灾祥、户口、土田、赋役、物产。卷三依次为官师、选举、人物、艺文。编纂体例以事类为中心、辅以卷次。全志仅有五十二页，这与镇安县创建较晚，且地僻事简有关；加之明代旧志散佚，使得新志无法袭旧志文献，也对雍正《镇安县志》的文献体量造成了极大影响。雍正《镇安县志》刻本仅见北京国家图书馆、陕西省图书馆有藏本。该志影印本已收入《国家图书馆藏地方志珍本丛刊》《陕西省图书馆藏稀见方志丛刊》。

### 三 聂焘纂修乾隆《镇安县志》

乾隆《镇安县志》由知县聂焘纂修。"聂焘，字闲有，号环溪。河南衡州府衡山县人。由乾隆丁巳科(二年，1737)进士，乾隆十三年(1748)

---

① （清）武维绪撰：《镇安县志序》，清雍正《镇安县志》卷首《序文》，页二至三。
② 北京图书馆编：《北京图书馆古籍善本书目》，书目文献出版社1987年版，第658页。

第十一章　商南、洛南、山阳、镇安方志的编纂

八月任。十八年保举卓异，展限未行。二十年调任凤翔府凤翔县。"① 聂焘所撰《镇安县志后序》载："是志之刻，兴工于乾隆十七年十月，停工于十八年四月。续刻于十九年七月，至二十年五月载其板赴凤翔。再刻于是年之九月，复载至西安省城，于十一月全刻竣。"由此推测，在乾隆十七年十月初次刻板之前，《镇安县志》已大体完备，但迟至三年之后才最终完成全志刻板，除受聂焘调离镇安的影响之外，还有两重因素延迟了志书的刊印。其一，新志"屡刻屡停，屡削其成板而更易之，其间有初讹而卒正者，有初略而卒详者，有初遗漏而卒补入者，有初尚无其事而卒须续载者，有初载不合体裁而卒须芟除者"②。其二，"山中无梓工，剞劂为艰，是志偶因荒年，梓工入山就食，不能久留，随纂随镌，故有已镌而复划之者，有即其成板而补锓之者，有欲删繁就简而苦于不便者"③。简而言之，由于志稿不成熟，急于刻板导致书板不断铲削变更；镇安地理偏僻，刻板工人难以找寻，进一步拖延了刊刻进度。加之，聂焘慎重其事，先后将志稿呈请"潼商观察磁州张易庵公"、陕西巡抚陈弘谋，"俱蒙粘签指示，命加改定"，导致志稿反复更改、多次重刻。

至乾隆二十年五月十三日，聂焘离开镇安县之时，志书尚未完成。聂焘不得不将书板运至凤翔县。同年八月初四日，聂焘"闻讣，丁内艰"，需回乡守丧，九月又将书板运至西安，念及此后"南北各天，后悔难卜，而是志刻而未成，奚忍契然竟去哉"④，聂焘不得不"停骖会城，刻完全志"⑤，最终于同年十一月完成全志书版，并于"乾隆二十年岁次乙亥仲冬月长至后五日"撰成《镇安县志后序》，复命镇安县廪生刘希仮将志板运回。由此最终完成了乾隆《镇安县志》的纂修、刊刻工程。

乾隆《镇安县志》共十卷，卷首一卷、卷末一卷。半叶十行，行二十二字，小字双行同。小黑口，四周单边，单鱼尾。版心下方刻"即学斋"三字。卷首依次为陕甘学政张拜赓《镇安县志序》、陕西巡抚陈弘谋

---

① 清乾隆《镇安县志》卷四《官师》，页五。
② （清）聂焘撰：《镇安县志后序》，（清）聂焘纂修：乾隆《镇安县志》卷末《补遗》，页八。
③ 清乾隆《镇安县志》卷首《凡例》，页三。
④ （清）聂焘撰：《镇安县志后序》，（清）聂焘纂修：乾隆《镇安县志》卷末《补遗》，页八。
⑤ （清）刘希仮撰：《识》，（清）聂焘纂修：乾隆《镇安县志》卷末《补遗》，页十一。

批文、县志目录、凡例、分野。卷一依次为沿革、疆域图、疆域、山川。卷二依次为县治、各寨、坪原、古迹、胜景。卷三依次为里甲、户口、田赋。卷四为官师。卷五为建置。卷六为风俗、选举。卷七为行谊、物产。卷八为典礼。卷九为灾祥、寺院、流寓。卷十为艺文。卷末为补遗及聂焘《镇安县志后序》、捐修志书姓氏、刘希伋识语。体例上仍是沿袭雍正旧志以事类为核心、以卷次为辅助的编纂方式。聂焘对于志书事类排列秩序有一番说法，附于卷首《目录》之后：

建县以来，几经沿革，定厥疆域，表厥山川，县治宰乎内，各寨萦乎外，夷为坪原，垂为古迹，标为胜景。里甲于是乎分，户口于是乎安，田赋于是乎出。治之者，官师也。有官师，则有建置，有官师、建置，则有风俗。风俗美于下，人才升于上，则有选举。选举之要，莫如行谊。行谊者，人之能也，先人而后物，故次物产。备物以致敬，故次典礼，典礼得失，休咎征焉。故次灾祥，惑于灾祥之说者，必事祷媚，故次寺院。寺院之中，亦贤人君子偶尔游憩之地也，故次流寓。文章之作，半出于名公巨卿，半出于草野羁旅，故次艺文，不可有遗也。故补之于是乎终。乾隆十八年癸酉夏四月，聂焘识。

可见该志卷次顺序也是经过一番细致考量的，编纂体例也与镇安县的实际情况基本相符。注重文献的整理与纠谬是乾隆新志的主要特色，主要体现在以下三个方面：其一，核订疆域山川。既参考《直隶商州志》的相关记载，又能够实际踏查，从而得出正确记录。如《凡例》云："县治自野珠坪改迁谢家湾，相距八十余里，旧志以野珠坪山川证谢家湾山川，州志仍之，彼此混淆。稽核无据。今悉查明，分别改正。"又云："县自咸宁分出，初隶西安，继属商州，版图疆界，今昔异形。州志多以咸宁、长安山川混入，今悉改正。"其二，增订职官，弥补旧志不足。"官师一类，旧志多有遗漏，今亦无从搜罗，其中贤否，更难核实，惟就旧志所载录之。有旧志所缺，得自碑、钟镌记者，补载于后，即于行下注明'见某处碑记、某处钟记'。"其三，重订艺文，悉心收录。"旧志于各庙碑记，全未载入，今遍为采录，择其关于建置之大者登之。其余事不足纪，文不足传，概不浪登。但于本事下注明'某人有碑记，不录'等字"，

"详文告示,有关地方教养兴禁,择其要者入艺文"①,一改旧志艺文无多的面貌。

南京大学图书馆藏乾隆《镇安县志》刻本为二册,上海图书馆藏刻本为三册。美国哈佛大学哈佛燕京图书馆藏刻本则为五册,卷十《艺文》中《陕抚陈公弘谋兴除告示》被拆分为第四册、第五册,可知该藏本经后人重新装订。该志见《美国哈佛大学哈佛燕京图书馆藏善本方志书志》著录②。《中国地方志丛书》《中国地方志集成·陕西府县志辑》均收录乾隆《镇安县志》抄本一种,原志刻本未见影印出版。乾隆《镇安县志》之后,又有光绪《镇安县志》,该志为稿本,仅存卷一一卷,载沿革、城池、疆域三项事类,现藏哈佛燕京图书馆。据考证为光绪十一年(1885)知县谭光藜所撰,因其调任未能成书。该志影印件已收入刘波主编《哈佛燕京图书馆藏稀见方志丛刊》(国家图书馆出版社2015年版),考证详情亦可参见《美国哈佛大学哈佛燕京图书馆藏善本方志书志》著录《清光绪稿本镇安县志》③。

---

① 清乾隆《镇安县志》卷首《凡例》,页一至二。
② 李坚、刘波编著:《美国哈佛大学哈佛燕京图书馆藏善本方志书志》,国家图书馆出版社2015年版,第783—785页。
③ 李坚、刘波编著:《美国哈佛大学哈佛燕京图书馆藏善本方志书志》,国家图书馆出版社2015年版,第785页。

# 结　　语

　　陕南这一区域概念的提出，最早约在明代中后期。明嘉靖二十八年（1549）刊刻的《皇明名臣言行录》载："成化初元，陕南至荆襄、唐邓一路，皆长山大谷，绵亘千里。"① 但"陕南"一词的广泛使用已是清嘉庆初年，且多与"川北"并提。嘉庆五年（1800）六月初二，清仁宗命军机大臣传谕额勒登保曰："大兵全入甘境，则陕南一带兵力空虚，……以目前紧要机宜而论，陕境之贼自应逼令入川，不可纵令入甘。本日据德楞泰奏，龙绍周、唐大信二逆已窜入西乡，其川北各股贼势亦渐向北趋。若额勒登保能将陕省之贼驱入川境，使两省贼匪俱在陕南、川北之交，较前散漫情形略有眉目。"② 清咸丰十一年（1861）五月，为镇压蓝大顺起义，清文宗亦要求督办四川军务骆秉章"先就现有兵力，节节布置，实力堵剿。力保陕南、川北地方，毋任贼匪窜扰"③。此后陕南的提法不断增多，逐渐成为人所共知的地理区域观念。

　　我们今天常以"陕南"指代陕西省南部地区，自西往东包括汉中、安康、商洛三个地级市。陕南北靠秦岭、南倚巴山，汉江自西向东穿流而过。其中汉中、安康自然条件具有明显的南方地区特征；商洛位于陕西省东南部，主要河流丹江属于汉江支流，西部、南部各县与河南、湖北二省

---

① （明）徐咸辑：《皇明名臣言行录》后集卷一《原杰》，影印明嘉靖二十八年施渐刻本。《续修四库全书》第520册，第251页。
② （清）庆桂等撰：《钦定剿平三省邪匪方略》正编卷一八三，影印清嘉庆十五年武英殿刻本。《续修四库全书》第395册，第634—635页。
③ 《清文宗实录》卷三五二，"咸丰十一年五月壬寅"，影印清内府钞本。《清实录》第44册，中华书局1987年版，第1202页。

结 语

接壤,具有兼容秦楚文化的特征。本书即以陕南这一地域观念,考察研究明清时期汉中府、金州(兴安府)、商州三府州的方志编纂情况。

## 一 陕南明清方志的分布与存佚

明初,汉中府下辖二州、十四县,大致是今汉中、安康两地级市辖区的总和。至万历二十三年(1595),兴安州改隶陕西布政司,兴安州及所辖汉阴等六县不再隶属汉中府,使得汉中府辖区面积缩减甚多。但仍保有宁羌一州,南郑、褒城、城固、洋县、西乡、凤县、沔县、略阳八县;加之,清代中后期又于汉中府境内添设留坝、定远、佛坪三厅。至清朝末年,汉中府维持着一府三厅一州八县的规模,其体量是兴安府、商州直隶州不能相比的。因此,汉中府及所辖厅州县编纂的方志总数,在陕南三府州中自然是首屈一指的。

明清汉中府志书凡经六修,留存至今的有四种,其中明代府志一种。《南郑县志》二次纂修,存一种。《褒城县志》五次纂修,存一种。《城固县志》三次纂修,存两种,其中明代县志一种。《洋县志》三次纂修,存两种。《西乡县志》五次纂修,存三种。《凤县志》四次纂修,存两种。《沔县志》四次纂修,存两种。《宁羌州志》四次纂修,存三种,其中明代州志一种。《略阳县志》四次纂修,存四种,其中明代县志一种。《留坝厅志》两次纂修,存一种。《定远厅志》一次纂修,存一种。《佛坪厅志》一次纂修,存一种。总之,汉中府及所辖厅州县明清两朝共修志 44 次,今存 27 种,其中明代志书 4 种,分别为嘉靖《汉中府志》、嘉靖《城固县志》、万历《重修宁羌州志》、嘉靖《略阳县志》。

兴安州,原称金州。南宋时,金州领西城、汉阴、洵阳、石泉、平利、上津等六县[①]。南宋末年,宋蒙战争导致金州地区生灵涂炭、人口锐减。元代即以金州原属"六县地荒,不复设立"[②]。直到明朝初年才陆续恢复原金州所辖汉阴、洵阳、石泉、平利等四县,成化时析洵阳县置白河县,正德时析金州置紫阳县。明代万历年间,金州更名兴安州,直隶陕西

---

① (元)脱脱等撰:《宋史》卷八九《地理五·利州路》,中华书局 1977 年点校本,第 2224 页。
② (元)孛兰肹等撰,赵万里校辑:《元一统志》卷四《陕西等处行中书省·兴元路》,中华书局 1966 年版,第 439 页。

布政司。清乾隆年间，兴安州升为兴安府，新设安康县为附郭县，又改汉阴县为厅。至清道光年间再析安康县置砖坪厅。由此形成了兴安一府二厅六县的区划格局。在明清五百四十余年间，金州及所属厅县的变动、添置皆与该地区流民剧增、社会动荡、战乱频仍等情况密切相关。因而该地区编纂志书的数量与品质稍逊于汉中府。

明清《金州志》、《兴安州志》及《兴安府志》凡经八修，留存至今的有三种。《安康县志》一次纂修，存一种。《汉阴县(厅)志》七次纂修，存四种，其中明代县志一种。《平利县志》六次纂修，存三种。《洵阳县志》五次纂修，存三种。《白河县志》四次纂修，存两种。《紫阳县志》三次纂修，存两种。《石泉县志》二次纂修，存两种。《砖坪厅志》二次纂修，存两种。总之，兴安府及所辖厅州县明清两朝共修志38次，今存22种，其中明代志书1种，为万历《重修汉阴县志》。

商州，在明朝初年一度降为商县，直至明成化年间因流民涌入、匪寇为乱，才复升商州，并领商南、洛南、山阳、镇安四县。但有明一代商州一直为西安府下辖散州，直到清雍正年间才升为商州直隶州。因其所领仅有四县，因此该地区编纂志书的数量与品质不可与汉中、兴安二府同日而语。

明清商州志书凡经六次纂修，留存至今的有三种。商南方志三次纂修，存两种，其中明代县志一种。洛南(雒南)方志五次纂修，存两种。山阳方志三次纂修，存两种。镇安方志五次纂修，存两种。总之，商州及所辖四县明清两朝共修志22次，今存11种，其中明代志书1种，为嘉靖《商略商南县集》。

以上修志次数仅是根据现有书目著录、序跋艺文、人物传记等相关文献进行的统计，但由于文献缺失、传承断档，往往会造成后代修志者完全不了解前代存有志书的情况，因此汉中府、兴安府及商州三地编纂方志总数当远不止百种，可是保存至今的却仅有60种，换言之，三地至多六成方志保存下来；而这其中明代方志只有6种，仅占现存方志的10%。足见陕南明代方志数量稀少、弥足珍贵。即便是清代志书其中亦不乏珍品，如顺治《汉中府志》、康熙二十二年《西乡县志》、康熙《兴安州志》、乾隆《平利县志》、光绪《砖坪厅志》、康熙《续修商志》、康熙《雒南县志》等方志仅有孤本存世。

## 二　陕南明清方志的编纂体例

陕南明清方志在编纂过程中，或是采取以卷次为主；或是采取以事类为主的编纂体例；抑或是将两种编纂体例掺和混用，如卷次之下再细分事类、同一事类分别列在不同卷次之下。一般而言，府志、直隶州志多选用卷次为主的编纂体例，这便于将一府一州的文献体量妥帖地安置于志书之内；规模较小的厅州县则多选取事类为主、便于记录史事的编纂体例。当然也有如光绪《洋县志》一类将两种编纂体例混合使用，导致事类目录与卷次目录互相干扰的例证；也有如光绪《定远厅志》一类卷次庞杂，将政书文献编入志书、将志书视为官方施政手册的例子。

陕南明清方志较少受到章学诚方志学编纂理论的影响，现存六十余种志书中，仅有嘉庆《安康县志》、道光《留坝厅志》遵循章学诚编纂《永清县志》所采用的体例，《安康县志》厘为纪、图、表、考、略、传、文征等七大体裁；《留坝厅志》则分为图、表、志、传、文征等五大体裁。《安康县志》的纂修人为王森文，《留坝厅志》的实际编纂人为贺仲瑊，二人皆是有一定影响力的学界名儒，也正是由于二人不同常人的理论修养促成了志书新体例的选用，为明清陕南方志增添了一抹亮色。

现存陕南明清方志中不少是因应上级征集文献的需要而编纂的。如康熙《汉南郡志》是为满足朝廷纂修《大清一统志》征集文献的需求，光绪《凤县志》是为朝廷编纂光绪《大清会典》而呈送的方志。嘉靖《略阳县志》是因应宁羌州知州李应元编纂州志的产物。抚治商洛道萧廷杰因纂修《商州志》命所属四县编纂县志。正是由于各地方志多由地方官员主持纂修，在编纂体例的选取上一般遵循实用性原则，往往赋予志书地方治理手册、赋役全书、教化愚顽等现实性功能，但自明清以降，志书卷次排序、事类目录已具有很强的稳定性，因此也会造成志书文献图文不明、详略失衡、义例混乱的弊病。

## 三　陕南明清方志的价值与缺陷

陕南地区是一块较为封闭的地域空间，但这种相对封闭非但没有让陕南人民乐享世外桃源，反而使得该地区成为社会环境复杂、战乱兵燹频仍的防维重区。自明成化年间至清朝中叶，大量流民涌入秦巴山地，兴安、商州、汉中成为移民重区，陕南地区面临着山区治理、安抚流民的社会问题。相似的自然环境、共同的历史轨迹，将陕南与关中、陕北显著地区分开来。明清两朝的历次战乱也从没有绕开陕南，明末农民起义、清初吴三桂之乱、嘉庆白莲教起义、太平军入陕、捻回起义均在陕南地区大动干戈，导致该地区人口锐减、社会衰败、教育不兴、科举无多的社会面貌出现。

在此历史大背景之下，各地编纂的地方志书既是记录当地山川地理、人物史事、诗歌文献的重要载体，更成为本地文化文献传承的基本途径与主要手段。简言之，陕南各地明清方志的文献价值具有不可替代性。我们基本无法通过查阅本地文人文集、小说笔记等常见文献途径，了解并获取该地区明清五百年间的历史变迁；阅读本地方志已成为了解陕南地区明清历史细节的重要门径。因此，重视方志文献、发掘方志文献价值理应成为研究陕南明清历史的必由之路。

但令人遗憾的是，史料往往只是历史的碎片，而非真实历史本身。陕南明清方志也存在同样的问题，陕南方志中能够在修志时间上前后衔接、传承状况良好的仅见汉中府、宁羌州、略阳县等三地志书。汉中府方志现存明嘉靖《汉中府志》、清顺治《汉中府志》、康熙《汉南郡志》、嘉庆《汉南续修郡志》，其中顺治《汉中府志》大量使用万历旧志书板，因此较为系统地保存了自明嘉靖至清嘉庆年间的汉中历史文献。宁羌州现存万历《重修宁羌州志》、道光《续修宁羌州志》、光绪《宁羌州志》，系统保存了明朝末年至清中期的宁羌历史文献。最具代表性的则是略阳方志，自嘉靖《略阳县志》开始，雍正、道光、光绪三种《略阳县志》齐备，略阳因此成为陕南地区地方文献保存最为完备的一县。这种系统性的保存只能说是一种难得的幸运。

其余各地方志多存在修志时代偏晚、新旧志书传承中断、修志终止等问题。如城固县，虽有嘉靖《城固县志》，但自康熙《城固县志》修成之后再未纂修新志，仅在光绪年间重刻康熙旧志。又如金州(兴安)方志，历史上虽经八次重修，但仅有康熙《兴安州志》、乾隆《兴安府志》、嘉庆《续兴安府志》三种清代方志留存，明代史实付之阙如。更有甚者，乾隆《商南县志》编纂之时，未见任何旧志文献，而今人则知嘉靖《商略商南县集》尚存于世。我们无法以今日查阅古籍文献的便捷强求古人所见文献齐全，但陕南方志文献碎片化的情况同样是无可争议的事实。因此，地方志书作为最具系统性的陕南文献，仍存在文献不足征、文献碎片化的问题。

# 参考文献

### 史籍政书类

（汉）班固撰：《汉书》，中华书局1962年点校本。
（宋）范晔撰，（唐）李贤等注：《后汉书》，中华书局1965年点校本。
（晋）陈寿撰，（宋）裴松之注：《三国志》，中华书局1959年点校本。
（唐）房玄龄等撰：《晋书》，中华书局1974年点校本。
（梁）沈约撰：《宋书》，中华书局1974年点校本。
（唐）房玄龄、令狐德棻撰：《隋书》，中华书局1973年点校本。
（后晋）刘昫等撰：《旧唐书》，中华书局1975年点校本。
（元）脱脱等撰：《宋史》，中华书局1977年点校本。
（明）宋濂等撰：《元史》，中华书局1976年点校本。
《明太祖实录》，台北"中央研究院"历史语言研究所校印本1962年。
《明宪宗实录》，台北"中央研究院"历史语言研究所校印本1962年。
《明神宗实录》，台北"中央研究院"历史语言研究所校印本1962年。
《明世宗实录》，台北"中央研究院"历史语言研究所校印本1962年。
（清）张廷玉等撰：《明史》，中华书局1974年点校本。
《清圣祖实录》，影印清内府钞本，《清实录》中华书局1987年。
《清高宗实录》，影印清内府钞本，《清实录》中华书局1987年。
《清宣宗实录》，影印清内府钞本，《清实录》中华书局1987年。
（清）庆桂等撰：《钦定剿平三省邪匪方略》，影印清嘉庆十五年武英殿刻本，《续修四库全书》，上海古籍出版社2003年版。
赵尔巽等撰《清史稿》，中华书局1977年点校本。

(明)马鳞修,(清)杜琳重修、李如枚等续修《续纂淮关统志》,《四库全书存目丛书》,齐鲁书社 1997 年版。

(清)苏昌臣辑:《河东盐政汇纂》,影印清康熙间刻本,《续修四库全书》,上海古籍出版社 2003 年版。

**地理总志类**

(唐)李吉甫撰,贺次君点校:《元和郡县图志》,中华书局 1983 年版。

(宋)乐史撰,王文楚点校:《太平寰宇记》,中华书局 2007 年版。

(宋)王象之撰:《舆地纪胜》,影印中华书局 1992 年版。

(宋)祝穆撰,祝洙增订,施和金点校:《方舆胜览》,中华书局 2003 年版。

(元)孛兰肹等撰,赵万里校辑:《元一统志》,中华书局 1966 年版。

(明)李贤等撰:《大明一统志》,影印明内府刻本,三秦出版社 1990 年版。

(清)顾炎武撰,谭其骧、王文楚等点校:《肇域志》,上海古籍出版社 2012 年版。

(清)顾炎武撰,黄坤等校点:《天下郡国利病书》,上海古籍出版社 2012 年版。

(清)胡渭著,邹逸麟整理:《禹贡锥指》,上海古籍出版社 2013 年版。

(清)顾祖禹撰,贺次君、施和金点校:《读史方舆纪要》,中华书局 2005 年版。

(清)穆彰阿、潘锡恩等纂修:嘉庆《大清一统志》,影印清史馆进呈钞本,《四部丛刊》续编,上海商务印书馆民国二十三年版。

**书目索引类**

(明)张萱、孙能传等撰:《内阁藏书目录》,影印清迟云楼钞本,《续修四库全书》,上海古籍出版社 2003 年版。

(明)祁承㸁著,郑诚整理:《澹生堂藏书目》,上海古籍出版社 2015 年版。

(明)焦竑撰:《国史经籍志》,影印明徐象橒刻本,《续修四库全书》,上海古籍出版社 2003 年版。

(明)朱睦㮮撰:《万卷堂书目》,影印观古堂书目丛刻本,《续修四库全书》,上海古籍出版社 2003 年版。

(明)王道明撰:《笠泽堂书目》,《稿抄本明清藏书目三种》,北京图书馆出版社 2003 年版。

(清)黄虞稷撰,瞿凤起、潘景郑整理:《千顷堂书目》,上海古籍出版社 2001 年版。

(清)徐乾学藏:《传是楼书目》,影印清道光八年味经书屋钞本,《续修四库全书》,上海古籍出版社 2003 年版。

(清)永瑢等撰:《四库全书总目》,中华书局 1965 年影印本。

(清)范邦甸等撰,江曦、李婧点校:《天一阁书目》,上海古籍出版社 2010 年版。

(清)阮元撰,王爱亭、赵嫄点校:《文选楼藏书记》,上海古籍出版社 2009 年版。

(清)吴引孙编:《仪征吴氏有福读书堂藏书简明总册》,影印南京图书馆藏红格抄本,《扬州文库》,广陵书社 2015 年版。

(清)吴引孙编:《扬州吴氏测海楼藏书目录》,影印上海图书馆藏宣统二年刻本,《扬州文库》,广陵书社 2015 年版。

(清)孙岳颁、宋骏业等撰:《佩文斋书画谱》,清康熙四十七年内府刻本。

赵万里撰:《国立北平图书馆善本书目》,民国二十二年刊本。

王重民撰:《中国善本书提要》,上海古籍出版社 1983 年版。

北京图书馆编:《北京图书馆古籍善本书目》,书目文献出版社 1987 年版。

天一阁博物馆编:《天一阁博物馆藏古籍善本书目》,国家图书馆出版社 2016 年版。

陕西省图书馆编:《陕西省图书馆古籍普查登记目录》,国家图书馆出版社 2014 年版。

南京图书馆编:《南京图书馆古籍普查登记目录》,国家图书馆出版社 2019 年版。

朱士嘉:《中国地方志综录(增订本)》,商务印书馆 1935 年初版,1958 年增订本。

中国科学院北京天文台主编:《中国地方志联合目录》,中华书局 1985 年版。

诸葛计编著：《稀见著录方志过眼录》，国家图书馆出版社2016年版。

张国淦编著：《中国古方志考》，上海古籍出版社2019年版。

顾宏义著：《宋朝方志考》，上海古籍出版社2010年版。

顾宏义著：《金元方志考》，上海古籍出版社2012年版。

骆兆平编著：《天一阁藏明代地方志考录》，书目文献出版社1982年版。

陈光贻：《稀见地方志提要》，齐鲁书社1987年版。

刁美林，邵岩著：《故宫博物院藏清代珍本方志解题》，故宫出版社2013年版。

李坚、刘波编著：《美国哈佛大学哈佛燕京图书馆藏善本方志书志》，国家图书馆出版社2015年版。

高峰编著：《陕西方志考》，吉林省地方志编纂委员会、吉林省图书馆学会(内部发行)1985年版。

朱保炯、谢沛霖编：《明清进士题名碑录索引》，上海古籍出版社1979年版。

**典籍传记类**

许维遹撰：《吕氏春秋集释》，中华书局2009年点校本。

(汉)刘向集录：《战国策》，上海古籍出版社1985年点校本。

(晋)郭璞注：《尔雅》，影印常熟瞿氏铁琴铜剑楼藏宋刊本，《四部丛刊》初编，上海商务印书馆民国十八年版。

(唐)刘知几著，(清)浦起龙通释，王煦华整理：《史通通释》，上海古籍出版社2009年版。

(清)章学诚撰，叶瑛校注：《文史通义校注》，中华书局2014年版。

(明)焦竑辑：《焦太史编辑国朝献徵录》，影印明万历四十四年徐象橒曼山馆刻本，《续修四库全书》，上海古籍出版社2003年版。

(明)徐咸辑：《皇明名臣言行录》，影印明嘉靖二十八年施渐刻本，《续修四库全书》，上海古籍出版社2003年版。

王钟翰点校：《清史列传》，中华书局1987年版。

**地方志书类**

(明)何景明纂：《雍大记》，影印明嘉靖刻本，《四库全书存目丛书》，齐鲁书社 1997 年版。

（明）赵廷瑞修，马理纂：嘉靖《陕西通志》，影印明嘉靖二十一年刻本，《华东师范大学图书馆藏稀见方志丛刊》，北京图书馆出版社 2005 年版。

（明）李思孝修，冯从吾等纂：万历《陕西通志》，影印明万历三十九年刻本，国家图书馆出版社 2017 年版。

（清）贾汉复修，李楷纂：康熙《陕西通志》，清康熙六年刻本。

（清）刘於义修，沈青崖纂：雍正《陕西通志》，影印清雍正十三年刻本，《中国西北文献丛书》，兰州古籍书店 1990 年版。

（明）张良知纂修：嘉靖《汉中府志》，影印明嘉靖刻本，《原国立北平图书馆甲库善本丛书》，国家图书馆出版社 2013 年版。

（清）冯达道纂修：顺治《汉中府志》，影印清顺治十三年刊本，《国家图书馆藏地方志珍本丛刊》，天津古籍出版社 2016 年版。

（清）滕天绶修，和盐鼎纂：《汉南郡志》，清康熙三十年刻本。

（清）严如熤修，郑炳然等纂：嘉庆《汉南续修郡志》，清嘉庆十九年刻本。

（清）严如熤修，杨名飏增修：嘉庆《汉南续修郡志》，清道光九年增刻本。

（清）严如熤修，杨名飏增修：嘉庆《汉南续修郡志》，民国十三年刻本。

（清）严如熤辑：《三省边防备览》，影印清道光二年刻本，《续修四库全书》，上海古籍出版社 2003 年版。

（清）严如熤辑，张朋翎续辑：《三省边防备览》，清道光十年来鹿堂刻本。

（清）王行俭纂修：乾隆《南郑县志》，影印清乾隆五十九年刻本，《中国地方志集成·陕西府县志辑》，凤凰出版社 2007 年版。

郭凤洲，柴守愚修，刘定铎等纂：民国《续修南郑县志》，民国十年刻本。

（清）光朝魁纂修：道光《褒城县志》，清道光十一年刻本。

（明）杨守正修，胡璇纂：嘉靖《城固县志》，《国家图书馆藏地方志珍本丛刊》，天津古籍出版社 2016 年版。

（明）杨守正修，胡璇纂：嘉靖《城固县志》，城固县地方志办公室藏民国二十九年抄本。

（清）王穆纂修：康熙《城固县志》，清康熙五十六年刻本。

(清)王穆纂修：康熙《城固县志》，清光绪四年徐德怀刻本。

(清)邹溶修，周忠纂：康熙《洋县志》，清康熙三十三年刻本。

(清)张鹏翼纂修：光绪《洋县志》，清光绪二十四年青门寓庐刻本。

(清)张鹏翼纂修：光绪《洋县志》，民国二十六年石印本。

(清)史左修，陈鹏程等纂：康熙《西乡县志》，清康熙二十二年刻本。

(清)王穆修，夏荣纂：康熙《西乡县志》，影印清康熙五十七年刻本，《故宫博物院藏稀见方志丛刊》，故宫出版社2013年版。

(清)张廷槐纂修：道光《西乡县志》，影印清道光八年刻本，《中国地方志集成·陕西府县志辑》，凤凰出版社2007年版。

(清)陈韶抄本：《凤县志》，影印清道光六年抄本，《陕西省图书馆藏稀见方志丛刊》，北京图书馆出版社2006年版。

(清)朱子春修，段澍霖纂：光绪《凤县志》，清光绪十八年刻本。

(清)钱兆沆纂修：康熙《沔县志》，清康熙四十九年刻本。

(清)孙铭钟、罗柱铭修，彭龄纂：光绪《沔县新志》，清光绪九年刻本。

(明)卢大谟修：万历《重修宁羌州志》，影印抄本，《北京大学图书馆藏稀见方志丛刊》，国家图书馆出版社2013年版。

(清)张廷槐纂修：道光《续修宁羌州志》，清道光十二年刻本。

(清)马毓华修，郑书香等纂：光绪《宁羌州志》，清光绪十四年刻本。

(清)马毓华修，郑书香等纂：光绪《宁羌州志》，清光绪十八年增刻本。

(明)李遇春纂修，李东甲、贾言校补：嘉靖《略阳县志》，影印明嘉靖三十一年刻本，《天一阁藏明代方志选刊》，上海书店1981年版。

(清)范昉修：雍正《略阳县志》，雍正九年刻本。

(清)谭瑀修，黎成德等纂：道光《重修略阳县志》，清道光二十八年刻本。

(清)桂超修，侯龙光纂：光绪《新续略阳县志》，清光绪三十年刻本。

(清)贺仲瑊修，蒋湘南纂：道光《留坝厅志》，清道光二十二年汉中友义斋刻本。

(清)贺仲瑊修，蒋湘南纂：道光《留坝厅志》，留坝县档案馆藏民国重刻本。

(清)余修凤纂修：光绪《定远厅志》，清光绪五年刻本。

(清)刘焜纂修：光绪《佛坪厅志》，清光绪九年刻本。

(清)刘焜纂修：光绪《佛坪厅志》，影印民国十八年张机高抄本，成文出版社 1969 年版。

(清)王希舜修,刘应秋纂：康熙《兴安州志》,清康熙三十四年刻本。

(清)李国麒纂修：乾隆《兴安府志》,清乾隆五十三年刻本。

(清)李国麒纂修：乾隆《兴安府志》,清道光二十八年濯汉山房重刻本。

(清)李国麒纂修：乾隆《兴安府志》,清咸丰三年来鹿堂重刻本。

(清)叶世倬纂修：嘉庆《续兴安府志》,清嘉庆十七年刻本。

(清)郑谦修,王森文纂：嘉庆《安康县志》,清嘉庆二十年刻本。

(明)张启蒙修,柏可用纂：万历《重修汉阴县志》,影印明万历四十六年刻本,《原国立北平图书馆甲库善本丛书》,国家图书馆出版社 2013 年版。

(清)赵世震修,汪泽延纂：康熙《汉阴县志》,影印清康熙二十六年刻本,《陕西省图书馆藏稀见方志丛刊》,北京图书馆出版社 2006 年版。

(清)郝敬修纂修：乾隆《汉阴县志》,影印清乾隆四十年刻本,《故宫博物院藏稀见方志丛刊》,故宫出版社 2013 年版。

(清)钱鹤年修,董诏纂：嘉庆《汉阴厅志》,清嘉庆二十三年刻本。

(清)佚名纂：乾隆《平利县志书》,影印抄本,《陕西省图书馆藏稀见方志丛刊》,北京图书馆出版社 2006 年版。

(清)黄宽纂修：乾隆《平利县志》,清乾隆二十一年刻本。

(清)杨孝宽修,李联芳纂：光绪《续修平利县志》,清光绪二十三年刻本。

(清)叶时沕纂修：雍正《洵阳县志》,影印清雍正抄本,《陕西省图书馆藏稀见方志丛刊》,北京图书馆出版社 2006 年版。

(清)邓梦琴纂修：乾隆《洵阳县志》,清乾隆四十八年刻本。

(清)邓梦琴纂修：乾隆《洵阳县志》,清同治九年增刻本。

(清)邓梦琴纂修：乾隆《洵阳县志》,清光绪十二年增补本。

(清)刘德全修,郭焱昌纂：光绪《洵阳县志》,清光绪二十八年刻本。

(清)严一青纂修：嘉庆《白河县志》,清嘉庆六年挹汉亭刻本。

(清)顾騄修,王贤辅、李宗麟纂：光绪《白河县志》,清光绪十九年刻本。

(清)顾騄修,王贤辅、李宗麟纂：光绪《白河县志》,民国九年朱廷矩增补重印本。

(清)沈麟修,刘应秋纂:康熙《紫阳县新志》,清康熙二十七年刻本。

(清)陈仅、吴纯修,杨家坤等纂:道光《紫阳县志》,清道光二十三年刻本。

(清)陈仅、吴纯修,杨家坤等纂:道光《紫阳县志》,清光绪八年吴世泽补刻本。

(清)潘瑞奇修,张骏蹟纂:康熙《石泉县志》,影印抄本,《陕西省图书馆藏稀见方志丛刊》,北京图书馆出版社2006年版。

(清)舒钧纂修:道光《石泉县志》,道光二十九年刻本。

(清)李聪纂修:光绪《砖坪厅志》,影印抄本,《陕西省图书馆藏稀见方志丛刊》,北京图书馆出版社2006年版。

(清)佚名:宣统《续修(砖坪)厅志》,影印民国抄本,天津古籍书店1980年版。

佚名编纂:民国《砖坪县志》,民国六年铅印本。

(清)王廷伊修,李本定纂:康熙《续修商志》,影印清康熙四年刻本,《国家图书馆藏地方志珍本丛刊》,天津古籍出版社2016年版。

(清)王如玖纂修:乾隆《直隶商州志》,清乾隆九年刻本。

(清)罗文思纂修:乾隆《续商州志》,清乾隆二十三年刻本。

(明)李鸿渐修,朱朝弼纂:《商略商南县集》卷首,影印明嘉靖三十一年刻本,《原北平图书馆甲库善本丛书》,国家图书馆出版社2014年版。

(清)罗文思纂修:乾隆《商南县志》,清乾隆十三年刻本。

罗传铭修,路炳文纂:民国《商南县志》,民国八年修,民国十二年铅印本。

(清)畅体元纂修:康熙《雒南县志》,清康熙二年刻本。

(清)范启源纂修,薛韫订正:乾隆《雒南县志》,清乾隆十一年刻本。

(清)秦凝奎纂修,李曰栋、梁渟校订:康熙《山阳县初志》,影印清康熙三十三年刻本,《陕西省图书馆藏稀见方志丛刊》,北京图书馆出版社2006年版。

(清)何树滋纂修:嘉庆《山阳县志》,清嘉庆元年刻本。

(清)何树滋纂修,黄煇增补:嘉庆《山阳县志》,影印清嘉庆十三年增刻本,《故宫珍本丛刊》,海南出版社2001年版。

(清)武维绪修,任毓茂纂:雍正《镇安县志》,影印清雍正四年刻本,

《国家图书馆藏地方志珍本丛刊》,天津古籍出版社 2016 年版。

(清)聂焘纂修:乾隆《镇安县志》,清乾隆二十年即学斋刻本。

(明)康海纂修:正德《武功县志》,清道光八年党金衡慎德堂刻大字本。

(明)王道修,韩邦靖纂:正德《朝邑县志》,清嘉庆元年是政堂刻本。

(清)林逢泰修,文倬天纂:康熙《三水县志》,清康熙十六年刻本。

(清)张聪贤修,董曾臣纂:嘉庆《长安县志》,清嘉庆二十年刻本。

(明)沈应文、谭希思等修:万历《顺天府志》,影印明万历二十一年刻本,中国书店 1959 年版。

(清)刘德弘修,杨如樟纂:康熙《涿州志》,清康熙十六年刻本。

(清)黄成章修,张大酉纂:康熙《顺义县志》,清康熙五十九年刻本。

(清)周震荣修,章学诚纂:乾隆《永清县志》,清嘉庆十八年补刻本。

(清)言如泗纂修:乾隆《解州安邑县志》,清乾隆二十九年刻本。

(清)薛元钊修,张于铸纂:光绪《垣曲县志》,清光绪五年刻本。

(清)阿桂等修,刘谨之等纂:《钦定盛京通志》,清乾隆四十九年武英殿刻本。

(清)胡德琳等修,周永年等纂:乾隆《东昌府志》,清乾隆四十二年刻本。

(清)于成龙等修,张九徵等撰:康熙《江南通志》,清康熙二十三年江南通志局刻本。

(清)于琨修,陈玉璂纂:康熙《常州府志》,影印清康熙三十四年刻本,《中国地方志集成·江苏府县志辑》,江苏古籍出版社 1991 年版。

(清)李景峄等修,史炳等纂:嘉庆《溧阳县志》,清嘉庆十八年刻本。

(清)孙琬等修,李兆洛等纂:道光《武进阳湖县合志》,清道光二十三年刻本。

(明)毛凤韶纂修,王庭兰校证:嘉靖《浦江志略》,明嘉靖五年刻本。

(清)张荩修,沈麟趾等纂:康熙《金华府志》,影印清宣统元年嵩连石印本。《中国地方志集成·浙江府县志辑》,上海书店 1993 年版。

(清)劳逢源修,沈伯棠等纂:道光《歙县志》,清道光八年刻本。

(清)廖大闻等修,金鼎寿纂:道光《续修桐城县志》,清道光十四年刻本。

(明)陈霖纂修:正德《南康府志》,影印明正德十年刻本,《天一阁藏明代方志选刊》,上海书店 1981 年版。

(清)乔溎修,贺熙龄纂,游际盛增补:道光《浮梁县志》,清道光三年修,十二年增补刻本。

(明)张良知纂修:嘉靖《许州志》,《天一阁藏明代方志选刊》,上海书店 1981 年版。

(清)张钺修,万侯纂:乾隆《信阳州志》,清乾隆十四年刻本。

(清)陆继萼修,洪亮吉纂:乾隆《登封县志》,清乾隆五十二年刻本。

(清)武开吉修,周之騄纂:嘉庆《商城县志》,清嘉庆八年刻本。

(清)江闿修:《郧阳府志补》,影印清康熙二十八年刻本,《稀见中国地方志汇刊》,中国书店 1992 年版。

(明)陈洪谟纂修:嘉靖《常德府志》,影印明嘉靖十四年刻本,《天一阁藏明代方志选刊》,上海书店 1981 年版。

(清)梁碧海修,刘应祁纂:康熙《宝庆府志》,影印清康熙二十三年刻本,《北京图书馆古籍珍本丛刊》,书目文献出版社 1998 年版。

(清)张培仁等修,李元度纂:同治《平江县志》,清同治十三年刻本。

(明)虞怀忠、郭棐等纂修:万历《四川总志》,影印明万历间刻本,《四库全书存目丛书》,齐鲁书社 1997 年版。

(清)刘元熙纂修:嘉庆《宜宾县志》,清道光二十三年刻本。

(清)秦湘修,杨致道等纂:同治《合江县志》,清同治十年增刻本。

(清)段玉裁、李芝纂修:乾隆《富顺县志》,清光绪八年重刻乾隆四十二年本。

## 文集小说笔记类

(梁)萧统编,(唐)李善注:《文选》,上海古籍出版社 1986 年点校本。

(唐)白居易撰,谢思炜校注:《白居易诗集校注》,中华书局 2006 年点校本。

(宋)李昉等编:《文苑英华》,中华书局 1966 年版。

(宋)文同撰:《丹渊集》,影印上海涵芬楼藏明汲古阁刊本,《四部丛刊》初编,上海商务印书馆民国十八年版。

(元)罗贯中著:《三国志通俗演义》,上海古籍出版社 1980 年版。

(明)胡缵宗撰:《鸟鼠山人后集》,日本东京大学东洋文化研究所藏明嘉靖十八年刊本。

(明)康海撰:《对山集》,影印嘉靖二十四年吴孟祺刻本,《四库全书存目丛书》，齐鲁书社 1997 年版。

(明)刘储秀撰：《刘西陂集》，影印明嘉靖三十年傅凤翱刻本，《四库未收书辑刊》，北京出版社 1997 年版。

(明)王九思撰：《渼陂续集》，影印明嘉靖刻崇祯补修本，《续修四库全书》，上海古籍出版社 2003 年版。

(明)李梦阳撰：《空同子集》，邓云霄、潘之恒明万历三十年校刻本。

(清)邹祇谟、王士禛辑：《倚声初集》，影印清顺治十七年刻本，《续修四库全书》，上海古籍出版社 2003 年版。

(清)王士禛撰，张世林点校：《分甘余话》，中华书局 1989 年版。

(清)顾駥撰：《顾凤翔遗集》，影印清光绪三十二年刻本，《清代诗文集汇编》，上海古籍出版社 2010 年版。

林则徐全集编辑委员会编：《林则徐全集》，海峡文艺出版社 2002 年版。

**今人研究论著类**

周振鹤主编，郭声波著：《中国行政区划通史·唐代卷》，复旦大学出版社 2012 年版。

周振鹤主编，郭红、靳润成著：《中国行政区划通史·明代卷》，复旦大学出版社 2007 年版。

周振鹤主编，傅林祥、林涓、任玉雪、王卫东著：《中国行政区划通史·清代卷》，复旦大学出版社 2013 年版。

王雪玲著：《清代学者名儒与陕西地方志的修纂》，科学出版社 2016 年版。

陈显远：《孙万春私纂的〈南郑县志〉为什么被淹没?》，《陕西地方志通讯》(内部刊物)1986 年第 2 期。

马谊：《国家图书馆各历史时期印章考析》，《图书馆理论与实践》2018 年第 12 期。

孙启祥：《清康熙〈汉南郡志〉的编纂及其特色》，《陕西理工大学学报(社会科学版)》2017 年第 3 期。

王浩远：《汉南地域观念演变考述》，《陕西理工大学学报(社会科学版)》2017 年第 3 期。

# 后 记

呈现在读者面前的这本书，是我 2017 年承担的陕西省社会科学基金项目"陕南明清方志研究（2017N002）"及陕西省教育厅哲学社会科学重点研究基地——陕西理工大学汉水文化研究中心项目"陕南明清方志研究（18JZ013）"的共同研究成果。

2008 年，我考取陕西师范大学历史学硕士研究生，跟随萧正洪、梁志胜两位导师，从事明清史的学习与研究工作。萧正洪老师为硕士研究生开设了一门名为"明清地方志研究"的课程，专门讲授明清地方志的编纂体例、文献价值，以及如何分析、使用方志文献，为明清史研究服务。通过这门课程的学习，我了解到地方志对于研究明清两朝历史的重要意义，掌握了利用方志从事明清史研究的基本理论与方法，为本书的写作打下了坚实的理论根基。

2014 年，我毕业于陕西师范大学，取得历史学博士学位。同年，我进入陕西理工学院（今陕西理工大学）工作，便将研究视野转向以汉中为代表的陕南地区。出于对地方文献的兴趣，我开始查找、阅读陕南各地方志，了解明清两朝该区域方志的存佚情况。随即发现明嘉靖《汉中府志》、清顺治《汉中府志》、清康熙《汉南郡志》、清康熙《续修商志》等众多方志虽有全帙留存至今，却皆是藏之秘阁的稀见善本。

为掌握陕南明清方志的全貌，我多次前往北京国家图书馆、南京图书馆、上海图书馆、陕西省图书馆、陕西师范大学图书馆等各大藏书单位查阅图书资料。在获取大量方志文献的同时，新的困境也逐渐显露出来。清代中后期的方志文献往往体量庞大、卷帙繁多；加之多次增刻、重刊，版本信息令人眼花缭乱。更为严峻的是，不少稀见善本方志难以获取，或是

·306·

# 后　记

告知无法提供原书阅览，或是只能翻阅模糊的翻拍胶片，即便是耗费了很多时间、精力，仍是难以卒读、漫无头绪。

我个人对于"陕南明清方志研究"这一课题的定位，自然是希望总览陕南明清方志的全貌，将各府州县志书修纂历程、存佚与否、编纂体例、文献价值、版本信息等诸方面的研究所得一一记录在案。而善本方志之所以被称之为善本，皆是由于距今久远、刊本稀见，大多是该地现存较早的方志；而方志又有着明显的传承关系，若是无法深入研究这些善本方志，便难以厘清该地志书的源流关系，并且极易导致文献价值的误判。况且，既以"陕南明清方志研究"为题，就应该将这一地域范围之内的明清方志包罗殆尽，而不应当出现某种方志未见、某种方志情况不明的记述。想到查阅文献的难度，我不禁产生了畏难情绪。

2016 年，《国家图书馆藏地方志珍本丛刊》由天津古籍出版社出版发行，清顺治《汉中府志》、明嘉靖《城固县志》、清康熙《续修商志》、清雍正《镇安县志》皆收入其中，为我获取国家图书馆所藏陕南明清稀见善本方志带来了一线曙光。但这套图书却不见国家图书馆入藏，多方搜索求证之后，才了解到武汉大学图书馆有藏本。2018 年 7 月、2019 年 12 月，我两度前往武汉大学图书馆查阅《国家图书馆藏地方志珍本丛刊》，终于填补了多种稀见善本方志的缺失，为本书的最终完成奠定了牢固的文献基础。

当然，在本书写作过程中仍有一些遗憾。一是仍有一些方志刻本、抄本未能一睹全貌。如万历《重修宁羌州志》仅南京大学图书馆藏有明万历二十五年刻本，但我未能前往查证，无法记录该志版本信息。不少方志除刻本之外，又有抄本传世；或是刻本散佚，仅有抄本传世。这些抄本中不乏名人题跋、精彩批注，但由于分散各地，我只能根据所见大略谈及，无法一一详考。二是方志文献的散佚也对本课题的研究造成一些空白。如乾隆《褒城县志》、光绪《南郑县志》均见今人著录提及，但这两种志书如今已不见踪迹、无从查找。因此，本书的完成并不是陕南明清方志研究的终结，仍有待于此后不断增补修订；或由方志文献出发，开拓新的专题研究。

本书能够顺利完成，我应当感谢师长朋友的帮助。感谢汉中市档案馆孙启祥先生、赵显锋先生，感谢南京图书馆国学研究部主任徐忆农老师，感谢陕西省图书馆历史文献部姜妮同学，以及许多不知名的图书馆、档案馆工作人员，给予我最大程度的无私帮助。本书能够顺利出版，还要特别感谢我校汉水文化研究中心张西虎、刘莉二位领导的帮助，感谢中国社会科学出版社的宋燕鹏先生。最后，仍要感谢我的导师萧正洪先生引领我走上明清方志研究之路，并为本书亲自撰写序言。

是为记。

王浩远

2021年3月20日